1980 debütierte Thomas Hürlimann als Dramatiker auf dem Berliner Stückemarkt. Seither entstanden zahlreiche Theaterstücke, die in den deutschsprachigen Spielplänen präsent sind und nun zum ersten Mal gesammelt – und zum Teil neu überarbeitet – vorliegen. Die Zusammenstellung der Stücke gewährt einen Überblick über Hürlimanns so produktives wie aufsehenerregendes dramatisches Schaffen, in dem die hochgelobten und vielgescholtenen Eigenarten der Schweiz als inspirierendes Material in Erscheinung treten.

Hürlimann bietet seinen Lesern und seinen Zuschauern im Theater keine Resultate an, keine fertigen Meinungen und Diagnosen, die sich bequem nach Hause tragen ließen. Vielmehr versetzt er seine Figuren in dramatische Situationen, die an Grenzen führen – immer spielen seine Stücke im Spannungsfeld zwischen dem Nicht-mehr und dem Noch-nicht. Entscheiden muß der Leser, der Regisseur, der Zuschauer.

Hürlimanns Stücke entziehen sich der kurzsichtigen Aktualisierung, der Verkürzung auf flüchtige brisante Parallelen hin. Langsam und ruhig entwickelt Hürlimann seine dramatischen Konstellationen; immer erzählt er von lebendigen Figuren, von ihren Erwartungen und Vorsätzen, ihren Wünschen und Grenzen.

Seine Themen sind so vielfältig wie außergewöhnlich. Poetische, tragische, komödiantische, politische Sujets – ein theatralisches Panorama und Pandämonium also, das dem Credo des Dramatikers folgt: »Wenn sich aber die wirkliche Wirklichkeit als Theater tarnt, und wenn das Theater, das wir – die Aktionäre, Punks und Eigenheimbesitzer – zu spielen uns gezwungen sehen, als bare Realität erscheint, dann wird die Bühne ein überlebenswichtiger Ort. Sie ist die Stätte, auf der seit alters das Problem von Sein und Schein verhandelt wird.« (Ecce homo ludens, in: Jahrbuch Theater heute 1983)

Thomas Hürlimann wurde 1950 in Zug/Schweiz geboren. Nach seinem Philosophiestudium arbeitete er als Regieassistent und Dramaturg am Schiller-Theater in Berlin. Seit 1985 lebt er wieder in der Schweiz.

Neben den Theaterstücken hat Thomas Hürlimann Novellen und Erzählungen veröffentlicht. Für sein Schaffen wurde er mit zahlreichen Preisen ausgezeichnet, unter anderen mit dem Aspekte-Literaturpreis, dem Berliner und dem Weilheimer Literaturpreis und dem Marieluise-Fleißer-Preis. Im August 1998 erschien sein erster Roman »Der grosse Kater«.

Thomas Hürlimann
Das Lied der Heimat

Alle Stücke

Fischer Taschenbuch Verlag

Originalausgabe
Veröffentlicht im Fischer Taschenbuch Verlag GmbH,
Frankfurt am Main, Oktober 1998

Alle Rechte an dieser Ausgabe liegen beim
Fischer Taschenbuch Verlag GmbH, Frankfurt am Main
© 1998 Fischer Taschenbuch Verlag GmbH, Frankfurt am Main
Satz: Fotosatz Otto Gutfreund GmbH, Darmstadt
Druck und Bindung: Clausen & Bosse, Leck
Printed in Germany
ISBN 3-596-14277-6

Inhalt

Großvater und Halbbruder

Personen

Die Familie

MEIN GROSSVATER OTT
MEINE MUTTER THERES OTT
MEIN VATER HANS HÜRLIMANN
DIE SCHNAUZTANTE
DER TÖTSCHLIVETTER

Das Dorf

DER KANTONSRAT
DER KAPLAN
LEHRER TASSO BIRRI
DONATI
WACHTMEISTER BINZEGGER
DÖRFLER UND ROTKREUZSCHWESTERN

ALOIS

Vom Weiher her gesehen:
Eine ansteigende Wiese, narbiges Gras. Am obern Rand der Wiese eine Reihe von Türen: die Umkleidekabinen, fauliges Holz, das Dach aus Teerpappe. Zwischen Kabinen und Ufer, im rechten Teil der Wiese, ein alter Baum. In den Schatten des Baumes hatte MEIN GROSSVATER zwei Tische gestellt; hier saßen seine Badegäste, tranken ihren Most, ihren Schnaps und redeten.

I

An den Tischen sitzen: LEHRER TASSO BIRRI, DONATI *und der*
KAPLAN, *der als einziger kein Badekostüm trägt; den Kittel hat er
über die Stuhllehne gehängt. Im vorderen, linken Teil der Wiese,
nahe am Wasser, liegt in einem Liegestuhl* MEINE MUTTER. *Wenn
ein weit vom Ufer entfernter Schwimmer Hohohooo ruft, hebt sie
die Hand, ein Winken andeutend. Dann blättert sie wieder in der
Illustrierten. Vor ihrem Stuhl ist ein Badetuch ausgelegt.*
Die SCHNAUZTANTE, *von der ich nie wußte, ob sie eine richtige
Tante war, steht oben bei den Herren. Sie zog die Flaschen jeweils
aus einem Wasserfaß und stellt jetzt eine neue auf den Tisch.*

Hohohooo
    MEINE MUTTER *hebt die Hand.*
SCHNAUZTANTE Was kann uns hier schon passieren.
KAPLAN Was sagt die?
BIRRI Die Pupillen. Also die Pupillen sollen aus diesen Augen her-
    ausgeschaut haben wie Brustwarzen. Und seine Beine!
KAPLAN Muß ich saumäßig schwitzen bei dieser Hitz. Die Beine?
BIRRI Seine Beine, ja. Der redet laut genug, Kaplan, auch für Euer
    Ohr.
    Rufe des Schwimmers Hohohooo
    MEINE MUTTER *lächelt.*
DONATI Emdwetter. Aber draußen auf den Feldern kein Bauer
    mehr. Und einer aus Rorschach soll im ›Leuen‹ gar erzählt
    haben, der Bodensee sei leer. Die hätten die Fährschiffe veran-
    kert für länger...
    Rufe des Schwimmers Hohohooo
    MEINE MUTTER *hebt die Hand.*
KAPLAN Der Großvater Ott ist auf dem Dach?
BIRRI Ein Denkmal quasi, Ihr versteht? Ein Denkmal. Stunden-
    lang habe er dagestanden, und Beine soll er haben wie zwei
    nackte Weiber, die in Lederstiefeln stecken bis zu den Schultern.
DONATI Es kommt, wie's halt kommen muß.

BIRRI Der Hitler, Ihr versteht? Der.

KAPLAN Jetzt schlag ich mir ins Genick, aber die Mücke ist weg.

SCHNAUZTANTE So ist eben das Leben, Herr Kaplan. Immer trifft's die Falschen.

Auftritt MEIN GROSSVATER

KAPLAN He, Ott, läuten sie schon Sturm?

MEIN GROSSVATER 's ist der Schwersinn oder der Most. Ich vertrage keinen Most bei dieser Hitz.
Ab.

KAPLAN Ja, aber das müßten wir schon wissen, wenn wir heute noch einrücken sollen.

DONATI Ihr habt ihn gesehen, Tasso Birri?

BIRRI Ein Kollege von mir aus der Stadt, ein Realschullehrer, der hat ihn gesehen. Anno siebenunddreißig, Nürnberg, der Reichsparteitag, Ihr versteht?
Ab.

MEIN VATER *steigt aus dem Wasser. Legt sich auf das Badetuch.*

MEINE MUTTER Sie sind aber ein begabter Schwimmer, Herr Hürlimann.

MEIN VATER Man kann das Fräulein Ott nicht ins Wasser locken?

MEINE MUTTER Wir Frauen haben unsere Geheimnisse, Herr Hürlimann. Das erklärt vieles.

MEIN VATER Es soll bald zum Krieg kommen.

DONATI Du, Birri, vielleicht weiß der junge Stadtherr dort etwas Neues.

MEIN VATER Das Moderato einer Völkerverständigung müsse dem Furioso eines Krieges Platz machen. Das habe ich gestern in den ›Republikanischen Blättern‹ gelesen!

MEINE MUTTER Bloß nicht. Es wird mir ganz bang bei dem Gedanken.

KAPLAN Was soll es geben?

SCHNAUZTANTE Ein Badegast aus der Stadt. Student der Jurisprudenz.

MEIN VATER Und im Reich draußen, Fräulein Ott, wird es dem Jud bös an die Gurgel gehen.

SCHNAUZTANTE Uns wird er schon in Ruhe lassen. Das gspürt man irgendwie.

BIRRI Bei einer Hitlernatur hört das Gspür halt eher auf. Das sage ich als Warnung, meine Herren. Prost.

KAPLAN *und* DONATI Prost.

KAPLAN Wieder daneben, blöde Mücke.

MEIN VATER Morel, Guisan oder Wille: Das ist jetzt die Frage. Sie müssen den General auskäsen, die Berner Parlamentsherren! Wir von der ›Fryburgia‹ stehen geschlossen hinter dem Wille. Das ist der Herr Oberstkorpskommandant Wille, meine Herren, sit nomen omen!

KAPLAN Wer ist das dort –.

SCHNAUZTANTE Student sei er. Einer von der ›Fryburgia‹.

MEIN VATER Möge der Herrgott die Hand über unser Land halten! und die Bundesversammlung soll uns den Schneidigsten zum General machen.

KAPLAN Bin AH der Welfen, Herr Student. Sinesine!

MEIN VATER Ganz speziell!

KAPLAN Die Grenzen müssen sie zuschließen, das ist richtig. Aber den Meßwein bezieht man aus dem Lombardischen. Das ist die andere Seite.

MEIN VATER Mit meinem süßen Blut halt ich die Mücken von Ihnen ab, Fräulein Ott.

MEINE MUTTER So etwas dürfen Sie nicht gar so laut sagen, Sie Herr Student.

MEIN VATER Er ist ja weg. Ich riskier halt einiges.

MEINE MUTTER Schon. Aber er ist mein Vater. Alle sagen Großvater zu ihm, schon immer. Da war er noch jung.

MEIN VATER Man hätte ihn ja gerne einmal gesehen, den alten Herrn.

SCHNAUZTANTE Holla. Der Student dort drüben verbrennt sich noch die Zunge.

MEIN VATER Habe schon viel von Ihnen gehört, Tante Schnauz!

MEINE MUTTER Schnauztante, wenn schon. Aber laut sagt das hier keiner.

BIRRI Lehrer Tasso Birri mein Name. Habe fünf Semester Philosophie auf dem Buckel. Aber das Denken tut niemals gut, ex!

MEIN VATER Halte mit!

BIRRI Habe den Herren da gerade vom Hitler berichtet. Also,
wenn er seine Reden hält, der Hitler, das ist ja schon etwas!
Damals in Nürnberg war das direkt ein Ereignis. Da sind den
schwangeren Weibern dort die Kinder aus dem Bauch gekrochen, die Hand voran, so –
Hitlergruß.
Die Weiber dagestanden, ein Ärmlein vorne heraus. Haben es
nicht einmal gemerkt. Haben zugehört.
Alle lauschen gespannt. Stille.

BIRRI Man hört es wieder?

DONATI Ich hör nichts, Tasso Birri. Still!

MEIN VATER Theres –.

MEINE MUTTER Laß die reden, das macht der Schnaps. Man hört
halt die Mücken.

MEIN VATER Nicht wahr: Das Volk weiß, was gesund ist, nicht
wahr? Most bis zum Gallustag, Sauser bis Sankt Othmar und
bis Sankt Joseph den Trester!

BIRRI Bravo.

MEIN VATER ›Heißt ein Haus zum‹ die Erste! Zwodrei und!

ALLE *singen*

> Heißt ein Haus zum Schweizerdegen
> Lustig muß die Herberg sein
> Denn die Trommel spricht den Segen
> Und der Wirt schenkt Roten ein
> Kommen die Gäst schön Wirtin sie lacht
> Hat schon manchen zur Ruhe gebracht

Plötzliche Stille.

Auftritt ALOIS. *Steht oben an der Wiese. Hat Koffer, Hut und
Mantel.*

MEIN VATER Hürlimann Hans ist mein Name. Sagen Sie einfach
Hans zu mir –

MEINE MUTTER Aber das ist doch nicht der Großvater, der fremde Herr.
Kichert.

MEIN VATER So? Heilandsdonner.
Tiefe Stille.

BIRRI Silentium.

MEIN VATER Herr Birri –

DONATI Ich glaub, der Student dort hört's auch, Tasso Birri.

MEINE MUTTER Aber was ist denn auf einmal los, Herr Hürlimann –?

MEIN VATER In einem der Dörfer läuten sie einer Leich ins Grab,
denk ich.

MEINE MUTTER Einer Leich? Jetzt?

Alle lauschen wieder gespannt.

BIRRI War sowieso grad am Gehen. Zahlen! Kommt Ihr auch,
Donati?

DONATI Allerdings. Mit einer gewissen Sorte will unsereins nichts
zu tun haben.

BIRRI Das habt Ihr gesagt, Donati. Ich sag nichts, aber ich habe
noch zu tun, ja. Jetzt geh ich, klar das?

SCHNAUZTANTE Der Herr wollte baden? Das ist aber ein Pech.
Das Bad ist nämlich schon geschlossen, wissen Sie.

Auftritt MEIN GROSSVATER. *Steht auf dem Dach der Badekabinen.
Schaut mit einem Feldstecher in die Ferne.*

MEIN GROSSVATER Damals, anno Vierzehn, haben sie dem Erz-
herzog Franz eine Bombe in den Galawagen geschmissen. War
genauso heiß damals. Der Hitler kutschiert im offenen Auto-
mobil durch die Städt.

SCHNAUZTANTE Großvater Ott! Es ist einer da, ein Badegast! Wir
haben zu, sag ich. Er steht einfach da.

MEIN VATER Was sagt er?

MEINE MUTTER Pst.

MEIN GROSSVATER Hört Ihr's? Der Wind trägt es herüber –.

Ab.

SCHNAUZTANTE Jesus Maria und Joseph! Der Großvater. Er hat es
gehört –

MEIN VATER Der Großvater hat es läuten gehört –?!

KAPLAN Jetzt hab ich dich, Plagegeist, elender.

MEINE MUTTER Herr Kaplan!

BIRRI Was soll man bloß einmal denken von uns – in der Bade-
hose haben wir dagestanden...

MEIN VATER Ins Feld. Aber tifig.

MEIN VATER, MEINE MUTTER, SCHNAUZTANTE, BIRRI *und* DONATI
verschwinden, um sich anzuziehen, in den Kabinen.

KAPLAN Fräulein Theres. Aber was ist denn, Kind. Was haben
die –. Allmächtiger . . .

Auftritt MEIN GROSSVATER. *Steht mit* ALOIS *bei den Tischen.*

ALOIS Sankt Gallen ist touristisch überlaufen. Herisau ist überlaufen mit Soldaten. Heiden ist reserviert für Menschen mit
Lunge und Niere. Ich steige hinauf, weiter hinauf. Die Luft wird
dünner, aber besser. Man sieht den Bodensee von hier? Man
sieht das Reich?

MEIN GROSSVATER Kann mich noch erinnern, wie's heut gewesen
wäre. Sind die Leut auf der Gaß stehengeblieben, haben den
Hut abgenommen. Still ist es geworden über der Stadt, ganz
still . . . Die Glocken haben geläutet von allen Kirchen. Die
Kathedrale, Sankt Georgen, Sankt Fiden . . . Seinerzeit, anno
Vierzehn: Der Krieg.
Man hört nun das Geläute aller Kirchen von nah und fern.
Auch die Dorfkirche fällt ein.

MEIN GROSSVATER Ja, ja. Vom Dach aus und vom Baum sieht man
den Bodensee und bis Friedrichshafen an guten Tagen. Das
Reich liegt nah.

Auftritt MEIN VATER, *dann* MEINE MUTTER. *Aus den Kabinen, ange-*
zogen.

MEIN VATER Theres – die läuten auch für uns, die Glocken.

MEINE MUTTER Aber Herr Hürlimann –

MEIN VATER Ich weiß, Theresia, was du jetzt denkst.

MEINE MUTTER Ja, Herr Hürlimann. Für immer und für ewig.

MEIN VATER Adieu.
Ab.

MEINE MUTTER Herr Hürlimann! Herr Hürlimann!
Ihm nach, ab.

Auftritt SCHNAUZTANTE, BIRRI *und* DONATI. *Aus den Kabinen.*
Stehen bei den Tischen.

SCHNAUZTANTE Gerade jetzt, wo wir das schönste Badewetter
hätten . . . gerade jetzt ist die Saison am End . . .

BIRRI Laß uns austrinken, einen letzten Schluck, einen allerletzten. Laß uns austrinken und Abschied nehmen. Laß uns für ein Weilchen noch sitzen und sinnieren. Einmal hat halt alles ein End auf dieser Welt. Die Saison ist aus.

SCHNAUZTANTE Weiß man, gegen wen es diesmal gehen soll?

Auftritt WACHTMEISTER BINZEGGER *auf dem Velo. Hält kurz.*

BINZEGGER He, Großvater Ott! Ist er hier draußen, der Emigrant?

MEIN GROßVATER *schaut sich um.* ALOIS *ist verschwunden.*

BINZEGGER Ob hier einer sei, hab ich gefragt.

MEIN GROSSVATER Der Emigrant? Es war einer da?

SCHNAUZTANTE Was Emigrant?! Krieg, Wachtmeister Binzegger, Krieg! Die Schweiz mobilisiert!

BIRRI Der Weiher ist librement dunkler geworden, seht ihr?

BINZEGGER Der wird über die Felder sein und ab.
   Fährt davon, ab.

BIRRI Tempi passati, tempi passati… Jetzt, Großvater Ott, kommt der Hitler.

MEIN GROSSVATER Wo ist der Jud?

SCHNAUZTANTE *klappt den Liegestuhl zusammen.* Da kann man dem Stadtfräulein wieder die Magd machen. Los, ihr da, in den Krieg mit euch!

MEIN GROSSVATER Der Jud ist fort –. Ist da und ist fort?

BIRRI Nur noch ein Weilchen, sag ich. Laß uns einen noch trinken, einen allerletzten, einen absolut endgültig allerletzten und damit finito.

KAPLAN Tröst und erlös Gott alle armen Seelen im Fegefeuer unten.

BIRRI Dabei ist dem Kaplan sein Betrieb absolut kriegswichtig, Donati, und der Großvater Ott ist für den Landsturm zu alt. Aber ich. Ihr habt einen Toten unter euch.

DONATI Ja so. So gesehen bin ich dabei.

SCHNAUZTANTE *setzt sich.* Feierabend, hab ich gesagt. Es wär soweit…

MEIN GROSSVATER Feierabend, ja, ja. Jetzt fängt es an.
   Sie sitzen und schauen zum Weiher.

II

Ein Abend
MEINE MUTTER *und* DIE SCHNAUZTANTE *in Wintermänteln.* MEIN
VATER, *als Korporal, im Soldatenmantel. Sie stehen zwischen Kör-*
ben, einem Koffer, einem Rucksack. Die Sätze, die an MEINEN
GROSSVATER *gerichtet sind, sehr laut;* MEIN GROSSVATER *ist nicht*
zu sehen.

MEIN VATER Polen haben sie genommen! Die Wehrmacht habe
    Polen genommen! Was? Polen, jawohl! Ja, der Krieg macht sich
    im Ostland breit, Großvater Ott, nicht bei uns!
STIMME MEINES GROSSVATERS Bei uns, ja, ja.
SCHNAUZTANTE *zu den Kabinen* Es ist nur der Herr Hürlimann,
    Bub! Darfst schon herauskommen. Wir müssen bald fort, du
    sagst uns adieu.
MEIN VATER Zum AV muß ich in der Kaserne sein. Als Korporal
    ist man pünktlich. Abmarsch, meine Fräuleins, ich nehm den
    Koffer.
SCHNAUZTANTE Früher waren wir ja als Familienbad annonciert,
    wissen Sie. Da haben wir ihn wegsperren müssen mit seinem
    Tubeligrind.
MEIN VATER Adieu, Großvater Ott! Und habt eine gute Zeit!

Auftritt der TÖTSCHLIVETTER *aus einer Kabine. Steht mit einem*
blöden Grinsen.
SCHNAUZTANTE Also, Bub. Die Schnauztante muß jetzt hinunter
    in die Stadt. Dort muß die Tante die Batzeli verdienen für den
    Großvater und für den Bub, gelt?
    Zum Baum:
    Von was sollen wir denn sonst leben?! Von nichts?!
    Zu MEINEM VATER:
    »Siphonschenkerin« hat er zu mir gesagt. Als ob die Stadther-
    ren im Bahnhofbüfett gefährlicher wären als hier die Dörfler.
    Die hätten ein loses Maul in der Stadt und eine sündige Hand

dazu. Aber er muß halt an allem herumnöpperlen, der Großvater.

Auftritt MEIN GROSSVATER. *Steigt vom Baum.*

MEIN GROSSVATER Der Kalte schlägt an. Dort oben schneit es
schon in den Bergen. Noch vor dem Einnachten ist er im Tal,
der Kalte.

SCHNAUZTANTE Man hat das Adieu schon geboten, Großvater Ott.

MEIN GROSSVATER Ja, ja.
Geht hinter die Kabinen, ab.

MEIN VATER Mumpitz, was der verzapft. Was macht er da oben?
Er schaut hinüber?

MEINE MUTTER Hans, das Postauto wartet nicht. Dem Großvater
wollten wir hurtig adieu sagen, jetzt ist es bald fünf.

SCHNAUZTANTE Daß du mir schön brav bist, Bub. Hat halt zu lange im Fruchtwasser geschwommen, der Tötschlivetter. Da ist er
im Fruchtwasser verkrottet.

MEIN VATER Der Lehrer hat's doch erzählt damals. Frühgeburten
– wie beim Adolf, wenn der loslegt. Avanti, meine Damen, Zeit
wär's.
Der TÖTSCHLIVETTER *grinst.*

MEIN VATER Schnee liegt in der Luft, tatsächlich.

MEINE MUTTER Was er gerade jetzt wieder zu werken hat hier
draußen!

SCHNAUZTANTE Es schneit bald. Da gibt's immer noch etwas zu
tun –
Sie gehen hinter die Kabinen, ab.

DIE STIMME DER SCHNAUZTANTE Und wer weiß schon, wie lang das
dauert, bis wir wieder einmal einen Frühling haben wie früher.

Auftritt MEIN GROSSVATER. *Er beginnt, alle Kabinen der Reihe
nach zu verschließen.*

MEIN GROSSVATER Der Krieg, Bub, ist kein Badegast. An dem verdient man keinen Batzen. Leer wird's hier, geschlossen für
länger.

TÖTSCHLIVETTER Uuuu

MEIN GROSSVATER Ist da, aber man greift's nicht. Liegt in der Luft, wie 's Wetter bevor's tut. Dann kommt's. Ist da, sirachet und satanet. Der Blitzstrahl aus dem Himmel verjagt das Viehzeug in Stücke.

TÖTSCHLIVETTER   Goovaattel

MEIN GROSSVATER   Fort, hast es ja gesehen. Talab sind's, in die Stadt.

TÖTSCHLIVETTER   Uuu, Goovaattel, uuu

MEIN GROSSVATER   Aber doch nicht bei uns, dummer Bub. Draußen im Reich gibt's den Krieg, weit weit fort.

Der TÖTSCHLIVETTER *verdrückt sich ängstlich.*

MEIN GROSSVATER   He du. Bleib du da. Er ist mir ab.

III

Dämmerung
Das Rufen der Wasservögel. MEIN GROSSVATER *schließt die Kabi-*
nen ab, und als er in einer der Kabinen einen Koffer findet – es ist
der Koffer von ALOIS *– trägt er ihn auf die Wiese hinaus und steht,*
den Koffer in der Hand.

MEIN GROSSVATER Hohohooo
   Ferne Rufe Hohohooo
MEIN GROSSVATER Ich bin's. Das Echo.
   Rufe Hohohooo
MEIN GROSSVATER Das Echo?

Auftritt ALOIS
ALOIS Sie suchen ein Zimmer?
MEIN GROSSVATER Ich ruf nach dem Bub. Er ist der Schnauztante
   hinterher und mir davon.
ALOIS Es gibt keine Zimmer.
MEIN GROSSVATER Es gibt keine.
ALOIS Man versucht es trotzdem, haben Sie gedacht. Warum
   nicht? Allerdings, Herr, könnte man Sie gut und gern für einen
   halten, der nichts Bares bringt. Ohne Mantel, bei der Kälte? Die
   Berge stecken schon im Winter, das geht tiefer. Wie schnell geht
   das. Wie schnell ist einer ein Jud, nur weil er ein Fluchtgepäck mit
   sich herumtragen muß ... und schon halten sie dich für einen
   Landstraßenläufer, für einen Herumzigeuner und Walzbruder.
   Ist es nicht so? Sollen sie dich ruhig für den Juden halten. Sollen
   sie dich vor die Türe stellen, dich weiterhetzen, du freust dich, du
   gehst weiter ... mit einer ganz rasenden Schnelligkeit gehst du,
   als hättest du Angst, der Weg möchte unter deinen Füßen davon-
   laufen. Daß nur bald die Landschaft verschwinde mit ihren Häusern und Menschen! Hunde warten auf dich, um hervorzusprin-
   gen aus dem Schatten und den Wanderer zu beißen. Du schleppst
   deinen Koffer. Du rufst, jemand ruft –

MEIN GROSSVATER Das ist nicht mein Koffer.

ALOIS Der Hitler ist schuld.

MEIN GROSSVATER Den hab ich dort halt gefunden. Im Badehäuslein.

ALOIS Du, es schneit bald.

MEIN GROSSVATER Der Hitler ist schuld?

ALOIS Der Hitler.

MEIN GROSSVATER Er ist da?

ALOIS Ich bin kein Jud.

MEIN GROSSVATER Das Bad ist schon zu.

ALOIS Ich bin der Halbbruder vom Hitler.

MEIN GROSSVATER Ja, muß jetzt arbeiten. Hau du ab. Muß abschließen, dann geh ich.
Schließt die Türen ab.

ALOIS Das ist dein Bad?

MEIN GROSSVATER Geht dich nichts an. Es ist mein Bad.

ALOIS Warum diese pazifistische Verkleidung? Warum schlüpft er als Bogennase über die Grenze, als hätte der eiserne Hitlerbesen ihn hinweggeputzt? So fragen Sie. Sie fragen mit Recht, Herr. Keiner weiß, wer ich bin. Wüßten sie's, sie hätten mich wie einen Gauleiter empfangen. Ich will's nicht so.

MEIN GROSSVATER So.

ALOIS Ja. Der Halbbruder hat's befohlen. »Verkleide dich«, hat er zu mir gesagt, »zieh herum mit deinem Fluchtgepäck! Der erste, Alois, der hinter deiner semitischen Maske den Halbbruder erkennt, den machst du zum Alpenkönig!« Du hast mich erkannt. Ich mach dich zum Alpenkönig.

MEIN GROSSVATER *hat die letzte Tür geschlossen und geht, ab.*

ALOIS Du willst mich aushungern? Du holst Erkundigungen ein? Eine Toleranzbewilligung willst du mir abfordern, mir, dem Halbbruder vom Hitler?! Du willst mich verraten. Ich verrate dich. In jeder Zeitung steht's, daß er kommt, und er kommt, er hat es versprochen. Du, ich stampf dich ein! Ich streich mir den gestampften Großvater aufs Brot und habe ihn gefressen. – Ich habe doch Hunger, Herr …
Nimmt den Koffer auf.
Erkundigungen taugen in der Regel wenig. Treu wie ein Gote,

der das Gute nicht vergessen kann: so ist mein Halbbruder beschaffen. Alles wird angerechnet, das Gute und auch das Böse – das Böse doppelt, adieu.
Ab.

Auftritt MEIN GROSSVATER

MEIN GROSSVATER Mit so einem lumpigen Vagantengepäck will er der Halbbruder vom Hitler sein? Mit einem Mantel, der löchrig ist, und in halbbatzigem Schuhzeug will er mir einen hitlerischen Halbbruder auftischen? Aus seinen Augen schaut ihm die Angst heraus und der Hunger auch. Mach, daß du fortkommst. Er kann nicht einmal schwimmen, glaub ich.

Auftritt WACHTMEISTER BINZEGGER. *Hält kurz.*

BINZEGGER Ausländische Vögel, Großvater Ott! Sie strielen herum! Vierzehn-Achtzehn haben wir's genauso gehalten. Kam uns der Franzos über die Grenze, damals, ja, ja. Mit dem Husten hat es dann angefangen und aufgehört mit dem Generalstreik. Bin ihm auf der Spur, müßt Ihr wissen.

MEIN GROSSVATER So.

BINZEGGER Ihr, Großvater Ott, redet mit den Fischen?

MEIN GROSSVATER Mit mir selber. Es nachtet ein.

BINZEGGER Dem zünde ich schon heim mit meiner Laterne. Großvater Ott, adieu.
Fährt davon, ab.

MEIN GROSSVATER Der Binzegger.

Auftritt ALOIS. *Steht auf dem Dach.*

ALOIS Die Höhen werden wir bezeichnen, wo er für sich eine Villa baut. Die Täler müssen wir für ihn aussuchen, die er mit Autobahnen füllt. In den Ebenen wird er Werke hinstellen, Türme dazu. Eine neue Schweiz wird das sein – kein Kosmopolit mehr, kein Bolschewik, kein Anarchist, kein Jud – ein einzig Volk von Brüdern!

MEIN GROSSVATER Sie suchen dich.

ALOIS Die sind dumm. Es gibt noch Juden im Dorf. Ich mag den Jud nicht riechen. Wer zuletzt lacht. Wir sehen uns noch.

MEIN GROSSVATER Juden?

ALOIS Aber ja. Dem Jud geht's an die Gurgel. Mein Halbbruder hat's befohlen.

MEIN GROSSVATER Hatz? Was für eine Hatz, Jud? Eine Juden-Hatz?

ALOIS Ich habe dir den Alpenkönig angeboten, Großvater Ott. Ich ernenne dich zum Ortsgruppenleiter.

MEIN GROSSVATER Du weißt meinen Namen?

ALOIS Und die Hatz, Großvater Ott, hätte dir gezeigt, wer ich bin. Ein Judenhetzer ist kein Jud. Da fährt er mit seiner Laterne über die Felder. Jetzt hält er. Er kehrt um.

MEIN GROSSVATER Bist ein Saujud, Hitler.

ALOIS Hitler, hast du gesagt?

MEIN GROSSVATER Es war einer hier draußen. Der Polizist.

ALOIS Wie er mich ansieht, der Herr Ortsgruppenleiter.
    Ab.

MEIN GROSSVATER Den zeig ich an.

Auftritt WACHTMEISTER BINZEGGER. MEIN GROSSVATER *steht im Lichtstrahl der Laterne.*

MEIN GROSSVATER Man muß schon gesehen haben, wie ein scharfer Dackel einer alten Füchsin an die Gurgel springt und nicht mehr losläßt, um sich das vorzustellen.

BINZEGGER Es steht einer auf dem Dach, Großvater Ott.

MEIN GROSSVATER Daß ihm einer so auf die Stör ginge, hätt ich denn doch nicht gedacht.

BINZEGGER Er war bei Euch, Großvater Ott, seinerzeit als der Krieg angefangen hat. Der Jud, denkt sich der Ott, scheißt Geld.

MEIN GROSSVATER Ich war das.

BINZEGGER Wo?

MEIN GROSSVATER Der auf dem Dach. Habe noch eine Ritze verspachtelt. Es schneit bald.

BINZEGGER Ja, ja, es schneit bald.

MEIN GROSSVATER Aber in was hat er sich verbissen, der Herr Landjäger? Er sucht etwas vielleicht ...

BINZEGGER Wie er redet, der Großvater Ott.

MEIN GROSSVATER Der Jud hat sich in die Wälder gemacht.

BINZEGGER   Er hat ihn gesehen. So etwas gspürt man als Polizist.
Ab.

MEIN GROSSVATER   Ein Judenhetzer, hast du gesagt, ist kein Jud.
Aber wo bleibt die Hatz, he?! Er hat vor unserem Binzegger
Schiß.
Alpenkönig, hat er gesagt? Da fällt jetzt der Schnee, und ich hab
den Kahn noch im Wasser.
Geht zum Ufer.
Seine Spur. Den find ich im Schnee.
Rasch nach hinten, ab.

IV

Nacht
ALOIS *im frischen Schnee. Der* TÖTSCHLIVETTER *ist bei ihm.*

ALOIS   Wie es warm wird. So warm und kalt. Wie es still ist. Schau.

TÖTSCHLIVETTER   Uä

ALOIS   O ja. Der Himmel. Sterne am Himmel, schau.

TÖTSCHLIVETTER   Uä

ALOIS   Adieu. Du hast mir adieu gesagt, lieber Mensch.

TÖTSCHLIVETTER   *plötzlich* Hnnndää!!

ALOIS   Drüben im Dorf ist die Stube geheizt. Die Teller sind voll. Eine Wurst, weißt du, essen die zum Zeitvertreib. Und der Jud liegt draußen... Ich bin kein Jud... Der Jud stirbt im Schnee. Das war die Eiszeit, aber ich spüre keine Kälte mehr... keine Kälte und keine Angst... Was fuchtelst du noch herum und zeigst in die Nacht. Die Nacht ist hell, die Sterne sind so hell, der Schnee ist blau. Wie es warm ist im Schnee. Du, komm her. Willst du meine Schuhe? Der Alois ist so müde, er braucht keine Schuhe mehr. In der Nacht war wieder Schnee gefallen, viel Schnee, und es wurde Winter, wurde Frühling, und im Frühling haben sie einen gefunden. Der lag ohne Mantel und ohne Schuhe auf der Badewiese. Der lag einfach da, und auf dem Schädel hat er ein Grinsen. Sollen die Hunde jetzt kommen.

TÖTSCHLIVETTER   Hnnndää!! Hnnndää!!

ALOIS   Aber der Schnee... Wie es warm ist im Schnee und so still? Mit leichten Sätzen springen sie vor, ihre Hauer sind scharf –. Hörst du? Mit Branntwein hat man denen die Lefzen eingerieben. Ihr Hecheln ist so laut. Da! Sie schlagen an! Sie haben die Hunde von der Koppel gelassen. Hörst du die Hunde? Im Dorf schlagen die Hunde an, der Großvater Ott hat den Alois verraten. Ist zwar der Halbbruder vom Hitler, hat sich der Großvater Ott gesagt. Aber was tut's, hat er sich gesagt, sollen sie den Alois fressen. Ein volles Maul, sagt sich der Ott, schnorrt nicht herum, es schluckt. Der will seine Badegäste nicht verlieren: Der denkt an den Sommer.

TÖTSCHLIVETTER Goovaattel –

ALOIS Was hast du gesagt?!

TÖTSCHLIVETTER Goovaattel!

ALOIS Du, der Alois hat jetzt eine Idee ...

Der TÖTSCHLIVETTER *nickt, grinst.*

ALOIS Ich zeig dir die Sterne. Wir steigen aufs Dach, wir zwei.
Komm, stütz mich. Ja, so ist es richtig. Mach schneller, Idiot. Ich
erzähle dir eine Geschichte, eine Geschichte, ja, eine schöne
Geschichte, hörst du?

Der TÖTSCHLIVETTER *grinst.*

ALOIS Es ist die Geschichte vom lieben Hitler. Er ist so groß wie
ein Pappelbaum, dieser Hitler, und Augen hat er, die glänzen wie
Gold!

TÖTSCHLIVETTER Iii

ALOIS Wie Gold, wie bares Gold!

Der TÖTSCHLIVETTER *trägt* ALOIS *weg.*

ALOIS Und wenn er durch die Straßen fährt, winken die Leute,
rufen und weinen. Mach schneller, lieber Mensch.

Beide ab.

Auftritt MEIN GROSSVATER *und* DONATI

MEIN GROSSVATER Du bist noch der einzige, Donati, der mir
glaubt. Die anderen bleiben alle hocken im Warmen und schütteln den Kopf. Dort ist er. Ich hab ihn hinausgejagt aufs Eis.

DONATI Aha. Auf dem Eis?

MEIN GROSSVATER Ja. Schau! Dort!

DONATI Aha. Jetzt hör mir einmal genau zu, du Spinncheib, du.
Ott: Dort stehen die Badehäuslein in ihrer Reihe, und über uns
ist der Himmel. Hinter dem Weiher geht's das Absomertal hinauf, und wir zwei haben im ›Leuen‹ eins gezogen. Die Wälder
sind schwarz in der Nacht, und in Sankt Gallen haben sie das
Benzin rationiert. Der Coiffeur Rosenbaum hat sein Geschäft
verkauft, und was ein Hebräer ist, retiriert mit Sack und Pack
in die Innerschweiz. So hat alles seine Zeit und seinen Platz,
Großvater Ott. Auf dem Eis ist niemand.

MEIN GROSSVATER Da –!

DONATI In der Anstalt, Großvater Ott, hättest einen Mantel, eine
Decke für den Winter und das Essen für den Magen, das auch.

Aber lang sind die Nächte in der Anstalt und die Tage auch. Es ist tagsüber wie nachts. Aber nachts ist es dunkel.

MEIN GROSSVATER Das Wasserfaß, Donati. Da habe ich im Sommer die Flaschen, Donati.

DONATI Allerdings, Ott, primaprima. Das Faß ist vorhanden. Zwei Flaschen sind eingepackt im Eis, und eine willst du mir herschenken fürs Mitkommen. Und weil ich dir den Jud geglaubt habe.

MEIN GROSSVATER Es ist vielleicht kein Jud, Donati.

DONATI Das freut mich direkt. Ich bin dein Freund, Großvater Ott.

MEIN GROSSVATER Ich hab ihn hinausgejagt aufs Eis.

DONATI So. Da meint man, du hast es kapiert im schweren Schädel. Aber nein. Schon fängt er von neuem damit an.

MEIN GROSSVATER Donati –. Das Faß ist leer. Er hat die Flaschen genommen, der Jud, der verdammte.

DONATI Frage: Da ist kein Jud – aber er stibizt dir die Flaschen aus dem Faß, he? Ebenderselbige, der dort steht auf dem dünnen Eis, und jetzt hat er auch noch die Flaschen genommen??

MEIN GROSSVATER Muß etwas kontrollieren.

Ab.

DONATI Muß etwas kontrollieren! Muß etwas kontrollieren, und mich läßt er stehen! Macht das Maul auf im ›Leuen‹, aber das Flaschenpfand bleibt er schuldig! Du, Ott, wenn einer dem eigenen Fuß wie einer Rehgeißfährte nachgeht, könnte das ein gefährlicher Weg sein, Ott! Ott, das könnte bekanntlich der direkteste Umweg in die Anstalt sein, Ott, hörst du? und wieder heraus sei man so schnell nicht wie drinnen!!

Auftritt MEIN GROSSVATER

MEIN GROSSVATER Seifig sind's, die Hebräer, pomadig und schleimig wie Fisch. Die sind nicht zu greifen, nicht heimisch, die treiben herum, wie soll ich ihn greifen? Das ist das Jüdische am Jud –

DONATI Großvater Ott. Was ist mit Euch –.

MEIN GROSSVATER Daß er flüchtig ist, der Hund!

DONATI Schau mich nicht so an, Großvater Ott, mir gramselt ja die Angst direkt über den Rücken. Du hast auf einmal etwas im Blick, du, das ist ganz und gar nicht gesund, was du da im Blick hast, laß mich los!

MEIN GROSSVATER So.

DONATI Die versprochene Flasche ist schon vergessen, und Euer Jud – er steht dort!

MEIN GROSSVATER Ja!

DONATI Er steht dort auf dem Wasser draußen! auf dem Eis!
Geht davon.
Den hat es aber tüchtig gepackt, den Alten.
Ab.

MEIN GROSSVATER Hast gedacht, es trägt dich. He ja, das Eis ist noch dünn um die Zeit. So ein dummer Hund. Versoffen bist du! Weil ihr Angst habt vor dem Taufwasser, ja, ja! Wir sehen uns noch, Versoffener, im Sommer! Dann landet es dich einmal an. Jetzt geh ich ins Dorf zurück. So ein Tod muß gemeldet sein. Dann hat man es amtlich, und die Ruh hab ich auch wieder zurück. Will mir einen Halbbruder vorschwindeln, da hat ihn das Wasser geholt. So ist es schon recht. Ich trink noch eins.
Ab.

V

Ein Sonntag
MEIN GROSSVATER. *Es kommen* LEHRER BIRRI, DONATI *und der*
KAPLAN *vorbei, sie machen einen Spaziergang und rauchen*
Zigarre.

KAPLAN Zeiten sind das. Erdäpfelmöckli-, Erdäpfelstückli-,
Erdäpfelrösti-Zeiten! Eine richtige Hackfrüchtezeit. Wir Geist-
lichen sind halt an Erdäpfel und Dörrbohnen noch nicht so
recht gewöhnt, Sapperlot! und die Armee kauft das ganze
Schlachtvieh auf. Die Preise steigen, Donati, die bischöfliche
Kanzlei wird geiziger. Der Zuckerpreis ist ins Ängstliche gestie-
gen. Und meine Köchin! Die will halt ihr Fett gegen den Frost
und den eventuellen Krieg auch noch extra polstern. Was die
Weiber manchmal fressen, du stellst es dir nicht vor.
DONATI Ja, ja. Wenigstens haben wir den Krieg noch nicht auf
Schweizerboden, Kaplan.
BIRRI He, Ott. In deinem Haus im Dorf hat man dich schon eine
Zeit nicht gesichtet.
Leise
Und den Kahn hat er heuer nicht aus dem Wasser geholt, der
Ott. Das bedeutet etwas, Ihr versteht?
KAPLAN Bis dato hat uns eben der Winter geschützt, Donati. Im
Frühling sei mit einer Offensive im Westen schon zu rechnen.
BIRRI *leise* Wartet's ab. Eventuell gibt es noch eine Überraschung
heut nachmittag. Ich habe da so etwas läuten hören, Ihr versteht?
DONATI Der Birri weiß etwas.
BIRRI Ott, habe den Herren da gerade gesagt, man hätte Euch
schon lang nicht mehr gesehen. Grüß Gott!
KAPLAN Als ob er den Priester meidet, kommt es mir vor. Ich müß-
te ihm einmal die Badeanstalt versegnen. Schaden kann es ja
nichts.
BIRRI Ja, ja, Ott, der Krieg, der Krieg. Das hat halt trotz allem
etwas Titanisches, so ein Völkerringen.

KAPLAN He, Ott, einmal war auch die Schnauztante im Dorf. Hat
nach Euch gefragt und auch nach dem Tötschlivetter. Was ihr
zwei immer so macht, hat sie gefragt.

BIRRI Ist er nicht bei dir, der Bub?

DONATI Der Birri hat es gewußt. Da sind sie schon.

Ein Töff mit Seitenwagen fährt heran. Auftritt DER KANTONSRAT
und WACHTMEISTER BINZEGGER

BINZEGGER *dem* KANTONSRAT *aus dem Seitenwagen helfend* ...
und vorgestern hat man in Widnau unten wieder eine ganze
Flüchtlingsfamilie aufgebracht, mit Kind und Kegel. Unsereiner
hier oben hat da halt weniger Glück. Aber das dort, Herr Kantonsrat, wäre jetzt der besagte Ott. Ich könnte ihn schon bei-
bringen, Herr Kantonsrat.

DONATI Herrschaftabeinander, der Kantonsrat!

BINZEGGER He, Großvater Ott, wenn Ihr vom Emigranten etwas
wißt, dann könnt Ihr jetzt das Maul aufmachen.

BIRRI Der Herr Kantonsrat meint es gewiß gut mit Euch, Großvater Ott.

DONATI Er weiß etwas.

BIRRI Man muß abwarten.

BINZEGGER He, Ott, der Herr Kantonsrat hat seine Zeit aber
nicht gestohlen.

MEIN GROSSVATER Hast selber Beine, Binzegger. Kannst ja herkommen.

DONATI Bockig war er schon immer.

BIRRI Schon, aber so? Und in der Gegenwart von einer Behörde?
Ich weiß nicht, Donati, ich weiß nicht ...

BINZEGGER Dann durchsuche ich jetzt also die Badehäuslein,
Herr Kantonsrat.

KANTONSRAT Lehrer Birri?

BIRRI Der bin ich, Herr Kantonsrat, jawohl. Der Weiher hier
gehört eigentlich der Gemeinde, aber der Herr Ott hat im Sommer die Badewiese in Pacht. Sie müssen den Gerüchten halt
nachgehen, ich verstehe.

KANTONSRAT Sie haben mir etwas zu sagen, Herr Ott. Das ist
recht so.

BIRRI Pardon, Herr Kantonsrat.

KAPLAN Was sagt er?

BIRRI Ich erzähl's nachher laut.

    BIRRI, der KAPLAN *und* DONATI *halten sich beiseite.*

MEIN GROSSVATER Ich such ihn ja selber.

KANTONSRAT Soso. Sie haben ihn gesehen?

    MEIN GROSSVATER *nickt.*

KANTONSRAT Mehrere Male haben Sie ihn gesehen?

    MEIN GROSSVATER *nickt.*

MEIN GROSSVATER Ich glaub halt nicht alles, was er sagt.

KANTONSRAT Ja, Herr Ott, das ist wohl ein ganz gehöriger Schelm,
dieser Herr Emigrant. Wir müßten einmal mit ihm reden. Wenn
er vorbeikommt, laßt es mich wissen. Ich bin Mitglied einer
Kommission für Emigrantenprobleme. Da ließe sich bestimmt
etwas tun, Herr Ott, was auch im Interesse des Herrn –

MEIN GROSSVATER Hitler. Aber sicher bin ich nicht.

KANTONSRAT Ganz recht. Was auch im Interesse dieses Herrn
Emigranten ist. Binzegger!

BINZEGGER Bin noch nicht fertig, Herr Kantonsrat. Ich soll die
Badehäuslein kontrollieren.

KANTONSRAT Man blamiert sich ja.

BIRRI Wenn ein Wort erlaubt ist, Herr Kantonsrat –

KANTONSRAT Hört man in Sankt Gallen davon, lachen die Hühner!

BIRRI Ein Bekannter vom Herrn Ott – er wäre zufällig gerade hier,
Herr Kantonsrat – weiß da noch etwas zu berichten, was er
gesehen hat. Er hat den Jud gesehen, der Donati.

DONATI Also die Sache ist die, Herr Kantonsrat – der Herr Ott hat
den Jud aufs Eis getrieben, und da ich zufällig gerade den gleichen Heimweg hatte, Herr Kantonsrat –

KANTONSRAT Zum Dorf, Binzegger, Tempo!

    Fährt mit BINZEGGER *ab.*

KAPLAN Aber wir brauchen doch noch einen Vierten für den Jaß.

BIRRI Das stimmt schon. Aber vielleicht höckelt der Kantonsrat
noch im ›Leuen‹ und klopft einen mit.

    Mit DONATI *und dem* KAPLAN *ab*

MEIN GROSSVATER Vielleicht ist er schon längst über den Weiher,
das Absomertal hinauf und oben über die Grenze. Den Weg

sind früher die Schmuggler gegangen. Da gibt's noch Hütten im
Fels, wo er einen Schutz hätte vor der Kälte.

Hohohooo!

Sogar das Echo wird verschluckt vom Schnee. Und der Bub
kommt auch nicht mehr. Den Bub könnt ich jetzt einmal gebrau-
chen. Ohne den Bub hock ich im ›Leuen‹ mutterseelenallein am
Tisch. Aber was macht's. Jetzt im Krieg ist der Wein ja misera-
bel.

Geht zum Ufer

Aber ich glaub's halt nicht. Im strengen Winter kann ein Fremder diesen Weg nicht gehen. Der würde sich in den Runsen bös
versteigen, und unter dem Schnee ist das Geröll nicht fest.

Warum such ich den? Ich such nicht den Fremden. Den Bub
will ich zurück. Der gehört zu mir.

VI

Nacht

ALOIS *steht mit dem* TÖTSCHLIVETTER *auf dem Dach.* MEIN GROSS-
VATER *kommt vom Ufer her.*

ALOIS *dreht dem* TÖTSCHLIVETTER *das Ohr ab. Der* TÖTSCHLIVET-
TER *schreit.*

ALOIS   Ah, wer steht denn da unten und schaut herauf? Der
    Herr Ortsgruppenleiter. Ich hab da gerade einen Jud er-
    wischt.

MEIN GROSSVATER   Einen Jud?!

ALOIS   Wenn ich so Zeit habe, hetz ich den einen oder andern.
    Der TÖTSCHLIVETTER *schreit.*

ALOIS   Hab ich's dem Herrn Ortsgruppenleiter nicht erzählt? Es
    gibt noch Juden im Dorf.

MEIN GROSSVATER   Das ist aber kein Jud!
    Der TÖTSCHLIVETTER *schreit.*

MEIN GROSSVATER   Der Bub ist das, der Bub!

ALOIS   Schrei bitte schön leiser, Jud. Wer sei das?!
    Der TÖTSCHLIVETTER schreit.

MEIN GROSSVATER   Der gehört zu mir, der! Er ist mir doch ab!

ALOIS   Ein Jud, ganz recht. Ich muß ihm eine Lektion verpassen.
    Der TÖTSCHLIVETTER *schreit gellend.* ALOIS *stößt ihn vom*
    Dach.

ALOIS   Was für eine Nacht ist das. In Friedrichshafen brennen die
    Lichter. Dort baut mein Halbbruder seine Messerschmitts. Er
    erhebt sich in die Lüfte und winkt mit den Flügeln. Nach den
    Sternen möchte man greifen, so nah sind die Sterne. Wollen wir
    uns du sagen? Ich heiße Alois.

MEIN GROSSVATER   Der Bub. Herr Jesus …

ALOIS   Er lebt ja noch. Zähes Volk.

MEIN GROSSVATER   Blut – Blut –. Ein Geschwemme, als hätte man
    im Schnee ein Säulein gemetzget …

ALOIS   Na ja. Die Lektion war vielleicht gerade richtig. Ein hartes
    Stück Arbeit, Ortsgruppenleiter.

MEIN GROSSVATER Du bist beim Großvater, Bub, hörst mich?
Zu ALOIS Er hat mich noch erkannt, Herr.

ALOIS Ach. Und wer hat dich erkannt? Ich setz ihm den Fuß auf
die Nase. Soll er heulen. Er hat genug Wasser im Kopf.

MEIN GROSSVATER Tut das nicht. Was kann so ein –

ALOIS Jud.

MEIN GROSSVATER Was kann so einer schon dafür, daß er so ist.
Er gspürt ja nichts.

ALOIS Nein?

MEIN GROSSVATER Der Großvater. Der muß es gspüren: doppelt.
Es ging mir durch Mark und Bein, sein Geußen.

ALOIS Ortsgruppenleiter, du gehst jetzt ins Dorf. Du organisierst
was zu essen. Nicht zu knapp, ist das klar?

MEIN GROSSVATER Bist vom Dach geplumpst wie tot, lieber Bub.
Aber jetzt ist der Großvater da. Hörst mich noch?

ALOIS Wie die Nacht wieder hell ist.

MEIN GROSSVATER Bub... lieber Bub... sag doch nur ein Wörtlein... ein letztes. Ich hol den Kaplan.

TÖTSCHLIVETTER Gooss wie a Pabbelpaum Auggen wie Gollt

MEIN GROSSVATER Jetzt habe ich den Hitler erkannt. Da läuft er
einfach davon.

ALOIS *ist verschwunden.*

VII

Tiefer Winter, und es schneit und schneit.
ALOIS *sitzt an einem der Tische und ißt.* MEIN GROSSVATER *schaut ihm zu.*

MEIN GROSSVATER Wie er wieder in sich hineinworgelt. Keine Angst, Herr Alois, jetzt, wo die Wege alle verschneit sind, kommt keiner mehr hier heraus.

ALOIS Du hast Sonnenschirme in den Kabinen.

MEIN GROSSVATER *holt einen Sonnenschirm und steckt ihn neben* ALOIS *in den Schnee.*

MEIN GROSSVATER Ich hoff halt, daß der Hitler bald Zeit hat für die Schweiz. Dann könnte dem Heimlichtun ein End gemacht werden. Es wird mir so und so bald einmal zuviel. Wenn ich in den ›Leuen‹ komme, wird es auf einmal still an allen Tischen, und wenn einer großtun will vor allen, dann schnörrzt er mich an. Das Essen ist auch schlechter geworden, Herr Alois, Ihr merkt es ja selber. Jeden Tag muß ich weiter talaus. Hier im Dorf gibt mir keiner mehr etwas ab, aber Ihr habt alleweil größeren Appetit.

ALOIS Die sind dumm, Ott. Ich und ein Jud!

MEIN GROSSVATER Als Halbbruder vom Hitler. Das hab ich denen ja auch immer gesagt.

ALOIS So?

MEIN GROSSVATER He ja. Aber da wurden die ganz taubentänzig, und mit der Anstalt drohen sie auch immer. Der Lehrer Birri hat zum Kaplan gesagt, man müßte mir endlich einmal den Bub wegnehmen.

ALOIS Den Bub?

MEIN GROSSVATER Ja, weil ich ihn schlage, den Bub.

ALOIS Du schlägst den Tötschlivetter? Der gehört zu dir, hab ich gemeint. Das ist Essig, kein Wein.

MEIN GROSSVATER Eidgenössischer. Aber mit dem Geld wird es alleweil knapper, und die Bauern verkaufen lieber an die Stadtleut in solchen Zeiten. Mir kommen die jetzt gar mit den Hunden. »Geh zu deinen Judenmolchen!« heißt es dann.

ALOIS Du hast ihnen gesagt, wer ich bin?

MEIN GROSSVATER Dem einen und andern hab ich's schon sagen müssen.

ALOIS So.

MEIN GROSSVATER Was denkt Ihr? Ihr schaut mich gar merkwürdig an, Herr Alois. Mir wär's ja auch recht, wenn das Essen besser wäre und der Wein kein Essig, Herr Alois.

ALOIS Sag mal – warum eigentlich hilfst du mir? Weil der Hitler dich belohnen wird?

MEIN GROSSVATER Auf einmal habt Ihr keinen Appetit mehr, Herr Alois. Ihr habt doch sonst immer Appetit.
Ihr sollt mich so nicht ansehen, Herr Alois. Ich kann nichts dafür.

ALOIS Ich lach nicht, Großvater Ott. Es hat die ganze Nacht wieder geschneit.

MEIN GROSSVATER Die wollen den Jud von mir, Herr Alois. Ich, sagen sie, füttere den Jud.

ALOIS Weißt du, woran ich manchmal denke, wenn der Hunger an meinem Bauch frißt, wenn der Tag sich schon geneigt hat und es in den Tälern Abend wird? An unsere Dachterrasse denke ich. Was ist schon eine Badeanstalt, Ott. Eine Badeanstalt ist gar nichts. Aber eine Badeanstalt mit Zukunft, mit einer Dachterrasse, mit Fernrohr und Sonnenschirmen: Das wäre etwas. Ich muß vorausdenken, verstehst du? Wenn es sich im Dorf erst herumgesprochen hat, daß der Alois Hitlers Halbbruder ist, was meinst du, wird geschehen? Deine Badeanstalt wird einen Aufschwung in schwindlige, geschäftliche Höhen erleben! Alpenkönig wird man dich nennen! Und an das Geschwätz vom Jud denkt kein Schwein mehr, garantiert!

MEIN GROSSVATER So.

ALOIS Genau so. Aber du willst mich verraten. Du sagst: Ich laß keinen hungern und fütterst mich täglich. In deinem Kopf, Ott, denkst du anders. Du wartest. Und eines Tages, wenn du einen von denen, die jetzt noch lachen und von der Anstalt reden, am Kragen packen kannst, schleifst du ihn her: »Da«, sagst du, »habt ihr den Jud. Freßt ihn, den Jud!« Du bist nicht dumm, Ott.

MEIN GROSSVATER Warum habt Ihr den Bub geschlagen, Herr
Alois –. Er hat Euch nichts getan. Der tut keinem etwas zuleid.

ALOIS Eins, Ott, sag ich dir: Mit deiner Verstocktheit zwingst du
mich nicht in die Knie.

MEIN GROSSVATER Doch.

ALOIS So? Meinst du? Räum die Sachen jetzt ab.

MEIN GROSSVATER Herr Alois, es kommt bestimmt keiner mehr
hier heraus, Ihr könntet alleweil in den Badehäuslein übernach-
ten.

ALOIS Hast du mir die Zigarette mitgebracht?

MEIN GROSSVATER *gibt* ALOIS *die Zigarette.*

ALOIS Gut, sehr gut. Setzen wir uns für ein Weilchen noch in die
Kabine unters Dach, Großvater Ott. Wir rauchen die Zigarette
zusammen.

Sie sitzen in der Kabine.

ALOIS Ja, daß es Frühling wird, bis er kommt, habe ich schon
immer gesagt.

MEIN GROSSVATER Wie es wieder schneit, Alois. Als wollte der
Himmel auf die Erde hinab.

ALOIS Im Frühling bestimmt, Alpenkönig, im Frühling...

MEIN GROSSVATER Das wäre aber eine schöne Dummheit, Alois,
wenn der Großvater Ott Hitlers Halbbruder als Jud verscha-
chert hätte, und im Frühling kommt der Hitler...

ALOIS Bitte?

MEIN GROSSVATER Die Zigarette hab ich vom Donati.

VIII

MEIN GROSSVATER *und der* TÖTSCHLIVETTER

MEIN GROSSVATER 's ist bald Abend, aber er kommt nicht. Er
  kommt schon lang nicht mehr, dein Kopf ist bald einmal ver-
  heilt. Komm, Bub, der Großvater nimmt dir den Verband ab. Ja,
  so ist es brav. Das ist gut, daß du nicht reden kannst. Sonst hätten wir noch sagen müssen, was uns zwei Lustigen passiert ist.
  Es hätt's dir ja doch keiner geglaubt. Ich glaub es selber nicht
  immer. So. Tut das weh? Dir macht es ja nichts. Dümmer kann
  einer wie du nicht werden.
  Der TÖTSCHLIVETTER *wimmert.*

MEIN GROSSVATER Gehab dich ruhig, dummer Bub. Der Großvater gibt dir dann einen Schluck Schnaps ab.

TÖTSCHLIVETTER Iii

MEIN GROSSVATER Wenn er bloß reden könnte. Warum bist mit
  dem Alois aufs Dach gestiegen, sag? Hast ihn am Ende gar vom
  Eis geholt! Zeig den Schädel einmal her. Alles sauber, hier will's
  noch eitern. Aber das vergeht, wie alles vergeht. Narben sieht
  man nicht.

MEIN GROSSVATER Den Schnaps willst? Ich brauch halt auch
  einen Schluck. Es denkt in meinem Kopf etwas zuviel in letzter
  Zeit, weißt. Der Großvater kann das einfach nicht mehr abstel-
  len. Dunkel ist es da oben wie in einem Kuhbauch. Es rumpelt
  und furzt – Pfudäpfudäpfrrr!

TÖTSCHLIVETTER Pfrrr

MEIN GROSSVATER Ja. Aber ein Kopf kann es nicht heraus-
  scheißen. Das ist das Dumme. Jetzt im hohen Schnee wär's ihm
  zu mühsam, sagt man. Aber ob er da gerade bei uns vorbeikommt, im Frühling? He ja – vielleicht will er seinen Halbbruder einmal treffen. Der könnte eventuell noch in der Gegend
  sein. Aber ob das gerade so ein Halbbruder ist, wie es der Alois
  behauptet hat, wer weiß das schon... Komm einmal zum
  Großvater, Bub. So ist es brav.
  Dreht dem TÖTSCHLIVETTER *das Ohr ab*

Schrei jetzt, aber nicht laut.

Der TÖTSCHLIVETTER *schreit stumm.*

MEIN GROSSVATER Das hört er vielleicht.

Der TÖTSCHLIVETTER *wimmert.*

MEIN GROSSVATER Du darfst jetzt eine Pause machen.

Der TÖTSCHLIVETTER *verdrückt sich. Ab*

Auftritt ALOIS

MEIN GROSSVATER Aber wie der Bub auf einmal hat reden können! Kotzt Blut, aber im Gesicht steht ihm der Sonntag. Soll
einer so einen Wasserkopf verstehen. Es kommt mir ja selber
komisch vor. Und auf den Höfen würden immer noch Hühner
gestohlen . . . Nein, nein, da ist nicht die Armee dran schuld. Das
ist einer, der sich durchbringen muß. Jetzt red ich schon mit mir
selber –

ALOIS Großvater Ott –

MEIN GROSSVATER He ja. Nur gut, daß es keiner hört.

ALOIS Ich habe Hunger, Großvater Ott.

MEIN GROSSVATER Ich habe nichts. Die Theres soll sich verlobt
haben in der Stadt, und von der Schnauztante seh ich keinen
Rappen mehr. Wie soll ich Euch helfen, sagt es mir selbst.

ALOIS Ich habe Hunger, Großvater Ott.

MEIN GROSSVATER Sei du froh, daß ich dich nicht angezeigt habe.
Mehr kann ich dir nicht bieten. Schau halt zu, daß man dir an
einer Klosterpforte etwas gibt. Die haben einen Teller Suppe für
jeden, der ein Vaterunser herbeten kann.

ALOIS Du mußt mir helfen, bitte.

MEIN GROSSVATER Such dir einen andern. Ich muß heimzu.

Stapft langsam davon. Ab

ALOIS Ich habe doch Hunger . . .

IX

Am Ufer eine Gruppe ROTKREUZSCHWESTERN *mit einem Schlitten, darauf ein Kessel mit heißem Tee. Draußen auf dem Eis steht ein Kahn. Im Kahn:* MEINE MUTTER, *die* SCHNAUZTANTE, *der* KANTONSRAT, BIRRI *und* DONATI. BINZEGGER *und* MEIN VATER *mit Skiern auf dem Eis.* BINZEGGER *schlägt Löcher ins Eis, durch die die Männer lange Stangen zum Weihergrund stoßen.*

MEIN VATER An uns fährt er halt nur vorbei ... Immerhin hätte man dann einmal zugeschaut. Mich würde so etwas schon sehr interessieren, Herr Kantonsrat, das geb ich zu.

SCHNAUZTANTE Manchmal hält er auch, Herr Hürlimann. Da lohnt es sich dann, daß man sich kalte Füß holt oder den Schnupfen.

MEIN VATER Aber aber, Tante. Wir Schweizer sind doch neutral. Durch uns fährt er nur durch, durch unser Land.

SCHNAUZTANTE Neutral, aber sicher. Vor allem in der Nacht, Herr Kantonsrat, meinen Sie nicht auch? Wir haben uns nämlich im Bahnhofbüfett schon einmal kennengelernt.

KANTONSRAT Pardon?

SCHNAUZTANTE Etwas Großmächtiges muß er ja an sich haben. Sonst würde einer wie der Kantonsrat nicht in der Kälte stehen wie ein Heiliggrabwächter. Bei uns im Büfett wird es immer ganz leer, wenn er sich nähert. Und wenn er dann noch dazu hält, gibt der Kantonsrat eine Runde aus für uns vom Personal.

MEINE MUTTER In Zürich hat mein Verlobter schon mit Generalstäblern diskutiert.

BIRRI Wenn nur der Schuldienst nicht wäre. Da hätte unsereiner auch mehr vom Leben.

MEIN VATER Frierst nicht, Theres?

MEINE MUTTER Nein, Hans. Halt immer ein bißchen.

DONATI Wenn das Fräulein meinen Mantel über die Beine legen möchte?

MEIN VATER Hier ist auch nichts! – Aber ich muß schon sagen,
Herr Kantonsrat, mich würde das wirklich sehr interessieren.

SCHNAUZTANTE Und der Herr Oberrichter Hegglin, der auch so
ein gehobener Stammgast ist von mir, hat es einmal sehr schön
so gesagt: Es ist der Weltgeist, schöne Frau, der da an uns vor-
beidampft. Einen Schnitz wolle man ja auch abbekommen, hat
er dann noch gemeint.

Die ROTKREUZSCHWESTERN *singen*
Là-haut sur la montagne, l'était un vieux chalet
murs blanc, toit de bardeaux, devant la porte un vieux bouleau
Là-haut sur la montagne, l'était un vieux chalet
Là-haut sur la montagne, croula le vieux chalet
la neige et les rochers, s'étaient unis pour l'arracher
là-haut sur la montagne, croula le vieux chalet
Alle applaudieren.

KANTONSRAT Das habt ihr schön gemacht. Serviert uns den Tee
nur auf dem Eis draußen, liebe Schwestern!

Die ROTKREUZSCHWESTERN *wagen sich kichernd auf das Eis.*

SCHNAUZTANTE Aber das Boot ist voll!

Alle lachen.

BIRRI Ja, also der Herr Kantonsrat hat ja wirklich Mut. Ich trau
keinem Eis. Das ist so ein Prinzip von mir.

KANTONSRAT Einen Becher Tee für die Verlobte unseres Leutnants!

MEIN VATER In spe, Herr Kantonsrat, in Bälde!

MEINE MUTTER Verlobt sind wir aber, Hans.

MEIN VATER Leutnant!

Alle, außer MEINEM VATER *und dem Löcher schlagenden*
BINZEGGER, *trinken Tee.*

BIRRI Wie der Binzegger schuftet. Will sich wohl beliebt machen.

DONATI He, Binzegger. Austreten und Teepause!

Alle lachen.

KANTONSRAT Ja, wenigstens haben wir ein gutes Wetterlein erwischt. Wenn er nicht will, der Herr Leutnant, ist er selber
schuld. Jeder ist selber schuld. Das stimmt nun einmal.

SCHNAUZTANTE Ihr verbrennt Euch noch die Zunge, Herr Kantonsrat!

KANTONSRAT Ihr Tee, Herr Aspirant. Wenn unsere Rotkreuzmäu-
se sich extra auf Glatteis begeben, sollte das ein junger Offizier

schon zu honorieren wissen, ihr tapferen Schwestern, hab ich
nicht recht?

Die ROTKREUZSCHWESTERN *kichern.*

KANTONSRAT *gibt* MEINEM VATER *einen Becher Tee* Laßt die Stange fahren, Aspirant. Bis zum Einnachten ist noch viel Zeit. Und
ein gutes Stück Weiher haben wir schon abgesucht.

MEIN VATER Ob wir etwas finden, Binzegger?

BINZEGGER Das weiß der Teufel, Herr Hürlimann, ob wir den
jedoch finden. Das weiß der Teufel!

KANTONSRAT Eine leidige Sache, ja.

BIRRI Leidig? Also ich weiß nicht... Man spricht halt im ganzen
Kanton herum.

MEIN VATER So? Im ganzen Kanton? Daß er eventuell verschollen
ist? Vielleicht sogar ertrunken? Darüber darf man doch reden,
Herr Kantonsrat, oder nicht?

MEINE MUTTER Mein Hans ist oft in der Kälte in der Nacht. Zwölf
haben schon schlapp gemacht, Herr Kantonsrat, von hundert-
fünfzehn Aspiranten insgesamt!

KANTONSRAT Wie geht's denn immer im Dienst, Herr Aspirant.
Bald das Brevet am Hut?

MEINE MUTTER Dann wird geheiratet.

KANTONSRAT Da wird sich der alte Ott aber mächtig freuen. Gerade jetzt ein eidgenössischer Offizier im Haus, potzpotz.

MEIN VATER Was wollen Sie damit sagen, Herr Kantonsrat –.

BIRRI Hast gemerkt, Donati – der Kantonsrat spricht vom Ott, als
ob er weiß, wo der steckt. Organisiert hier eine Weihersuche,
aber im Kopf sucht der anderswo, wart's ab!

DONATI Meinst du?

BIRRI Trink Tee, Donati. Ohne Marken!

MEINE MUTTER Sie, Herr Kantonsrat! Bei diesen Zügen, die Nacht
für Nacht durch unser Land fahren, sieht man da eigentlich
auch die Soldaten?

Der KANTONSRAT *und* MEIN VATER *stehen, abseits von den andern, zusammen.*

KANTONSRAT Also, daß Sie bei dem Frost und einer anstrengen-
den Arbeit auf den Tee verzichten, Herr Aspirant, also mir
imponiert eine solche Haltung mächtig. Ja, ja, ein Völkerkrieg
hat schon manchem die Karriere planiert. Leutnant... potz-

potz. Das gilt etwas bei uns. Aber was Ihre Frage betrifft, junger Mann, so will ich gerne antworten. Illegale sind politisch
halt immer ein Risiko. Hätten wir jenen sauberen Herrn Lenin
anno dazumal nicht rechtzeitig nach Rußland exportiert – wer
weiß, was der im Zürcher Niederdorf noch alles angezettelt hätte! Ob Jud oder Kommunist – wir machen da strikt keine Unter-
schiede, Herr Aspirant.

Vertraulich

Aber wollt Ihr nicht einmal mit mir auf den Perron hinaus? Ich
könnte Euch da gewiß eine spezielle Erlaubnis ergattern. Morgen nacht par exemple ist schon wieder ein Transport angesagt,
vierundzwanzig Waggons!

MEIN VATER   Ein Rüstungstransport für den Duce?

KANTONSRAT   Waggonmaterial von der Reichsbahn, Herr Aspirant!

MEIN VATER   Und auf die Minute, trotz dem Krieg, Herr Kantonsrat?

KANTONSRAT   Und wenn er dann noch extra hält, Herr Aspirant –
Spaziert mit MEINEM VATER, *der auf Skiern läuft, zum Ufer*

MEIN VATER   Da hätte ich nämlich noch eine Frage, Herr Kantonsrat –

KANTONSRAT   Nur zu, junger Mann, nur zu. Unter uns Kaderleu-
ten –?

BIRRI *und* DONATI *haben das Boot in* BINZEGGERS *Nähe ge-
stoßen.*

BIRRI   Das Wasser pechschwarz…

Stößt die Stange hinunter

Ich fühl etwas.

BINZEGGER   Schlamm. Ein Mensch ist da ganz anders. Da bleibt
der Widerhaken automatisch im Fleisch. Da kommt man nicht
so leicht wieder weg.

DONATI   Wie der Kantonsrat dem Studentlein scharwenzelt!

BINZEGGER   Studentlein? Der ist in nullkommanichts ein Löfti!

Vertraulich

Daß der Ott im eigenen Weiher absäuft, das glaubt ihr doch selber nicht!

BIRRI   Das war wieder einmal ein gehöriger Schlag ins Wasser, ja,
ja. Aber wer weiß – eventuell suchen die nicht den Ott!

DONATI Herrschaftabeinander, du sagst es!

BIRRI He ja. Die suchen den Jud. Ihr versteht?

MEINE MUTTER und die SCHNAUZTANTE, *die zum Teetrinken ausgestiegen sind, nähern sich wieder dem Boot. Währenddessen verabschiedet der* KANTONSRAT, *am Ufer angekommen, das Rote Kreuz.*

KANTONSRAT Also, ihr lieben Schwestern, für euere Mithilfe von uns allen ein dreifaches Be err a vau o!

ALLE Bravo! Bravo! Bravo!

KANTONSRAT Und jetzt jodeln uns die tapferen Mädchen noch eins zum Abschied.

Die ROTKREUZSCHWESTERN *singen* ›Hejo, spannt den Wagen an!‹ *im Kanon, entfernen sich mit ihrem Schlitten und winken lange.* BIRRI *hat sich in* BINZEGGERS *Rücken auf dessen Skier gestellt, und beide nähern sich nun im Gleichschritt dem Ufer.*

DONATI Soll man dem Kahn zum Ufer helfen, schöne Jugend?

SCHNAUZTANTE Vielen Dank, Herr Donati. Ein Spaziergang tut uns ganz gut. – Der Herr Lehrer, Theres, schau!
Sie kichern.

BIRRI Es ist ein Prinzip, Jungfer Ott, ein Prinzip!

DONATI Ach, ihr lieben Kinder... Und wieder ist ein Tag vorbei... Wieder ein Tag. Ein jeder von uns Männern lebt alleweil nur noch bis morgen, und morgen ruft uns das Vaterland. So legen wir uns zur Ruhe, so steigen wir am Morgen aus dem Bett: Morgen ruft uns das Vaterland!
Die Stangen einsammelnd geht er zum Ufer.
Wir werden uns wehren bis zum letzten Mann.

MEINE MUTTER und die SCHNAUZTANTE *sind auf dem Eis draußen allein.*

SCHNAUZTANTE Da stiftet der Mütterverein extra Zucker, aber wir frieren uns das Derrière ab.
MEINE MUTTER schluchzt.

SCHNAUZTANTE Bist ja bleich wie Milchsuppe, Theres –. Theres!

MEINE MUTTER Im Büro hat man mir gekündigt zum Ersten.

SCHNAUZTANTE Gekündigt? Ja, ja. Bei mir wird das vielleicht auch bald kommen. Nicht weinen, Dummerchen, komm. Dein Hans plaudert mit dem Kantonsrat über Politik... Viel Schlimmes wird schon nicht werden.

MEINE MUTTER *nickt.*

SCHNAUZTANTE   Gehst halt heim und machst dem... dem... Birri den Haushalt. Dem tät einmal eine Frau in der Lehrerswohnung gar nicht schaden.

MEINE MUTTER   Ich will nie mehr ins Dorf zurück. Nie mehr!

SCHNAUZTANTE   Wegen dem –?

MEIEN MUTTER   Ja. Wegen dem.

SCHNAUZTANTE   Aber Theres. Das ist doch nur ein Gered. Der Halbbruder von Hitler! Wer will so etwas schon glauben.

Oben, bei den Kabinen, haben sie den TÖTSCHLIVETTER *gefunden.*

MEINE MUTTER   Der Bub –

SCHNAUZTANTE   Bleib ganz ruhig, Theres, und gib mir die Hand. Wir wollen jetzt ganz tapfer sein und hinschauen.

Sie stehen, sich fest an den Händen haltend, im Boot.

SCHNAUZTANTE   Man hat dann einmal immerhin zugeschaut. Da hat er ja recht gehabt... Dein Herr Leutnant in spe!

Sie tragen den TÖTSCHLIVETTER *zum Dorf, und langsam wird es Nacht.*

X

ALOIS, LEHRER BIRRI *und* DONATI *stehen auf der Badewiese im hohen Schnee.*

BIRRI Der treibt sich herum wie ein Vazierender.

DONATI Still. Hört ihr?

ALOIS Ott, bist du da? Ich bin's, zeig dich, Ott. Ich habe dir den Schnaps mitgebracht.

BIRRI Steht da und ist scheu wie ein Armeleutekind, bettelt um einen Mocken Brot, aber hat Angst, wir wollten ihn hinterrücks überfallen.

DONATI Vor uns Dörflern hat er Angst. Dem Herrn Alois frißt er aus der Hand, Birri. Hat ihn hinausgejagt aufs Eis, aber handkehrum läßt er sich füttern von ihm. Ihr Café, Herr Alois – Sie haben in Berlin ein Café gehabt.

ALOIS Am Wittenbergplatz, jawohl. Anfänglich, wie ich schon sagte, hatte ich gewisse Schwierigkeiten, Berlin ist eine Großstadt und glaubt nicht jedem. Der Bewegung ist es ja ähnlich ergangen; sie hat sich in Berlin erst spät zur Entfaltung gebracht. Die Stadt, meine Herren, war übel verjudet. Der Jud hat die Kunst gemacht, beim Jud war das Kapital.

DONATI Verstehe, Herr Alois, verstehe.

ALOIS Ich war lange weg, in Frankreich, betrieb im Gastronomiegewerbe meine Studien, war Revier- und Stations-Kellner, war einmal da, einmal dort. Der Kontakt zur Familie hatte sich mit den Jahren sozusagen von selbst erledigt.

DONATI Erledigt?

ALOIS Natürlich. Natürlich hat sich das Blatt rasch gewendet, als ich mich entschlossen hatte, dem französischen Leben adieu zu sagen.

BIRRI Die Badehäuslein verlottern, das Holz, das Dach … alles faul.

ALOIS Studienhalber war ich Kellner, Herr Lehrer, und aus Leidenschaft für das Menschliche.

BIRRI   Ein ganzer Stapel Hefte will noch korrigiert sein vor dem Abend.

DONATI   Der Herr Alois ist nach Berlin zurück, Birri. Jetzt wird es aber hochinteressant.

ALOIS   Nach Berlin, ja. Nach dem Sprichwort, daß der Schuster bei seinen Leisten bleibe, blieb ich also bei den Töpfen. Damals waren gewisse Geschäfte günstig zu erwerben, nicht jedem paßte die Bewegung in die Rechnung, Sie verstehen.

BIRRI   Sie haben den Führer gesehen?

ALOIS   Wir haben zusammen Federball gespielt, mein Halbbruder und ich.

DONATI   Der Herr Alois erzählt halt alles schön der Reihe nach. Wie es halt so gekommen ist, eins nach dem andern.

ALOIS   Ja. Da hatte ich nun also in Berlin mein Café...

DONATI   Das Café ›Alois‹. Erzählen Sie, erzählen Sie!

ALOIS   Ich stell dem Ott die Sachen einfach hin.

DONATI   Schau einmal her, Birri, wie er das macht, der Herr Alois. Diese gelackten Manieren kann einer nicht vorgaukeln, das muß man gelernt haben. Das hat er in Frankreich gelernt, der Herr Alois. Er war in Frankreich im Kellnerfach tätig.

BIRRI   Den Schnaps hat er im ›Leuen‹ noch nicht bezahlt.

ALOIS   Ein Schlücklein, Herr Lehrer?

BIRRI   Ein Schlücklein gegen den Frost, warum auch nicht.

ALOIS   Zum Wohl, Herr Lehrer. Sie sind ein Mann von Bildung. Um Sie ist es schade.

BIRRI   Schade?

ALOIS   Der Herr Lehrer ist ein Denker, Donati. Aus dem Holz eines Tasso Birri werden Philosophen geschnitzt.

BIRRI   Ja so. Momoll! Habe einige Semester Philosophie studiert, in der Tat.

ALOIS   Ein Schlücklein, Herr Lehrer?

BIRRI   Prosit, Herr Alois, sinesine! Wie er einem alles ansieht, der Herr Alois.

Auftritt MEIN GROSSVATER

DONATI   Aber das hat er doch von mir, Birri, daß du ein Studierter bist.

ALOIS   Das haben Sie mir erzählt, lieber Donati? Der Großvater Ott. Da ist er ja endlich. Setz dich, Ott. Du wirst Hunger haben.

BIRRI Wir sind eher einfache Leut, und der Herr Alois ist das Großstädtische gewöhnt. In Berlin weiß man ja noch, was ein Herrenleben ist, ihr versteht?

DONATI Habe gemeint, hättest noch den Stapel Hefte zum Korrigieren.

BIRRI Wir wollen den Herrn Alois nicht bei der Arbeit stören, Donati. Man sieht sich nachher noch im ›Leuen‹.

BIRRI *und* DONATI *ziehen sich zurück und bleiben stehen.*

BIRRI Stumm ist er geworden und alt. Und der Schwersinn in seinem Kopf halt schwerer und schwerer. Laß dich nicht ein mit dem.

DONATI Ich? Warum gerade ich? Herrschaftabeinander! Den unbezahlten Schnaps trinkst du.

BIRRI Paß du nur auf, Donati. Es könnte dir noch ergehen wie dem dort. Dann bist du auf einmal in den Wäldern auf der Walz und weißt nicht wie.

DONATI Da magst auch wieder recht haben, Tasso Birri, komm.
Beide stapfen davon. Ab

MEIN GROSSVATER Gehörst jetzt zu den Hablichen, Alois. Und der Ott geht schattenhalb. Hast mir einmal den Alpenkönig versprochen und den Ortsgruppenleiter auch.

ALOIS Im Frühjahr, Ott, in den lauen Nächten des Frühjahrs, wird auf dem Dach serviert. Sie speisen und trinken und schauen in die Ferne … Die Zeit ist reif, das Reich liegt nah.

MEIN GROSSVATER Mir ist ganz wohl im Wald.

ALOIS Im ›Leuen‹ gebe ich eine Runde aus, beim ›Leuen‹-Wirt hab ich Kredit. Der Ott, sagen sie, hört das Gras wachsen, der Ott hat ihn als erster erkannt. Iß jetzt. Die Wurst ist frisch aus dem Kamin.

MEIN GROSSVATER Hast mir den Bub geschlagen, Alois.

ALOIS Du hast mich gezwungen, Ott. Ich kann die Wurst auch selber essen. Da stehle ich eine Wurst, du schaust sie nicht einmal an.

MEIN GROSSVATER Ich friere in den Wäldern. Das habe ich jetzt von allem.

ALOIS Komm ins Dorf, Ott. Der Alois ist ein lieber Mensch. Er hilft beim Kartoffelschälen, und der Kaplansköchin trägt er die Tasche. So einer, sagen sie, ist kein Jud, Herrschaftabeinander!

MEIN GROSSVATER So.

ALOIS O ja, und dir hab ich's zu verdanken. Du hast es ihnen erzählt, in den Wirtshäusern, auf den Höfen, sie erzählen es weiter.

MEIN GROSSVATER So.

ALOIS Zigarette? Mein lieber Ott: Wenn er klug ist, hat auch der Herr Kantonsrat meine Familienverhältnisse durchschaut.

MEIN GROSSVATER 's ist drum nur der Schnaps. Der Schnaps wärmt. Du bist jung, Alois. Der Ott ist alt.

ALOIS Der Kantonsrat, Großvater Ott, ist ein Fuchs. So einer wie der Kantonsrat weiß, daß der Krieg einmal aus ist.

MEIN GROSSVATER Hab Hunger und mag nicht essen.

ALOIS Ich bring dir den Bub zurück, Großvater Ott. Ich versprech's dir in die Hand.

MEIN GROSSVATER Kriege fangen halt im Sommer an, und im Frühling hören sie auf.

ALOIS Hier gibt's keinen Krieg.

MEIN GROSSVATER Aber die Winter sind lang. Die Zeit ist lang.

ALOIS Die Wahrheit ist ein Siegerrecht. So einer wie der Kantonsrat weiß das. Der hat ein Auge auf mir und kann warten. Momentan ist mir einiges erlaubt. Du kriegst ihn wieder, ich hab's gesagt.

MEIN GROSSVATER Ich denk halt irgendwie an den Frühling, Alois.

ALOIS Rauchen wir die Zigarette unterm Dach. Ich habe den Schlüssel.

Sie sitzen in der Kabine, rauchen die Zigarette.

MEIN GROSSVATER Bringst mir den Bub zurück, hast du gesagt. In die Hand willst du es mir versprechen.

ALOIS Deine schöne, alte Hand, Großvater Ott.

MEIN GROSSVATER Das gilt. Der Liebgott sieht alles.

ALOIS Ich geh nicht mehr ins Dorf zurück. Ich komme mit dir, Alpenkönig. Wir suchen den Tötschlivetter.

Stapft auf die Wiese hinaus

Er glaubt mir nicht? Ich zaubere ihn herbei, wie ich ihm den Schlüssel aus der Tasche gefingert habe. In Berlin war ich Zauberer in einem Varieté, Ortsgruppenleiter. Ich erzähle dir auf der Walz von Berlin. Das ist dein rotes Taschentuch.

MEIN GROSSVATER Mein Nastuch –

ALOIS Dein Nastuch ist eine Taube. Flieg, Vogel, flieg! Ich geh jetzt fort.
Ab

MEIN GROSSVATER Er holt mir den Bub zurück.

XI

Ein nebliger Morgen
Die Dorfkirche läutet. LEHRER BIRRI *trinkt.*

BIRRI Soll das einer verstehen, Tasso Birri, ich nicht. Niemand.
Keiner da. Hallo? Säufst zuviel, du Delirium Trinkspecht, du.
So früh am Morgen trink ich nie. Es ist drum der Riß, Birri, der
Grundriß. Was für ein Grundriß? Zu Befehl, Tasso Birri, der
Grundriß im Maßstab 1:1 ergibt zwo. Zwo? So ... Es hat aus-
geläutet. Muß jetzt los, an die Orgel, Tasso Birri. Aber wo ist er?
Dich such ich.
Saubere Weste, Wachtmeister, Ihr versteht? Man muß das Pro-
blem sozusagen per distance betrachten und aus der Enkelper-
spektive. Das zahlt sich für die Heimat nämlich aus, wenn man
dieses Flüchtlingsglump sozusagen mirnichtsdirnichts durchge-
zogen hat. Zahlt sich später einmal aus, jawohl! Du, Birri, hast
nichts gegen den. Auch ein Halbbruder ist ein Mensch, Binzegger. Der Binzegger verfolgt dich. Bist du da?
Klopft an die Türen
Ich bin's. Tasso Birri Lehrer. Aus diesem Holz wird Philosophie
geschnitzt.
Fernes Orgeln und Frauengesang
Neinnein. Hier ist keiner mehr. Aber ich muß jetzt los. Bin
schon tapfer am Orgeln.

XII

Ein Abend
MEIN GROSSVATER, *heruntergekommen*

MEIN GROSSVATER Eine Badeanstalt ist nichts. Aber eine Badeanstalt mit Dachrestaurant: Das wäre etwas. Hier haben sie den Tötschlivetter gefunden, seinerzeit.

MEIN GROSSVATER *singt*

> Morgenrot Morgenrot
> Sterben ist der schönste Tod
> Trinken ist der beste Durst
> Der Hunger ist mir lang schon ganz wurst
> Morgenrot Morgenrot
> Sterben ist der schönste Tod
>
> Morgenlila Morgenlila
> Wir baun Hitlers die Villa
> Tun Steine auf die Steine
> Ist groß ist schön dem Hitler seine
> Morgenlila Morgenlila
> Dem Hitler seine Villa

Auftritt ALOIS. *Steht auf dem Dach*

ALOIS He, Landstraßenläufer, der Schnee ist ein schlimmer Gesell. Der nimmt dich in den Arm und gibt dir warm.

MEIN GROSSVATER Der Hitler ist so jung, der Ott ist alt.

ALOIS Steh auf, Landstraßenläufer. Der Schnee ist kalt.

MEIN GROSSVATER Ich muß dir etwas sagen, Hitler.

ALOIS Alpenkönig?

MEIN GROSSVATER Du gehst wieder auf Juden aus.

ALOIS Der Judenfang, fürchte ich, ist etwas komplizierter geworden.

MEIN GROSSVATER Bei der Hatz mach ich mit. Weißt du, Alois, wenn ich dann einmal Ortsgruppenleiter bin, mach ich den

›Leuen‹ zu. Aus der Stube haben die mich verjagt. Walzbruder, haben die gerufen, Landstraßenläufer! Denen will ich es schon zeigen, Hitler.

ALOIS   Nicht so laut, Großvater Ott.

MEIN GROSSVATER   Mein Kopf ist so heiß.

ALOIS   Sie könnten uns hören.

MEIN GROSSVATER   Früher einmal hab ich gedacht: Wenn er dich sieht, der Kantonsrat, packt er dich am Schlawittchen. Der, hab ich gedacht, möcht den Schlawiner in dir sehen, den semitischen. Aber der Herr Kantonsrat pfeift den Binzegger zurück, und der Birri trinkt deinen Schnaps. Wir haben gewonnen, Hitler.

ALOIS   In Sankt Gallen unten singen sie ›Tea for two‹. Das ist englisch.

Wind

MEIN GROSSVATER   Daß Ihr immer so reden müßt, so weit weg von mir.

ALOIS   Ich rede nicht, Großvater Ott.

MEIN GROSSVATER   Nicht von Euerm Reden kommt's. Das liegt an mir ... weit weg, immer weiter.

ALOIS   *zieht* MEINEM GROSSVATER *die Schuhe aus* Nichts für ungut, Walzbruder, Eure Reisestiefel für die Ewigkeit habt Ihr am Fuß.

MEIN GROSSVATER   Bleib da, lieber Hitler, bleib da. Geh nicht über die Grenze, lieber Hitler.

ALOIS   Ich bin bei dir, Alpenkönig.

MEIN GROSSVATER   Uää

ALOIS   Du hast mir jetzt adieu gesagt, Alpenkönig.

Der Wind nimmt zu. ALOIS, *in den Schuhen* MEINES GROSSVATERS, *geht zu den Kabinen, holt einen Liegestuhl. In der Kabine steht* BIRRI.

BIRRI   Den Arzt muß man holen. Ins Dorf muß man ihn bringen. Der Großvater Ott ist am Verrecken, Herr.

ALOIS   Wir haben geschlossen. Im Winter ist der Badebetrieb eingestellt.

BIRRI   Wenig los heute, ja. Was hat er, der Herr Ott? Phantasiert und faselt von einem Hitler –. Helfe Ihnen. Wird schon schwer, der –.

Sie legen MEINEN GROSSVATER *in den Liegestuhl, packen ihn in Decken und Mäntel.*

ALOIS Wir müßten ihn ins Dorf bringen, ja. Aber der Hitler stapft im russischen Schnee ... Ich kann nicht ins Dorf.

BIRRI Soso ... Bleiben Sie nur hier, Herr Alois. Warten Sie. Ich geh schnell zum Dorf, den Arzt muß man holen, den Kaplan, ich –
Rennt davon
ich bin gleitig wieder –
Ab

wieder da!

Nah wie nie zuvor die Schläge der Turmuhr. Gebell von den Höfen

ALOIS Hörst du mich? Er hört mich noch. Ich muß übers Eis. Du mußt mir helfen, Ott.

MEIN GROSSVATER Das Eis ist dünn, Hitler, der Wind, hörst nicht den Wind?

ALOIS Du zeigst mir den Weg, Alpenkönig. Ich trag dich. Wir müssen das Absomertal hinauf.

MEIN GROSSVATER Wir müssen auf Judenhatz, es gibt noch Juden im Dorf.

ALOIS Du bist krank, Landstraßenläufer. Den Weg wirst du finden.

MEIN GROSSVATER Landstraßenläufer?

ALOIS Wir müssen heut nacht noch übers Eis, heimzu, ich will heim.

MEIN GROSSVATER Willst zum Hitler, Alois.

ALOIS *dreht* MEINEM GROSSVATER *das Ohr ab.*

ALOIS Dummkopf. Mit dem Hitler geht's bergab. Bergab, Ott! Er kapiert's nicht. Er will's nicht kapieren. Jetzt, gerade jetzt, soll ich armer Hebräer, ich Jud, ich gehetzter, meine semitische Fratze als hitlerische Maske zu Markte tragen?! Ich kenne dich, du. Mit deiner Verstocktheit willst du mich zum Peinbold machen, zum Hitlerbruder! Wer bin ich?

MEIN GROSSVATER Hitler.

ALOIS *dreht stärker.* MEIN GROSSVATER *schreit stumm.*

ALOIS Der Jud bin ich, der Jud! An dir, Ott, hab ich's bewiesen.

MEIN GROSSVATER *schreit.*

ALOIS   Der Jud hat lange Finger. Ich habe dir den Verstand gestohlen. Still!

Sie lauschen. Stimmen, Hunde. Der Wind nimmt zu.

ALOIS   Ortsgruppenleiter. Auf meinen Rücken. Es geht zurück.

MEIN GROSSVATER   *auf dem Rücken von* ALOIS   Da ist er, der Halbbruder! da rennt er, der Hitler, da!

ALOIS   Saujud!

MEIN GROSSVATER   Sollen die Hunde den schnappen, den Hitler! Er geht auf den Weiher hinaus.

ALOIS *betritt,* MEINEN GROSSVATER *auf dem Rücken, das Eis.*

ALOIS   Schau in die Nacht, Ott, in den Himmel!

MEIN GROSSVATER   Das ist der Frühling, Hitler, lauf!

XIII

Es wird Tag.
Der Liegestuhl steht im Schnee. Der KANTONSRAT, BINZEGGER,
BIRRI

BINZEGGER Sie sind fort, Herr Kantonsrat.

KANTONSRAT Ein gewisser Herr Birri habe an selbigem Abend
noch Meldung erstattet?

BINZEGGER Der Tasso Birri, jawohl, ist an jenem Abend zu mir
auf den Posten gekommen. Er meine, hat er noch gesagt, daß er
hier draußen eventuell wieder aufgetaucht sei.

KANTONSRAT Ach, Binzegger. Lassen wir dem alten Ott seinen
Frieden.

BINZEGGER Hab ich ja auch gesagt, Herr Kantonsrat. Habe die
Meldung zu den Akten genommen.

KANTONSRAT In den Bergen steht der Schnee noch meterhoch. In
den Nächten ist es immer noch kalt . . . Da bleibt also nur so ein
Liegestuhl zurück im nassen Schnee wie ein gestrandetes
Boot . . . Ihr habt die Meldung zu den Akten genommen.

BINZEGGER Weiß man denn so sicher, hab ich gedacht, welcher
Art und Gattung dieser Herr Emigrant eigentlich angehört hat?

KANTONSRAT Justament, Binzegger, justament. Wir Schweizer
sind neutral. Wir können ein Aug auch einmal zudrücken.

BINZEGGER Das, Herr Kantonsrat, ist jetzt der ehemalige Lehrer
Birri vom Dorf. Der hat einmal aus heiterem Himmel mit dem
Saufen angefangen, und heutzutage weiß der manchmal selber
nicht mehr, ob er nüchtern ist oder blau.

KANTONSRAT Ja, ja, Binzegger. Wie das Leben halt manchmal so
spielt.

BINZEGGER Herr Kantonsrat, Wachtmeister Binzegger mit dem
Motorfahrzeug bereit!

KANTONSRAT Zum Dorf.

Sie fahren mit dem Töff davon. Es wird still.

BIRRI *steht am Wasser* Im Land wird's Frühling. Sie sind fort.

XIV

Ein Frühlingsabend
Auf dem Dach der Kabinen stehen BIRRI, DONATI, *ein* MÄDCHEN
und einige DÖRFLER. *Sie schauen hinüber nach Deutschland,*
haben Feldstecher und Regenschirme. Die SCHNAUZTANTE, *bei*
den Tischen, brät Würste, gibt Getränke aus.

ALLE   Aaaah! Ooooh!

DONATI   Volltreffer! Volltreffer!

SCHNAUZTANTE   Theres! Volltreffer! Die nächste Runde!

DONATI   Geschenkt, geschenkt! Die geht an mich, diese Runde!

BIRRI   Ich weiß nicht recht. Als sie damals die Christbäume abge-
setzt haben, und quer hindurch die Scheinwerfer von der Flak
– prost Heiland und Söhne, das waren noch Zeiten!

SCHNAUZTANTE   Typisch Birri. Warten wir die zweite Welle ab,
dann zeigen die Burschen, was sie können.

Auftritt der KAPLAN *mit* MEINEM VATER. MEIN VATER *ist Leutnant.*

KAPLAN   Ja, ja, Herr Kamerad, habe selber hundert Tag Aktiv-
dienst hinter mir. Feldprediger im Jura. Da wären wir.

MEIN VATER   Hier ist das... Hat sich wenig verändert, Herr
Kaplan, alles beim alten...

KAPLAN   Sie waren schon einmal hier draußen, Herr Kamerad?

MEIN VATER   Ja, ja. Aber das ist schon länger her. Ich habe hier einmal gebadet.

KAPLAN   Dann wird das vermutlich noch vor dem Krieg gewesen
sein, Herr Kamerad.

SCHNAUZTANTE   Eine Sankt-Galler-Bratwurst, die Herren? Sie
kommen gerade richtig, Herr Kaplan. Wenn es dunkelt, ist so
etwas ja immer imposanter.

EIN PAAR DÖRFLER   *auf dem Dach*   Der Leutnant Hürlimann! –
Wer sei das? – Vielleicht wird es heute noch regnen. Der Ver-
flossene vom Theres. – Aber die fliegen nicht, wenn es schifft.

KAPLAN   *mit* MEINEM VATER *auf das Dach steigend*   War drum lang im Bahnhofbüfett im Service, die Schnauztante. In Sankt Gallen, viel Militärvolk, und für mich als Seelsorger ein eher trübes Kapitel.

MEIN VATER Nach Ihnen, Herr Kaplan.

Auftritt MEINE MUTTER. *Bringt eine Kiste Bier*

MEINE MUTTER Hast du gesehen, wer gekommen ist –?!

SCHNAUZTANTE Gar nichts hab ich gesehen.

MEINE MUTTER Er ist es, ganz bestimmt!

SCHNAUZTANTE Feine heiße Bratwürst!

Auf dem Dach

DONATI Daß Sie noch hierherkommen, Herr Leutnant, das wundert mich ja direkt.

MÄDCHEN Bei der Aussicht? Man blickt ja mitten hinein in das Historische!

MEIN VATER In der Tat . . .

DONATI Es wird halt einiges gemunkelt, Herr Leutnant, und der alte Ott – also ich weiß nicht recht . . .

MEIN VATER Kein deutscher Abfangjäger weit und breit. Ja, ja, sic transit gloria mundi.

DÖRFLER Beim Dornier steht noch das Stahlskelett von der Montagehalle. Kruppstahl. So etwas haben sie ja gebracht, die Nazitypen.

MÄDCHEN Ich will auch einmal durch den Feldstecher sehen.

DONATI Es kann ja falsch sein, das ganze Gerede. Aber einer wie der Herr Kantonsrat meidet den Alten nicht grundlos.

MEIN VATER Der Kantonsrat?

KAPLAN Alte Geschichten, Herr Kamerad. Im Dorf heißt's, der Ott hätte einen durchgefüttert, der nicht ganz koscher ist.

MÄDCHEN *mit dem Feldstecher* Hui, es ist alles ganz nah. Ist das nicht gruselig? Also ich find das gruselig.

MEIN VATER Er hat jemand versteckt, sagen Sie?

BIRRI Den Nazi hat er versteckt, Herr Leutnant, jawohl. Mir noch ein Bier!

DONATI Jetzt kommt die zweite Welle, aufgepaßt. Lancaster-Maschinen mit Sechs-Tonnen-Bomben!

BIRRI Ein Bier!

Auf dem Dach schauen sie nach Deutschland. Fernes Tönen von Flugzeugen

SCHNAUZTANTE Der Birri will noch ein Bier, Theres.

MEINE MUTTER Wenn nur der Großvater schön stillhält. Der Birri hat schon sein siebtes.

SCHNAUZTANTE Der Alte ist unten am Wasser, glaub ich. Das Bier für den Birri.

Auftritt MEIN GROSSVATER

MEIN GROSSVATER Siehst du, Bub. Es ist alles so gekommen, wie es der Hitler gesagt hat. So einer wie der Hitler, der hält sein Versprechen, ja, ja. Eine Dachterrasse, hat er gesagt, mit Blick auf das Reich...!

SCHNAUZTANTE *da man sich nach dem* GROSSVATER *umdreht* Geht es schon los mit der zweiten Welle? Noch jemand eine Bratwurst?

MEIN GROSSVATER Ich soll jetzt den Hitler eher bleibenlassen – das sagt die Schnauztante immer.

SCHNAUZTANTE Was sagen Sie zu der Aussicht, Herr Hürlimann?

MEIN GROSSVATER Im Dorf hat es doch alleweil geheißen: Bei uns gibt es keinen Krieg. Jetzt auf einmal redet alles vom Frieden, Bub. Wo wohl die Menschen sind, wenn es brennt? Wo wohl der Hitler jetzt ist? Später glumst es dann von selber ab...
Auf dem Dach

MÄDCHEN Haben Sie jetzt das wieder gehört? Der Ott redet vom Hitler.

BIRRI Mein Bier, endlich.

MEINE MUTTER Habe halt alle Hände voll zu tun, Herr Birri.

BIRRI Haben Sie gesehen, wer da ist, Fräulein Theres? Die Herrschaften sind sich bekannt miteinander. Man hat einmal karessiert miteinander.

MEINE MUTTER Das ist schon Ihr siebtes, Herr Birri. Ich muß nach dem Großvater sehen. Er redet wieder.

MEIN VATER Guten Abend, Theres.

MEINE MUTTER *Steigt vom Dach.* DIE DÖRFLER *auf den Kabinen schauen gespannt. Ein Murmeln, Ah- und Oh-Rufe. Dann entfernen sich die Flugzeuge, und es wird sehr still.*

SCHNAUZTANTE Jetzt will auf einmal keiner mehr Hunger haben.

MEINE MUTTER Der Hans hat mich gefragt, wie es mir geht. Ich bin einfach gegangen.

SCHNAUZTANTE Du, der Birri ist voll. Der redet auch dumm, wenn er voll ist.

MEINE MUTTER Ich will einmal nach dem Großvater sehen.

Einige steigen jetzt vom Dach. Auch BIRRI *steigt vom Dach.*

MEIN VATER An den kann ich mich noch erinnern. War er nicht einmal Lehrer hier im Dorf?

KAPLAN Der Himmel ist ganz rötlich über dem See, schauen Sie bloß.

DÖRFLER Man gewöhnt sich halt an alles.

SCHNAUZTANTE Ihr geht schon?

MÄDCHEN Ich hab's doch immer mit der Blase, schon von Kindsbeinen an. He, ihr, habt ihr auch für mich bezahlt?

DÖRFLER *auf dem Dach* Die gehen schon alle. Warum gehen die? Ist etwa noch Tanz im ›Leuen‹?

MÄDCHEN Komm doch mit. Wir singen noch eins. He, wartet, wir kommen auch!

MEINE MUTTER *ist bei* MEINEM GROSSVATER

MEINE MUTTER Tu es mir zuliebe, Großvater.

MEIN GROSSVATER Der Alois, Bub, kommt wieder, ja, ja!

MEINE MUTTER Der Bub ist in Herisau in der Anstalt. Sei jetzt lieb.

MEIN GROSSVATER In der Anstalt? Ja so … Den müßten sie in der Anstalt unterbringen, haben sie gesagt. Ich habe ihn besucht in der Anstalt. Aber er hat alleweil ein bißchen länger gebraucht, bis er sich an den Großvater erinnert hat. Dann hat er mich eines Tages angeschaut. Er hat nicht mehr gewußt, wer ich bin.

MEINE MUTTER Red nur nicht wieder vom Hitler, ja? Es ist ja alles gut, Großväterchen, liebes.

Singend ziehen die DÖRFLER *zum Dorf. Es wird dunkler, der ferne Himmel färbt sich rötlich.* DONATI *und* BIRRI *sitzen an einem der Tische.*

DONATI Vielleicht sollten wir jetzt auch besser gehen, Birri.

BIRRI Aber der Russe, Donati, der Russe! Gerade letzthin hat das der Goebbels wieder im Radio gesagt.

DONATI Er ist wieder einmal blau.

BIRRI Daß nämlich der Russe den Weibern ans Fleisch will!

MEIN VATER *und der* KAPLAN *setzen sich an den anderen Tisch*

BIRRI Der Russe, sag ich. Was für ein Friede soll das sein, frag ich, wenn der Russe wütet wie ein Stier, Stier! und aus den Frauenbäuchen, halb verwest oder ganz –

SCHNAUZTANTE Birri.

BIRRI Kriecht ein Tartar nach dem andern ... was, bitte sehr wohl-
gemerkt, ist das für ein Friede ...?

DONATI Entschuldigen Sie, Herr Leutnant. Aber er hat etwas
zuviel gehabt. Man muß den Herrn nicht ernst nehmen.

BIRRI Die dort drüben haben immerhin immer noch deutsch geredet, die Schweine ... Aber die haben wir verstanden.

KAPLAN Siehst, Birri, jetzt hast den Herrn Leutnant vertrieben mit
deinem dummen Gered.

BIRRI Uns hat's verschont.

MEIN VATER *und* MEINE MUTTER *begegnen sich auf der Wiese.*

MEIN VATER Was für ein schöner Abend, Theres. Frühling.

MEINE MUTTER Im Radio haben sie gesagt, daß es bald regnet. Das
ist jetzt der Herr Leutnant von früher, Großvater.

SCHNAUZTANTE *ruft von den Tischen her* Wir wirten manchmal
bis in die Nacht hinein, Herr Leutnant! Seit Wochen hockt das
halbe Dorf bei uns. Wir liegen eben günstig, von der Aussicht
her gesehen. Ein Bombengeschäftlein, wenn's noch ein bißchen
anhalten würde. Aber der Krieg soll ja bald aus sein. Von der
Liebe allein lebt keine.

MEINE MUTTER Kannst du dich an die Schnauztante noch erinnern? Tante Schnauz, hast du einmal gesagt. Weißt du noch?

MEIN VATER Dein Leutnant wird bald einmal Oberleutnant.

MEINE MUTTER Ja. Aber ich will Sie nicht aufhalten. Wir müssen
auch noch saubermachen und so.

MEIN VATER Einen, Theres, zum Abschied. Nur einen Kleinen auf
die Wange.

MEINE MUTTER Jetzt ist auch der Kaplan gegangen. Auch der
Donati. Bombardiert wird immer noch ...

KAPLAN Gut Nacht, Herr Kamerad, gut Nacht!

Mit DONATI *ab*

MEIN VATER Friedrichshafen brennt immer noch, Theres.

MEINE MUTTER Daß eine Stadt aus Stein so lange brennen kann,
Herr Hürlimann –

Sie spazieren zum oberen Rand der Wiese.

BIRRI Sind alle fort? Alle sind fort ... Laß uns ein Weilchen noch
sitzen, schöne Frau. Laß uns einen letzten genehmigen. So ein

Frühlingsabend ist etwas für Jüngere. Du bist auch nicht mehr die Neueste...

SCHNAUZTANTE Ich hab's ja gewußt, Ott. Ich hab's dir tausendmal gesagt. Die haben Ohren am Füdli. »Der Hitler hält sein Versprechen...«

MEIN GROSSVATER Stimmt aber.

SCHNAUZTANTE Aber man sagt es nicht. Wir sind anständige Leut. Da hast du's jetzt. Alles weg, und ennet dem See ist noch der schönste Brand im Gang!

Im Dunkel stehen der KANTONSRAT *und* WACHTMEISTER BINZEGGER.

SCHNAUZTANTE Ist etwas, Theres? Theres –!

MEIN VATER Aber was haben Sie denn auf einmal, Fräulein Theres.

SCHNAUZTANTE Um Gottes willen, der Großvater!

MEINE MUTTER Hans. Mach du etwas! Herr Hürlimann!

SCHNAUZTANTE Aber der ist doch stumm, der Großvater Ott! Das sieht man doch, daß der krank ist, alt, verkindet im Kopf!

MEIN VATER Wir sollten vielleicht über das alles, was meinen zukünftigen Schwiegervater in etwa betrifft –

MEINE MUTTER Hans.

MEIN VATER – über das alles sollten wir vielleicht besser noch einmal vernünftig miteinander reden, Herr Kantonsrat.

MEINE MUTTER Hast du das jetzt wirklich gesagt, Hans?

MEIN VATER Ja, Theres.

KANTONSRAT Daß der Stumme niemals schweigen kann... Er hat die Weisung aus Sankt Gallen, der gute Binzegger. Also der – *stößt* BINZEGGER *an, der Handschellen aus der Tasche nimmt.* – der kann nichts dafür, Herr Leutnant, Sie entschuldigen.

MEIN GROSSVATER Sollen die ihren Jud jetzt haben.

Geht zwischen BINZEGGER *und dem* KANTONSRAT *zum Töff*

KANTONSRAT Bitte, Herr Ott.

XV

Sommer.
MEINE MUTTER *im Liegestuhl, in einer Illustrierten blätternd. Die*
SCHNAUZTANTE

MEINE MUTTER Hans-Thomas?
SCHNAUZTANTE Du, Theres, er ist nicht am Wasser unten.
  Stille
MEINE MUTTER Das ist fein, daß er spielt. Es ist so schwül …
  Hebt die Hand, ein Winken andeutend
SCHNAUZTANTE Oben, in den Kabinen. Da sei er.
MEINE MUTTER Ja, ja.
  Hebt die Hand.
  Dann wird es Abend, und langsam ist die Sonne hinter den Ber-
  gen verschwunden. An den Tischen sitzen: LEHRER TASSO BIRRI,
  DONATI *und der* KAPLAN, *der als einziger kein Badekostüm*
  trägt, den Kittel hat er über die Stuhllehne gehängt. Die
  SCHNAUZTANTE *zieht die Flaschen aus dem Wasserfaß und stellt*
  jetzt eine neue auf den Tisch.
MEINE MUTTER Dein Vati wird böse, wenn du jetzt nicht brav bist.
  Komm und zeig dich einmal. Bald kommt er aus dem Büro und
  holt uns ab.
SCHNAUZTANTE Bub! Es geht dir noch wie dem Tötschlivetter
  selig!
MEINE MUTTER Der Großvater soll dem Hans-Thomas in Gotts-
  namen eine Geschichte versprechen.
  Steht auf
  Dann kommt er vielleicht.
  Geht, um sich anzuziehen, in eine Kabine. Ab

KAPLAN Spielen wir jetzt, oder spielen wir nicht?
SCHNAUZTANTE Bloß gut, daß es endlich einmal Abend geworden
  ist.
BIRRI Prost.

DONATI Prost. Wer ist am Ausgeben, meine Herren?

KAPLAN Prost alle zusammen. Tut das gut, tut das gut . . .

*Ein Auto. Der Motor wird abgestellt, man hört das Zuschlagen
einer Autotür.*

Auftritt MEIN VATER

MEIN VATER Guten Abend. Ja, meine Familie wollte ich eigentlich
abholen. War das wieder ein Tag heute. Eine Hitze . . .

DIE STIMME MEINER MUTTER Du, dein Sohn hat sich versteckt!

MEIN VATER Habt Ihr einen schönen Nachmittag gehabt? Beim
Großvater wird er halt sein, Theres. Es ist immer das gleiche mit
den beiden.

MEINE MUTTER *tritt aus der Kabine, angezogen.*

MEIN VATER Geht es dir gut, Liebes?

MEINE MUTTER Jean. Je suis sûre, qu'il a peur à cause de quelque
chose.

Sie gehen über die Wiese. Es wird dunkler.

MEIN VATER Der kommt schon, wenn wir gehen.

Beide ab

SCHNAUZTANTE Jetzt fahren sie.

Man hört unsere Autohupe.

Ja, ja, der Hürlibub . . . Seit sein Großvater wieder hier bei uns
oben ist, steckt der Bub bei ihm. Für den Kleinen, denk ich
manchmal, wär's fast besser gewesen, der Alte wär noch ein
Jährchen oder zwei in Herisau geblieben.

BIRRI Wer gibt aus?

KAPLAN Es wird kühler. Aber ich schwitz und schwitz . . .

SCHNAUZTANTE Immer der, der fragt, Herr Lehrer.

DONATI Meine Herren, fangen wir jetzt endlich einmal an.

Stichtag

Personen

DAMUNT
CÉCILE DAMUNT
MARTHA HORAT
HORAT
KATZBACH
NOTZ
SCHWÄNDI
DER JUNGE ERLER
SCHWESTER MARIA CARMENCITA
DER DOKTOR

Das Areal der stillgelegten Damunt-Farm
Nacht im frühen Herbst

DAMUNT *Mit einem Infusionsständer, dessen Topf Blut enthält;*
auf eine Krücke gestützt; Mantel über Pyjama.

DAMUNT Stirbt ein Mensch
        Stirbt die Welt das alles
        Habe ich
        Geschaffen
        Mastboden setzte ich an
        Mastboden meine Silos
        Sind Türme
        Die Zeiten heißt es
        Sind nicht mehr
        Die besten ja
        Aber für mich
        Wäre die Zeit
        Nicht ungünstig
        Mein Fleisch
        Ist billig das Huhn
        Produkt und Produktionsmittel
        In einem dort
        In diesen Stallungen
        Herrschte früher ein ewiger
        Frühling könnte ihn sofort wieder in Gang
        Setzen Knopfdruck genügt
        Fünfzigtausend Stück
        Hatte ich pro Aufzucht und Boden
        Tag und Nacht liefen die Bänder
        Bänder fürs Futter für den Kot
        Und sieben Böden und
        Fünfzigtausend pro Boden macht
        Sieben mal fünfzigtausend Stück
        Das gackerte und grakelte
        Das pickte und fraß und
        Es wuchs es gedieh

Ein einziger Teppich von wachsendem wogendem
Fleisch
Im ewigen Frühling
Mein Blut
Hängt mir zum Arm heraus
Schmerzen
Neinnein
Keine Schmerzen
Mit der Zeit
Sind die Schmerzen
Fast ein Gefühl

Letzthin bat ich sie, vor ihrem Weggehen das Fenster zu öffnen.
»Ohne Parfüm«, sagt sie, »bin ich pudelnackt«. Früher war es der
Geruch der Mastböden, jetzt ist es der Spitalgeruch, den sie nicht
ausstehen kann. Was wollte ich sagen? Ja, ich erinnere mich. Ich
bat sie, das Fenster zu öffnen. Sie weigerte sich. Eine Erkältung,
sagte sie, wäre das Schlimmste, was uns jetzt passieren könnte.
Mein Körper hat die Abwehrkräfte aufgezehrt, die Leukozyten fallen, seit gestern wird mir das Blutbild verheimlicht.

Morgen
Werde ich essen
Morgen
Zraggen Herr Zraggen
Wo steckst du denn
Mistkerl verdammter
Mein Wach- und Objektschutz
Hat zu wachen
Zraggen hierher
Und hilf mir
Nein
Man kann mich nicht mehr
Kennen das Jahr
Hat mich ziemlich
Verändert das Haar
Die Augenbrauen alles
Was auf ein Gesicht
Schließen läßt und auf mich
Haben sie weggestrahlt
Ausgemerzt die Farm

Ist stillgelegt
Vorübergehend und dann
Bin ich wieder gesund und
Im Saft dann
Fangen wir noch einmal
An noch einmal von vorn
Du
Der Weg ist nicht weit
Wenn wir einander helfen uns stützen
Werden wir rechtzeitig
Zurück sein
Komm jetzt
Noch vor dem Wecken
Sind wir zurück im Spital
Wo ich liege seit bald einem Jahr
Liege ich und
Sterbe

Auftritt DER JUNGE ERLER

DER JUNGE ERLER Irgend etwas nicht in Ordnung?

DAMUNT Das frag ich Sie. Was machen Sie hier?

DER JUNGE ERLER Die Ratz hab ich gejagt. Da, schau! Stücker sechs in einer einzigen Nacht.

DAMUNT Das ist das Areal vom Damunt, Betreten verboten.

DER JUNGE ERLER Sag bloß.

DAMUNT Herr Zraggen?! Zraggen!

DER JUNGE ERLER Den gibt es nicht mehr.

DAMUNT So?

DER JUNGE ERLER Hier ist Feierabend.

DAMUNT Die Farm wird in den Nächten überwacht, die Versicherung verlangt's. Haben Sie eventuell eine Zigarette für mich? Neinnein. In einer Intensivmast ist Hygiene das oberste Gebot. Sind Sie der Neue?

DER JUNGE ERLER Der Neue – was?

DAMUNT Der neue Wächter.

DER JUNGE ERLER Nimmt mich nur wunder, was es hier noch zu bewachen gibt.

DAMUNT Darf man fragen, wo Sie jetzt arbeiten?

DER JUNGE ERLER Arbeiten? Der Damunt liegt im Spital, seit bald einem Jahr, und es heißt, daß er nur noch Haut und Knochen ist. Meier-Fleurys Seidenspinnerei haben sie dichtgemacht, ebenso die Metallfabrik, und wer's unten in Zürich versucht, kommt schon bald und mit einem Karfreitagsgesicht zurück. Was meinen Sie wohl, warum ich nachts auf Ratzenhatz bin? Das ist die Nachtschicht, Herr. Das bleibt im Blut. Das hockt Nacht für Nacht in der Stube am Tisch und zählt im Aschenbecher die Kippen.

DAMUNT Wie reden Sie mit mir?!

DER JUNGE ERLER Diese Hände, Herr, sind immer noch jung. Die möchten fürs Leben gern zupacken.

DAMUNT Und wer zahlt euch die Fangprämie aus?

DER JUNGE ERLER Für die Ratten? Niemand. Die Hatz betreibe ich zum Spaß. Der Mensch muß etwas tun.

DAMUNT Jaja, die Farm ist stillgelegt.

DER JUNGE ERLER Es gibt keine Hühner mehr, die Silos sind längstens geleert. Aber die Ratz, sehen Sie, ist uns geblieben. Das kriecht aus den Kanalisationen empor. Das huscht von Schatten zu Schatten und vermehrt sich. Sie haben einen Unfall gehabt?

DAMUNT Das ist das Endlager. Die modernste Kühlanlage der ganzen Innerschweiz. Lagerung, Verlad: Darauf kommt's an. Im September vierundsiebzig wurde das Endlager ans Bahnnetz geschlossen, die Einweihung war ein Triumph, die halbe Stadt kam hierher, der Regierungsrat erschien in corpore. Es friert mich.

DER JUNGE ERLER Ja, gegen den Morgen zu steigen aus dem See die Nebel auf. Die sind feucht, Herr, und gefährlich! Wenn Ihr wollt, besorge ich Euch einen Mantel.

DAMUNT Ich brauche Geld.

DER JUNGE ERLER Braucht jeder. Die Mäntel, müssen Sie wissen, haben wir seinerzeit für die Desinfektion benutzt. Es sind gute Mäntel, Herr. Dann mag's feuchten, wie's will, und Ihr seid prima geschützt. Irgendwie kommen Sie mir ziemlich bekannt vor.

DAMUNT Bring mir den Mantel.

DER JUNGE ERLER Aber ich kenne Sie nicht. Jedenfalls nicht so genau, tut mir leid.

DAMUNT Den Mantel!

DER JUNGE ERLER Sofort.

DAMUNT Er hat mich an der Leine. Aber nicht der Schmerz ist das
Schreckliche. Das Schreckliche ist das Erbrechen, dieses Würgen und Husten, und es kommt nichts, es kommt nichts, das ist
furchtbar. Ich habe es hinter mir. Was will man mehr. Oh, entschuldigen Sie. Ich vergaß, mich vorzustellen. Ich bin ein Ehemaliger wie Sie.

DER JUNGE ERLER Einer von uns? Soso.

DAMUNT Ein Ehemaliger vom Damunt, in der Tat.

DER JUNGE ERLER Dann müßten wir uns kennen, Herr.

DAMUNT In der Buchhaltung war ich tätig. Aber das wird vermutlich noch vor Ihrer Zeit gewesen sein. Kennen Sie den Bümplitz? Mit dem Bümplitz zusammen saß ich im selben Büro. Ich
nehme an, wir sind Ihnen nicht mehr bekannt, der gute Bümplitz und ich. Den hat er anno siebenundsechzig entlassen.

DER JUNGE ERLER Zwei Tage vor Weihnachten hat er ihn entlassen.

DAMUNT Mag sein, ja.

DER JUNGE ERLER Er mußte von Zeit zu Zeit den Patron markie-
ren. Sie kennen ihn. Das spürt man.

DAMUNT Ich bin leider in einer mißlichen Lage.

DER JUNGE ERLER Sie sind krank, hab ich recht?

DAMUNT Als man mich in Zürich zum ersten Mal operiert hat,
waren sie der festen Meinung, sie hätten alles erwischt und weg-
geschnitten. Kapazitäten. Die machen nicht einfach auf und
dann wieder zu. Ich mußte meine Leute trotzdem entlassen.
Auch Cécile war dafür, daß ich sie entlasse. Insbesondere waren
wir natürlich um meinen Namen besorgt. Die Lebensmittel-
branche ist heikel. Da genügt eine einzige Panne, schon bleibt
deine Ware in der Truhe. Innerhalb von Tagen, ja von Stunden,
kann ein Ruf, den man sich während langer Jahre erworben hat,
zuschanden gehen. Eines Tages mache ich wieder auf. Ich
benötige dringend ein Taxi. Und da wollte ich Sie fragen, lieber
Erler, ob Sie eventuell die Güte hätten, mir mit einem kleinen
Kredit aus der Patsche zu helfen. Zehn Franken. Heute nachmittag zahle ich das Doppelte zurück.

DER JUNGE ERLER Bin sofort wieder da.

DAMUNT Wo gehen Sie hin? Erler –

DER JUNGE ERLER Ich soll Ihnen den Mantel besorgen.

DAMUNT Warten Sie!

DER JUNGE ERLER Will sehen, was ich tun kann. *Ab.*

DAMUNT Gib mir deinen Topf. Muß etwas kontrollieren. Das ist
meine Kühlhalle. Hast du kapiert? Das modernste Endlager der
ganzen Innerschweiz, der Stolz meiner Farm, die Krönung meiner Laufbahn. Und sie, dieses Weib, entläßt hinter meinem
Rücken meinen letzten Mann. Das erlaube ich nicht. Mein Areal
muß überwacht werden, Nacht für Nacht, und wenn ich wieder
gesund bin, erholt und im Saft –

Auftritt DER JUNGE ERLER *mit einem weißen Gummimantel.*
DAMUNT *hat den Infusionstopf ausgehängt und versucht, das Tor
zur Kühlhalle aufzustoßen.*

DAMUNT Haben Sie das Geld?

DER JUNGE ERLER Ihr Mantel.

DAMUNT Helfen Sie mir.

DER JUNGE ERLER Nun, das glaub ich nicht, daß ich Ihnen helfen
darf.

DAMUNT Idiot.

DER JUNGE ERLER Weiß man denn so sicher, wer Sie sind?

DAMUNT Damunt ist mein Name.

DER JUNGE ERLER So.

DAMUNT Genau so.

DER JUNGE ERLER Das Tor, glaub ich, ist verriegelt. Kann man
nichts machen.

DAMUNT Der Damunt bin ich. Der Damunt! Hilf mir. Es ist meine letzte Bitte.

DER JUNGE ERLER *ab.*

DAMUNT *gelingt es, das Tor aufzustemmen. Er knipst das Licht an.
Er steht starr. Dann humpelt er, ohne Krücke, den Infusionstopf
im Arm, in die Halle hinein. Sie ist leer. Loses Gestänge und Roh-
re lassen auf eine Demontage schließen.*

DAMUNT Ich habe Chancen, fahre noch einmal nach Amsterdam,
lasse mich noch einmal bestrahlen. Eine verzettelte Bestrahlung, sagen sie, ist immer noch möglich, ist immer noch mög-

lich. Und aus dem Nichts heraus, wie seinerzeit, vor Jahren, vor
Jahrzehnten, schwingen wir uns
>   Empor
>   Hinauf immer
>   Höher
>   Hinauf mein Bein
>   Der Schmerz

Sie haben mich ausgeschlachtet. Hinter meinem Rücken, ohne
mein Wissen. Meine Farm ist tot. Leute, aber ich. Aus dem
Nichts heraus. Noch einmal von vorn ...
*Die Sirene eines Krankenwagens nähert sich. Blaulicht streift
das Areal.*

Auftritt DER JUNGE ERLER, CÉCILE DAMUNT *und zwei Bahrenträger*

DAMUNT Erler!

CÉCILE Franz! Um Gottes willen, Franz!

DAMUNT Sie suchen Arbeit, junger Mann? Können Sie haben.
Unsere Nachtschicht ist Ihnen bekannt. Der Horat wohnt Industriestraße zwo, gleich um die Ecke. Die andern alarmieren Sie
telephonisch. Meine Farm geht in die Mast. Haben Sie mich verstanden? Ob Sie mich verstanden haben?!

DER JUNGE ERLER Ja. Das heißt nein.

EIN BAHRENTRÄGER Ist er das?

DAMUNT Wer von euch ohne Stellung ist, kann ab sofort einsteigen.

DER JUNGE ERLER Wir gehen in die Mast, Herr?

DAMUNT Mit einer Desinfektion der Böden fängt man an.

DER JUNGE ERLER Aber es heißt doch, daß Sie krank sind –

DAMUNT Wird's bald? Ich habe meine Zeit nicht gestohlen.
Damunt ist mein Name. Meine Herren, ich nehme an, daß Sie
mich gesucht haben. Melden Sie dem Herrn Professor, Sie hätten mich gefunden. Vielen Dank für Ihre Mühe. Verschwinden
Sie. Ich habe zu arbeiten.

CÉCILE Neinnein! Warten Sie! Der Professor ist außer sich. Er hat
meinen Gatten überall gesucht, in der ganzen Stadt –

DAMUNT Erler, Sie holen jetzt meine Leute her. Ich habe den Mantel bereits an.

DER JUNGE ERLER Ist das wahr? Tatsache und wahr?

DAMUNT Ich fange noch einmal an, mein Freund. Noch einmal
von vorn.

CÉCILE Ja, Franz, du mußt wieder gesund werden! Du darfst dich
nicht erkälten, Franz, unter keinen Umständen erkälten!

DAMUNT Sag ihnen, meine Kühlanlagen hätte man aus dem Boden
gerissen. Das Endlager sei leer, geräumt, ausgeschlachtet. Das
läßt sich ein Damunt nicht bieten. Er nimmt seinen Betrieb,
sagst du, mit sofortiger Wirkung wieder auf.

CÉCILE Tun Sie, was er Ihnen sagt . . .

DER JUNGE ERLER *ab. Die Bahrenträger ab.*

DAMUNT Gib dir bitte keine Mühe. Hier, Cécile, auf meinem
Grund und Boden, erwarte ich meine Leute. Meine Krücke!

CÉCILE Sofort, Franz.

DAMUNT Ich will meine Krücke!!

CÉCILE Denk dir bloß! Es ist dir gelungen, ohne Krücke zu stehen!

DAMUNT Danke.

CÉCILE Dann laß uns jetzt ins Haus gehen. Bittebitte! Ich werde
dir alles erklären.

DAMUNT Wenn ich mich recht erinnere, haben wir unseren Entscheid gemeinsam getroffen.

CÉCILE Wir gehen wieder in die Mast, o ja. Das ist unsere Abma-
chung, Franz. Du bist stärker als die Krankheit.

DAMUNT Streich mir über den Schädel!

CÉCILE Über deinen Kopf?

DAMUNT Man fühlt schon die Huppel.

CÉCILE Könnte Eiter sein. Kleine Kissen von Eiter, eine Entzündung, nichts von Bedeutung.

DAMUNT Das Geschwür ist im Kopf.

CÉCILE Soll ich drücken? Das fließt, Franz, du hast Chancen, du
kommst durch!

DAMUNT Ja. Ich habe an mich geglaubt, Cécile, ich habe gelitten,
gelitten wie ein Hund und gekämpft, gegen alle Hoffnung
gekämpft, und jetzt weiß ich: Mein Kampf war sinnlos, mein
Leiden umsonst. Das war die Kühlhalle. Mein Endlager! Da! Sie
hat die Motoren aus dem Boden gerissen. Da zeigt sich schon
der Acker, der Acker kommt näher.

CÉCILE So darfst du nicht reden! Franz, lieberlieber Franz, schlag mir die Hand ins Gesicht, tu mir weh, ich habe die Strafe verdient. Ich bin ja so dumm, so schrecklich dumm.

DAMUNT Die Farm war mein Lebenswerk.

CÉCILE Ja, Franz, ich weiß es, ich weiß es doch! Schlag zu, schlag mich tot, und dann, du Lieber du, gehen wir hinüber ins Haus. Deine Leute werden uns schon finden.

DAMUNT Als ich krank geworden bin, waren meine Aktiva höher als die Passiva. Also kam ein Konkurs nicht in Frage. Also konnte ich meinen Namen, meinen anerkannt großartigen Ruf bewahren.

CÉCILE Die Reserven sind immer noch da. Ich habe die Reserven nicht angerührt, kein einziges Mal. Mit diesen Reserven, Franz, wirst du wieder anfangen: So ist es besprochen und abgemacht.

DAMUNT Besprochen und abgemacht. Ja, Cécile. Ich konnte nicht ahnen, daß mich meine Frau, meine eigene Frau, hinter meinem Rücken verkauft, verramscht, vernichtet.

CÉCILE Amsterdam, Franz, war nicht so billig, wie du gedacht hast.

DAMUNT Nein?! Dann sag mir doch endlich, was hier geschehen ist! Was hast du getan? Cécile: Was hast du hinter meinem Rücken getan?!

CÉCILE Was ich getan habe? Ich habe an dich geglaubt, Franz. Ich habe die Hoffnung nicht aufgegeben, nie, nie in all den Monaten, und jetzt, jetzt holst du dir in der Kälte den Tod.

DAMUNT Weißt du, warum ich Müller-Begemanns Klinik nicht mehr ertragen konnte? Warum ich hier liegen wollte und nicht mehr bei Müller-Begemann? Weil ich mir eingebildet habe, daß ich der Besitzer meiner Farm bin. Die Farm zog mich hierher, zog mich zurück ins Spital unserer Stadt, und heute nacht, Cécile, mußte ich sie noch einmal sehen, ein letztes Mal, die Geschwüre sind schon im Kopf, im Schädel, Cécile, hier, und was sehe ich? Was muß ich erleben? Mit einer schamlosen, fast perfiden Deutlichkeit hat alles um mich herum zu sterben angefangen. Alles, auch du.

CÉCILE Was blieb mir denn anderes übrig? Wenn man sich liebhat, gibt man die Hoffnung nicht auf, und irgendwoher, irgendwoher mußte ich das Geld halt nehmen.

DAMUNT Laß mich allein.

CÉCILE Neinnein. Ich bin deine Frau. Ich weiß doch, wie du denkst,
ich weiß es nur zu gut. Das Finanzielle ist dein Ressort, und wie
ein Sperber hast du alle Konten überwacht. Du bist ein Unternehmer, ein Geschäftsmann, und hättest du gewußt, was deine
Kuren und Therapien verschlingen, hättest du deinen Kampf
nicht gekämpft. Ich konnte und ich durfte dir nichts sagen. Aber
ich mußte handeln, Franz. Ich mußte dafür sorgen, daß alles nur
Denkbare gegen die Krankheit geschieht. Das zahlt keine Kran-
kenkasse. Das geht ins Geld, ins große Geld. Amsterdam wäre
ohne den Verkauf der Kühlanlage nicht möglich gewesen.

DAMUNT Amsterdam! Was interessiert mich Amsterdam!

CÉCILE Franz, hätte ich dir gesagt, was uns Amsterdam kostet:
Keine zehn Pferde hätten dich nach Amsterdam gebracht. Hättest du gewußt, was Müller-Begemann pro Tag und Bett, was er
für eine einzige Spritze verlangt: Es wäre dir nicht im Traum ein-
gefallen, eine Einweisung in seine Klinik auch nur in Erwägung
zu ziehen. Hätte ich denn verhungern sollen? Müller-Begemanns Klinik, mein Lieber, verhökert die wenigen freien Plätze
an die Meistbietenden.

DAMUNT Arme Cécile. Du hast ein schlechtes Geschäft gemacht.

CÉCILE Franz, Liebster. Sobald wir im Warmen sind, tu ich alles,
was du willst.

DAMUNT Im Warmen? Warum soll ich ins Warme? Ich bin ein
toter Mann, Cécile.

CÉCILE Neinnein –

DAMUNT Davon verstehst du nichts, ich weiß. Mit meiner Kühlanlage kann der Böckel Froidevaux seine Produktion um das
Doppelte erhöhen.

CÉCILE Amsterdam war wichtiger als deine Kühlanlage!

DAMUNT Wichtiger? Hast du wichtiger gesagt? Jetzt beherrscht
der Böckel Froidevaux den Markt, und für einen wie mich, meine Liebe, haben die Banken nur noch ein mitleidiges Lächeln
übrig.

CÉCILE Wie kommst du auf den Böckel Froidevaux?

DAMUNT Er ist mein Konkurrent, mein Freund. Er hat dir die
Kühlanlage abgehandelt, um mich für immer aus dem Weg zu
räumen. So sieht die Rechnung aus.

CÉCILE Hör auf, Damunt, ich bitte dich, hör auf!

DAMUNT Tut mir leid, Cécile, aber einen Herrn dieses Namens gibt es nicht mehr. Ich bin am Ende.

CÉCILE Hast du deine Tropfen nicht dabei? Deine Tropfen, Franz, wo sind deine Tropfen?!

DAMUNT Eine Spritze.

CÉCILE Eine Spritze, Franz, sofort!

DAMUNT Der Schmerz –

CÉCILE Der Schmerz, Franz, um Gottes willen, der Schmerz!

DAMUNT Mein Bein. Ich halte mein Bein nicht mehr aus ...

Auftritt DER JUNGE ERLER, HORAT *und* MARTHA HORAT; *die Horats tragen Mäntel über ihren Nachthemden.*

MARTHA He, Horat, schau doch, dort!

HORAT Dort.

MARTHA Dort steht er.

DER JUNGE ERLER Das ist der Patron, Horat. Jetzt kannst du ihn sehen, mit eigenen Augen! Er ist wieder da, sagt er. Er geht wieder in die Mast, Horat, und mich hat er als ersten begrüßt und eingestellt.

CÉCILE Was stehen Sie herum? Helfen Sie uns, helfen Sie!

DER JUNGE ERLER Die Herren Notz und Schwändi habe ich telephonisch verständigt.

CÉCILE Mein Gatte braucht eine Spritze, sofort eine Spritze!

DER JUNGE ERLER Ja. Dann zünde ich jetzt unsere Reklame an. Er ist besoffen, der alte Horat, und was er nicht sieht, kann er nicht glauben. *Ab.*

HORAT He, Martha. Da hat sich einer den Gummi übergezogen.

MARTHA Den Gummi?

HORAT Desinfektion, Martha!

DAMUNT Schick diese Leute weg! Schick sie weg!

MARTHA Dort steht er. Im Mantel, Horat.

HORAT Sag ich doch.

MARTHA Pardon, Herr. Aber in der Nacht kann mein Horat nicht schlafen, und tagsüber geht er von Tür zu Tür. Sie weisen ihn ab, er ist müd, aber nein! in der Nacht hat er nichts mehr zu tun, seit bald einem Jahr, Herr, und in der Nacht packt ihn ein Durst, als hätt er ein Salzbergwerk im Leib. Nichts für ungut, Herr. Mein Horat ist voll.

HORAT Hört ihr? Das sind die Laster!

MARTHA Das ist die Frau vom Patron. Komm jetzt!

HORAT Die Tankwagen mit der Milch aus der Innerschweiz. Fahren die Laster durch die Stadt, ist es vier Uhr früh. Auf dem Güterbahnhof gehen die Lichter an, und beim Damunt beginnt der Verlad.

DAMUNT Sie hat uns an den Böckel Froidevaux verkauft. Meine Frau, Horat, meine eigene Frau!

HORAT Weiß ich, Herr. Aber jetzt, wo Sie wieder da sind, kann das Allerschlimmste justament verhindert werden.

MARTHA Halt dein saublödes Maul.

HORAT Mein Maul soll ich halten? Im März, Patron, hat der Böckel Froidevaux die Kühlanlage demontiert, und Ende August war er schon wieder hier. Ich hab's vom Notz, und der Notz hat's vom Schwändi. Ende August haben sie in den Stallungen die Bänder abgeholt, Futterbänder, Kotbänder –

DAMUNT Die Bänder sind weg?!

HORAT Sie sind weg, Patron, jawohl. Er ist's, Martha, ich sag's dir.

DAMUNT Der Böckel Froidevaux hat meine Bänder, sagen Sie? Die Bänder meiner Stallungen?!

HORAT Der Horat bin ich, Industriestraße zwo, und das ist meine Martha.

CÉCILE Verschwinden Sie!!

HORAT Ja. Man will nicht stören. Der Erler wird sich wohl getäuscht haben, er ist jung. Komm, alte Schachtel. So ein Verlad dauert zwölf Minuten, und seitdem wir die Schiene haben, sind wir schnell, unabhängig vom Wetter und pünktlich. An guten Tagen haben wir die Tanklaster mit der Milch sogar überholt. Im Winter haben wir sie meistens überholt. Damals, Martha, haben die Zürcher Markthallen uns gehört, und jetzt gehören sie dem Böckel Froidevaux.

MARTHA Da! Schau in die Nacht, Horat, in den Himmel! Wir leuchten wieder.

HORAT Ja, ja. Aber ich fürchte, der Name ist justament in den Himmel geschrieben, in die Nacht.

MARTHA Er ist wieder da, Horat! Unser Patron!

HORAT Gekommen ist er, wie er's seinerzeit versprochen hat, jawohl.

DAMUNT Horat

CÉCILE Schrei nicht

DAMUNT Meine Spritze

CÉCILE Sofort Franz

DAMUNT Du hast die Reserven nicht angetastet
Aber natürlich
Wäre ein Neuanfang

CÉCILE Aufgrund deiner Reserven jederzeit möglich
Schrei Franz

DAMUNT Du ich durchschaue dich

CÉCILE Schrei wenn es dir guttut schrei

DAMUNT Dich und deinen Plan
Gratuliere du hast einen Plan

CÉCILE Schrei bitteschön leiser

DAMUNT Gratuliere

CÉCILE Mein Liebster mein Franz
Früher einmal habe ich mich vor dem Krankenwagen gefürchtet. Oh, aber damals war ich noch ein Kind, und meine Puppen mußten immer etwas Besonderes sein, hübsch und ziemlich vornehm. Ist das nicht komisch? Zum Schreien komisch? Meine Puppen mußten immer Prinzessinnen sein.

HORAT Da, trinken Sie einen Schluck.

MARTHA Wer weiß, ob dem Herrn Patron dein Fusel bekommt.

HORAT Seinerzeit haben wir zum Stichtag das Fleisch probiert, der Patron und ich. Prosit! Erst einen Bissen, dann einen Schluck.

MARTHA Ja, ja. Immer ein Schnäpslein hinterher.

HORAT Immer ein Schnäpslein. Erinnern Sie sich? Abest, absit, abeat! Unser Fleisch war gut. Man könnte die Bewegungsabläufe noch drastischer reduzieren. Was halten Sie davon? Krallen abkluppen, Kämme kappen.

DAMUNT Sie hat einen Plan, Martha. Einen Plan!

HORAT Ruhig, Patron, ganz ruhig. Der Froidevaux ist uns um Längen voraus, das stimmt. Allerdings haben wir unsere anerkannt großartige Erfahrung, und ein Fleisch, das sich kaum bewegt, produziert sich mit schlaffen Knochen. Ohne

Krallen hören sie mit dem Scharren auf. Ohne Kämme verliert sich das Schütteln.

MARTHA Oder er versucht es mit den Eiern. Als wir noch die Eier
hatten, hat uns der Eiklar-Index auf jeder Landwirtschaftsmes-
se zu einer Prämierung verholfen.

DAMUNT Ich krepiere!

CÉCILE Nicht jetzt. Ich muß mit dir reden, dir alles erklären!

DAMUNT Krepiere wie ein Hund.

CÉCILE Kannst du eine Minute allein sein? Nur eine einzige,
winzige Minute?

DAMUNT Gib mir deine Hand, Cécile.

CÉCILE Ich bin im Augenblick wieder da. *Ab.*

DAMUNT Ich schreie nicht, neinnein. Ich rede von der Farm. Vom
Geschäftlichen verstehst du nichts. Ich rede davon, daß die Banken meinen Neuanfang mit einem Betriebskredit auf Blankobasis
jederzeit unterstützen. Habe die Hypotheken weitgehend amortisiert. Könnte meine Bilanzen vorweisen, die saubere Liquidation. Aber der Markt, Cécile, hat seine eigenen Gesetze! Ein Huhn
richtet sich nach der Natur, und seine Befleischung ist verderb-
lich. Die Schlachtausbeute muß eingefroren werden, tiefgefro-
ren, und wer meine Kühlanlagen besitzt, beherrscht meinen
Anteil am Markt. Das weiß auch die Bank, Cécile, verstehst du?
Wer im Besitz meiner Bänder ist, produziert meine Hühner; wer
meine Anlagen hat, hat meinen Markt. Nein, sag jetzt nichts. Was
kümmert mich Amsterdam, wenn Amsterdam meine Farm zerstört, meine Freunde, meine Guten, da seid ihr ja!

Auftritt DER JUNGE ERLER, NOTZ *und* SCHWÄNDI

HORAT Vergessen wir die Eier, Martha. Mit den Eiern haben wir
rechtzeitig aufgehört. Keine Verzettelung, Patron, stimmt's?

DER JUNGE ERLER Konzentration auf das Wichtige!

HORAT Wir lassen die Eier fahren und errichten das Endlager.

DER JUNGE ERLER Und setzen auf den Böden die Aufzucht aus.

HORAT Fleisch an Fleisch. So war es, Kamerad, genau so.

MARTHA Im Gesicht ist er totaschenfahl.

NOTZ Ich bin's, der Notz. Willkommen auf der Farm, Herr
Damunt.

DER JUNGE ERLER Also der Notz sagt –

NOTZ Gar nichts habe ich gesagt.

DER JUNGE ERLER Ein halbes Jahr, meint er halt, müßten Sie uns schon garantieren, so oder so.

DAMUNT Reden Sie mit meiner Frau.

SCHWÄNDI Schwändi Joseph, früher in der Verpackung tätig.

DAMUNT Meine Frau wird das Geschäftliche regeln, Ihre Verträge unterzeichnen.

Auftritt CÉCILE *mit einer Schubkarre.*

CÉCILE Ich weine nicht, neinnein. Ich lache. Gefühle tun immer ein bißchen weh, sogar die allerschönsten! Ich bin ja so glücklich, so froh, daß du endlich wieder daheim bist.

DAMUNT Meine Bänder!!

CÉCILE Ich kann nicht mehr. Froidevaux gibt uns die Bänder zurück.

DAMUNT Müssen laufen. Tag und Nacht –

CÉCILE Natürlich. Sobald du wieder bei uns bist, gesund und erholt –

DAMUNT Mein Bein.

CÉCILE Laufen die Bänder.

DAMUNT Ich halte mein Bein nicht mehr aus.

CÉCILE Und die Banken, lieber Damunt, greifen uns mit einem Kredit auf Blankobasis sofort unter die Arme, wir haben die Hypotheken amortisiert, ich könnte die Bilanzen vorweisen, die saubere Liquidation.

DER JUNGE ERLER Also wenn ihr mich fragt, Kameraden: Ich bin dabei.

SCHWÄNDI Sie wollen tatsächlich wieder in die Mast, Patron?

HORAT Jedenfalls wäre die Zeit nicht ungünstig. Mit einer ersten Aufzucht könnten wir noch vor Neujahr auf dem Markt sein.

NOTZ Auf dem Markt? Ohne Bänder?!

HORAT Die holt sie zurück.

NOTZ Die Parfümierte?

DER JUNGE ERLER Hat sie gesagt, jawohl.

HORAT Der Frühling, meine ich, ist uns geblieben. Reduzieren wir ihre Bewegungen, soweit es geht, und schon haben wir in punkto Bemuskelung den Froidevaux überholt.

SCHWÄNDI He, Notz! Wo willst du hin?

NOTZ Wollen wir verhandeln, müssen wir mit einer Stimme reden.

NOTZ, DER JUNGE ERLER, HORAT, SCHWÄNDI *und* MARTHA HORAT *ab*.

CÉCILE Ich habe die Karrette mit Einstreu gepolstert.

DAMUNT Einstreu?

CÉCILE Damit haben wir früher die Mastböden ausgelegt.

DAMUNT Ah, den Posten hat sie vergessen, die Verkäuferin.

CÉCILE Ich hab dich so lieb, Franz.

DAMUNT Siehst du? Meine Leute haben die Reklame eingeschaltet. Die verstehen mich. Das Jahr ist ihnen so lang geworden wie mir.

CÉCILE Ich habe Angst. Ich weiß nicht mehr, was ich tun soll.

DAMUNT Es ist alles getan.

CÉCILE Neinnein. Übermorgen will er dir ein Stück vom Hüftknochen herausnehmen. Zur definitiven Abklärung.

DAMUNT Eigentlich war ich schon immer krank.

CÉCILE Das stimmt jetzt aber ganz und gar nicht.

DAMUNT Früher einmal hatte ich Fußpilz.

CÉCILE Ja, und wenn uns dann der Eiter entgegenfließt, hat er gemeint, dürften wir wieder hoffen. Eine verzettelte Bestrahlung wäre immer noch möglich. Hat er gesagt, ich schwör's dir. Amsterdam wäre immer noch möglich.

DAMUNT Du hast mit dem Professor telephoniert?

CÉCILE Mit dem Kloster vom Heiligen Kreuz. In Amsterdam beschießen sie dich noch einmal mit diesen neuartigen Neutronen. Eiter, sagt der Professor, wäre das sicherste Zeichen für eine Entzündung. Eine Entzündung, Franz, kein Geschwür. Du, ich fahre dich einfach hinüber. Ja, das tu ich jetzt. Ob du willst oder nicht.

DAMUNT Ich bin dir nicht böse, Cécile.

CÉCILE Ja. Wir müssen jetzt über alles miteinander reden. Ich habe keinen Plan, Franz, und wenn ich etwas sehr Dummes gemacht habe, habe ich nur an dich gedacht, an uns beide, verzeih.

DAMUNT Heute nacht ist mein Gefühl im Innersten zur Ruhe gekommen. Ist das nicht seltsam? Irgendwie fühlt man sich beinah als Sieger.

CÉCILE Ich wollte dich nicht hintergehen. Aber ich wußte doch, daß du ohne Hoffnung nicht mehr kämpfen kannst. Ohne Hoffnung hält es der Mensch nicht aus. Hättest du gewußt, was uns diese Hoffnung kostet: Du hättest nur gelacht.

DAMUNT Du hast die Farm gehaßt! Du hast meine Hühner gehaßt!

CÉCILE Wovon redest du?

DAMUNT Gratuliere. Du bist am Ziel, gratuliere. Die Farm, deine verhaßte Farm ist zerstört.

CÉCILE Franz! So darfst du nicht gehen!

DAMUNT Du hast gewußt, daß ich keine Chancen mehr habe! Ein ganzes Jahr lang hast du gewußt, daß alle Bemühung vergeblich ist, die Operationen, die Kuren, alles vergeblich, alles umsonst, für die Katz.

CÉCILE Es sind unsere letzten Minuten, lieber Franz.

DAMUNT Ich habe dich unterschätzt. Du bist besser, als ich dachte.

CÉCILE Das Kloster vom Heiligen Kreuz hat sich zum Beten versammelt, und die Schwester Maria Carmencita ist unterwegs zu uns.

DAMUNT Die Schwester Maria Carmencita?

CÉCILE Sie hat eine heilende Hand, sagen sie in der Stadt. Sie wird dir helfen. Sie hat schon so vielen geholfen, und das Kloster hat mir versprochen, daß sie mit dem Beten nicht mehr aufhören.

DAMUNT Die Farm war dir zuwider, die Mast, das weiße Fleisch auf den Böden, und hielten wir unseren Stichtag ab, war dir das Blut zuwider, die Schlachtausbeute, meine gute, gesunde Substanz. Da bietet sich dir endlich die Gelegenheit, deinen Haß tatkräftig, genußforsch und siegreich auszuleben. Dein Mann wird krank. Auf den Tod wird er krank. Aber du besuchst ihn Tag für Tag, machst ihm Mut, gibst ihm Hoffnung, und wurde eine neue Chemotherapie empfohlen, eine weitere Operation und noch einmal eine Therapie, noch einmal die Spritzen, das Bestrahlen, das Würgen und Erbrechen, sagtest du: »Denk an deine Farm, Damunt!«, und ich glaube dir, lasse mich operieren und bestrahlen und therapieren. Ich glaube dir, und lasse mich in den Schwarzwald schaffen, ins Engadin und nach Amsterdam, und ums Haar hätte ich mich übermorgen schon wieder auf den Operationstisch deines Herrn Professors gelegt, zur definitiven Abklärung. Aus dir habe ich Tag für Tag, Nacht für Nacht meine Hoffnung genommen, und meine Nächte waren lang, Cécile, die Zeit war lang! Du hast mich dazu verführt, wieder und immer wieder und noch einmal, ein letztes Mal zu hoffen, zu kämpfen, zu leben. Ich konnte nicht wissen, daß mein sinnloser Kampf die Kühlanlagen aus dem Boden reißt, und meine Bänder, meine Laster, meine Container gehen zu einem Schrottpreis an die Konkurrenz. Dort drüben stehen fünfzehn Türme.

CÉCILE Ich kann nicht mehr.

DAMUNT Du hast diesen Kadaver dazu benutzt, mein Lebenswerk dem Erdboden gleichzumachen. Aber meine Türme, Cécile, sie stehen noch, und meine Leute sind bereit, mit ihrem Patron noch einmal in die Mast zu gehen. Du hast dich zu früh gefreut, verstehst du? Dieser Kadaver ist zu allem entschlossen. Er wird deinen Plan durchkreuzen. Er fängt dich auf der Ziellinie ab.

CÉCILE Ich habe die Hühner nicht gehaßt, Franz.

DAMUNT Wo ist der Horat?

CÉCILE Wir haben von den Hühnern gelebt.

DAMUNT Horat, Notz, Schwändi – wo seid ihr?! Ich will diese Stallungen mit meinem ewigen Frühling noch einmal durchwehen. Meine Böden will ich mit intensiv wachsendem Fleisch schon morgen überfüllt sehen. Und dem Böckel Froidevaux, meine Herren, fallen wir mit einem Sonderangebot, das alle Preise purzeln läßt, noch vor dem Fest in die Flanke. Wer mir die Grube schon gegraben hat: Jetzt muß er zu Tode erschrecken. Ich tauche wieder auf, und euch, ihr Geier, die ihr fett und flügelschnalzend auf meinen Firsten und Zäunen hockt, habe ich bereits gefressen. Ich verspüre einen tüchtigen Hunger. Zum ersten Mal seit Wochen, seit Monaten, verspüre ich Hunger. Darf ich dich bitten, mir mein altes Frühstück aufzutischen?

CÉCILE Ja. Dann laß uns jetzt gehen.

DAMUNT Sie zapfen mir den Harn ab. Seit gestern trage ich am gesunden Bein eine Tüte.

CÉCILE Aber das macht doch nichts.

DAMUNT Ich bin hingefallen. Die Tüte ist geplatzt.

CÉCILE Ich werde dich waschen. Ganz vorsichtig, ich versprech's dir.

DAMUNT Du bist so schön. Schöner als jemals zuvor. Für mich, Cécile, wäre es noch schlimmer, wenn du die Krankheit hättest.
Eine Werkssirene tönt.

DAMUNT Die Metaller?

CÉCILE Ja. Ich habe schon ein paar Mal telephoniert. Die Fabrik ist stillgelegt, schon seit Wochen, und niemand stellt diese Sirene ab. Übrigens: Vom Meier-Fleury soll ich dich grüßen. Er hat Blumen geschickt.

DAMUNT Meier-Fleury?

CÉCILE Die Seidenspinnerei.

DAMUNT Ja, ich erinnere mich.

CÉCILE Ein Familienunternehmen seit mehr als einem Jahrhundert. Man möchte Rücklagen vermuten, aber nein, Meier-Fleury ergeht es wie den meisten.

DAMUNT Die Blumen waren für dich?

CÉCILE Für uns beide.

DAMUNT Wie früher.

CÉCILE Du mußt jetzt ins Bett, Franz.

DAMUNT Genau wie früher! Ich leuchte, und bei den Metallern tönt die Sirene.

CÉCILE Es ist schrecklich, Franz, so furchtbar und schrecklich. Aber ich konnte nicht ahnen, daß du eines Nachts erblicken mußt, was uns die Krankheit gekostet hat.

DAMUNT Ich danke dir, Cécile.

CÉCILE Wofür?

DAMUNT Für alles. Für die Wahrheit. Du hast gedacht, daß ich nie mehr hierherkomme. Trotzdem hast du meine Kühlanlage verkauft. Du hast gewußt, daß ich sterbe, und trotzdem machst du die Farm kaputt? Für nichts. Für nichts!

CÉCILE Nein! Für dich. Für uns.

DAMUNT Sie wollen ein halbes Jahr von mir.

CÉCILE Ich weiß nicht mehr, wovon du redest.

DAMUNT Ein halbes Jahr, sagen sie, müßten sie haben, so oder so.

CÉCILE Ach ja. Deine arme, verwaiste Belegschaft.

DAMUNT Der Horat und der Notz haben mich auf Anhieb erkannt.

CÉCILE Das ist doch Wahnsinn! Hör mir bitte zu –

DAMUNT Die Reserven sind immer noch vorhanden.

CÉCILE Ich verstehe.

DAMUNT Ja, und aufgrund meiner Reserven, der amortisierten
Hypotheken und meiner bisherigen Tätigkeit muß sich die Bank
auf Verhandlungen zumindest einlassen. Wollen die Herren eine
Todesfall-Risiko-Garantie: Bittesehr, können sie haben. Und
wenn es darum geht, eine Strategie zu entwerfen, wie ich meinen Markt zurückerobere, bin ich in der Wahl meiner Mittel
nicht zimperlich. Zwar habe ich dir, die Liquidation betreffend,
gewisse Vollmachten erteilt – besser gesagt: erteilen müssen.
Aber ich bin mir nicht so ganz sicher, ob sich diese Vollmacht
auch auf die Liegenschaft und die Festeinrichtungen erstreckt.
Verstehen wir uns? Ich habe in meinen Leuten nicht etwa
falsche Hoffnungen entfacht, keineswegs. Zuerst jage ich dem
Böckel Froidevaux meine Bänder und die Kühlanlage ab, dann
setze ich auf allen sieben Böden eine Aufzucht aus, und sollte
ich das Weihnachtsgeschäft verpassen, mag Freund Froidevaux
die Markthallen und Warenhäuser meinetwegen für sich be-
halten. Künftig, Cécile, konzentriere ich meinen Absatz auf
Spitäler, auf Gefängnisse. Auch die Gefangenen haben Anrecht
auf einen menschenwürdigen Fraß. Siehst du? Ich bin an mein
eigenes Blut gefesselt.
Er zerschlägt die Infusionsflasche.
Ich habe Schmerzen. Ich halte den Schmerz nicht mehr aus.
CÉCILE Ruhig, Damunt, ganz ruhig. Sie haben mir versprochen,
daß die Schwester gleich losfährt.
DAMUNT Die Schwester?
CÉCILE Die Schwester Maria Carmencita mit der heilenden Hand.
DAMUNT Nein. Neinnein. Jetzt darf mich niemand sehen. Du nicht,
meine Leute nicht, niemand. Sterben ist Arbeit, Schwerstarbeit.
Ich will von niemandem gestört werden, hörst du? Ich habe noch
einiges zu erledigen.
CÉCILE Vielleicht gelingt es dir tatsächlich –
DAMUNT Ich muß arbeiten.
CÉCILE Ja, Franz.
DAMUNT Arbeiten . . .
CÉCILE Arbeiten und werken und tätig sein. Deine Leute sind
schon da, Franz, und wollen sie ein halbes Jahr, bittesehr, sie sol-
len es haben.
DAMUNT Hau ab.

CÉCILE Ja, ich habe die Kühlanlagen verkauft, ich gebe es zu, alles
  gebe ich zu.

DAMUNT Cécile?

CÉCILE Und würde es wieder tun! Würde sie noch zehnmal verkaufen!

DAMUNT Hör nicht auf zu reden, Cécile –

CÉCILE Zehnmal, hundertmal!

DAMUNT Lauter, Cécile, lauter! Ich muß dich doch hören ...

CÉCILE Ich war traurig, verzweifelt, ja, aber ich habe gelächelt, dir
  zuliebe habe ich gelächelt und von der Farm geredet, von unserer Zukunft, von uns, und fehlte dir die Kraft, den Deckel einer
  Flasche zu öffnen, nahm ich dir die Flasche ab, wollte dir helfen, aber du, plötzlich voller Kraft, schlägst mir den Arm weg.
  »Ich lebe noch!« hast du geschrien –

DAMUNT Lauter, lauter!

CÉCILE Ich lebe noch, und schlägst mir den Arm weg.

DAMUNT Sie kommen. Sag, daß sie kommen.

CÉCILE Kann nicht. Ich lebe noch –

DAMUNT Ich muß dich doch hören, liebe Cécile.

CÉCILE Ich lebe noch. Und schlägst mir den Arm weg.

DAMUNT Horat! Notz! Zraggen, Herr Zraggen!!

CÉCILE Ich bin's, deine Cécile, die Zezi, dein Bein wurde schwach.
  Jetzt war der Schmerz auch im Bein. Erst im Genick, dann im
  Bein, wir haben gewußt, was das heißt, wir beide, du und ich.
  Wir haben es sogar gesehen. Vor einem Jahr haben wir auf dem
  Röntgenbild dein Genick gesehen, dein Rückgrat, dann die
  Hüftknochen und vor einer Woche deinen armen, lieben Schädel. Jetzt ist das Geschwür auch im Kopf! Wir kennen dein Skelett!! Dein ganzes Skelett!!! Wir wissen, was das heißt. Wir
  haben es schon immer gewußt. Aber du hast mich gezwungen,
  dein Hinken zu übersehen, deine Schmerzen, dein Gesicht, das
  zu einer Grimasse verzerrt war. Es ist mir gelungen, ja, ich über-
  sah dein Hinken, ja, denn ich war gut, sehr gut, ich schwieg und
  log und wußte doch: Das Schreckliche geschieht. Damunt. Ich
  habe von deinem Haar geredet, das wieder wächst, von deinen
  Augen, die ihren Glanz wieder verlieren, ich habe geredet und
  geredet, aber dem Schrecken war ich nicht gewachsen. Dem
  Schrecken ist niemand gewachsen, du nicht, ich nicht, niemand,

der ihn erkennt, in allem und jedem erkennt, und wenn man anfängt zu lügen, den Schrecken zu überspielen, ist der Schrecken schon da. Er ist immer schon da. Manchmal war unser Schweigen so tief, daß ich mich fürchtete, dir Mineralwasser ins Glas zu gießen. Das sprudelte zu laut, zu fröhlich im Glas. Das war plötzlich ein Signal, und haben wir nicht geredet, angeredet gegen diesen Schrecken, war unser Schweigen ein bedeutendes Schweigen. Alles wurde bedeutend. Alles war ein Signal geworden, und das Signal verwies deutlicher und immer deutlicher auf den Schrecken, auf diesen Schrecken, du armer, du lieber Damunt. Wenn es Abend wurde, wurde es Abend, natürlich, aber ich fühlte, wußte und verstand, daß dies ein Abend ist und mehr als ein Abend. Wußte, was in der Dunkelheit sichtbar wird und groß, immer größer und so gefährlich, daß sich deine Finger in meine Schenkel gruben, verkrallten. Damunt. Damunt, und vermutlich haben wir uns nie, nie in unserem Leben mehr gebraucht und tiefer verstanden als in dieser Angst, in dieser Verzweiflung, in diesem Schweigen und Reden und Lügen, ja, ich habe gelogen, bin eine Betrügerin, eine Lügnerin, alles, alles, was du willst, ich bin es, aber du, du Lieber, du hast meine Träume gebraucht, die Farm und Amsterdam, deinen Frühling und immer wieder die Spritzen und noch einmal, ein letztes Mal, die Hoffnung. Nein, es war keine Lüge. Es war ein Traum, und wir, du und ich, haben diesen Traum miteinander erlebt. Warum bist du hierhergekommen? Warum? Die Farm hat dich krank gemacht, wer weiß, und du kommst noch einmal hierher . . .

DAMUNT Weiter.

CÉCILE Dein Blut.

DAMUNT Weitersprechen.

CÉCILE Es müßte dringend erneuert werden.

DAMUNT Komm, Freund, dich schleifen wir mit.

CÉCILE Was hast du vor?

DAMUNT Zieh, Freund, zieh! Der Krebs hat mich ausgezehrt.

CÉCILE Damunt! Wo willst du hin?!

DAMUNT Zu meinen Leuten!

CÉCILE Es ist fünf Uhr früh.

DAMUNT Sie erwarten mich.

CÉCILE Da geht deine Schicht ins Bett.

DAMUNT Soll ich dir ein Geheimnis verraten, Freund? Ihretwegen
schwangen wir uns empor, höher, immer höher. Zum Lachen.
Mach die Kotgrube auf.

CÉCILE Ach, und deine Schicht?

DAMUNT Aufmachen, Parfümierte! Der verfaulte Kot stinkt zum
Himmel. Das übertäubt meinen Schenkel.

Auftritt HORAT, MARTHA HORAT, DER JUNGE ERLER, NOTZ *und*
SCHWÄNDI *mit* SCHWESTER MARIA CARMENCITA

DAMUNT Bringt sie weg! Weg mit ihr!

HORAT Sie hat sich auf dem Areal verlaufen, Patron. Ja, und ich:
Auf dem Areal vom Damunt, sag ich, hat sich schon mancher
verlaufen, sogar im heiterhellen Tag.

DAMUNT Ein halbes Jahr wollt ihr haben? Ein garantiertes, halbes
Jahr?! Gut. Ihr habt es, mein Wort drauf, eure Hand, gebt mir
die Hand –

MARTHA Habt keine Angst, Herr. Die gute Schwester hat schon so
vielen geholfen, und ganz Heilig Kreuz kniet im Chor und betet
den Schmerzensreichen.

DAMUNT	Meine Mast aber die Mast ich muß
	In die Mast
SCHWÄNDI	Schön wär's gewesen
DAMUNT	Ein halbes Jahr
SCHWÄNDI	Schön wär's gewesen
DAMUNT	Könnt ihr haben könnt ihr haben
NOTZ	Und schreit doch vor Schmerz
	Wie er schreit
CARMENCITA	Das ist ja zum Hinwerden
	Jetzt reißt euch am Riemen
	Grüß Gott Herr Damunt macht Platz ihr
	Und ihr
	Mutter Horat
	Ihr helft mir
	Was sein muß
	Muß sein
MARTHA	Der Herr hat's gegeben
	Der Herr hat's genommen

CARMENCITA	Die Hosen zuerst
	Verband hab ich mit
	Und den Cocktail die Spritze
	Ein Pieks und Ihr schlaft wie ein Baby
	Na endlich
DAMUNT	Nein nicht
	Noch leben wir
CÉCILE	Leben
DAMUNT	Und wie
CÉCILE	Sollen sie beten
MARTHA	Beten schadet nie
CÉCILE	Für sein Leben
MARTHA	Sein ewiges
DAMUNT	Für mein Leben
	Sollen sie beten
MARTHA	Die letzte Heilige Ölung
	Schwester Maria Carmencita
CARMENCITA	Hat er schon gehabt
MARTHA	Im Spital
CARMENCITA	Jawohl im Spital
DAMUNT	Ihr bekommt euern
	Vertrag Leute
NOTZ	Schreit er schon wieder
DAMUNT	Und Heilig Kreuz
	Soll Messen lesen
	Beten und
	Messen lesen
	Ich zahle
CÉCILE	Wir zahlen
DAMUNT	Mein Bein
CARMENCITA	Vergelt's Gott vielmals
DAMUNT	Mein Bein
CÉCILE	Und ich
CARMENCITA	Die Messen sind prima
MARTHA	Er kann sie gebrauchen
	Ich sag's ja
	Still jetzt Herr Patron
CÉCILE	Und ich du Lieber

Du Liebster
Ich hab dich
So lieb
HORAT Sein Schenkelfleisch Herrgott
CARMENCITA Die Strahlen
CÉCILE Ich muß mit dir reden
HORAT Die Haut
Verschmort und zu Asche
Zerblättert
MARTHA Die Strahlen
Ich sag's ja
Die Strahlen
HORAT Das suppt jetzt und fließt
CARMENCITA Und muß es auch fließen
Das Eiter erglänzt nun wie Gold
Der Herr hat's gegeben
Der Herr hat's gewollt
Na endlich

CÉCILE Manchmal übersprudle ich vor Mitleid. Aber in den Nächten wurde ich operiert, im Traum wurde ich operiert, ich übersprudle, ja, aber ich bin nicht etwa fröhlich, neinnein, traurig
bin ich, verzweifelt, bleib da, nur noch eine Minute, eine Sekunde, ich muß mit dir reden, der Verkauf war ein Fehler, und ich
wußte es, ich wußte es. Damunt. Im Traum lag ich auf einem
Operationstisch, ich war's, und konnte mich dennoch sehen.
Meine Innereien waren aus Wachs geformt, und Nacht für
Nacht brachen Nattern durch die wächserne Schale, Rudel von
Nattern, und wie ein Herr Professor stand ich am Bett und wußte: Damunt, das einzig Lebendige an dir sind deine Geschwüre,
deine lieben, armen Geschwüre. Das wußte ich im Traum und
am Tag. Das hielten wir nicht aus, das logen wir weg, schnitten
wir ab. Ich mied die Sonne. Kaufte Hüte. Wurde Kundin bei
einer erstklassigen Modistin. Gab ein Vermögen aus, nein, kein
Vermögen, neinnein, ich ging durch die Stadt und verschattete
mein Gesicht, trug Hüte mit breiten Krempen, sah natürlich
scheußlich aus und wußte doch, daß mein Gesicht bleich wurde, blaß, und schon wieder hatte ich einen Fehler gemacht,
schon wieder hattest du ein Signal entdeckt, einen dieser Schatten, einen Schatten von Blässe, eine Maske.

DAMUNT Eine Fratze!

MARTHA Eine Fratze?

DAMUNT Jetzt muß mein Vorarbeiter her.

CÉCILE Hätte ich als das blühende Leben an dein Bett treten sollen? Trug ich meine alten Kleider, führte ich dir Erinnerungen vor, und trug ich neue, sah ich in deinem Gesicht ein bitteres Lächeln: Ah, Madame geht schon auf Freiersfüßen? Alles um dich herum hatte zu sterben angefangen, ja, aber ja doch, und ich, meinst du, hätte von nichts nur das Geringste bemerkt? Ohne das wortviele Reden hält man den Schrecken nicht aus. Ich war gut, Damunt, sehr gut, jetzt darfst du nicht weg, nicht schlafen, wir müssen mästen, meine Herren, mästen und leben und tätig sein, was stehen Sie noch herum? Wir müssen anfangen! Und weitermachen! Damunt!!

DER JUNGE ERLER An mir soll's nicht fehlen.

DAMUNT Maul zu.

DER JUNGE ERLER Wenn sie will?

CÉCILE Einmal hatten sie ihn in der Badewanne vergessen, den kranken, den kraftlosen Körper. Und natürlich, natürlich habe ich seine Gedanken sofort gelesen, das Wasser stand ihm bis zum Hals. Aber hätte ich den Stöpsel einfach herausgerissen, er hätte geschrien! »Ich lebe noch!« hätte er geschrien. Ich sah seinen Körper in der Wanne, für die Bestrahlungen war er bezeichnet, ein Kreuz auf der Hüfte, auf dem Schenkel, ja, und ich wandte mich ab. »Habt ihr in diesen Badezimmern keinen Spiegel?« habe ich gefragt. Dann tupfte ich mir etwas Rouge auf die Wangen. Nun ja, mein Teint, fand ich, war etwas zu blaß ... Da! Damunt! Sie kommen! Deine Leute! Sie treten an!

Auftritt KATZBACH

KATZBACH Hier gibt's Arbeit, heißt es im Büffet.

CÉCILE Der Herr Katzbach! Wie schön, daß Sie da sind, wie schön.

KATZBACH Und der Patron, sagen sie, sei aus dem Spital endlich heraus. Wo muß man sich melden?

CÉCILE Das Büffet hat schon offen?

KATZBACH Es fängt an zu tagen, schöne Frau. Stimmt doch, oder etwa nicht? Der Name leuchtet schon.

HORAT Nimm den Hut ab, Katzbach, drück den Stumpen aus. Das ist die Schwester Maria Carmencita.

SCHWÄNDI Die Schwester mit der heilenden Hand, Katzbach.

MARTHA Die Verbände, denk ich, müssen wir schon bald wieder wechseln.

CARMENCITA Ja. In einer guten Stunde wird der nächste serviert.

MARTHA Und wie lange, meinen Sie, kann er's noch machen?

CARMENCITA Verschieden. Der Damunt hat der elastischen Klasse angehört. So einer gibt sich auf, dann hat er's hinter sich. Oder er kämpft, und sein Absterben zieht sich bös in die Länge. Seid brav mit ihm. Im Morphium ist einer immer noch da, jedenfalls halb oder doppelt, und wenn's auch ein Schmerz ist: Weh tut's ihm nicht mehr. Gelobt sei Jesus Christus –

NOTZ, SCHWÄNDI, HORAT, MARTHA Von Ewigkeit zu Ewigkeit Amen.

KATZBACH Zwar ist er ein Patron gewesen, ein Chef –

SCHWÄNDI Nicht grad ein Schinder.

KATZBACH Sag ich doch. Da soll er jetzt einfach hier liegen, Schwester? Der Boden ist kalt.

CARMENCITA Vom langen Liegen ist sein Rücken schon wäßrig geworden. Also läßt ihn die Mutter Horat erst einmal einschlafen. Er hat's verdient.

MARTHA Zirka drei Vaterunser lang.

CARMENCITA Können auch vier sein, adiés. *Ab.*

DAMUNT Warum ist es auf meinen Böden so still?

CÉCILE Ruhig, lieber Franz, ganz ruhig.

DAMUNT Ich muß doch vor Weihnachten auf dem Markt sein.

CÉCILE Du wirst es schaffen, o ja.

DAMUNT Ich schlafe wieder ein, Cécile?

CÉCILE Schlaf, mein Lieber, schlaf ein.

DAMUNT Spätestens zum Neujahr, Cécile.

CÉCILE Spätestens zum Neujahr.

DAMUNT Zum Neujahr, jaja. Dann muß ich jetzt dringend die Befleischung überprüfen.

CÉCILE Die Herren Horat und Katzbach werden das schon machen.

DAMUNT Sie darf nicht zu trocken sein, nicht faserig!

CÉCILE Wenn sie zu trocken ist, sagst du eine Beifütterung an. Flintgrit, mit Austernschalen vermischt.

DAMUNT Ja! Oder eine Gewürzspritze.

KATZBACH Kommt.

SCHWÄNDI Aber der Herr Patron, Katzbach –

KATZBACH Es wird sich bald herumgeredet haben, daß er wieder da ist. Also ist es wohl das beste, wir schließen das vordere Tor ab. Der Herr Patron, denk ich, hat etwas anderes zu tun, als Arbeit zu vergeben.

SCHWÄNDI Und einen Schnaps, Kameraden, haben wir, weiß der Herrgott, bitter nötig.

KATZBACH, SCHWÄNDI, DER JUNGE ERLER *und* NOTZ *ab.*

MARTHA Auf einen darfst du schon mitgehen.

HORAT Auf einen muß ich wohl mit, Martha, allerdings. *Ab.*

DAMUNT Seltsam. Der Schmerz, Cécile – er ist da und ist fort? Und diese Häuser!

CÉCILE Es sind deine Stallungen, deine Hallen.

DAMUNT Ja, aber der Boden. Er dehnt sich aus, Cécile, und dehnt sich wie Asien.

CÉCILE Ich bin ja bei dir.

DAMUNT Wie Asien, Cécile... Hörst du sie? Das sind meine Leute. Beim Damunt hat die Tagesschicht übernommen.

CÉCILE Schlaf jetzt.

DAMUNT Was meint eigentlich der Professor?

CÉCILE Der Professor?

DAMUNT Wir könnten es noch einmal mit Amsterdam versuchen. In Amsterdam sind die Kapazitäten noch besser. Hoffentlich waren sie pünktlich.

CÉCILE Alle sind rechtzeitig angetreten. Du kannst dich auf deine Leute verlassen, das weißt du doch.

DAMUNT Es ist mir auf einmal so heiß, Cécile. Und so kalt. Aber mich friert nicht mehr. Und deine Hand!

CÉCILE Wir fahren nach Amsterdam, o ja.

DAMUNT Liegt deine Hand auf meiner Stirn?

CÉCILE Noch einmal Amsterdam, lieber Franz, und wenn du wieder gesund bist, erholt und kräftig wie früher –

DAMUNT Dir glaub ich's. Dir hab ich's immer geglaubt. Jetzt fühle ich deine Hand auf meiner Stirn. Du gehst nicht fort?

CÉCILE Neinnein.

DAMUNT Und wenn es Abend wird?

CÉCILE Ich bleibe immer bei dir.

DAMUNT Wenn ich bloß wüßte, ob die Finanzierung gesichert ist. Amsterdam kostet leider ein großes Geld.

CÉCILE Beim Damunt wird wieder gearbeitet.

DAMUNT Sie haben mir das Gesicht abgerissen. Ins blutige Fleisch sind zwei Augenknöpfe gesteckt, zwei oder drei vielleicht. Die müssen immer noch schauen. Ist das nicht komisch? Das ist Mastboden fünf. Damunt! Du hast Boden an Boden gesetzt. Hast Stallung an Stallung gepflanzt. Nun bist du auf Boden drei oder fünf oder sieben. Das alles hast du geschaffen. Ist das nicht schrecklich? Und weiß nicht mehr, wo ich bin. Wo soll ich schon sein. Da ist kein Angesicht mehr, in dem ich mich erkennen könnte. Meine Frau? Oh, die ist tot. Tot, zerfallen. Meine Frau, meine Farm. Um mich herum ist ein böser, wachsender Tod. Sand, Wüste. Sterben ist Arbeit. Schwerstarbeit. Sterben ist Wahnsinn. Ja, wie ein Wahnkranker fühlt sich der Sterbende verfolgt. Alles, was er denkt, sieht, hört und nicht mehr sieht, nicht mehr hört, nicht mehr denkt: Es ist ein Signal. Du stirbst. Das Signal leuchtet mich an. Du stirbst. Du!

CÉCILE Wir leben noch. Wir beide! Franz –

DAMUNT Wir leben noch?

CÉCILE Und fahren nach Amsterdam.

DAMUNT Ich bin am Sterben, Cécile. In Amsterdam ist mein Endlager gestorben, meine Frau, meine Farm.

CÉCILE Deine Farm ist seit heute früh wieder offen. Deine Leute sind angetreten.

DAMUNT Zwangsläufig stirbt alles. Sogar die Zeit. Sie zerfällt.

CÉCILE Ich möchte dich berühren, ja, ich berühre dich, und weiß doch, daß ich dich im Schmerz nicht berühren darf. Erinnerst du dich? Es war am letzten Sonntag. Es war Abend geworden. Dein Fieber stieg, Staffel um Staffel stieg es empor. Da schlossen sie dich an das fremde Blut an. Sie haben dein Innerstes nach außen geholt. Ich wußte, was das heißt. Über deinem Kopf hing dein Blut, das eigene fremde Blut, und Tropfen um Tropfen rann es ab. Der Schmerz nahm zu, das Fieber stieg. Deine Augen waren so halb geöffnet und halb wieder nicht. Du hast geschlafen, ich redete, und im Schlaf, dachte ich, läßt er mich nicht aus dem Blick, schaut mich an, und das Blut schaut er an, ja, und ich redete, redete und wußte doch, nein, ich sah es: Sie haben dir das Herz aus der Brust gerissen.

Auftritt DER DOKTOR

DER DOKTOR Man will keinesfalls stören, entschuldigen Sie.

CÉCILE Sie sollten hier nicht rauchen.

DER DOKTOR Aha.

CÉCILE Auf der Farm ist das Rauchen strikt untersagt.

DER DOKTOR Verstehe.

CÉCILE Ich bitte Sie, mir gegenüber ganz offen zu sein.

DER DOKTOR Ja.

CÉCILE Aber nein. Neinnein. Davon verstehen Sie nichts.

DER DOKTOR Natürlich nicht. Ich könnte ihn ins Spital bringen. Wenn Sie es wünschen: bittebitte. Komme eben vom Bahnhofbüffet. Eine Tragbahre wäre rasch gefunden. Seine Leute helfen uns gern.

CÉCILE Sollen herkommen, jawohl. Wir fangen an.

DER DOKTOR Aha.

CÉCILE Wie schätzen Sie unsere Chancen ein?

DER DOKTOR Er ist dem Professor entwischt. Das schafft jeder. Also lassen wir ihm seinen Willen, nicht?

CÉCILE Das eben ist's, was ich meine. Er bot seinen Leuten ein halbes Jahr an. Und einen derartigen letzten Willen schlägt man nicht aus. Finden Sie, daß Spitäler und Gefängnisse ein guter Markt sind?

DER DOKTOR Meine eigene Medizin habe ich immer dabei. Trinken wir einen Schluck.

CÉCILE Sie sind Arzt. Sie müssen mir doch sagen können, ob ich unsere Möglichkeiten richtig beurteile.

DER DOKTOR Eine Lungenentzündung, nehme ich an.

CÉCILE Wie es um unseren zukünftigen Markt steht, will ich wissen.

DER DOKTOR Natürlich könnte man das Zeug, das er herauswürgt, im Labor untersuchen lassen. Bronchialschleim oder

Lungengewebe, das sich jetzt ablöst, fetzenweis, oder beides, was soll's. Seit wann ist er denn hier?

CÉCILE Kurz nach Mitternacht soll er aus dem Spital verschwunden sein. Sie suchten ihn überall, ich saß am Telephon, die ganze Nacht saß ich am Telephon. Niemand hielt es für möglich, daß er eine solche Strecke bewältigt.

DER DOKTOR Cécile, Ihre Lage ist nicht einfach. Durch die Stadt wird es von Mund zu Mund geboten. Hier, sagen sie, gibt's Arbeit.

CÉCILE Das war seine Kühlhalle. Man hat ihm alles zerstört.

DER DOKTOR Hören Sie mir bitte zu, liebe Cécile.

CÉCILE Und warum hat man ihm alles zerstört? Man hat seine Hühner gehaßt. Floß an den Stichtagen das Blut, war ihnen der Geruch des Blutes zuwider. Man hat seine Böden gehaßt. Der Damunt, sagten sie, hält fünfzigtausend Stück auf einem einzigen Boden. Fünfzigtausend, Doktor! Das ist Fleisch an Fleisch. Ja, aber jetzt muß er in den Tod. Da tut manch einem sein Reden bitter leid.

DER DOKTOR Verstehe.

CÉCILE Gar nichts verstehen Sie. Nichts! Sollen sich die Dreckmäuler vor unserem Tor versammeln. So ist es richtig. Warten sollen sie und hoffen.

DER DOKTOR Einen Schluck noch. Dann heißt es adieu und hinaus in den Tag.

CÉCILE Und vielleicht, Doktor, warten die nicht umsonst...!

DER DOKTOR Hoffnung besteht immer.

CÉCILE Sehen Sie? Hoffnung besteht immer. Heute nacht entdeckten wir im gemeinsamen Gespräch die entscheidende Lücke im Markt. Wir gehen noch einmal in Produktion. Werfen uns auf die Gefängnisse, auf die Spitäler, ja und dann, Doktor, fahren wir nach Amsterdam.

DER DOKTOR Sie haben mein volles Verständnis.

CÉCILE Ich denke halt, daß ich allein die Schuldige bin.

Auftritt SCHWESTER MARIA CARMENCITA, KATZBACH, HORAT, NOTZ, SCHWÄNDI *und* DER JUNGE ERLER, MARTHA HORAT, *die auf der Szene geblieben ist, hält die Arbeiter zurück.*

DER DOKTOR Morgen, Schwester.

CARMENCITA Guten Morgen.

DER DOKTOR Was er erbricht, müßt Ihr herausklauben. Er könnte an dem Schleimzeug ersticken. Ja, und im Büffet sag ich noch
an, daß sie eine Flasche Mineralwasser herüberbringen. Löffel-
weise eingeben. Er ist ins Schwitzen gekommen.

CARMENCITA Im Spital haben sie ihm einen Katheter eingeführt.

DER DOKTOR Ja. Den nehmen wir heraus. Der Schlauch könnte
vereitern.

CARMENCITA Er hört uns noch.

DER DOKTOR Pardon. Eventuell hat der Pilz im Hals die Lunge
schon erreicht. Na ja. Oder der Zucker macht schlapp. Also,
mehr kann ich im Augenblick leider nicht tun. Tee, Mineralwasser, Sie wissen Bescheid.

CARMENCITA Mein Frühling, Horat. Er ist so kalt, viel zu kalt. Den
Frühling, Horat, stell den Frühling ein!

DER DOKTOR Zeit für die Spritze.

CARMENCITA Ein Cocktail plus eins komma null Millikubik Dilau-
did.

DER DOKTOR Verstehe. Also dann. Kopf hoch, lieber Freund. Das
wird schon. Wird schon werden. *Ab.*

CARMENCITA *macht die Spritze und nimmt den Katheter ab.*
CÉCILE *zieht ihr Kleid aus, ihren Unterrock und reißt den Unterrock in Streifen.*

MARTHA Es ist ein sehr schöner Unterrock, Frau Cécile.

CARMENCITA Echte Seide?

MARTHA Und der Saum mit Spitzen besetzt. Fast ein bißchen
schad drum.

CÉCILE Wir müssen ihn windeln.

HORAT Ja, ja, Kameraden. Wie ein Feldmarschall ist er seinerzeit
über die Böden geschritten, hatte da etwas zu murren, dort
etwas zu loben, und jetzt, jetzt will ihn dieses Weib in Windeln
wickeln.

CARMENCITA Ihr hebt ihn kurz hoch, ich zieh ihm die Hose aus,
das wär alles.

CÉCILE Ich bezahle so gut wie mein Mann.

MARTHA Also. Was gilt jetzt: Helft ihr oder helft ihr nicht?

HORAT Ich soll alles überprüfen und kontrollieren, Patron? Gut.
Dann fangen wir mit unserem Endlager an. Bevor man eine
neue Aufzucht aussetzt, muß alles kontrolliert und intakt sein.

KATZBACH Laß das.

HORAT Willst du den Weibern beim Windeln helfen?

KATZBACH Die Kühlanlage steht beim Böckel Froidevaux.

DER JUNGE ERLER Na und? Man wird sie wohl noch kontrollieren dürfen.

CÉCILE Das Angebot steht, junger Mann. Ein halbes Jahr!

NOTZ Allerdings, Frau Patron. Das ist schon richtig.

KATZBACH Wir sind Arbeiter, Notz.

NOTZ Noch sind wir's nicht, hab ich recht?

KATZBACH Nein. Wir sind nicht hierhergekommen, um einen Vertrag zu ergattern.

SCHWÄNDI Hör ihn dir an, Notz.

KATZBACH Das Angebot ist gemacht, jawohl. Aber es ist den Geschwüren vom Herrn Patron entsprungen und der Verzweiflung einer Frau.

NOTZ Ein Vorarbeiter denkt halt immer an alles.

SCHWÄNDI Denkt an alles, aber unsere Interessen verschenkt er!

MARTHA Auskochen?

CARMENCITA Nein. Die Verbände brauchen wir nicht mehr.

MARTHA Du steigst mir jetzt herab. Horat!

HORAT Soll die Kanäle kontrollieren. Die Kanäle sind immer noch vorhanden. Sapperlot! Sogar hier oben war die Ratz am Werk. Hat die Leitungen durchgebissen.

DER JUNGE ERLER Die Leitungen?!

KATZBACH Halt, Erler. Du bleibst hübsch auf dem Boden.

DER JUNGE ERLER Finger weg. Fürs Elektrische bin ich zuständig. Ich, Vorarbeiter, nicht der Horat.

SCHWÄNDI Stimmt. Die Leitungen sind das Revier vom jungen Erler.

MARTHA Das hat er nun davon. Jetzt hängt's dem Kleinen auch noch aus.

Auftritt DER DOKTOR, HORAT *und* DER JUNGE ERLER *überprüfen an der Decke des Endlagers übriggebliebene Ventilationsrohre.*

DER DOKTOR Tut mir leid, Leute.

CÉCILE Schauen Sie mich nicht an, Doktor!

DER DOKTOR Eine doppelte Dosis wär am Ende das beste.

CARMENCITA Meinen Sie?

DER DOKTOR Ich nehm's auf meine Kappe. Spritzen Sie! Wo geht's denn jetzt hinaus, Herr – pardon, wie war der werte?

NOTZ Notz. Bittschön. Hier geht's entlang. Aber eigentlich, meine ich, sind wir einander doch bestens bekannt, Herr Doktor.

DER DOKTOR Jaja, ich erinnere mich.

NOTZ *und* DER DOKTOR *ab.*

HORAT Schau dir halt den Schaden an. Dann wollen wir vernünftig sein und absteigen.

DER JUNGE ERLER Du, Horat, die Damuntsche verfügt über Reserven. Die habe, sagt der Notz, der Patron gehortet. Damit hätte er noch einmal angefangen, verstehst du? Noch einmal von vorn. Der Notz hat's vom Büffetwirt, und jener, sagt der Notz, wüßte es aus einer sicheren Quelle.

HORAT Komm jetzt.

DER JUNGE ERLER Tatsächlich. Das war die Ratz.

HORAT Ja, ja. Und hier haben sie die Isolation angeknabbert, die Biester, die verfluchten.

DER JUNGE ERLER Sieht nicht gerade gut aus. Wär aber zu reparieren. He, Katzbach, hast du den Schlüssel zur Werkstatt bei dir?

CARMENCITA Je nun. Der Doktor hat's befohlen. Und schließlich und endlich ist unser Herr ein Heiland und kein Buchhalter. Ich muß ein Erbarmen mit ihm haben.

HORAT *und* DER JUNGE ERLER *steigen ab und treten aus der Kühlhalle heraus.* CARMENCITA *gibt* DAMUNT *die Spritze.*

HORAT Ein Malefizweib ist das!

MARTHA Bist du still!

SCHWÄNDI Ist doch wahr. Da will er uns Arbeit geben und Brot, aber diese Schwester spritzt ihn mirnichtsdirnichts über den Jordan.

DER JUNGE ERLER Wenn er bloß nicht wieder zu schreien anfängt. Ich halte sein Schreien nicht aus.

DAMUNT Mein Fuß tut mir so weh.

CARMENCITA Ja, das kommt halt davon, wenn man gar nichts mehr essen mag. Da, trink einen Schluck. Ich bin bald wieder zurück.

DAMUNT Du gehst fort?

CARMENCITA Ich geh nur geschwind nach Heilig Kreuz hinaus. Unsere Frau Mutter Oberin kennt ein herrgöttliches Mittel. Das wird jetzt angewendet. Beim magenoperierten Zumwald haben wir's genauso gemacht, adiés! *Ab.*

HORAT Ein Malefizweib, ich sag's ja. Jetzt holt sie gar noch den lieben Gott auf die Farm.

KATZBACH Das glaub ich weniger.

SCHWÄNDI Was hat sie denn vor, Mutter Horat?

MARTHA So genau weiß ich's auch nicht. Aber eventuell setzen sie mit der Totenglocke etwas zu früh ein. Für den Zumwald war diese Glocke jedenfalls die Erlösung. Da hat er sich in die vollendete Tatsache friedlich hineingeschickt.

Auftritt NOTZ

NOTZ Wie sieht's aus? Nun ja, Kameraden. Wenn's die Frau partout probieren will, dann soll sie's doch tun.

SCHWÄNDI Ich bin ganz deiner Meinung. Immerhin ist es dem Herrn Patron sein letzter Wille gewesen.

MARTHA Still!

DAMUNT Luftig und leicht ist mein Bein. Und pumpt sich immer noch auf. Und schwebt und reißt, reißt an meiner Hüfte. Ich kann nicht mehr. Nicht mehr schreien, nicht mehr schlucken. Ein Brei bin ich. Ja, großer Damunt, dein ewiger Frühling ist kalt, und aus den Zuchtlampen strahlt meine rote Dämmerung so hell wie ein Tag.

HORAT Ich soll die Lampen kontrollieren, Patron?

DAMUNT Jaja. Aber die Lampen hängen zu hoch, Horat, viel zu hoch!

HORAT Und strahlen zu hell, ich weiß.

NOTZ Nimmt mich bloß wunder, wo der jetzt ist.

KATZBACH Wo wird er schon sein, Notz. Unser Patron sinkt tiefer und immer tiefer hinab.

DAMUNT Ich höre Stimmen.

MARTHA/HORAT Stimmen?

DAMUNT Stimmen, jaja! Stimmen von Menschen. Kennst du dieses Geräusch? Menschen. Sie sind da – vielleicht, und sind fort? Sie sind tot – vielleicht, und reden noch? Oh! oho! was für ein gefährliches Vielleicht.

HORAT Er treibt sich, glaube ich, auf seinen Böden herum.

MARTHA Ja, ja: Zum Schluß ist er dort, wo er zeit seines Lebens am liebsten gewesen ist.

DAMUNT Wo sind sie denn bloß geblieben?

HORAT Die redenden Menschen?

DAMUNT Meine Hühner.

MARTHA Es ist alles wie früher, Herr. Die Nachtschicht versieht ihren Dienst.

HORAT Der Horat steigt in die Lampen hinauf, und Eure Hühner, Patron,

MARTHA Sie picken und fressen.

HORAT Sie rütteln ihr Gefieder und schütteln die Köpfe und piepsen und gackern und grakeln.

CÉCILE Erlauben Sie mir, daß ich ein paar erklärende Worte sage.

MARTHA Pst! Ihr seid ein Herr Patron, und um Euch herum, Herr Patron, sind die Böden lebendig.

CÉCILE Nein, bitte, unterbrechen Sie mich nicht. Ich habe die Stichtage gehaßt, ja, und vielleicht habe ich auch die Mast gehaßt, ich gebe es zu, entschuldigen Sie. Ich mußte verkaufen. Er ist doch mein Franz gewesen, mein Liebster! Ich kann diesen Mann nicht einfach krepieren lassen.

SCHWÄNDI Wir fangen noch einmal an, Frau Patron?

DER JUNGE ERLER Hör auf!

SCHWÄNDI Ihr Geld und unsere langjährige Berufserfahrung könnten durchaus ein gewisses Ensemble ergeben. Draußen warten noch andere.

HORAT Reserven! Schau ihn dir an, Schwändi.

CÉCILE Oh, ich habe sie nicht angerührt, nie in all den Monaten. Wir haben Chancen, meine Herren, wir kommen durch. In die Gefängnisse brechen wir ein, in die Spitäler!

NOTZ In die Spitäler?

CÉCILE Ja, aber ja doch. Sag es ihnen. Damunt! Du mußt ihnen sagen, daß künftig alle Kranken, alle Sterbenden, alle Gefangenen und Täter und Verbrecher unser Fleisch essen, unser Fleisch! Damunt!

DAMUNT Was soll das?!

CÉCILE Leben! Fleisch produzieren!

DAMUNT Da!

CÉCILE Und leben!

DAMUNT Und da! Nein. Das sind keine Wände, Leute. Wasser ist das. Keine Wände. Flüsse sind das, abstürzende Wasser. Da, und der Boden. Nein, wie das gramselt und kriecht und sich wälzt. Tierchen. Überall Tierchen. Lebendig alles, verringelt und vertrüllt. Käfer, Würmer. Ah, und jetzt. Da bist du ja. Aber ich bin nicht überrascht, o nein. Dich kenne ich.

CÉCILE Liebster!

DAMUNT Du Futterfresser, Blutsauger, du Fleischverzehrer!

CÉCILE Er stirbt!!

DAMUNT Da bist du
>   Da
>   Du ich fang dich
>   Nachtschwarze Ratz
>   Meine Silos sind voll
>   Und im Endlager das Fleisch
>   Du ich pack dich
>   Mein Futter mein Fleisch
>   Gehört mir
>   Aber wo sind meine Hühner
>   Die Hühner
>   Wie früher
>   Die Hühner

MARTHA Beruhigt Euch! Habt Ihr denn vergessen, daß wir noch einmal in die Mast gegangen sind?

DAMUNT Es ist eine Gemeinheit mit dieser Mast! Ich kann sie nicht sehen, nicht fühlen, nicht riechen, nicht hören!

MARTHA Nein?

DAMUNT Die Würmer. Da! Da kriechen sie schon wieder! Und wälzen sich heran, näher und immer näher heran!!

MARTHA Ich bin ja bei dir, gelt? Und die Würmer, lieber Bub, verfüttern wir gleich an die Hühner.

DAMUNT   An die Hühner

DER JUNGE ERLER Kikeriki

DAMUNT   Sofort verfüttern

DER JUNGE ERLER Die Hühner
>   Herr Patron
>   Sind tüchtig
>   Am Picken

KATZBACH	Erler
HORAT	Zeit seines Lebens
	Hat er uns Brot gegeben
	Katzbach und Arbeit
DER JUNGE ERLER	Kikeriki
CÉCILE	Die Mast du Liebster
	Hörst du die Mast
HORAT	Und ein Sterbender
	Denk ich ist insbesondere Mensch
	Weniger ein Chef
	Wir picken Herr Patron
CÉCILE, NOTZ,	
SCHWÄNDI, HORAT,	
DER JUNGE ERLER	Und gackern
	Kikeriki
	Und grakeln
	Kikeriki
	Sie gackern, KATZBACH *ab.*
CÉCILE	Ihre Verträge meine Herren
	Sind bereits
	Unterschrieben
	Gackern Sie gackern Sie gackern
	Sag ich
DAMUNT	Nun
	Kann ich gehen
CÉCILE	Nein
	Aber nein jetzt
	Fangen wir an
	Legen wir los
DAMUNT	Meine Farm
	Ist tot

SCHWÄNDI Habt ihr gesehen? Der Katzbach ist einfach gegangen.

HORAT Du gehst mit uns, Martha. Unser Patron ist er gewesen.

MARTHA Ihr habt euch nichts vergeben! Laß mich –

NOTZ Vergiß es, Horat. Wir haben ihm adieu gesagt, was denn sonst.

MARTHA Laß mich los!

SCHWÄNDI Die Glocke wird ja gleich läuten, Mutter Horat. Da will unsereins nicht stehen und gaffen. Unser Patron ist er gewesen, jawohl. Das sieht der Horat ganz richtig.

HORAT *mit* MARTHE, NOTZ, SCHWÄNDI *und* DER JUNGE ERLER *ab.*

DAMUNT Im Frühling fahren wir miteinander nach Paris.

CÉCILE Im Frühling?

DAMUNT Dein schönes Haar, Cécile.

CÉCILE Bleib da, lieber Damunt, bleib da! Sag mir nur ein Wort, ein letztes, gutes Wort. Schrei mich an, schimpf mich aus, die Verkäuferin, die Lügnerin, die Schuldige.

DAMUNT Nicht bewegen, nur ja nicht bewegen, jetzt zerstören die Strahlen das Tier.

CÉCILE Treten Sie ein, öffnen Sie die Tore, klettern Sie über die Zäune, kommen Sie, kommen Sie, Sie alle, alle, kommen Sie her, greifen Sie zu, hier wird ein ganzes halbes Jahr garantiert.

DAMUNT Mein Wort drauf, meine Hand.

Die Totenglocke setzt ein.

CÉCILE Trink, Franz, trink. Ich bin bei dir. Hab keine Angst.

DAMUNT Angst? Ich kann keine Angst mehr haben. Sie läuten mich schon aus.

CÉCILE Ja.

DAMUNT Ja? Seltsam. Bist du's, Cécile?

CÉCILE Ich bleibe nun immer bei dir.

DAMUNT Ich bin tot, und du bist immer noch bei mir – vielleicht?

CÉCILE Immer, Franz, ich versprech's dir.

DAMUNT Ja. Dir glaub ich's.

CÉCILE Fühlst du meine Hand auf deiner Stirn?

DAMUNT Aber es gibt keinen Körper mehr und nur noch diesen Kopf in deinem Schoß.

CÉCILE Du spürst sie, ich fühl's.

DAMUNT Nun müssen wir hinüber, Cécile. Dort –

CÉCILE Ich komme mit dir. Wir schaffen es, o ja.

DAMUNT Dort muß ich hinein.

Die Glocke setzt aus.

DAMUNT Nimm es jetzt heraus.

CÉCILE Mein Lieber. Mein Liebster.

DAMUNT   Das Herz, Cécile. Und trag es hinüber. Schaffst du's?
CÉCILE   So schwer kann ein Herz nicht sein.
DAMUNT   Ja, Cécile. Es war ein schweres Stück Arbeit.
  CÉCILE *trägt* DAMUNT *nach links, ab.*

Auftritt MARTHA HORAT, HORAT, KATZBACH, NOTZ, SCHWÄNDI *und*
DER JUNGE ERLER
MARTHA   Und wo die Erdenblume
ALLE   Und wo die Erdenblume schon verdorrte
         Da blüht die Himmelsros in Majestät
         Dem Stummen gibt er seine Worte
         Aus denen Paradiesesodem weht
         Zum Tempel wird die dumpfe Kammer
         Zur Himmelslust des Menschen Jammer
         So spielen Engel um der Frommen Qualenbett
         Und gleiten sie zur Pforte
         O bringt den Ölzweig wie einst Noahs Taube
         Da uns des Zweifels Sintflut überfällt
         Und hebt uns Staubgeborne aus dem Staube
         Empor zu Welten die kein Seraph zählt
MARTHA   Ihr, Katzbach, geht ins Bahnhofbüffet. Dort sitzt der
  Doktor. Den brauchen wir für den Totenschein. Mein Horat
  geht in die Wohnung und kommt mit seinem Rasierzeug sofort
  wieder zurück. Wir rasieren ihn gleich hier, in der Totenkapelle
  wär's nicht schicklich. Der junge Erler sagt dem Herrn Stadt-
  pfarrer Bescheid, zweimal klingeln, denn es ist ein Todesfall,
  und ihr, Notz und Schwändi, kocht einen Kessel heißes Wasser
  und bringt Lappen und Seife mit. Unser Herr Patron hat tüchtig geschwitzt auf seinem letzten, schweren Weg.
DER JUNGE ERLER   Aber er lebt ja noch. Und sein Gesicht!
MARTHA   Sein Gesicht sieht ein anderes Licht. An die Arbeit.

Stichtag

Oper in fünf Akten
von
Daniel Fueter

Libretto

Personen

DAMUNT
SISSI DAMUNT
DR. KATZBACH
ERLER
MARTHA HORAT
HORAT
SCHWESTER CARMENCITA
CHOR
ZWEI AMBULANZFAHRER
DREI SEHR EITLE HÄHNE

Erster Akt

Das Areal der stillgelegten Damunt-Farm. Vor dem geschlossenen Tor der Kühlhalle. Nacht im frühen Herbst.

1. Auftritt

DAMUNT *mit einem Infusionsständer; auf Krücken gestützt; Mantel über Pyjama. Er ist kahl.* DER CHOR.

DAMUNT	Stirbt ein Mensch
	Stirbt die Welt
	Das alles habe ich
	Geschaffen dort
	Die Silos hier
	Die Hallen das bin ich
	Damunt der Hühnermann
CHOR	Ein kühner Mann
DAMUNT	Die Brauen und das Haar
	Sind weggestrahlt
	Ich liege im Spital
	Seit einem Jahr
	Ich schleppte mich hierher
	Mein Areal mein Werk mein Lebens-
	Werk noch einmal anzusehn
	Der Gang war schwer
CHOR	Kann kaum noch gehn
DAMUNT	Die Leute
CHOR	Die Hühner
DAMUNT	Was hier mal war
CHOR	Es ist nicht mehr
	Nur Nacht wohnt hier
	Vom Herbst der Rauch
	Zerfetztes Klopapier
	Paar Coladosen leere Büchsen Bier

DAMUNT   Zerfällt die Welt
          Fällt meine Welt
          Mit mir
          Er versucht das Tor zur Kühlhalle zu öffnen.
CHOR   Wir müssen gehn
          Damunt du hast dein Reich gesehn
DAMUNT   *stemmt sich in den Türriegel.* Geht schwer
CHOR   Geht nicht
DAMUNT   Es muß
CHOR   Ach was Damunt
          Verlaß den Ort
          Vergiß die Halle eins
          Hier gibt es nix rein nix
          Zu sehn die Farm ist stillgelegt das Tor
          Verschlossen
DAMUNT   Helft
          Mir helft ihr müßt
          Mir helfen
CHOR   Wie denn wie
          Wir sind nur Phantasie
          Sind deinem Fieberhirn entflossen
          Schrumm schrumm schrumm
          Dem Fieber und dem Morphium
          CHOR *ab.* DAMUNT *sinkt vor dem Tor zu Boden.*

2. Auftritt

SISSI *Damunts Gattin; sie ist zum Ausgehen gekleidet, blondes Haar, Pelzmantel, schwarze Strümpfe, Stöckelschuhe.* DR. KATZBACH, *Damunts Ärztin. Robust, raucht Kette.*

SISSI   Wann ist er euch entflohn?
DR. KATZBACH Sie sagen, kurz nach acht
SISSI   Der Tumor steckt im Kopf
DR. KATZBACH Er steckt im Knie
SISSI   Er hängt am Tropf
DR. KATZBACH Das schafft er nie
                 Mit seinem Bein

	So weit zu gehn.
	Obschon –
SISSI	Obschon?
DR. KATZBACH	Obschon
	Die Farm
	Sein Leben war.
	Sie rufen.
DR. KATZBACH/	Damunt Damunt
SISSI	Damunt Damunt
	Sie schauen sich um, aber sie erblicken ihn nicht.
SISSI	Hier stinkt es nach wie vor
	Nach Hühnerkot und Chlor
	Aus jedem Betonschacht
	Aus jedem Loch empor
DR. KATZBACH	Mein Täubchen, mir
	Gefällt es sehr
	Wenn du dein Näschen rümpfst
SISSI	War lange nicht mehr hier
	Der Blutgeruch! Gestank vom Stich-
	Tag: ekelerregend. Echt ekelerregend.

3. Auftritt

Zwei AMBULANZFAHRER. *Die Vorigen.*

SISSI	Lauft rettet eilt!
	Eilt schnell, falls Zeit
	Noch ist zu eilen
DR. KATZBACH	Ihr schaut euch hier mal um
	Wenn ihr ihn findet
AMBULANZ	Morphium
SISSI	Ekelerregend. Echt ekelerregend.
	Die Ambulanzfahrer und die beiden Frauen ab.

4. Auftritt

DER JUNGE ERLER, *ein ehemaliger Arbeiter, im Gummimantel.*
DAMUNT.

DAMUNT   Ist Zraggen nicht mehr hier?

ERLER   Was soll der Zraggen noch bewachen, Mann!

DAMUNT   Hör zu. Mein Haar ist weg, der Bart, die Brauen,
         Alles weggestrahlt. Du kannst mir trotzdem trauen.

ERLER   Trau
         Nur dem, der zahlt. Bin arbeitslos. War hier
         Mal Stecher.

DAMUNT   Beim Damunt.

ERLER   Bei dem, jawohl.

DAMUNT   Na und, ich mein, wie war er so: als Boß, als Mensch?

ERLER   Nur Boß.

DAMUNT   Was solls. Nun gehts ihm dreckig. Dreckig
         Geht es deinem Boß.

ERLER   Wenn er noch lebt. Du kennst ihn auch?

DAMUNT   Ja ja, ja ja, ich kenne ihn.

ERLER   Dann bist du, Mann, ich weiß,
         Du mußt der Bümplitz sein!

DAMUNT   Der Bümplitz ich? Den hat er doch
         Entlassen.

ERLER   Ja, am Weihnachtstag.

DAMUNT   Das wißt ihr noch?

ERLER   Er hatte Frau und Kinder. So ein Datum – –

DAMUNT   Prägt sich ein
         Ganz recht, es ging nicht anders. Mann, es mußte sein
         Der Kerl war frech geworden.

ERLER   Wer?

DAMUNT   Der Bümplitz. Parfümierte hat er sie
         Genannt. Verdammtnochmal, sie war die Frau vom
         Boß!
         Da duld ich keine Wörter.

ERLER   Er ists!

DAMUNT   Ich wars. Und du?

ERLER   Ich war der beste Mann am Band.

DAMUNT   Das paßt, mein Freund. Bin krankes Fleisch. Zum Stich-
         tag reif.

ERLER   Die Nebel, Boß, sind feucht, die Nacht ist kalt.
           Er zieht den Gummimantel aus, legt ihn DAMUNT *über*
           die Schultern.

DAMUNT   Der gute alte Gummi. Königsmantel mir. So schritt ich
                                                                einst
           In meine Hallen ein, der Herr der Hühner. Boß!

ERLER   Die sind noch jung, die Hände da. Die wolln was tun
           Was ganz Reelles. Nacht für Nacht die Hatz:
           Es macht mir keinen Spaß.

DAMUNT   Die Hatz? Auf was die Hatz?

ERLER   Auf was wohl, auf die Ratz.

DAMUNT   Du lügst.

ERLER   Stücker fünf bis jetzt
           Aus den Taschen des Gummimantels zieht er fünf tote
           Ratten.
           Mal zehn bis morgen früh.

DAMUNT   Auf meiner Farm – –

ERLER   Ja, ja, von aller Herrlichkeit
           Blieb nur die Ra-ra-ratz
           Die sich vermehrt. Die wuchert. Die gedeiht.

DAMUNT   Und meine Hallen, unsre Halle eins?
           Die Frost- und Kühlmotoren?
           Da gibt es keine Ratz da drinnen, nicht
           Da drinnen. Hilf mir, Stecher, auf!
           Mach auf das Tor!
           Das Tor
           Mach auf!

5. Auftritt

DER CHOR. *Die Vorigen.*

CHOR   Damunt Damunt
           Verlaß den Ort
           Vergiß die Halle eins
           Komm heim zieh mit

DAMUNT   Nein nein

CHOR   Wir müssen gehn

DAMUNT Ich bleibe hier
CHOR   Du hast dein Reich gesehn
        zu ERLER.
        Tus nicht!
DAMUNT *zu* ERLER.   Tus doch
        Ist deine Pflicht!
        Mach auf das Tor
CHOR   Laß zu, laß zu
        Das Tor
        Der Mann braucht Ruh!
DAMUNT *am Torriegel.* Ich schaffs!
CHOR   Damunt Damunt
DAMUNT Ich habs
                geschafft.
    Das Tor fährt auf.

Intermezzo I

Zweiter Akt

In der ausgeräumten Kühlhalle.

1. Auftritt

DAMUNT, *fassungslos inmitten der Zerstörung, allein.*
DAMUNT Die Halle eins: c'est moi. Moi! Ich
          Damunt der Hühnermann
          Ein kühler Mann: le roi
          Est mort.
          Das Tor
          Macht zu. Will nix
          Mehr sehn. Muß hier
          In meiner Trümmerwelt
          Zugrunde gehn, verenden wie
          Ein Tier. Wenn kalte Winde wehn
          Wenn tote Zeit
          Herabschneit, mich und all den Dreck
          Die Löcher die Ruinen zu
          Bedecken: Dann erst find ich Ruh.
          Nun komm schon, komm!
          Du Schnee, du tote Zeit
          Du Stille: Flock herab.
          Das ist mein letzter Wille. Nimm
          Mich unter deinen Rock
          Aus Eis, aus Schnee.

2. Auftritt

SISSI DAMUNT. *Der Vorige.*
SISSI Um dich zu retten.
DAMUNT Ich versteh dich nicht.

SISSI   Amsterdam war nicht so billig wie du gedacht hast.

DAMUNT   Was interessiert mich Amsterdam!

SISSI   Hättest du gewußt, was uns Amsterdam kostet, ein einziger
Tag in dieser Klinik, eine einzige Spritze, keine zehn Pferde hätten dich nach Amsterdam gebracht.

DAMUNT   Um mich zu retten –

SISSI   Ja!

DAMUNT   Hast du das Werk, mein Lebenswerk ruiniert?!

SISSI   Die Reserven sind immer noch da, ich habe die Reserven
nicht angetastet.

Sie stehen sich gegenüber. Stille.

DAMUNT   Wolltest du weg?

SISSI   Damunt, eine Erkältung wäre das Schlimmste, was uns jetzt
passieren könnte.

DAMUNT   Meine Leukozyten fallen. Seit gestern wird mir das Blutbild verheimlicht.

SISSI   Zu Mama wollte ich.

DAMUNT   Geschminkt und frisiert.

SISSI   Ja.

DAMUNT   Schön siehst du aus.

SISSI   Komm!

DAMUNT   Geh zu Mama. Geh!

*Er humpelt zur rückwärtigen Wand, wo er eine Tür zu öffnen
versucht.*

DAMUNT   Meine Türme stehen noch...?

SISSI   Ja.

DAMUNT   Und drüben die Bänder? —

SISSI   Sind uns geblieben.

DAMUNT   Du schwörst, Halle zwo bis sieben: –

SISSI   Intakt.

DAMUNT   Knopfdruck genügt, und wir laufen wieder, laufen wie
früher, Bänder fürs Futter, für den Kot.

SISSI   Drüben ist alles in Ordnung, ich schwörs dir. Komm jetzt.
Bitte.

DAMUNT   *schaut sich um.* Ich kanns nicht glauben, Sissi, beim
besten Willen, ich kann es nicht.

SISSI   Amsterdam war teuer.

DAMUNT   Sinnlos!

SISSI Nicht sinnlos.

DAMUNT Zu teuer!

SISSI Ungeheuer teuer, ja, ja, ja! Das geht ins Geld, ins große Geld, und du, wie ein Sperber hast du deine Konten überwacht. Was verstehe ich von Geschäften.

DAMUNT Nix.

SISSI Aber das habe ich begriffen: mit den Reserven gehst du noch einmal an den Start.

DAMUNT In die Mast.

SISSI Auf den Markt. Trotzdem brauchte ich Bares. –

DAMUNT Ich habe dich unterschätzt, Sissi. Du bist besser, als ich dachte.

SISSI Ich entschied mich für die Kühlanlage. Ich verkaufte die Kühlanlage, um die Neutronen-Bestrahlung in Amsterdam zu bezahlen.

DAMUNT Amsterdam. Amsterdam!
Vor einer Grube. D a s ist Amsterdam. Amsterdam hat mir die Kühlmotoren aus dem Beton gerissen.
Da, schau. Da zeigt sich der Acker ... der Acker ... das Grab ...
Er verzerrt sich vor Schmerz, wimmert, winselt, schreit jetzt. Schreit auf. Schrei!!!
Die Tropfen. Die Tropfen!

SISSI Ja, die Tropfen. Wo sind jetzt die Tropfen.

DAMUNT Sissi!

SISSI Bin ja hier, Damunt, ganz ruhig.

DAMUNT Wurde eine neue Therapie empfohlen, eine weitere Operation und noch mal die Spritzen, das Würgen, das Kotzen: du hast meine Hand gehalten. Denk an deine Farm, hast du gesagt.

SISSI An deine Frau.

DAMUNT An die Farm, an die Frau.

SISSI Ja, ja, ja!

DAMUNT Und ich habe gekämpft, Sissi, gelitten, gekotzt, gekämpft, und meine Nächte waren lang, Sissi, die Zeit war lang!

SISSI Damunt, um Gottes willen!
Sie eilt nach draußen.
Er stirbt! Er stirbt! Er stirbt!
Eilt rettet helft!
Hier liegt er, dort

In Halle eins
Krepiert mein Mann
Ab.

3. Auftritt

DER JUNGE ERLER. DER CHOR. *Der Vorige.*

DAMUNT	Die Krücken!
ERLER	Hier, Boß, Ihre Krücken.
DAMUNT	Her Zu mir und hört: Wir gehen in die Mast.
CHOR	Er fiebert. Phantasiert!
DAMUNT	Wer hier mal war Ist engagiert. Dein Name, Stecher?
ERLER	Ich? Ich heiße Erler, Boß.
DAMUNT	Du kennst den Horat, Erler.
ERLER	Klar.
DAMUNT	Den holst du her.
ERLER	Jetzt gleich?
DAMUNT	Gleich jetzt, jawohl. Der Horat wohnt Hier um die Ecke.
CHOR	Mitten in der Nacht?
DAMUNT	*zum* CHOR. Sie schweigen. Bitte schweigen Sie!
CHOR	Verzeihung.
DAMUNT	Gleicher Lohn wie früher. Plus Die Teuerung. Wir legen los. Kapiert? Ich mache keinen Witz.
CHOR	Verstehe Sie, Verstehe alles. Arbeit, heißt es, sei Die beste Therapie. Die Frage ist nur: Wie.
DAMUNT	Die Halle eins ist ausgeräumt. Doch drüben in den Hallen zwo Bis sieben ist die Farm intakt. Wir setzen eine Aufzucht aus Auf allen Böden, wir durchwehn

Die Luft mit Frühling, und
Auf Abend wird
Das Licht gestellt.

ERLER   Das Licht auf Abend!

DAMUNT   Klar, im Frühlingsabend frißt
Das Huhn am liebsten.
Laß den Abend dauern.
Und das Huhn.
Es frißt und frißt und frißt!

ERLER   Ich hol den Horat.
Ab.

DAMUNT   Wißt ihr noch? Summ summ!
Er summt erinnerungsselig eine Melodie.

CHOR   Der Werbe-Spot!

DAMUNT   Wir schmecken sehr apart

CHOR   Summ summ
Geschmacklich bunt
Die Schenkel zart
Produkte von Damunt
Der CHOR *summt weiter,* DAMUNT *stürzt zur Tür.*

DAMUNT   Halt! Erler! Knips
Mich an, den Namen, meinen Namen, schreib
Mich in den Himmel, in die Nacht: Da-munt!

Intermezzo II

Text: Fragment von Gottfried Keller

CHOR   Ob bitter uns der Tod, ob süß,
Glaubt jeder noch im Fernen,
Soviel ist sicher, diese Kunst
Ist unser letztes Lernen.

Dritter Akt

Das Areal der Farm. In der tiefen Nacht. Nebel.

1. Auftritt

DAMUNT, *im Gummimantel, mit einem Cowboyhut.* SISSI DAMUNT, DR. KATZBACH.

DR. KATZBACH	Die Leukozyten.
DAMUNT	*äfft sie nach.* Leukozyten!
DR. KATZBACH	Bronchialkatarrh!
	Die Milz! das Knochenmark!
	Die allzuschnellen Superzellen – Mensch,
	Ich sage es zum letzten Mal:
	Ins Bett gehören wir!

DAMUNT Zum Sterben ins Spital.
   Pardon, aber ich habe leider zu tun. Wenn mich die Damen bitte entschuldigen wollen?
   Er humpelt ihnen davon, um den HORAT *zu begrüßen, seinen alten Vormann.*
DAMUNT Mein Horat! Guter, lieber. Vormann. Komm
   in meine Arme. Komm!

2. Auftritt

DER JUNGE ERLER *kommt mit* DEM ALTEN HORAT *und* MARTHA, *dessen Frau.* DIE HORATS *tragen Mäntel über ihren Nachthemden.* HORAT, DAMUNT *erblickend, bleibt stehen, sprachlos, starr. Die Vorigen.*

ERLER	Das ist der Boß, Horat.
DER ALTE HORAT	Im Gummi.
ERLER	Ja, im Gummi.
DER ALTE HORAT	Martha, schau

	Da steht wer. Und im Mantel steht er. Zwick
	Mich, Alte. Kanns nicht glauben. Er
	Solls sein, der Boß?
DAMUNT	Du hattest einen Auftrag,
	Erler. Dort im Himmel wollt ich meinen Na-
	men sehn.
DER ALTE HORAT	Damunt.
DAMUNT	Jawohl!
	Die Neonlettern auf dem First, sie blieben
	dunkel tot.
ERLER	Kann ich mich teilen? Hab den Horat
	Hergelotst und seine Alte.
DAMUNT	Knips mich an!
DER ALTE HORAT	Er ists.
ERLER	Bin unterwegs.
DER ALTE HORAT	Er ists, der Boß!

DER JUNGE ERLER *ab.*

DER ALTE HORAT *fällt* DAMUNT *weinend in die Arme.*

MARTHA HORAT	Pardon, in der Nacht hat er nichts mehr zu tun,
	mein
	Horat, seit bald einem Jahr, aber schlafen kann
	er auch nicht.
	Er säuft in der Nacht, als hätt er ein Salzberg-
	werk im Leib.
	Pardon, Herr, nichts für ungut, mein Horat ist
	voll.

Lastwagen donnern vorüber.

DER ALTE HORAT Die Laster!

DAMUNT Die Tankwagen mit der Milch aus den Alpen!

DER ALTE HORAT Fahren die Laster durch die Stadt, ist es zwei Uhr früh. Die Gemüsler kriechen aus den Betten, und beim Damunt, auf der Rampe, beginnt der Verlad.

Er wischt seine Tränen ab.

Verzeihung, Boß.

DAMUNT Es steht so schlimm um mich?

DER ALTE HORAT Wir sind verkauft. Im März die Kühlanlage.

DAMUNT Weiß ich, Horat, weiß
Ich alles. Mir zuliebe hat sie es getan. Um mich
Zu retten. Teuer war die Spezialbehandlung
teuer war der Arzt
Im fernen Amsterdam. Neutronen! Denk dir
nur: sie haben mich
Mit unsichtbaren Strahlen abgeduscht. Ich hab
gekotzt. Mein Gott
Hab ich gereihert, dort in Amsterdam ...

DER ALTE HORAT Im März die Kühlanlage, und vor einem
Monat, Boß
Am zweiten wars, ich weiß es ganz genau – –

MARTHA HORAT Sie tats aus Liebe.

DAMUNT Sie tat was?

MARTHA HORAT Als Ihre Frau
Wär ich nicht anders vorgegangen.

DAMUNT Versteh ich recht,
Frau Horat: meine Frau hat mehr verkauft
Als nur die Kühlanlage? Sags!
Die Böden sind, die Bänder: weg?

SISSI Ich tats aus Liebe.

DAMUNT Schweig! –
Zu Horat.
Du sagtest: meine Bänder – fort?

DER ALTE HORAT Sind weg, jawohl, vor einem Monat demontiert.

DAMUNT Die Futterbänder demontiert?

DER ALTE HORAT Sind weg, jawohl. –
Was hat er nur, was ist mit ihm!

MARTHA HORAT Das ist der Schmerz. Der Krebs!

DAMUNT Die Bänder für den Kot?

DER ALTE HORAT Die auch, die Bänder für den Kot, jawohl.

DAMUNT Sind weg? Sind alle weg?!?

DER ALTE HORAT Sind weg, Boß, ja. Die Hallen und
Die Böden: leer
Nur Nacht wohnt hier
Vom Herbst der Rauch
Dies ist ein Ra-ra-ratzrevier

	Komm trink, mein Chef
	Komm sauf mit mir
	Ich hab ein Salzbergwerk
	Im Bauch
MARTHA HORAT	Sei still, du! Halt
	Die Klappe. – Tut
	Mir leid, Madame
	Das ist er nicht.
	Das macht der Suff aus ihm.
SISSI	Ich kann nicht mehr.
DAMUNT	Sieh an, sie kann nicht mehr. Die Parfümierte kann
	Nicht mehr, die Farmvernichterin
	Ich bring sie um. Ich bringe sie um!

DR. KATZBACH *zu* SISSI. Das ist er nicht
Das macht das Morphium
Aus ihrem Mann.
DR. KATZBACH *mit* SISSI DAMUNT *ab.*

DAMUNT   Das bin ich nicht?!?
DER ALTE HORAT   Das sind wir nicht?!?
DAMUNT   *zeigt mit der Krücke in die Nacht hinauf, zur*
                     Leuchtschrift.
                     Und was ist das, Madame?!?
                     Über den Hallen zuckt Licht in die Lettern, der
                     Name erscheint: Damunt.
DIE HORATS   Damunt Damunt
DAMUNT   Stehts flackernd bunt
                     In nebelfeuchter Nacht
DAMUNT   Ihr seht es auch?
DIE HORATS   Wir sehn es auch
DAMUNT   Das ist mein Name?
DIE HORATS   Ist dein Name
DAMUNT   Ich leuchte wieder?!

3. Auftritt

DER JUNGE ERLER. *Die Vorigen.*

ERLER	Auftrag
	Ausgeführt.
DAMUNT	Ich danke dir.
	Bin sehr gerührt.
	Ich danke allen. Auf
	Gehts nun!
	Wir ziehen ein
	In meine Hallen!
DER ALTE HORAT	Ohne Huhn
	Chef, ohne Band?
	Verzeih, dies ist ein ödes Land
	Da drin
	Glaub nicht, daß sich ein Gang
	Durch diese Hallen lohnt
	Sie hat kaputtgemacht
	Was dir gehört
	Es ist zerstört
	Dein Land ist öd
	Dein Reich ist hin.
DAMUNT	Grad recht, um neu und frisch
	Um ganz von vorn
	Noch einmal anzufangen.
DIE ARBEITER	Ganz von vorn?
DAMUNT	Jawohl. Erzwings
	Mit letzter Kraft und mit dem Zorn
	Auf meine Frau. Sie hat die Farm
	Gehaßt, von Anfang an hat sie
	Die Parfümierte, meine Farm gehaßt.
	Wenn ich auch sterbe: Wider sie
	Geh ich mit euch
	Noch diese Nacht
	Noch mal von vorn
	Ans Züchten, in die Mast!
DIE ARBEITER	Ans Züchten, in die Mast!
DAMUNT	Ihr seid dabei?

DIE ARBEITER	Wir sind dabei!
DAMUNT	*zu den Arbeitern.* Der Frühling strahlt?
DIE ARBEITER	Der Frühling strahlt
DAMUNT	Das Fleisch gedeiht?
DIE ARBEITER	Es wuchert –
DAMUNT	Nein verzeiht Nicht dieses Wort!
DIE ARBEITER	Das Fleisch, das Fleisch Was macht das Fleisch –
DAMUNT	Es pflanzt sich fort Es wird schön weich Und was das Band betrifft: –
DIE ARBEITER	Die Bänder für das Futter, für den Kot
DAMUNT	Die holen wir zurück.
DIE ARBEITER	Schon morgen früh zurück!
DAMUNT	Genau. Nun kommt Es gibt so viel zu tun Auf daß das erste Huhn Schon bald Zum Stichtag reif sei
DIE ARBEITER	Reif Zum Stichtag sei Das erste Huhn!
DAMUNT	Mann. Erler! Warst du nicht Am Band?!
ERLER	Na klar, war ich Am Band, Boß, allerdings War ich am Ra-ra-ratterband!
ERLER/ DIE ARBEITER	Ein ZUCK Betäubung ZACK Der Stich Er schlitzt den Hals Das Blut Spritzt aus Die Federn Sind rasiert Der Darm PFLO PFLOPF herausgekorkt Die Füße ab der Kopf geköpft

PIFF PAFF die Spritze rein
Gewürz Geschmack
Geschmack muß sein
Und SCHWUPP DI WUPP
Das Plastik drum
Das Siegel
DAMUNT   *glücklich.* Fertig ist
Damunts Geflügel

Intermezzo III

Vierter Akt

In der ausgeräumten Kühlhalle

1. Auftritt

DAMUNT. DER ALTE HORAT. ERLER.

DAMUNT	Böden spritzen!
DER ALTE HORAT/ERLER	Spritzen
DAMUNT	Dann Einstreu streuen!
DER ALTE HORAT/ERLER	Streuen
DAMUNT	An die Arbeit!
DER ALTE HORAT/ERLER	In die Mast, Boß!
	An die Arbeit.
	Sie rufen in verschiedene Richtungen.
	Alle Mann in Halle eins!
ECHOS	Halle eins!
	ERLER *rasch ab.*

DER ALTE HORAT	Böden spritzen!
ECHOS	Spritzen!
DER ALTE HORAT	Dann streuen!
ECHOS	Reuen!
DER ALTE HORAT	Auf daß unser Frühling
	Von neuem erstrahlt
	Auf daß hier
	Wieder Mai ist
	Abend im Mai!
DAMUNT	In die Mast.
	DER ALTE HORAT *ab.*

2. Auftritt

DR. KATZBACH. SISSI DAMUNT. SISSI *mit einer Karrette voller Einstreu.*

DR. KATZBACH	Wahnsinn!
SISSI	Laß mich!
DR. KATZBACH	Wahnsinn, heller Wahnsinn!
SISSI	Er muß –
DR. KATZBACH	In den Tod!
SISSI	… in die Mast!
DR. KATZBACH	In den Tod Täubchen, und dich Reißt er mit
SISSI	In die Mast!
DR. KATZBACH	In den Wahn, in den Wahn.
SISSI	Die Schwester spritzt ihn fit.
DR. KATZBACH	Du dummes Huhn
SISSI	Selber Huhn!
DR. KATZBACH	Geh du nun Zu deinem Hahn Wir haben nichts mehr Miteinander zu tun. *Ab.*

3. Auftritt

DAMUNT *und* SISSI.

DAMUNT	Wer spritzt mich fit?
SISSI	Carmencita Die Schwester mit der heilenden Hand.
DAMUNT	Spritzt mich fit?
FERNER ARBEITERGESANG	Alles neu Macht der Mai
DIE STIMME DES ALTEN HORAT	An die Spritzen!
DAMUNT	Spritzen!

DIE STIMME DER
ARBEITER   Spritzen auf!
DAMUNT   Schon morgen
                        Sissi, läuft das erste Band.
SISSI   In der Karrette
                        Ist Einstreu.
                        Komm, leg dich hin.

4. Auftritt

ERLER, *aufgeregt. Die Vorigen.*
ERLER   Das Lager
            Boß, alles leer
            Haben kein Einstreu mehr.
DAMUNT *zeigt auf die Karrette.* Nimm dies!
ERLER   Die Spritzen laufen
DAMUNT   Wenigstens das
ERLER   Die Ratten ersaufen.
DAMUNT   Immerhin
            Ein Beginn.
            ERLER *mit dem Einstreu ab.*

SISSI   Ich tats aus Liebe, Damunt.
DAMUNT   Aus Haß!
SISSI   Aus Liebe!
DAMUNT   Hast du zerstört
            Was dir gehört.
SISSI   Auf daß Amsterdam –
DAMUNT   Amsterdam!
SISSI   Dich rette:
            Darum hab ichs getan.
DAMUNT   Nein, Sissi, die Farm war dir zuwider, die Mast, das
   weiße Fleisch auf den Böden, und hielten wir unseren Stichtag
   ab, war dir das Blut zuwider, die Schlachtausbeute, meine gute,
   gesunde Substanz. Da bietet sich dir endlich die Gelegenheit,
   deinen Haß tatkräftig, genußforsch und siegreich auszuleben.
   Dein Mann wird krank. Auf den Tod wird er krank. Aber du
   besuchst ihn Tag für Tag. Machst ihm Hoffnung, und wurde

eine neue Chemotherapie empfohlen, eine weitere Operation,
und noch einmal die Spritze –

DIE STIMMEN VOM ALTEN HORAT *und* ERLER Spritzen!

DAMUNT ... das Würgen, das Erbrechen, sagtest du:

FERNER ARBEITERGESANG Alles neu
    Macht der Mai

DAMUNT »Denk an deine Farm, Damunt.« Und ich glaube dir.
    Lasse mich therapieren und operieren und bestrahlen. Aus dir,
    Sissi, nahm ich mein Leben. Aus meiner Frau. Aus der Farm.
    Er weint.
    Wo ist der Horat? Horat, Erler, Kommt her!

SISSI	Ich kann nicht mehr.
DAMUNT	Die Parfümierte hat sich zu früh gefreut.
	Noch bin ich da, noch bin ich stark
	Seht die Parfümierte
	Seht wie sie alles bereut
	Mein Krebs ist im Knochen
	Doch nicht im Mark
	Freunde, bin dem Tod
	Von der Schippe gekrochen
	Und ihr, Geier da oben
	Sollt die Nacht
	Vor dem Morgen nicht loben
	Ich komme wieder
	Ich komme noch mal
FERNER ARBEITERGESANG	Alles neu
	Macht der Mai
DAMUNT	Im Spital, jawohl im Spital
	Habe ich einen neuen Markt entdeckt
	Huhn für die Kranken
	Huhn für die Alten
	Wenn nichts mehr mundet
	Nichts mehr schmeckt
	Ißt man Hühnchen
	Hühnchen apart
	Hühnchen zart
	Bis man am Hühnchen

       Am Hühnchen am Hühnchen
       Gesundet!
       Er fällt erschöpft in die Karrette.

DAMUNT Sie zapfen mir den Harn ab. Seit gestern trage ich am gesunden Bein eine Tüte.

SISSI Das macht doch nichts.

DAMUNT Ich bin hingefallen. Die Tüte ist geplatzt.

SISSI Ich werde dich waschen. Ganz vorsichtig.

     Fern tönt eine Werksirene.

DAMUNT Die Metaller?

SISSI Ja. Die Fabrik ist stillgelegt, schon seit Wochen, aber niemand stellt diese Sirene ab.

DAMUNT Wie früher.

SISSI Du mußt jetzt ins Bett.

DAMUNT Genau wie früher. Ich leuchte, und bei den Metallern tönt die Sirene.

FERNER

ARBEITERGESANG   Alles neu
                Macht der Mai

SISSI   Ich konnte nicht ahnen, daß du noch einmal
                               die Farm siehst.
             Daß du erblicken mußt, was uns die Krank-
                            heit gekostet hat.

DAMUNT   Ich danke dir, Sissi.

SISSI   Wofür?

DAMUNT   Nichts hat Bestand
             Nichts hat Sinn
             Öd ist mein Land
             Mein Reich ist hin.

SISSI   Nein, Damunt, so darfst du nicht denken.

DAMUNT   So wird auch Damunt
             Verlöschen. Wie die Metaller. Wie alle
             Und alles.
             Er reißt sich den Infusionsschlauch aus dem
             Arm, wirft die Flasche weg.

SISSI   Und deine Leute?
             Sie spritzen die Hallen
             Damunt, schon heute
             Läuft unser Band!

DAMUNT	Alles verlöscht, alles zerfällt
	Ich weiß jetzt Bescheid
	Sissi, das ist die Welt.
SISSI	Und deine Frau
	Deine Farm?
	Denk an deine Farm
	Damunt, denk an deine Frau!
	Ich war ja so dumm
	Schrecklich dumm
	Doch du, großer Boß, großer Mann
	Kehrst alles jetzt um
	Hier dein Blut
	Steck es ein
	Steck es an
	Und noch mal
	Werden die Böden
	Mit Mailuft durchweht!
FERNER ARBEITERGESANG	Alles neu
	Macht der Mai
SISSI	Auch ich bin dabei
	Auch ich mache mit
	Singt Leute, singt eure Lieder
	Wir fangen an
	Wir kommen wieder!
	Alles neu
	Macht der Mai

5. Auftritt

SCHWESTER MARIA CARMENCITA. *Die Vorigen.*

SISSI	Verschwinden Sie!
CARMENCITA	Gelobt sei Jesus Christ.
SISSI	Kann ja sein
	Ich habe Sie bestellt
	Kann ja sein
	Aber jetzt sage ich nein
	Ich sag nein!

CARMENCITA	Gelobt sei Jesus Christ.
	Der einst für uns
	Gestorben ist.
SISSI	Ich sage nein!
CARMENCITA	Er starb am Kreuz
	Er starb im Schrei
FERNER	
ARBEITERGESANG	Alles neu
	Macht der Mai
CARMENCITA	In diesem Schrei
	Stirbt unser Leid
	Stirbt unsre Sünd
	Zu Damunt.
	Komm gib die Hand, mein Kind
	Bete zu Gott und bereu
	Hast ja ganz kalte Händ
	Zeig deinen Arm
	Schick dich ins End
DAMUNT	Ich will mich ja schicken
	Ich will mich ja geben
SISSI	Horat! Frau Horat!
CARMENCITA	Ich weiß, wie das ist
	Noch hängst du am Leben
	Sie reinigt die Armbeuge mit Watte und zieht
	eine Spritze auf.
	Aber lang allzu lang
	Wirds nimmer gehen
	Gelobt sei Jesus Christ.
SISSI	Und die Mast?
	Er muß doch
	Die Böden die Hallen
	Mit Mailuft durchwehen!
CARMENCITA	Das ist vorbei
DAMUNT	Vorüber, vorbei
FERNER	
ARBEITERGESANG	Alles neu
	Macht der Mai
DAMUNT	Sollen die Hallen wie ich
	Zerfallen

CARMENCITA	Wie die Mailuft verwehn
DAMUNT	Soll alles
	Verlöschen, alles vergehn
CARMENCITA	Denn sieh, mein Kind
	Im großen Zerfall
	Zerfällt auch das Leid
DAMUNT	Verlöscht auch das Weh
CARMENCITA	Er weiß jetzt Bescheid
DAMUNT	Jetzt weiß ich Bescheid
	Ist Zeit, daß ich geh.

SCHWESTER CARMENCITA *gibt* DAMUNT *eine Spritze.*

CARMENCITA	Der Herr hats gegeben
	Der Herr hats genommen.
SISSI	Mein Gott, der Tod
	Der Tod ist gekommen!

6. Auftritt

DER CHOR. *Die Vorigen.*

CHOR	Summ summ summ summ
	Wir sind das Morphium
DAMUNT	*lachend.* Meine Hosen!
CHOR	Zerrissen?
DAMUNT	*kichernd.* Vollgeschissen
CHOR	Vollgeschissen!
DAMUNT	Dabei, müßt ihr wissen
	War das mein erstes Gebot:
CHOR	Hygiene!
DAMUNT	Hygiene für das Huhn!
CHOR	Für das Huhn Hygiene!
DAMUNT	*zu* SISSI. Du hast ja eine Träne
	Sissi, sag, was soll dein Weinen?
SISSI	Vor Glück
	Damunt, vor Glück
	Du kehrst noch einmal
	Ins Leben zurück
DAMUNT	Das will ich meinen!

7. Auftritt

DR. KATZBACH *mit den beiden* AMBULANZFAHRERN. *Die Vorigen.*

SISSI   *zu* DR. KATZBACH. Die Schwester hats geschafft,
                                                                    Doktor!
                     Jubelnd.
                     Er ist fit!

DR. KATZBACH Ich habe den Professor informiert.

SISSI   Er begrüßt seinen Schritt?

DR. KATZBACH Der Professor ist nicht amüsiert.
                     Entweder kommt dein Mann jetzt mit –

SISSI   Jetzt, sofort?

DR. KATZBACH Oder der Professor fühlt sich seiner Pflicht ent-
                                                                    bunden.

SISSI   Gerade jetzt, da wir gesunden?

CARMENCITA   Lassen Sie ihn hier
                     Doktor, lassen Sie ihn mir
                     Er mag diesen Ort.

CHOR   Und wie und wie und wie!
                     Hat er mit Manneskraft
                     Und Unternehmergenie
                     Aus dem Nichts erschaffen.

DAMUNT   Ich Damunt

CHOR   Ein kühner Mann

DAMUNT   Der Hühnermann

CHOR   Damunt Damunt
                     Stehts flackernd bunt
                     Im ersten Licht!

CARMENCITA   Es ist soweit

SISSI   *schreit.* Damunt!

DR. KATZBACH Vorsicht, er fällt!

DAMUNT   Jetzt weiß ich Bescheid
                     Jetzt kenn ich die Welt
                     Im großen Zerfall
                     Verlöscht auch das Leid
                     Verweht auch das Weh
                     Sissi, meine Liebste
                     Wird Zeit daß ich geh.

Intermezzo IV

Vor dem Vorhang. DR. KATZBACH. *Es kommen* DREI SEHR EITLE HÄHNE.

DR. KATZBACH Die Götter in Weiß!

DIE HÄHNE Patient D.?

DR. KATZBACH Nach wie vor am Leben.

DIE HÄHNE Am Leben soso.
Unerhört unerhört
Wir sind empö-pö-pört.
Beruf?

DR. KATZBACH Ein Produzent von Federvieh.

DIE HÄHNE Federvieh? Soso. Aha. Hehe.

ERSTER Da weiß er doch
Der gute D.
Daß alles was da fickt
Und kräht und beißt und pickt
Und lebt und läuft und sich bewegt –

DIE HÄHNE ... ein Ablaufdatum
Auf der Hülle trägt.

ZWEITER Wie hieß das früher?

ERSTER Fatum.

DIE HÄHNE Fatum!

ERSTER Mädchen, und das heißt?

DR. KATZBACH Auch D. hat seine Frist.

DIE HÄHNE Die hiermit abgelaufen ist.
Ad spectatores:
Merk es Mensch und merk es Tier:
Unsterblich sind nur wir.

DR. KATZBACH Die Götter in Weiß.

ERSTER Ende unserer Predigt!
Die Hähne gockeln ab.

DR. KATZBACH Fall D.
Ist schon erledigt.
Ab.

Fünfter Akt

Vor dem geschlossenen Tor der Kühlhalle. Am Ende der Nacht.

1. Auftritt

DER JUNGE ERLER *überredet die Arbeiter zum Weitermachen.* DER
ALTE HORAT *hält sich abseits und säuft.*

ERLER	Wir gehn retour
	Zur Aufzucht pur
	Das Stichwort heißt
DIE ARBEITER	Es heißt?
ERLER	Natur.
DIE ARBEITER	Natur!
ERLER	Denn alles was da scheißt
	Es braucht die Bänder nicht
DIE ARBEITER	Die Bänder braucht es nicht
ERLER	Braucht nur
DIE ARBEITER	Natur
ERLER	Das echte Licht
DIE ARBEITER	Das Licht
TUTTI	Der SONNE!!!
	Sonnenaufgang.
ERLER	Nun kommt
	Es gibt zu tun
	Auf daß das erste Huhn
	Schon bald
	Zum Stichtag reif sei.
DIE ARBEITER	Reif
	Zum Stichtag sei
	das erste HUHN!!!
ERLER	He, Horat, komm!
	Die Hühner wachsen frei
	Hier im Gelände auf.

DIE ARBEITER	Wir sind dabei.
ERLER	Wir legen los.
DER ALTE HORAT	Ich sauf.
DIE ARBEITER	Er säuft!
ERLER	Und unsre Mast?
DER ALTE HORAT	Ein Säufer bin ich. Ja.
	Doch kein Phantast
	Im Anfang von Damunt
	Da haben wirs schon mal
	Auf freiem Land probiert.
	Was glaubt ihr, was passiert
	Wenn hier das Freilandhuhn reviert?
ERLER	Halt du den Latz!
DER ALTE HORAT	Es kommen Viren.
DIE ARBEITER	Viren!
DER ALTE HORAT	Und Bazillen, und es kommt
DIE ARBEITER	Es kommt?
DER ALTE HORAT	Die Ratz.

2. Auftritt

DR. KATZBACH. *Die Vorigen.*

DR. KATZBACH	Meine Herren
	Verlassen Sie bitte den Platz.
ERLER	Darf man wissen
	Warum?
DR. KATZBACH	Er stirbt.
	Stirbt hinter dieser Tür.
	Es stirbt sich besser
	Im stillen.
ERLER	Madame, die Hatz
	Auf die Ratz
	Ist ein Hobby von mir.
DER ALTE HORAT	Erler, nicht in diesem Ton!
ERLER	*zu den Arbeitern.* Er soll sich verpissen.
DIE ARBEITER	*zu* HORAT. Du sollst dich verpissen!
DER ALTE HORAT	Erler!

ERLER	Den Alten in den Schacht!
DIE ARBEITER	Hinunter mit dir!
DER ALTE HORAT	Da wimmelts von Maden.
ERLER	Darin kannst du baden.
DIE ARBEITER	Fort mit Schaden!

Sie schmeißen den Alten in die Kotgrube. DER ALTE HORAT *ab.*

ERLER   *zu* DR. KATZBACH. Und nun
Mein Kätzchen
Mein Rätzchen
Zu uns zwei beiden
Denn schau schöne Frau
Die Ratz, tut mir leid,
Kann ich leider leider
Nicht leiden.

DR. KATZBACH   Mein Kleid!
Er fällt über sie her. DR. KATZBACH *wehrt sich, schreit.*

ERLER/
DIE ARBEITER   Ein ZUCK Betäubung ZACK
Der Stich
Er schlitzt den Hals
Das Blut
Spritzt aus
Die Federn
Sind rasiert
Der Darm
PFLO PFLOPF herausgekorkt
Die Füße ab der Kopf geköpft
PIFF PAFF die Spritze rein
Gewürz Geschmack
Geschmack muß sein
Und SCHWUPP DI WUPP
Das Plastik drum
Das Siegel

ERLER   Fertig ist
Damunts Geflügel!
HORAT *stemmt sich aus der Grube empor.*

DR. KATZBACH	Damunt Damunt!
DER ALTE HORAT	Wach auf, Damunt
	Mach auf
	Das Tor!
	Die drehen durch hier
	Die Kollegen!
DR. KATZBACH	Hilfe! helft!

3. Auftritt

Plötzliche Stille. Das Tor öffnet sich. Im Innern DAMUNT *auf dem Sterbelager.* MARTHA HORAT, SCHWESTER MARIA CARMENCITA *und* SISSI DAMUNT *wachen beim Sterbenden.* DR. KATZBACH *liegt auf dem Boden. Sie wimmert, schluchzt.*

DAMUNT	Meine Hühner!
	DR. KATZBACH *schluchzt lauter.*
DAMUNT	Die Hühner!
ERLER	Hier, Chef, sind
	Ihre Hühner.
DAMUNT	Hier.
	Und legen?
ERLER	Und wachsen
SISSI	Und gackern
ERLER	*zu den* ARBEITERN. An die Arbeit, Kollegen!
	Und wachsen!
SISSI	Damunt, und gackern!
ERLER	Und gackern, Damunt!
SISSI/ERLER	Und legen!
	SISSI DAMUNT *beginnt zu gackern.* ERLER *fällt ein. Alle Arbeiter gackern.* DER DIRIGENT *kräht: Kikeriki! Jetzt gackert auch das Orchester.*
DAMUNT	Wie schön
	Sie sich bewegen.
SISSI	Deine Mast
	Geliebter, läuft an!
DAMUNT	Sie läuft.
	Gacker-Finale. Die Farm leuchtet. Plötzliches Erschrecken. Stille.

DAMUNT	Wo ist der Horat?
ERLER	Wo wird er schon sein.
DIE ARBEITER	Er säuft.

4. Auftritt

DER ALTE HORAT *entsteigt der Kotgrube.*

DER ALTE HORAT	*zu Martha.* Komm, Alte, komm
	Und bring mich nach Haus.
	Der Horat bin ich
	Industriestraße zwo
	Dritte Etage, linke Tür.
MARTHA HORAT	Er hat gesoffen, Chef.
	Mein Mann
	Kann nichts dafür.
EIN ARBEITER	He, Horat, was ist?
DIE ARBEITER	Geht ihr schon?
DER ALTE HORAT/	
MARTHA HORAT	Hört ihr's nicht?
	Alle lauschen.
	In der Kühlhalle schneit es. Die Lampen strahlen hell.
	Draußen verdunkelt sich der Tag.

5. Auftritt

In der Schneehelle der Kühlhalle: DAMUNT, SISSI DAMUNT *und* SCHWESTER MARIA CARMENCITA.

CARMENCITA	Was ist der Mensch, mein Sohn?
DAMUNT	Der Mensch
SISSI	Was ist der Mensch?
CARMENCITA	Ist nur ein Ton.
SISSI/DAMUNT	Ein Ton?
CARMENCITA	Ein Ton, mein Sohn
	Der aus dem Nichts entsteht
	Mit Sang und Klang

Mit Sang und Klang
Entsteht und schwebt
Und schwebend dann
Ins Nichts vergeht.

DAMUNT   *heiter.* Das war Damunt.
SISSI   Ein kühner Mann
DAMUNT   Der Hühnermann
SISSI   Bleib da!
DAMUNT   *lieb.* Sei still!
SISSI   Und ich, Damunt?
              Und deine Mast?
DAMUNT   Er geht
CARMENCITA   Der Ton
DAMUNT   Er schwebt
CARMENCITA   Der Ton
DAMUNT   Verweht
CARMENCITA   Der Ton
DAMUNT   Verblaßt
CARMENCITA   Der Ton
DAMUNT   Trägt sich
CARMENCITA   Der Ton
DAMUNT   Davon

MARTHA HORAT Mein Horat holt das Rasierzeug, wir rasieren ihn
gleich hier, in der Totenkapelle wärs nicht schicklich. Der junge Erler meldets der Behörde, und ihr, Leute, kocht einen Kessel heißes Wasser und bringt Lappen und Seife mit. Unser Herr
Patron hat tüchtig geschwitzt auf seinem letzten, schweren
Weg.

SISSI   Er lebt ja noch!
ERLER   Und sein Gesicht!
MARTHA HORAT Sein Gesicht
              Sieht ein anderes Licht.
              An die Arbeit!

Der Ton.
Der Ton verklingt.
Vorhang.
Finis.

Frunz

Fragment eines Anfangs

Vorbemerkung

Vor einigen Jahren verschlug es mich in das Haus einer vornehmen Dame. Ihren Tag verbrachte sie im 19. Jahrhundert. Das Personal bewegte sich diskret, die Gespräche galten der Kunst, in den Gärten sangen die Vögel. Abends jedoch geschah mit Madame eine sonderbare Verwandlung. Sie setzte sich vor den Fernsehapparat, und dann zappte sie los. Kein Satz, der nicht zerfetzt, kein Kind, das nicht geköpft wurde – zapp zapp zapp! schoß sie Filme und Nachrichten, Wörter und Bilder zu einem Programmsalat zusammen, der aus der Ferne des nächsten Jahrhunderts in den alten Salon hereinflackerte. Dazu soff sie Whisky, sie lachte und grölte.

So entstand die Idee zu einem Stück: Es sollte in gepflegten Gefilden beginnen und dann sich aufschwingen in das flackernde Gestammel unserer Zappzeit. Sozusagen ein Flug aus der Dramaturgie des 19. in jene des 21. Jahrhunderts!

Hauptfigur Fredi Frunz. Die Story: Frunz, ein braver Bürger, wird zum Adler.

Dabei widerfahren ihm, der von seinem Adlertum nichts ahnt, die seltsamsten Abenteuer.

Ich kam in Schwierigkeiten, der Vogel wollte nicht fliegen, das Stück nicht leben. Eines Tages schlug mir Matthias Langhoff vor, einen simpel funktionierenden Kippschalter zu bauen – wenn das Wort ›Fisch‹ fällt, setzt bei Frunz die Verwandlung ein. Natürlich fällt dieses Wort stets und ständig im allerdümmsten Moment, das Restaurant ist vornehm, die Gäste distinguiert, was nehmen wir zur Vorspeise, vielleicht einen – ZAPP! und Frunz adlert ab.

Frunz wird zum Geheimtip in der Damenwelt: Er kann vögeln wie kein zweiter. Aber davon weiß er so wenig wie von seiner Verwandlung: Er ist durch und durch Frunz, und das Gerede vom Adler, das lauter wird von Flug zu Flug, geht ihm tüchtig auf die Nerven.

Schließlich ruft Frunz zur Adler-Jagd auf.

Wie ihn fangen? Mit Netzen. Wo finden wir sie? Am See! Bei den Sport – ZAPP zum Schlußbild.

Als er zum letzten Mal die Augen aufschlägt, sagt eine junge Krankenschwester: »Hallöchen, ich bin die Schwester« – ZAPP! und der Sterbende, angeschlossen an Infusionsflaschen, EKG-Schirme und dergleichen mehr, saust mit großmächtig aufrauschenden Flügeln durch die Station und hinaus in die Nacht, ins Nichts, die arme Schwester Fisch in seinen Krallen.

Der Adler verendet in den Antennen der Hochhäuser mit blutend gebreiteten Schwingen: RA RAAK, schreit er, ecce homo Fredi Frunz!

Leider mißlang die Sache. Man nimmt sich nicht ungestraft vor, ein Fragment zu schreiben.

Im Hintergrund das Clubhaus der Sportfischer.
Vom anderen Ufer her Musik. Ab und an ein Vogelschrei.
Dämmerung.

MADAME KREIS, *in schwarzer Trauer.* HOCHWÜRDEN BATZDORF,
ein junger Pfarrer.
MADAME KREIS So ein schöner, trauriger Abend. Hören Sie? da
wird musiziert.
BATZDORF Drüben in Oberkirch, Frau Oberst. Das Strandfest.
  BATZDORF *durchsucht das Schilf.*
MADAME KREIS La vie est bleue comme une orange.
BATZDORF Herr Frunz? Herr Frunz!
  Er schreckt zurück.
  Sakra!
  Er kommt aus dem Schilf heraus, betrachtet seinen Schuh.
  Leider typisch für einen Theologen. Ich bin mitten ins Nest
  getrampelt. Vogeleier.
MADAME KREIS Hoppela.

OBERST KREIS, *in Uniform.*
BATZDORF Haben Sie ihn gefunden?
DER OBERST Nein.
BATZDORF *seinen Schuh putzend.* Ich unbeholfener Mensch –
MADAME KREIS Pst! Mein Gatte liebt die Vögel.
DER OBERST Gute Grabrede, Batzdorf.
MADAME KREIS Ja; auch sein Organ ist angenehm. Wir danken
Ihnen.
BATZDORF Es war eine Art Premiere für mich, die erste Beerdi-
gung in Eichkamp.
  Er setzt sich auf den Boden.
  Ein paar Sportfischer waren gar der Ansicht, ich hätte Courage
  bewiesen.
DER OBERST Haben Sie, Batzdorf, haben Sie. Stimmts, Adrienne?

BATZDORF *springt auf, tanzt.* Scheiße! Wo ich hintrete, brüten
  Vögel ihre Eier aus, und wo ich mich setze –

DER OBERST Das darf doch nicht wahr sein! Bruteier?!

MADAME KREIS Aber nein. Ameisen, das siehst du doch. Hochwürden hat sich in die Ameisen gesetzt.

DER OBERST Übrigens, ich trage die Uniform als Trauergewand.
  Ist offiziell, Batzdorf. Bißchen eng, aber sonst tiptop. Wurde vor
  zwanzig Jahren z. D. gestellt. Zwanzig Jahre, mein Gott, da
  begann der kleine Johannes zu reden. »Bibbe bibbe Vevo.«

BATZDORF Pardon?

  Er zieht den linken Schuh aus, reibt ihn sauber.

DER OBERST Hat sich ein Velo gewünscht. »Ottivati Vevo.« Ottivati, das bin ich. Großvater.

MADAME KREIS Mein Gatte saß die ganze Nacht am Totenbett.

DER OBERST Einer muß wachen. Einer muß dasein. Verdammt
  komisches Gefühl. Er als Leich und ich als Oberst.

BATZDORF Ja, die Oxytherm, die großmächtige Oxytherm! Sie
  werden es nicht glauben, Herr Oberst, aber es ist mir bis auf den
  heutigen Tag nicht gelungen, zu erfahren, was sie produziert,
  diese Oxytherm. Keine Ahnung! Zu Mariae Himmelfahrt, also
  morgen, bin ich drei Wochen in Eichkamp – und weiß es immer
  noch nicht. Ein Geheimnis.

MADAME KREIS Chemie, Hochwürden.

BATZDORF Chemie, ja. Aber Chemie ist viel. Alles ist Chemie.
  Jeder Stoff, der sich wandelt: ein chemischer Prozeß.

MADAME KREIS Sie sagen es, lieber Batzdorf.

BATZDORF Endlich versteht mich jemand.

MADAME KREIS Wir werden alt, und die Welt wird anders. Die
  Stoffe wandeln sich, und wie.

BATZDORF Immerhin gilt es als erwiesen, daß Ihr Enkel in diesen
  Laboratorien tätig war.

DER OBERST Das haben Sie in der Grabrede erwähnt, Batzdorf.

BATZDORF Nun ist er tot.

DER OBERST Ja. Er ist tot.

MADAME KREIS Sehen sie, vor vierzig, fünfundvierzig Jahren gab
  es hier, am See, noch sechs oder sieben Landsitze. Damals kam
  ich in die Gegend, als Rotkreuzschwester, es war mitten im
  Krieg.

DER OBERST Große Ungewißheit natürlich. Wie verhält sich der Deutsche? Hätte kommen können, stimmts, Adrienne?

MADAME KREIS Jaja.

DER OBERST Nicht im Schilf ... nicht am Steg.

MADAME KREIS Nachts war Verdunkelung, oben die Flieger, diese amerikanischen Bomber, und hier unten: Romane über Romane. Jeune premier und Abgott aller Rotkreuzschwestern war damals ein junger Leutnant, hier, darf ich bekannt machen:
Sie zeigt auf den OBERSTEN.
Er hat heute seinen Enkel begraben.

DER OBERST *entfernt sich.*

MADAME KREIS Er ist immer noch ein Kerl. Aber damals – quel gars charmant, absolument irresistible, ganz besonders in Uniform. Wo gehst hin, Papa?

DER OBERST Vielleicht hat er sich in dieser Baracke verkrochen. *Ins Clubhaus ab.*

MADAME KREIS Kennen Sie Tschechow?

BATZDORF Sie gefallen mir. Die Oxytherm beschäftigt ein halbes tausend Gastarbeiter, und ich soll jeden Namen kennen!

MADAME KREIS Un poète russe. Kommen Sie, helfen wir, den armen Mann zu suchen. Warum hab ich ihn nicht zurückgehalten? Ich bin ganz unruhig.
Sie steht, schaut.
Heute sind wir die einzigen.

BATZDORF Wie bitte?

MADAME KREIS Ja. Früher waren es sechs oder sieben Landsitze. Und Abend für Abend Gelächter, Kahnpartien, Musik. Für uns Schwestern gab es Kakao. Schrecklich – gewiß, ein gräßlicher Krieg, aber hier – wir waren so jung, Batzdorf, wir haben nichts davon gewußt. Dann zogen alle ab, Frieden, und ich blieb da. Langweile ich Sie?

BATZDORF Gut möglich, daß ihm der Fisch nicht bekommen ist. Seine Vereinskameraden, diese Sportfischer, haben wacker gezecht.

MADAME KREIS Was sagte ich eben?

BATZDORF Heute sind wir die einzigen, sofern ich richtig deute: das einzige Landgut.

MADAME KREIS Sie deuten richtig.

BATZDORF Oder Frunz hat eine Gräte verschluckt.

MADAME KREIS Ja, sehen Sie, heute ist das Ufer für den Bürger da. Drüben das Strandbad, hier die Sportfischer. Am südlichen Ende die Campeure, und dort oben diese Gummimenschen auf ihren Holzflossen.

BATZDORF *schaut; der rechte Schuh sinkt im Schlamm ein.* Scheiße!
Er zieht auch den rechten Schuh aus, macht ihn sauber.
Erst der eine Schuh, dann der andere Schuh.

MADAME KREIS Ja, ein Unglück kommt selten allein. Und immer gleicht es sich. Irgendwie zwillingshaft.

BATZDORF Stimmt genau. Letzthin las ich einen Bericht über vergewaltigte Frauen. Hats eine erwischt, kann sie sicher sein, daß es sie noch mal erwischt.

MADAME KREIS Ich muß doch sehr bitten, Hochwürden.

BATZDORF Statistisch betrachtet. Aber sagen Sie mal, gute Frau, trifft es tatsächlich zu, daß man den Fall nur werksintern untersucht hat?

MADAME KREIS Sie und Ihre Oxytherm! Das klingt ja beinah nach einer idée fixe.

BATZDORF Verdammt noch mal, ich frage ja nur! Warum wurde die Sache vertuscht? Warum schweigen wir alle?
Sein Gesicht verzerrt sich.
Nein! Ein Angelhaken. Bin ich draufgetreten.

Aus dem Clubhaus: DER OBERST, *dann* MÄCHTLINGER, *in Fischerstiefeln, mit Taucherlampen.*

DER OBERST Keine Laternen da?

MÄCHTLINGER Nur diese Tauchlampen, Herr Oberst. Haben wir ab und an zum Fischen benutzt. Eh ja, und die Lampions. Da hängen sie.

DER OBERST Name?

MÄCHTLINGER Mächtlinger Joseph, Herr Oberst.

DER OBERST Frunz ist mein Schwiegersohn.

MÄCHTLINGER Weiß ich, Herr Oberst. Weiß doch jeder.

DER OBERST Hat sich verdünnisiert. Verteilen Sie die Lampions an die Frauen. Hierher, Leute! Zum – wie nennt Ihr die Baracke?

MÄCHTLINGER   Clubhaus, Herr Oberst.

DER OBERST   Zum Clubhaus!

MONIKA FRUNZ. HUGO PFAMATTER. *Beide in schwarzer Trauer.*

MONIKA   Die andern sind schon gegangen, Papa.

MÄCHTLINGER *gibt ihr einen Lampion.*

Was soll ich damit?

MÄCHTLINGER   Ihren Mann suchen, Frau Frunz. Es nachtet ein.

MONIKA   Mit dem Lampion.

MÄCHTLINGER   Befehl vom Herrn Oberst.

PFAMATTER   Sie gestatten?

Er zündet die Lampionkerze an.

DER OBERST   Mächtlinger, Sie folgen mir.

DER OBERST *und* MÄCHTLINGER, *mit den Tauchlampen, ab.*

MADAME KREIS *und* BATZDORF, *beide mit einem Lampion ab.*

MONIKA   Darf ich Sie etwas fragen, Herr Pfamatter?

PFAMATTER   Liebend gern, liebe Monika. Ich bewundere Sie.
Nein, wirklich, diese Haltung, dieser – es sei mir verziehen – dieser Charme in der bittersten Stunde Ihres Lebens: schlichtweg
imposant.

MONIKA   Der Oberst hat sich immer einen Sohn gewünscht. Ich
bin die einzige Tochter.

PFAMATTER   Verstehe, so etwas härtet ab.

MONIKA   Ja.

PFAMATTER   Ich will Ihre Trauer nicht schmälern, bewahre, Sie
sind die Mutter des armen Toten, aber der Oberst, schien mir,
war auf das tiefste ergriffen.

MONIKA   Er hat seinen Enkel verloren, le pauvre Papa. Jetzt ist es
aus.

PFAMATTER   Wie reden Sie denn!

MONIKA   Eines Tages, da war er ganz sicher, würde Johannes seinen Laborkittel an den Nagel hängen und Herr sein, Herr über
das Gut und die Pächter. Papa hatte sich sogar damit abgefun-
den, daß Johannes ein Frunz ist. Verstehen Sie? Das klingt nicht
nach Land, Frunz. Das klingt eher nach unten. Komisch, nicht?
Nun ist er da unten.

PFAMATTER   Sie wollten mich etwas fragen, Monika.

MONIKA   Nun gibt es keinen mehr, der uns fortsetzt. Dämmerung, Pfamatter, ein langsames, langweiliges Verlöschen.

PFAMATTER   Vielleicht sind Sie jünger, als Sie denken.

MONIKA   Oxythermintern, hörte ich bei Tisch, nennt man Sie »Chef Ereignisdienst«?

PFAMATTER   Chef Ereignisdienst, in der Tat. Ihre Frage?

MONIKA   Was versteht die Oxytherm unter einem Ereignis, Monsieur?

MADAME KREIS *ruft:*
   Monique, Monique, viens vite!

PFAMATTER   Was die Oxytherm darunter versteht. Diverses, könnte man sagen. Das sich Ereignende. Das Unübliche, gewissermaßen.

MONIKA   Eine Beerdigung?

PFAMATTER   Im Brandfall, beispielsweise, leite ich die Löscharbeiten.

MADAME KREIS
   ruft:
   Au secours, au secours!

MONIKA   Ich wollte Sie nicht beleidigen.

PFAMATTER   Sie können mich nicht beleidigen. Der Pfarrer allerdings, dieser neue – aber lassen wir das. Ein Bibelwort jagte das andere, dann das Leichenmahl, die Sportfischer geraten ins Saufen, ins Schimpfen, und mittendrin dieser Jungtürk, der theologische, rot im Gesicht, ein Hetzer. Keine Sorge. Wir finden Ihren Gatten.

MONIKA   Maman versuchte noch, ihn zu beruhigen. Maman ist natürlich außer sich.

PFAMATTER   Natürlich.

MONIKA *lauscht.* Schön, nicht?

PFAMATTER   Das Strandfest von Oberkirch. Leider ließ es sich nicht mehr verschieben.

MONIKA   Jaja, erst weinen sie Tränen, und dann gehts nach Oberkirch zum Tanz. Sportfischer.

DER OBERST. MADAME KREIS. MÄCHTLINGER. BATZDORF – *er sieht jämmerlich aus.*

MADAME KREIS   … und was tut dieser Mensch? Er klettert auf den Sprungturm hinauf!

BATZDORF Nur bis zur Hälfte.

MÄCHTLINGER *zum* OBERSTEN: Sanitätskiste organisieren?

BATZDORF Von oben, dachte ich, kann ich ihn sichten, auch wenn er im Schilf steckt. Oder wärs Ihnen lieber gewesen, ich wäre noch mal in die Nester hineingetrampelt?

DER OBERST Ich wußte es.

DER OBERST, MÄCHTLINGER, BATZDORF *und* MADAME KREIS *ins Clubhaus ab.*

PFAMATTER Auch Ihr Sohn hatte sein Herz an die Fischerei gehängt?

MONIKA Ja, da haben sich die beiden gefunden.

PFAMATTER Vater und Sohn am Wasser. Ein sinniges Bild. Oh, hab ich Ihnen weh getan?

MONIKA Ich verbrachte mein Leben mit Stiefeln.

PFAMATTER Mit Stiefeln?

MONIKA Ja, mit Stiefeln. Erst waren es die Stiefel meines Vaters: Reitstiefel, Offiziersstiefel. Das muß blitzen, mein Kleines, das muß blanken. Blitzeblank. Dann die Gummistiefel! Die Fischerstiefel! Blitzeblank. Immer blitzeblank. Immer Stiefel. Stiefel.

Im Clubhaus ein Klirren.

MONIKA Keine Frau, ein Stiefel bin ich ... ein Stiefel! – Und habe noch niemanden in den Arsch getreten. Ich möchte jetzt allein sein, Herr Pfamatter.

MADAME KREIS *aus dem Clubhaus.*

MADAME KREIS *lacht.*

Das ist der traurigste Tag meines Lebens.

Sie lacht Tränen.

Ich ersticke.

PFAMATTER Es war Krebs, Frau Frunz. Ein ganz gewöhnlicher, hundsgemeiner Krebs. Das wissen Sie so gut wie ich. Aber bitte. Dafür sind wir ja da, wir Oxythermler. Uns darf jeder kommen, grad so, wies ihm paßt.

MADAME KREIS *nach wie vor lachend.* Der Batzdorf – die Lampe!!

Sie krümmt sich.

MONIKA Jaja.
   Sie lächelt.
   Ein Pechvogel wie er im Buch steht.

FREDI FRUNZ, *in schwarzer Trauer, in Fischerstiefeln. Er steht im*
Wasser.
PFAMATTER Ihr Gatte.
MADAME KREIS Alfred!
MONIKA Fredi!
DER OBERST *in der Tür des Clubhauses.* Frunz!
PFAMATTER Da ist er ja.
MONIKA Da bist du ja.
DER OBERST *zu* MÄCHTLINGER *und* BATZDORF, *die ebenfalls aus*
   dem Clubhaus treten: Wir haben ihn.

SISSI FLÜCKINGER, *in schwarzer Trauer.*
SISSI Ja, Gott sei Dank, da sind Sie ja. Dann möcht ich mich jetzt
   empfehlen, ich muß zurück ins Spital.
MONIKA Wieder Nachtdienst, Schwester Sissi?
SISSI Ja, denken Sie nur, schon wieder!
FRUNZ *naß und verschlammt, steigt aus dem Wasser, wirft einen*
   Fisch an Land. Ein Alet. Den hab ich drüben gefunden, im
   Schilf.
MONIKA Iii, ist das ein Fisch, Fredi?
FRUNZ *holt weitere Fische aus seinen Taschen.* Die da hats ange-
   schwemmt.
MADAME KREIS Alfred, ça suffit maintenant!
MONIKA *zu* PFAMATTER. Schwester Sissi, müssen Sie wissen, hat
   unseren Sohn zu Tode gepflegt.
PFAMATTER Nette Person, finde ich.
MONIKA Ja, sehr nett.
   SISSI FLÜCKINGER *ab.*

FRUNZ Rotaugen.
MADAME KREIS Der lebt ja noch!
DER OBERST Was fällt dir ein! Das ist ja – Tierquälerei ist das! Ins
   Wasser mit dem Fisch.
MADAME KREIS Degoutant.

FRUNZ Die Lampen, Mächtlinger! Die Ruder, das Schleppnetz! Wirds?! Wir müssen sofort hinaus.

MONIKA Du bist einfach gegangen. Ohne ein Wort der Erklärung. Ich habe mich geschämt, Fredi.

FRUNZ Ja, verzeih, aber da draußen –

MONIKA Da draußen! Da draußen! Und ich? Maman? Unsere Trauergäste?!

FRUNZ *steigt ins Wasser zurück.* Alles am Verrecken.

MONIKA/MADAME KREIS/DER OBERST Fredi! Alfred! Frunz!

FRUNZ Eine Fischbiomasse, grob geschätzt, von zirka zwanzig bis dreißig Tonnen: am Verrecken. Biokollaps.
    Ab.

MADAME KREIS Ach Kind, mein armes, liebes Kind.

MONIKA On a de style, Maman.

MADAME KREIS Sag das bitte deinem Frunz.

MONIKA Er renkt sich wieder ein, Maman, ich versprechs dir.

BATZDORF Der arme Herr Frunz hat seinen einzigen Sohn begraben. Ja. Nicht jedem ist es gegeben, das Unfaßliche mit seinem Verstande zu fassen.

MADAME KREIS Fische!

PFAMATTER *sich verabschiedend.* Herr Oberst, Madame.
    zu MONIKA:
    Hier, meine Karte. Rufen Sie mich an, Frau Frunz, ich bin immer für Sie da, zu jeder Tages- und Nachtzeit.
    Ab.

MONIKA Ich habe Angst.

MADAME KREIS Wovor, wenn ich fragen darf?

MONIKA Alles! Alles! Was ich sehe – Angst. Das Leben – Angst.
    zu BATZDORF: Wie gefällt es Ihnen in Eichkamp? Gehen wir, Maman.
    MONIKA, MADAME KREIS *und* BATZDORF *ab.*

MÄCHTLINGER *hat die Fische untersucht.* Hinüber.

DER OBERST Der See?

MÄCHTLINGER An dem war nix Totes dran, an dem Alet. Auch das Rotaug – tipptopp in Ordnung.

FREDI FRUNZ

FRUNZ Sind sie weg?

MÄCHTLINGER Ja, Herr Präsident.

FRUNZ Und warum spielt die Musik? Ich fahre meinen Sohn in die Grube, und drüben spielt die Musik?! Aufhören!

MÄCHTLINGER Das Strandfest, Herr Präsident. Die Nixenwahl.

FRUNZ Strandfest, aha. Unsere Kameraden?

MÄCHTLINGER Eh ja, der eine oder der andere wird wohl dabeisein, inzwischen.

FRUNZ Der Fischerei gehört mein Herz, täglich bin ich im Einsatz, Sie kennen mich. Dem Verein gehört mein Herz. Aber damit ist jetzt Schluß, Mächtlinger. Am Wahlabend erklärt Fredi Frunz den Verzicht. Verzichte auf die Wiederwahl, o ja. Nein, sagen Sie jetzt nix – mein Entschluß ist definitiv.

MÄCHTLINGER Ich sag ja nix.

FRUNZ Ich lehne die Wiederwahl ab. Ich bin euer Präsident gewesen. Es hat sich eh ausgefischt. Überall tote Fische, Fische jeder Altersklasse.

MÄCHTLINGER Dieser neue Pfarrer, Herr Präsident –
vorsichtig:
Er hat den Schirm von der Lampe zerschlagen.

FRUNZ Meine Lampe?

MÄCHTLINGER *nickt.*

FRUNZ Mit Absicht, ich sags Ihnen. Wer Ohren hat, Zwischentöne zu hören, der konnte seine Grabrede als gezielte Beleidigung meiner Person verstehen. Dreimal strich er heraus, daß ich eine Papeterie besitze. Vater Frunz, röhrte er, der Schreibwaren- und Papierhändler, der Kaufmann, der allseits beliebte Kaufmann!

MÄCHTLINGER Stimmt ja auch.

FRUNZ Und die Lampe? warum zerschlug er die?

MÄCHTLINGER Sie meinen –

FRUNZ Genau. Der allseits beliebte Kaufmann, das ist der Oxythermlieferant! das ist der Feigling von Vater, der es zuläßt, daß man die Todesursache des Sohnes –

DER OBERST Frunz!

FRUNZ *erschrickt.* Papa –

DER OBERST Mir peinlich, Frunz, wenn ein Mann sich lächerlich macht. Wäre der See gekippt, hätten wir den Adler da.

FRUNZ Den Adler?

DER OBERST Angelockt vom toten Fisch. Siehst du einen Adler, Franz? Hörst du ihn raaken?
Ab.

FRUNZ *tritt wieder heraus, schaut sich um, leise.* Es war Krebs, Mächtlinger.

MÄCHTLINGER Sagen alle. Das kann man laut sagen.

FRUNZ Aber kein Krebs aus heiterem Himmel, Mächtlinger. Dieses Tier in den Zellen meines Sohnes hat eine Ursache gehabt. Dieser Krebs –
Er lauscht, nähert sich dem Schilf.
Da hockt einer.

MÄCHTLINGER Ein Vogel.

FRUNZ Zünden Sie die Lampions an! - Als sie den Friedhof verließen, blieb ich noch eine Weile am Grab; ein Kaufmann notiert sich die Namen der Kranzspender. Und wer, glauben Sie, hat uns das schönste Gebinde beschert?

MÄCHTLINGER Die Oxytherm?

FRUNZ Sein Regiment! Jaja, der Oberst z. D. gestellt, schon seit Jahren, aber die Herren vom Stab rollen ein solches Rad an, lauter Rosen, lastwagengroß. Mein Sohn ist nicht gestorben, Mächtlinger.

MÄCHTLINGER Nein?

FRUNZ Nein. Krepiert! Vor meinen Augen. Verreckt! Aus seinem Sterben war das Menschliche verschwunden.

MÄCHTLINGER Krebs.
Er lauscht auf die Musik.
Drüben wird jetzt die Nix gekürt.
Sie stehen, lauschen.

FRUNZ Meine Hoffnung hab ich in den Sohn, mein Menschentum in den Verein investiert. Eine düstere Bilanz, Mächtlinger. Der Sohn tot, der See gekippt.
Am andern Ufer ein Tusch. MÄCHTLINGER *holt die Ruder.*

FRUNZ Die Saison ist aus.
Am andern Ufer Applaus.

FRUNZ Ja, Mächtlinger, per saldo aller Ansprüche bleibt mir ein Freund, nämlich Sie, und sonst hab ich nichts mehr auf dieser Welt. Sie als einziger glauben mir.

MÄCHTLINGER Noch glaub ich gar nix. Das Litoral ist wie immer,
und was sich draußen tut, ist von hier aus nicht zu sehen.

FRUNZ Das hab ich beinah erwartet.

MÄCHTLINGER Irrtum. Als Pensionierter brauch ich die Oxytherm
nicht zu fürchten. Ich habs hinter mir.

FRUNZ Ihr Ton gefällt mir nicht.

MÄCHTLINGER Ich meins nur gut mit Ihnen. Vormittags ein Kugel-
schreiber, nachmittags ein Spitzer – das macht den Braten nicht
fett.

FRUNZ Die Oxytherm hat mir den Sohn gekillt.

MÄCHTLINGER Und jetzt, meinen Sie, killt sie uns allen den See?

FRUNZ Ich habe den Beweis.

MÄCHTLINGER Wo?

FRUNZ Im Bauch.

Am andern Ufer setzt die Musik aus. Stille. FRUNZ *erschrickt.*

FRUNZ Die sollen spielen drüben. Spielt! Musik!

MÄCHTLINGER Grad eben wars noch umgekehrt, Herr Präsident.

FRUNZ   Ich hasse doch, ich fürchte Stille. Stille, nein,
                Ich kann die Stille nicht ertragen. Schmerz
                Ist sie, ein großer Schmerz. Beim Strandbad
                                                        dort –

MÄCHTLINGER Ist nun die Nixenkür zu End.

FRUNZ   Beim Strandbad speist
                Die Oxytherm ihr Dreckzeug in den See ein.
                Dort müßten sies als erste merken, nicht?

MÄCHTLINGER Was merken.

FRUNZ Daß die Wasser schäumen. Rasch, ein Fernglas!

MÄCHTLINGER Ein Fernglas?

FRUNZ Ja, und eins für Euch, doch rasch!

MÄCHTLINGER Ein Dreckzeug ist es nicht; die Wasser sind ge-
                                                        klärt.

                Ins Clubhaus ab.

FRUNZ   Forellen gabs. Die erste Platte blau.
                Die zweite, wie wirs beide lieben, schön im Wein
                Gedünstet, bißchen Dill dazu, ich aß, ich trank,
                Ihr Toten macht uns hungrig, und freute mich,
                Daß einer nach dem andern aus dem Kittel stieg,
                Den schwarzen Binder lockerte, und Prost!

Zu mir herüberrief, Herr Präsident, es schmeckt.
Da plötzlich zuckt die Zunge, jäh durchfährt
Mich Ekel, Schrecken, weiß sofort: Der Fisch
Ist schlecht. Noch glaub ichs nicht. Der Ochsen-
                               wirt,
Denk ich, tischt Frunz, dem Präsidenten, nie
Und nimmer labbrige Forellen auf,
Und dann, der Oberst saß ja auch dabei,
Kurzum: Ich will den Zweifel schlucken. Kau
Und nein, es geht nicht, würgt mich, hängt im Hals
Und würgt mich. Schmeckts nicht, fragts in diesem
                            Augenblick
An meinem Ohr. Der Ochsenwirt, du kennst ihn
                                  ja.
Ich halte ihm den Teller hin, und er: Der Fisch
Sei heute früh geliefert worden, frisch ab Fang.
Madame la grand-mère lächelt süß, très bon,
Versichert sie, der Oberst nickt, die Mutter auch.
Forelle soll das sein?! Ihr Aug ist grau,
Wie blind, die Kiemen fahl statt rot, die Blase Brei
Und hier, ihr Fleisch, das ist kein Fleisch, kein
                                Fisch –
Das ist ein Schwamm! Ich wanke. Nein, mein
                                Stuhl
Wankt, ja, und alle Stühle, jetzt der Tisch
Und jetzt, ich weiß nicht wie, beginnt miteins
Der ganze Saal zu kippen, so und so, und hin
Und her, und wankt! und schwimmt! und lautlos
                                steigt
Und schnell die Wanduhr schräg nach oben, treibt
Dort irgendeiner Helle zu, die sonnig ist
Und dennoch trüb, ich weiß nicht wie.
Am Kippen ist der See. Kanns wahr sein, wirklich?
Sie sitzen da wie Taucher, trotzdem essend,
Verstummt, ertrunken. Luft, schrei ich, und Luft!
Ein Sog, mich saugts hinauf hinweg empor
Ich hoch und schwimme, hoch und falle, flieh
Und fliege, wie es mir gefällt . . .
Ein Trauermahl? Ein Trauermahl?! Nein nein!

MÄCHTLINGER, *mit zwei Feldstechern. Er steht auf dem Dach des Clubhauses.*

FRUNZ/DER ADLER

> Ein Festmahl ist es RAAK RA RAAK
> Ein Fest- und Rachemahl
> Wir stoßen jetzt herab
> Der See gekippt, der Fisch verendet, hier
> Verfaulen dreißig Tonnen Fisch
> Kadaverwonnen RAAK RA RAAK
> Wir sind mit Hieben und mit Krallen ganz
> Dem weißen Fleisch verfallen RAAK RA RAAK
> Forellen Hechten Ballen Rotaug Alet allen allen
> RA RAAK RA RAAK RA RAAK
> Das wird jetzt ausgeweidet hack-
> Zerfetzt verschlungen und
> Mit Adlerzungen ausgesungen RAAK RA RAAK

MÄCHTLINGER *oben.* Das Fernglas!

FRUNZ   Jetzt kann ichs grad nicht greifen, da, ein KRAAK
In meinen Krallen.

MÄCHTLINGER Ein Vogel da?

FRUNZ   Ein Vogel?

MÄCHTLINGER Ja, mir wars
Als hört ich da was raaken überm Schilf.
Dann hätten Sie am Ende gar noch recht!

FRUNZ   Ich recht?
Womit?

MÄCHTLINGER Mit Ihrem toten Fisch, Herr Präsident.
S ist zwar schon länger her, bald fünfzig Jahr,
Daß uns der Adler kam, doch kann, was einmal
                                     war,
Ja wieder werden, weiß der Deibel. Räuber sinds,
Gefräßig. Übel wärs. Wir müßten ihn
Noch diese Nacht vom Himmel holen.

FRUNZ   Sie treten nun ans Ufer drüben?
Und viele von den Herrn in schwarzer Trauer?
Begräbnis! Sag es! will Euch reden hören.

MÄCHTLINGER Die haben eben drüben ihre Nix –

FRUNZ   Sprich laut!

MÄCHTLINGER	Die Nix gekürt, Herr Präsident. Ich glaub, es ist
		Die Sissi Flückinger.
FRUNZ		Die Flückinger hat Nachtdienst.
MÄCHTLINGER	Und hüpft im Nixenschwanzgeflitter vor den
						Herren auf
		Und ab, und hoppla, schon liegts da, das Nixlein,
		Das fischgeschwanzte.
		Er steigt vom Dach.
		Gehts nicht gut?
FRUNZ		Der See, Mächtlinger, kippt. Kollaps.
MÄCHTLINGER	Das wißt Ihr.
FRUNZ		Riechs.
MÄCHTLINGER	Dann müsst Ihr ein Genie sein in den Nüstern,
						Frunz! Kippt!
FRUNZ		Spürs und seh die Täterin
		Mit ihren Neonlettern übermannshoch
		Die Nacht durchleuchten. Frunz hält nun, der
						kleine Frunz
		Gerichtstag ab, Gericht!
MÄCHTLINGER	Den Sohn betreffend?
FRUNZ		Den Sohn? Da gibts nichts mehr zu richten - nein!
		Den See betreffend, unsern See betreffend!
		Versteht Ihr nicht? Ich pack sie da, die Oxytherm,
		Wo sie verwundbar ist! und öffentlich!
MÄCHTLINGER	Viel Glück.
		Ab.

FRUNZ		Jawohl, ich hole sie vor meine Schranken
		Und zeig euch allen, was die Oxytherm
		In Wahrheit produziert.
		Er steigt tiefer ins Wasser.
		Der Alet japste
		Als erster ab, ihm folgten, tieferschwimmend,
		Forelle, Rotaug, Balle, und zuletzt, am Grund
		Noch lange kämpfend, stiegen die Hechte . . .
		Er verschwindet, ab.

HUGO PFAMATTER. ZWEI HERREN *von der Oxytherm, in weißen*
Labormänteln. Sie haben Wasserproben eingeholt.

ERSTER   Die Werte sind hoch.

ZWEITER   Höher als gestern.

PFAMATTER   Anlaß zur Sorge, meine Herren?

ERSTER   Nein, Chef.

ZWEITER   Der See wird sich über Wasser halten.

PFAMATTER   Vielen Dank, meine Herren, gute Nacht.

DIE HERREN   Gute Nacht.

              Ab.

Der letzte Gast

Komödie

Personen

OSKAR WERNER

FREDI FRUNZ

MONIKA FRUNZ

ADRIENNE

ONKEL ANSELM

DR. PÜTZ

KUNO KNILL

DR. ELSI

MILLY

BERNIE »STROHHUT«

DER ALTE EISENBAHNER

DER JUNGE EISENBAHNER

EIN LETZTER GAST

EIN ALTES PAAR

EIN EISENBAHNER

Erster Akt

Die Terrasse einer alten Villa am See. Abend.
ONKEL ANSELM, *uralt, in einem Sessel.*
Vom andern Ufer weht Männergesang herüber. ONKEL ANSELM
*wacht auf, lauscht. Dann greift er nach einer Glocke, die auf dem
Tischchen steht – er schafft es, läutet. Nichts geschieht.*
*Noch einmal läutet er, heftig jetzt. Nichts geschieht. Plötzlich fällt
ihm die Glocke aus der Hand, sein Kopf kippt auf die Brust, und
langsam, glitzernd in der sinkenden Sonne, wächst aus* ONKEL
ANSELMS *Mund ein Speichelfaden.*
ADRIENNE, *eine ältere, elegant gekleidete Dame, kommt aus dem
Haus.*

ADRIENNE Onkelchen, mon Dieu! Onkelchen!
  Sie eilt auf das Haus zu.
  Monika!
ONKEL ANSELM *bewegt sich, grinst.*
ADRIENNE Du verfluchtes Wrack!
  Sie ruft ins Innere. Neinnein, meine Lieben, alles in Ordnung!
  Sie steckt sich eine Zigarette an, raucht.
  Ich werde diesen Chemismus nie verstehen. Alles zerfällt zer-
  fällt zerfällt, nur Fingernägel und Bartstoppeln wachsen weiter.
ONKEL ANSELM *muß husten.*
ADRIENNE Ich frage ja nur, wann sie dich das letzte Mal rasiert
  haben, schließlich bist du mein Schwager, kein Seeräuber.
  Irgendwie dégoûtant, nicht? Man liegt im Sarg, und die Nägel
  werden lang und länger. Was wollte ich erzählen?
  Im Innern ein Frauenlachen.
ADRIENNE Würde mich nicht wundern, wenn sie bei uns über-
  nachten wollte.
ONKEL ANSELM *horcht auf.*
ADRIENNE Eine KINDER-Psychologin, und weißt du, was die uns
  seit geschlagenen zwei Stunden doziert? Die Zeit sei zu
  schlecht, um Kinder in die Welt zu setzen, »in diese Welt«! Sie

vergessen nur das eine, die jungen Weiber: Hätten wir denselben Quark geglaubt, sie wären heute kaum in der Lage, bei Tee und Kuchen schlechte Zeiten zu bejammern. – Ich glaube, wir haben es geschafft, die Psychopute haut ab.

Sie geht auf das Haus zu.

Elsi – müssen Sie wirklich schon gehen?

MONIKA FRUNZ *und* DR. ELSI *kommen aus dem Haus herausgehüpft.*

MONIKA *und* ELSI, *sich an den Händen haltend, hüpfen auf einem Bein über die Terrasse, lachend, kreischend, und verschwinden in den Garten, ab.*

ONKEL ANSELM *läutet.*

ADRIENNE Hast du tatsächlich Hunger? Oder möchtest du singen?

ONKEL ANSELM *brabbelt.*

ADRIENNE Kinder! Kinder! Onkelchen möchte uns mit Eichendorffs Mondnacht überraschen, kommt! kommt! – Aber nicht sabbern, hörst du? Aaaaa –

ONKEL ANSELM Aaaaa –

ADRIENNE Wo hast du sie? Hast du sie hier?

Sie nimmt die Gläser vom Tischchen, hält sie gegen die sinkende Sonne.

Hast du sie wieder versteckt? Ohne Zähne singt man nicht.

Am anderen Ufer das betrunkene Grölen.

ADRIENNE Gut gut gut. Ich soll mich vor dieser Psychopute zu Tode schämen! Drüben grölt Frunz, und du – ah, da seid ihr ja!

Zum Publikum, mit offenen Armen.

Meine lieben Gäste! Schön, daß Sie da sind, herzlich willkommen in der Arethusa! Auch mein Schwager Anselm freut sich, Sie zu sehen. Seine Existenz war vollkommen sinnlos, aber ist das nicht schön, wunderwunderschön? Und wer weiß, vielleicht war sein jahrelanges Gebrabbel und Gesabber ein Dialog mit Gott, dir wäre es zuzutrauen, ein Dialog zweier alter Herren.

Sie zeigt auf den Sonnenschirm.

Ja, dieses Modell hat mein Schwager Anselm entworfen. Sie haben ein Leben lang Schirme entworfen, mein Gatte Alfons

und Anselm, sein Bruder. Interessieren Sie sich für Schirme? Im
Salon haben wir eine Art Museum eingerichtet, alle unsere
Schirme, keine Geigen, nein, bei uns hängt der Himmel voller
Schirme.

MONIKA FRUNZ *und* DR. ELSI *kommen aus dem Garten.*

DR. ELSI Hier war die Hölle.

Sie hüpft auf einem Bein.

Hoppela. Jetzt ist die Elsi auf eine Ritze getreten. Was mag es
bedeuten? Etwas Schlimmes? Etwas Gutes?

ADRIENNE Sie wollen wirklich schon gehen?

DR. ELSI *nähert sich* ONKEL ANSELM. Warte, gleich hab ich den
Namen. A – A –

ONKEL ANSELM Aaa!

MONIKA Anselm.

DR. ELSI Ja-ja-jaaa! Onkel Anselm! – Wie wärs mit einem Sun-
downer?

ADRIENNE *zu* MONIKA. Bleib sitzen, Kind, ich geh schon.

ADRIENNE *ins Haus, ab.*

DR. ELSI *blickt auf den See hinaus, schnuppert.* Ich habs mir
schlimmer vorgestellt.

MONIKA *zitiert.* DAS SCHÖNE IST DES SCHRECKLICHEN
ANFANG.

ONKEL ANSELM Rilke.

DR. ELSI Mich hat das sehr bedrückt, weißt du. In meiner Erinnerung war die Gegend so schön, so groß – das Land der Kindheit.

Plötzlich lacht sie auf.

Nein, wie dumm von mir! A - A - A! Ja, alle fangen sie mit A an:
Adrienne heißt die Maman, er heißt Anselm – eigentlich hätte
es klappen müssen, mit dir und Alfred.

MONIKA Er nennt sich Fredi.

DR. ELSI Trotzdem.

MONIKA Wie?

DR. ELSI So eine A-Orgie schreit doch förmlich nach einem kleinen Adalbert oder einer Anasthasia. Liegt es an ihm?

MONIKA Er fühlt sich nicht wohl in letzter Zeit. Er müßte dringend zum Arzt, aber –

DR. ELSI Heiner und ich hätten einfach nicht die Geduld, beim besten Willen nicht. Der Beruf frißt uns auf, total, und als Kinderpsychologen wissen wir natürlich, was wir der eigenen Nachzucht schuldig wären. Wir lieben Kinder zu sehr, um sie in die Welt zu setzen.

ADRIENNE *ist gekommen, mit einem bunten Schirm.*
DR. ELSI Sagt bitte niemandem, Doktor Elsi hätte das behauptet. Ich kenne die Medien. Gna-den-los. Lesen keine Zeile, die Brüder, aber stellen dich prompt in die bewußte Ecke. Gut, zugegeben, ich bin Kinderpsychologin, jedenfalls holen sie mich als solche in ihre Talk-Shows, und natürlich brechen sie dann zusammen, wenn ich Klartext rede. Nicht zu glauben, Monika, was du mit einem Begriff wie »Zoosex« auslösen kannst, nicht zu glau-ben!
ADRIENNE Zoosex?
DR. ELSI Mit Tieren, mein Spatz. Nein, im Ernst. Mit dem Inhalt hat mein Erfolg nur wenig zu tun, obwohl ich natürlich happy bin, auch für den Verleger, daß die Sache läuft. Nächste Woche starten wir in Skandinavien, ich muß hin, klar. Entschuldige, Monika. Ich rede die ganze Zeit von mir. Hast du es gelesen?
MONIKA Dein Buch?
ADRIENNE Ja, ja sicher hat sie es gelesen.
Sie schluckt.
Wenn die Jugendfreundin über Nacht berühmt wird – es freut einen doch.
Sie schluckt. Zu DR. ELSI, *die auf ihren Hals blickt.*
Was starren Sie auf meine Falten, Sie Reptil?
DR. ELSI Steht alles in meinem Buch.
ADRIENNE Pardon?
DR. ELSI Eine Art Reflex, Adrienne. Wer lügt, der schluckt. Schluckt hinunter. Unbewußt natürlich. Wie ich wörtlich schrieb: Das Kind schluckt die eben geäußerte Lüge in seinen Körper zurück.
ADRIENNE Wie wärs mit einem kleinen Spaziergang?
DR. ELSI Phänomenologie, reine Phänomenologie. Unser Adamsapfel ist der körpereigene Lügendetektor. Sie wollten mir eine Frage stellen, Adrienne?

Sie zeigt auf ihren Hals.
Fragen Sie. Lüge ich, ertappen Sie mich. Na, ist das ein Angebot?

ADRIENNE Interessieren Sie sich für unsere Schirme?

DR. ELSI Ja.
Sie schluckt.
Oh, hab ich etwa geschluckt?

ADRIENNE *spannt den Schirm auf.* Unser Papageienschirm.
Sobald es regnet, beginnt er zu krächzen. Kommt, Kinder! Wir
stellen uns am See unter die Dusche – dann krächzt er!

DR. ELSI *bleibt stehen, blickt auf den See hinaus; perplex.*
Ein Gummiboot.

MONIKA Ja, tatsächlich.

DR. ELSI Die paddeln?! Das ist ja –

MONIKA Der Mensch gewöhnt sich an alles, Elsi.

DR. ELSI Eklig ist das, igitt, wie ee-klig!

MONIKA Ja. Schon. Nur –
Plötzlich lacht sie.
Die Arethusa steht immer noch, und die Aussicht –
Sie schluckt.
ist so schön wie früher.
Sie schluckt.

ADRIENNE Meine Tochter, müssen Sie wissen, ist ein wunderbarer
Partner beim Vierhändigspielen.
Sie hakt sich bei DR. ELSI *unter, schleppt sie ins Haus hinein.*
Wir werden spielen, Sie helfen uns beim Umblättern. Ich nicke,
dann blättern Sie.

ADRIENNE *und* DR. ELSI *ab.*

MONIKA *zu* ONKEL ANSELM Sag Fredi, er soll verschwinden.

ADRIENNE *ruft aus dem Innern.* Kommst du?

MONIKA Schick ihn fort!

ONKEL ANSELM *nickt.*

MONIKA *küßt ihn.* Du bekommst drei Tafeln Schokolade, wenn
du es schaffst, vier, fünf!

ONKEL ANSELM Then.

MONIKA *ruft.* Ich komme! – Ja, zehn, soviel du willst. Er wird
betrunken sein. Und Elsi, weißt du, würde es beim nächsten
Maturatreffen allen erzählen.

Sie blickt zum See hinaus.
Sie sind zu viert. Streng dich an, du Leiche.
MONIKA *küßt* ONKEL ANSELM, *dann huscht sie ins Haus, ab.*
Sie schließt die Türen. Man hört nun, wie ADRIENNE *und* MONI-
KA *die Schumannsche Vertonung von Eichendorffs MOND-*
NACHT spielen. Es nachtet ein.

ONKEL ANSELM ES WAR, ALS HÄTT DER HIMMEL
              DIE ERDE STILL GEKÜSST,
              DASS SIE IM BLÜTENSCHIMMER
              VON IHM NUN TRÄUMEN MÜSST.

DR. PÜTZ *und* KUNO KNILL, *beide in schwarzen Anzügen, mit*
Sportfischermützen, kommen vom Ufer her.
KNILL Ich bin spitz.
DR. PÜTZ *zum Ufer.* Hast es gehört, Frunz? Knill ist spitz.
KNILL Infolge Traurigkeit. Weiber hier?
DR. PÜTZ *äugt durch das Fenster.* Glaub schon.

FREDI FRUNZ *kommt, ebenfalls im schwarzen Anzug, mit Sport-*
fischermütze. Er schleppt einen Kasten Bier und Tauchlampen.
KNILL Keine Laternen da? Oder Suchscheinwerfer?
FRUNZ Nur diese Tauchlampen, Knill. Die haben wir früher zum
       Fischen benutzt. Eh ja, und die Lampions. Da hängen sie noch.
       Wo ist Kamerad Göbeli?
KNILL Hat sich verdünnisiert.
FRUNZ Vielleicht ist ihm das Trauermahl nicht bekommen.
       FRUNZ *nimmt ein Medizinfläschchen.* DR. PÜTZ *und* KNILL
       öffnen eine Bierflasche.
DR. PÜTZ Zigi!
DIE SPORTFISCHER Zagi hoi! hoi! hoi!
       Sie trinken.
KNILL Vermutlich eine Drüsensache. Oben fang ich an zu heulen,
       und unten – lassen wir das.
FRUNZ Der Tag war traurig, Knill, o ja.
KNILL Mensch Frunz, das ist es ja, was mich spitz macht. Die Wit-
       we heult, und ich – lassen wir das.
DR. PÜTZ Was ist ein Sportfischer? Ich weiß es nicht. Was war
       unser Obmann? Ein Sportfischer, das weiß ich.

FRUNZ Er hat es nicht immer einfach gehabt, besonders in letzter
Zeit. Kaum zeigt man sich mit einer Angelrute, lachen die Hühner.

Aus dem Inneren Klavierspiel.

FRUNZ Im Schilf hab ich eine Flasche Schnaps versteckt. Notvor-
rat! Gehen wir.

ONKEL ANSELM *winkt sie fort.*

DR. PÜTZ *bleibt stehen, starrt ihn an.* Sonderbar. Den kenn ich
nur als Möbel, den Onkel. Jetzt ist er direkt spastisch.

FRUNZ Ach was. Sobald wir weg sind, beruhigt er sich von selbst.

FRUNZ *drückt* KNILL *einen Lampion in die Hand, sie gehen.*

ONKEL ANSELM *winkt wieder: Jaja, geht nur, geht!*

DR. PÜTZ Fredi Kamerad Frunz, willst du den Onkel in diesem
Zustand allein lassen?

ONKEL ANSELM *nickt.*

KNILL Weiß man eigentlich, wie alt er ist?

FRUNZ Onkel Anselm? Keine Ahnung. Seine Geburt, meint die
Meinige, verschwindet irgendwo im Mystischen.

ONKEL ANSELM *brabbelt.*

FRUNZ Schokolade?

ONKEL ANSELM *nickt.*

FRUNZ Er möchte Schokolade essen.

Zu ONKEL ANSELM. Morgen kauf ich dir Schokolade.

KNILL Was soll ich an diesem Trauertag mit einem Lampion?

DR. PÜTZ Den Schnaps suchen. Mir nach, Kameraden!

KNILL *bleibt stehen.* Ein blühender Obmann wird im Saft seiner
besten Jahre dahingerafft – und so einer lebt.

KNILL *will den anderen folgen, dreht sich aber plötzlich um –*
ONKEL ANSELM *streckt ihm die Zunge heraus.*

KNILL He, Pütz; schau! Muß ich mir das bieten lassen?

FRUNZ Komm!

KNILL Anno 67 war ich Kantonalmeister im Mückenfischen, Sil-
berpokal 74 im Zielangelwerfen, und jetzt darf man mir ungestraft die Zunge zeigen?

DR. PÜTZ *an der Scheibe.* Die kenn ich von irgendwoher!

KNILL Weiberfleisch?

FRUNZ Im Keller zeigt euch der Frunz seine Fischkästen.

KNILL So.

FRUNZ Forellen.

DR. PÜTZ Aha.

FRUNZ Auch den Stör hab ich, den dreistachligen Stichling, die Äsche.

DR. PÜTZ Ein gutbestückter Keller, was, Knill?

KNILL *und* DR. PÜTZ *grinsen.*

FRUNZ Andere sammeln Scherben von etruskischen Vasen.

DR. PÜTZ Hast es gemerkt, Knill? Der König ist tot, es lebe der König – er aspiriert, der Frunz.

KNILL Auf den Obmann?

DR. PÜTZ Glaub schon. Dabei kandidieren Oberrichter Göbeli, Metzgermeister Binswanger, also potentieller Wurst- und Steaklieferant für sämtliche Anlässe, und Ruckstuhl, der Frauenarzt, hat Humor. Abmarsch!

Aber im letzten Moment bleibt DR. PÜTZ *stehen und starrt* ONKEL ANSELM *an, der sofort wieder zu fuchteln beginnt.*

DR. PÜTZ Irgend etwas stimmt nicht mit dem Onkel.

Er geht zum Haus, klopft an das Fenster.

FRUNZ Laß das.

DR. PÜTZ *ruft.* Ihr Herr Onkel, Frau Frunz!

FRUNZ Jetzt gibt es Ärger.

MONIKA FRUNZ *öffnet die Verandatüren, tritt auf die Terrasse hinaus.*

DR. PÜTZ Verzeihung, wenn wir stören, Frau Frunz, aber –

ONKEL ANSELM *sitzt reglos.*

MONIKA Schönen Abend noch.

Sie will ab.

KNILL *starrt ins Innere.* Ein Weib!

DR. PÜTZ *starrt ebenfalls.* Das gibts doch nicht!

MONIKA Oh, Sie kennen sich?

DR. PÜTZ Aber in- und auswendig. Verpasse keine Sendung.

MONIKA Hörst du, Elsi? Die Herren kennen dich.

DR. ELSI *und etwas später* ADRIENNE *betreten die Terrasse.*

MONIKA Wir sind zusammen zur Schule gegangen, Frau Doktor Elsi und ich.

KNILL Nein. Die berühmte Doktor Elsi?

DR. ELSI Och Gott, berühmt . . .

DR. PÜTZ Furore!

KNILL Granate!

DR. PÜTZ Die Perversion in der Lall- und Kriechstufe!

KNILL Zoosex!

FRUNZ Wie bitte?

ADRIENNE Mit Tieren, mein Spatz.

KNILL Und jetzt ist sie hier, die Elsi.
Er packt ihre Hand.
Ungeheuerlich!
FRUNZ *ins Haus, ab.*

DR. PÜTZ *stellt sich vor.* Doktor Pütz.

KNILL Unser Aktuar. Prima Aktuar.

MONIKA Die Herren haben heute einen Kameraden begraben.

DR. ELSI Ach, Sie kommen von einer Beerdigung?

KNILL Was haben denn Sie gedacht, wir seien Kaminfeger?
Er lüpft die Mütze.
Ha ho he, unser Obmann war okay!

DR. PÜTZ Ja, das ist mir jetzt direkt peinlich, Monika, aber Ihr
Gatte ließ nicht locker. Wollte uns unbedingt seinen Keller zeigen, die Fischkästen, und da wir zufällig denselben Heimweg
haben –

DR. ELSI Fische? Im Keller?!

ADRIENNE Sehen Sie, Elsi, mein Kind? Sehen Sie die Bäume dort?
Fast meine ich, drüben in den Bäumen die Lichter zu sehen, far-
bige Girlanden. Am Ufer haben wir früher getanzt, und nachts
sind wir geschwommen, lachend, lachend im Wasser, und was
bin ich heute? Ein Sack aus mürber Haut, paar Knochen darin,
paar Erinnerungen.

MONIKA On a du style, Maman.

ADRIENNE Eh bien, dis ça à ton mari. – Schrecklich, gewiß, ein
gräßlicher Krieg! Aber wir waren so jung, Elsi, wir waren so
glücklich! Unsere Männer im Feld, über uns die amerikanischen
Bomber, und hier unten – mon Dieu! Anselm war der geborene
Walzertänzer, einfach wunderbar. Stimmts, alter Knabe?

FREDI FRUNZ *kommt mit einem Napf aus dem Haus und beginnt* ONKEL ANSELM *zu füttern.*

DR. ELSI Es gibt tatsächlich noch Fische im See?!

ADRIENNE Aber nein, natürlich nicht. Wer hielt die Totenrede?

DR. PÜTZ Vikar Kamerad Mosimann, unser Präses.

MONIKA *nimmt* FRUNZ *den Napf weg.* Onkel Anselm hat bereits gegessen.

FRUNZ Bist du sicher?

MONIKA *führt* FRUNZ *zu* DR. ELSI. Ja, und das ist er jetzt, Alfred, mein Göttergatte. Elsi, weißt du, war zufällig in der Gegend, ein Kongreß im Grünen. Wir haben sogar über unsere Unter-höschen gesprochen.

DR. ELSI Über die wollenen, die immer so gekratzt haben.

MONIKA Elsi hat ihre an einem Frühlingstag vergraben.

FRUNZ Frunz. Aber vorn heiß ich Fredi.

Er nimmt den Napf, füttert ONKEL ANSELM.

MONIKA Alfred kann es mit Anselm besonders gut.

DR. ELSI Du, das merkt man sofort. Er ist kinderlieb, genau wie mein Heiner. Irgendwann müssen wir uns unbedingt zu viert sehen, vielleicht bei uns. Was halten Sie davon, Alfred? Oder ist es Ihnen lieber, wenn ich Fredi sage?

KNILL Zigi!

MONIKA *wendet sich ab.*

KNILL Hier ist ein »Zigi« geboten.

FRUNZ *zu* MONIKA. Entschuldige, Liebling, aber wer sich dem »Zigi« entzieht, zahlt zwei Franken Buße.

DR. PÜTZ *zu* DR. ELSI. Sie mögen es ein Ritual nennen, ein atavistisches, wir füllen die Clubkasse damit. Zagi!

DIE SPORTFISCHER Hoi! hoi! hoi!

Sie trinken.

DR. ELSI Gehts dir nicht gut?

MONIKA Ach, nichts. Laß nur.

DR. PÜTZ Nach dem Trauermahl kleiner Marsch zum alten Club-haus, und dann, wie soll ich sagen, war es der genius loci, der uns den betrüblichen Anlaß vergessen – Doktor Elsi würde sagen: verdrängen ließ.

KNILL Logisch.

DR. PÜTZ Möchte allerdings betont haben: gegen meinen Willen. Ich achte meine Toten.

MONIKA Im Clubhaus?

DR. PÜTZ Alles verrottet da drüben, alles vermorscht.

Stille. KNILL *zeigt* DR. ELSI *ein Totenbildchen.*

KNILL Die müßten Sie mal im Fernsehen zeigen.

DR. ELSI Ihre Frau?

KNILL Sophie hat sie geheißen.

DR. ELSI Mein Beileid.

FRUNZ Kuno Kamerad Knill, das ist zwanzig Jahre her!

KNILL Einundzwanzig, das ist ja die Katastrophe. Einundzwanzig sophienlose Jahre, und dummerweise –

FRUNZ Du hast einen Knall, Knill.

KNILL Stimmt. Ich bin also traurig. Begräbnisse machen mich traurig. Und dann, ob ich will oder nicht, kommts. Es kommt ganz von selbst. Die Traurigkeit, meine schöne Elsi, erzeugt so ein Gefühl im Knill, ein Gefühl . . .!

DR. PÜTZ Zigi!

DIE SPORTFISCHER Zagi hoi! hoi! hoi!

Sie trinken.

KNILL Je mehr ich trinke, desto trauriger werde ich.

DR. PÜTZ Jedenfalls war man nach langen Jahren wieder einmal versammelt, die ganze Corona – vom Mosimann über den Ruckstuhl bis zum Godi Göbeli, plötzlich stimmt ihr Gatte die Vereinshymne an, und schon, wie soll ich sagen, war man in die gute alte Zeit versetzt, was, Knill?

Er singt.

Im Frühtau zum Fange wir gehn, fallera,

FRUNZ *und* KNILL *fallen ein.*

Es blauen die Flüsse, die Seen, fallera,

Wir fischen ohne Sorgen

Im kühlen klaren Morgen,

Wie ist das Leben so schön, schön, schön.

Die Frauen wenden sich ab. DR. PÜTZ *gibt ein Zeichen, der Gesang erstirbt.*

Stille. Sie sitzen. Es wird dunkel.

FRUNZ Gut sind wir, sehr gut.

DR. PÜTZ Strandgut. Soll ich dir sagen, was ich denke, Frunz? Die Zukunft unseres Vereins, denke ich, besteht in der Organisation seiner Beerdigung.

KNILL *steht plötzlich auf, wankt auf* DR. ELSI *zu.* Sie haben eine
   schöne Nase.

DR. ELSI Ah ja?

KNILL Ein Knubbelchen von Nase.

MONIKA Alfred!

ADRIENNE Darf ich dich um einen Gefallen bitten, Alfred?

FRUNZ Immer, das weißt du doch.

ADRIENNE Schaff ihn weg!

DR. ELSI Haben Sie einen versteckten Wunsch, Fredi?

FRUNZ Ja, meine Frau –

DR. ELSI Ihre eigene? Oder eine fremde, oder gar eine ganze Frau-
   engruppe, bei der Sie Ihre exhibitionistische Ader ausleben können?

FRUNZ Nicht die Bohne! Ich liebe sie.

KNILL Mir wird heiß und heißer.

ADRIENNE Ça suffit maintenant!

DR. ELSI Tut mir leid, Adrienne, wir haben erst angefangen. Kennen Sie Ihre Perversionen, Fredi?

FRUNZ Ja.

DR. ELSI Träumen Sie von Strapsen?

FRUNZ Tut doch jeder.

KNILL Stimmt!

DR. ELSI Hinsetzen.
   Zu FRUNZ. Sie behaupten also, Ihre Gattin zu lieben?

FRUNZ Ja. Ja, sicher.

DR. ELSI Aber sie verweigert das Tragen von Gummi- oder Lack-
   Corsagen?

FRUNZ Wie bitte?

DR. ELSI Hier stelle ICH die Fragen. Warum blicken Sie nie auf
   den Boden, Fredi?

FRUNZ Müßte gewischt werden.

DR. ELSI Und die Rillen? Die Risse? Die Ritzen?

FRUNZ Was für Ritzen?

DR. ELSI Die Ritzen sind kein Problem für Sie?

FRUNZ Keine Ahnung, was sie meint, Pütz, du?

DR. ELSI Normal durch und durch.

FRUNZ So ist es, ja. Ich bin der fröhliche Frunz, normal durch und
   durch.

Er krümmt sich leicht, sein Gesicht verzieht sich. Dann nimmt er ein Fläschchen Medizin, trinkt daraus.

DR. PÜTZ Sonderbar. Man gewöhnt sich an alles, aber an die Stille gewöhnt man sich nie.

ADRIENNE Ach Gott, Herr Doktor. In zwanzig, dreißig Jahren weiß sowieso keiner mehr, was das war: Grillengezirp. Oder vermißt einer von euch die Trompetenstöße der urweltlichen Mammutherden?

FRUNZ Ich.

ADRIENNE Das hab ich mir beinah gedacht, Alfred.

FRUNZ Nur Wald. Keine Menschen. Herrgottsack, Kameraden, muß das ein Leben gewesen sein.

MONIKA Da ist endlich jemand gekommen, mit dem ich reden kann, aber du –

FRUNZ Verzeih.

MONIKA Geh! Zeig ihnen deine Fische!

DR. ELSI Fische?

FRUNZ Ja. Im Keller hab ich Fischkästen.

DR. ELSI Sie haben tatsächlich Humor, Alfred, das muß man Ihnen lassen.

FRUNZ Ich bin stolz auf meine Fischkästen.

DR. PÜTZ Und wer weiß, meine Damen, vielleicht wählen wir Alfred schon übermorgen zu unserem Obmann. Zigi!

DR. PÜTZ/KNILL/ADRIENNE/DR. ELSI Zagi hoi! hoi! hoi!

MONIKA Ich bin ja überhaupt gar keine Frau.

DR. ELSI Monika! –

MONIKA Nein, ein Stiefel bin ich, ein Stiefel! Da! Onkel Anselms Reitstiefel, Offiziersstiefel! Dann hab ich geheiratet, und was passiert? Ich dummes Ding heirate diesen Frunz, und nun treten die Gummistiefel in mein Leben, die Fischerstiefel, Stiefel bis zum Hals! Aber wißt ihr, was das Schlimmste ist, das Allerschlimmste? Ich bin ein Stiefel, und ich habe noch niemandem in den Arsch getreten.

ADRIENNE Wie kommen Sie mit Ihrer Arbeit voran, lieber Pütz?

DR. PÜTZ Meine Arbeit können Sie vergessen. Büro Büro.

FRUNZ Sie meint deine Anthologie, Pütz.

DR. PÜTZ Ach so, ja. In der Tat.

Zu DR. ELSI. Ich stelle eine musikalische Anthologie zusammen.

FRUNZ *stolz.* »Der Fisch im deutschen Liedgut«.

MONIKA Der Fisch.

FRUNZ Ja.

MONIKA Schon wieder. Überall Fische. Fische Fische Fische! Und
da soll ich normal bleiben? Alles tot da draußen, tot und verwest, der See gekippt, schon seit Jahren, aber ich – von Fischen
umzingelt, rings von Fischen umzingelt!!! Ich kann nicht mehr.
Ach Elsi, meine liebe gute Elsi, du hast ja so recht. Ich bin
depressiv. Ich bin so schrecklich depressiv.

KUNO KNILL *ist eingeschlafen. Auch* ONKEL ANSELM *scheint zu
schlafen. Und über dem toten See geht schön und rund der
Mond auf.*

DR. PÜTZ Kein einziges Wölklein am Himmel.

ADRIENNE Gräßlich.

DR. PÜTZ Pardon?

ADRIENNE Wir sind eine Schirmfabrik. Das heißt: Wir waren eine.
Aber nach dem Fallieren, mon Dieu, war ich schlicht und einfach zu alt, um meine Werte noch einmal umzuwerten. Wir lieben den Regen.

ONKEL ANSELM Regen?

ADRIENNE Jaja, Onkelchen, es regnet in Strömen.
*Sie spannt ihm einen Schirm auf und trommelt mit allen Fin-
gern auf das Schirmdach.*

ONKEL ANSELM *singt.*
Regentröpflein, Regentröpflein,
Tropfen tröpfeln auf mein Köpflein,
Trinken Blümlein auf dem Felde,
Sagen danke mit dem Kelche.

ADRIENNE *ins Haus, ab.*

FRUNZ Heute haben wir den Habernoll begraben, seines Zeichens
Obmann. Heute beschworen wir noch einmal die großen alten
Zeiten, die Siege und Niederlagen, unsere Pokale, die Ehren-
plätze, das intakte Litoral und den Familiensinn, den wir nicht
nur am Ufer, sondern das ganze Jahr hindurch verkörpern.

MONIKA Weißt du, was du bist, Fredi?

FRUNZ Ja, ein Idiot bin ich, eine Null, eine Nuß.

MONIKA *ins Haus, ab. Sie setzt sich zu ihrer Mutter ans Klavier.*

FRUNZ   Wer jetzt einen Schnaps will, mir nach!

KNILL   Marsch!

Sie nehmen Lampions und wollen in den Garten verschwinden.

DR. ELSI   Verzeihen Sie, lieber Alfred – Fredi, wollte ich sagen. Was versteht man unter Litoral?

DR. PÜTZ   Das Ufer, Elsi. Den ufernahen Bereich, das Schilf, den Saum.

Im Innern beginnen ADRIENNE *und* MONIKA *vierhändig zu spielen.* FRUNZ *und* KNILL *in den Garten, ab.*

DR. ELSI   Alles wie früher. Und trotzdem ganz anders. Wem gehört eigentlich das Gummiboot?

DR. PÜTZ   Gute Idee, Elsi. Dem Club. Haben Sie Lust auf eine kleine Mondscheinpartie? Der Gestank ist gar nicht so arg.

DR. ELSI   Wirklich?

DR. PÜTZ   Der Mensch gewöhnt sich an alles.

DR. ELSI   Der Mann.

DR. PÜTZ   Ja. Ich bin ein Mann, in der Tat, und was Sie gesagt haben, Elsi, in betreff Gummi- und Lack-Corsagen – halten Sie mich bitte nicht für unhöflich, aber –

DR. ELSI   Ja?

DR. PÜTZ   Ich bringe nun doch besser den Kameraden Knill nach Hause. Er ist nicht mehr ganz nüchtern.

DR. PÜTZ *in den Garten, ab.*

DR. ELSI   Und dich haben sie vergessen, Onkelchen.

ONKEL ANSELM *nickt.*

DR. ELSI   Du warst mein erster Schwarm, weißt du das? Ein Schirmfabrikant, hoch zu Roß, und so hielt der Herr die Gerte, keck die Gerte.

Sie nimmt den Napf.

Ich kann dich nicht füttern.

ONKEL ANSELM   Bibbebibbe.

DR. ELSI   Nein. Das ist ja ein Brei. Kinderbrei! Das kann ich nicht anfassen... igitt, wie eklig! Helft mir. So helft mir doch...! Onkel! Nimm mir das weg! Bitte!

MONIKA FRUNZ *und* ADRIENNE *treten auf die Terrasse.*

MONIKA   Wo sind sie hin?

ADRIENNE   Schau doch, wie lieb, ma chère. Elsi ist sich nicht zu schade, Onkel Anselm zu füttern.

MONIKA   Fredi? Fredi, wo bist du!

DR. ELSI   Mäulchen auf, Onkelchen. Ja, so ist brav. Einen Löffel für Adrienne. Und jetzt einen Löffel für Alfred.

Aus der Ferne hört man das »Zigi! Zagi hoi! hoi! hoi!« der SPORTFISCHER. ONKEL ANSELM *sprudelt den Brei wieder heraus, und* ADRIENNE *zündet sich eine Zigarette an.*

ADRIENNE   Wie sagts der Philosoph? La vie est bleue comme une orange.

Vorhang.

Zweiter Akt

Bahnhofbüffet Buchs.
Nacht.
MILLY, *die Serviertochter, sitzt auf einem Barhocker vor Geldspiel-*
automaten und spielt.
DER ALTE *und* DER JUNGE EISENBAHNER *starren auf die rotierenden*
Scheiben des Automaten.
EIN GAST.
Draußen meldet der Lautsprecher die Abfahrt des Regionalzuges
nach St. Margrethen. Der Zug fährt aus.

GAST Partir, c'est mourir un peu.
MILLY Mourir, c'est partir tout-à-fait.
ALTER EISENBAHNER Daß die Menschheit immer reisen muß.
JUNGER EISENBAHNER Davon leben wir.
ALTER EISENBAHNER Ich bin nie verreist.
GAST Noch ein Bier!
MILLY Feierabend.
  DER GAST *ab.*

JUNGER EISENBAHNER Im Sliwowitz-Expreß haben sie den Kon-
  dukteur verprügelt.
MILLY Schlimm?
JUNGER EISENBAHNER Kurz nach Sargans.
ALTER EISENBAHNER Rückwanderer, alle besoffen. Wäre ICH die
  Generaldirektion, mein lieber Schwan!
  Zum JUNGER EISENBAHNER. Wo bleibt eigentlich der Zerzuben?
JUNGER EISENBAHNER Er muß uns noch den Schlußkübel bringen
  vom Bummler.
MILLY Hä?
JUNGER EISENBAHNER Die Schlußlaterne!
MILLY In zwei Minuten seid ihr draußen.
  MILLY *geht in einen angrenzenden Billardsaal, löscht dort die*
  Lichter.

JUNGER EISENBAHNER *legt Geld auf den Tisch.* Milly? Habs hingelegt. Nacht!

MILLY *ruft.* Gutnacht!

JUNGER EISENBAHNER *ab. Der* ALTE EISENBAHNER *ist jetzt allein, trinkt sein Glas leer. Das Telephon klingelt.* MILLY *geht in die Kabine, ab.*

Vor vielen Jahren, es begann schon zu herbsten, saß ich im Bahnhofbüffet Buchs. Buchs ist ein Grenzbahnhof. Die Stühle standen bereits auf den Tischen. Da öffnete sich die Tür, und es erschien in einem schwarzen Pelzmantel ein Herr. »Wissen Sie, wer das ist?« fragte mich die Serviertochter. Ich nickte. »Dann können Sie bleiben«, sagte sie. Oskar Werner trank eine Flasche Fernet. Die Serviertochter saß vor einer kaputten Musicbox und brachte mir von Zeit zu Zeit ein Bier. Ich sah zu, wie Oskar Werner trank. Er sagte einen einzigen Satz: »Morgen nehme ich den Nachtzug nach Wien.« Als die Flasche leer war, sank sein Kopf auf den Tisch.

MILLY *kommt vom Telephon.*

ALTER EISENBAHNER Dein Bernie?

MILLY Der Chef. Trink aus, ich soll zumachen.

Sie stellt die Stühle auf die Tische.

DR. PÜTZ, FREDI FRUNZ *und* KUNO KNILL *platzen herein. Alle mit riesigen Angelruten, Klappstühlen, Eimern et cetera. Sie tragen ihre Sportfischermützen.*

DR. PÜTZ Ein letztes Glas, Freunde!

KNILL Ein allerletztes!

DR. PÜTZ Der Fisch muß schwimmen. War übrigens exzellent.

FRUNZ *geht zur Toilette, ab.*

KNILL He, Frunz, kotzen kannst du auch im Zug.

ALTER EISENBAHNER Was haben Sie gesagt, Monsieur?

KNILL Als wir gefischt haben, und zwar im schönen Rheine, hat er sich unter seinen Schirm gehockt. Im Forellenhof hat er nur ein Glas Milch getrunken, in der Neptun-Bar rein gar nichts, und was ist die Folge, mein Täubchen?

MILLY Hier ist zu.

KNILL Ihm ist übel.

DR. PÜTZ Zum letzten Mal, Knill: Ich kandidiere nicht. Schönes
Kind, drei Bier, drei Doppelte.

MILLY Finito.

KNILL Pütz. Lieber. Bester Kamerad und Aktuar. Die Angel ist das
einzige, was mich noch am Leben hält. Ich brauche einen
Obmann!

DR. PÜTZ Wie wärs mit dir?

KNILL Obmann? Ich? Das steh ich nervlich nicht durch. Stell dir
vor, ich müßte eine Trauerrede halten!

DR. PÜTZ Also.

KNILL Also was?

DR. PÜTZ Schon in der Neptun-Bar, du Genie, hab ich dir hände-
ringend und augenrollend zu suggerieren versucht, daß uns nur
e i n e Lösung bleibt.
Die Toilettenspülung röhrt.

KNILL Nein. Nein, das geht nicht. Auch nicht als Not- oder End-
lösung. Fredi Frunz ist der Dümmste von allen, und zwar mit
Abstand.

DR. PÜTZ Eben deshalb.

FREDI FRUNZ *kommt zurück.*

DR. PÜTZ Fräulein, drei Blonde, drei Doppelte.

MILLY Daß die schönen Männer immer so blöd sind. Ich habe
Finito gesagt!
FRUNZ *steckt ihr eine Note in den Ausschnitt.* MILLY *gibt sie
ihm zurück.*

MILLY Die Hähne sind schon abgeschraubt.

FRUNZ Richtig, Fräulein. Die kleinen Fische wirft man ins Wasser
zurück.
Er verdoppelt die Summe.
Für die Herren einen Schnaps, für mich ein Glas Milch.

MILLY Milch?

DR. PÜTZ Siehst, wie er das macht, der Frunz? Immer Hecht im
Karpfenteich, Forelle unter Stichlingen.

FRUNZ Gasterosteus aculeatus.

KNILL Donnerwetter!

FRUNZ Der dreistachlige Stichling. Hecht: Esox lucius. Stör: Aci-
penser sturio. Äsche: Thymallus thymallus, bis 50 Zentimeter.

DR. PÜTZ Hab ichs nicht gesagt, Knill? Der geborene Obmann!

FRUNZ Kameraden. Heute stand ich mit euch am Rhein. Er floß
durch das Tal, floß dem Bodensee zu, dann der Rheinfall...

MILLY *serviert zwei Schnäpse und ein Glas Milch.*

FRUNZ Danke, schönes Kind. Warum bin ich nicht, wie in früher
Jugendzeit entworfen, dem Lauf von Vater Rhein gefolgt und
Seemann geworden?

KNILL Seemann?

DR. PÜTZ Seemann. Erheben wir uns zu einem Ehren-Zigi!

Alle drei stehen auf, drehen den Mützenschirm in den Nacken.

DR. PÜTZ Die Gläser:

FRUNZ/KNILL Steil!

DR. PÜTZ Petri:

DIE SPORTFISCHER Heil! heil! heil!

Sie trinken ex.

FRUNZ Petri Dank. Kameraden. Euer Ansinnen ehrt mich. Hätte,
per saldo aller Ansprüche, das Zeug dazu; mit dem Seemann
wars nicht anders. Er blieb ein Traum. Ich meinerseits, und
damit will ich geschlossen haben, gebe dir, Pütz, die Stimme. Sei
unser Obmann, ich danke.

DR. PÜTZ Dein letztes Wort?

FRUNZ In dieser Sache: mein letztes.

FREDI FRUNZ *auf die Toilette, ab.*

DR. PÜTZ Kamerad, wir haben aufgehört zu existieren.

KNILL Das macht mich traurig, Pütz. Das macht mich sehr, sehr
traurig.

MILLY *streut Sägemehl aus, wischt den Boden.*

KNILL Eine schöne Hinterbacke haben Sie.

MILLY Ich hab zwei.

KNILL Meine Sophie hat auch zwei gehabt. Hier ist ihr Totenbild.
Zart und weich.

MILLY Wie traurig. Das ist eine Kreditkarte.

KNILL Tatsächlich. Das ist der Gram. Er macht mich ganz verwirrt.

Er betrachtet ihre Strümpfe.
Auch das noch.

MILLY Hä?

KNILL Trauerschwarze Nylons. Es übermannt mich.

MILLY Raus jetzt.

KNILL Und mein Bier? Sie, meine Seele ist eine einzige Wunde.

MILLY Sauf deinen Schnaps und verpiß dich.

KNILL Soviel wie ich herausweine, kann man gar nicht in sich hin-
eintrinken. Vor einundzwanzig Jahren hab ich meine Frau verloren, vor einem Monat meinen Obmann, und heute haben wir
im Rhein gefischt. Im Rhein! Herrschaften, das ist keine Forelle, das ist eine Zumutung.

MILLY Bei uns wird so was serviert.

ALTER EISENBAHNER Säße ICH am Billettschalter, mein lieber
Schwan, ich würde denen das Zugfahren schon vermiesen. Ver-
wandtenbesuch; eine Taufe; Beerdigung der nächsten Angehöri-
gen: gut, akzeptiert. Aber Forellen – nie. Da haben sie vermutlich einen schönen, kleinen See vor der Nase, aber nein, man
steigt in den Zug, wetzt die Polster ab, verstopft die Aschenbecher und verkratzt mit den Angelruten unsere Waggondecken.

KNILL *setzt sich zum* ALTER EISENBAHNER. Wie heißt der flotte
Käfer?

ALTER EISENBAHNER Milly.

KNILL Petri Dank! Ich bebe nämlich.

ALTER EISENBAHNER Bebe?

KNILL Ja, bebe. Vor Traurigkeit!

DR. PÜTZ *am Fahrplan.* Knill, der letzte ist weg.

KNILL Was soll das heißen, Pütz?

DR. PÜTZ Wir sitzen fest.

ALTER EISENBAHNER Milly, mach uns noch rasch drei Schnellzü-
ge! Können Sie nicht lesen? »Täglich, außer samstags.« Heute
ist Samstag. Heute fährt er nicht.

MILLY Aber in zwei Minuten seid ihr weg, kapiert? Mitsamt dem
Typen auf dem Scheißhaus.

KNILL *glücklich.* Ja. So war sie, die gute Sophie, genau so.

ALTER EISENBAHNER Ihr seid also Sportfischer.

DR. PÜTZ Erraten, Kamerad. Aber wenn es noch lange so weitergeht, geht es nicht mehr lange so weiter. Wir brauchen einen
Obmann, keiner will es werden, und jetzt haben wir auch noch
den Zug verpaßt!

ALTER EISENBAHNER Und warum wollt ihr ausgerechnet den Dümmsten zum Präsidenten wählen?
Sehr fern ein Signaltuten.

MILLY Scheiße ist das. Scheiße! Mich so zu versetzen! Scheiße! Ich mag das nicht. Ich erlaube das nicht. Himmelarsch, so ein Scheißtyp! Kann er nicht eine andere pinseln? Nein, es muß die Frau vom Vorstand sein, Mutter von Zwillingen, und wenn diese beiden Zwillinge vom selben Vater sind, freß ich einen Besen.

ALTER EISENBAHNER Jaja, lieber kröche ich zu einem Walfisch ins Bett.

KNILL Also das Wort »Fisch« will ich nicht gehört haben.

ALTER EISENBAHNER War der Zoll hier?

MILLY Kein Schwanz.

ALTER EISENBAHNER Noch Licht in den Baracken?

MILLY Vielleicht treibt er sich beim Zoll herum. Wär doch möglich, oder?

ALTER EISENBAHNER Dein Bernie? Wie ich den Fahrplan kenne, ist er jetzt oben. Der Vorstand wartet auf den Nachtzug, und die Walfischin, schätze ich, dürfte bis zum Stellwerk zu hören sein.
Sie lauschen. Fern ein Signaltuten.

KNILL Die Walfischin?

ALTER EISENBAHNER Der Nachtzug.
Die Toilettenspülung röhrt.

FREDI FRUNZ *kommt von der Toilette.*

FRUNZ Die Toilette, Fräulein –

MILLY Hä?

FRUNZ Ich war das nicht.

MILLY Die haben wir gern. Er war das nicht.

FRUNZ Nein.

MILLY *drückt ihm Eimer und Lappen in die Hand.* Tempo, Mister.

FRUNZ Ich soll –?

MILLY Ja, und zwar schleunigst.

FRUNZ *singt mit Eimer und Lappen.* IN EINEM BÄCHLEIN HELLE.

KNILL Das war Sophies Lieblingslied, das haben wir zweistimmig gesungen, Sophie und ich.
Ein naher Signalpfiff.

MILLY Der Nachtzug, Herrschaften. Raus jetzt.

DR. PÜTZ Gibt es ein Lokal, das noch offen hat?

ALTER EISENBAHNER Die Roxy-Bar.

MILLY Gutnacht!

ALTER EISENBAHNER, KUNO KNILL *und* DR. PÜTZ *mit ihren Ruten ab.*

FREDI FRUNZ *bleibt zurück. Er geht zur Musicbox, schlitzt eine Münze ein.* MILLY *setzt sich wieder auf den Barhocker, spielt am Geldspielautomaten.*

FRUNZ Sie dürfen sich etwas wünschen.

MILLY Das Ding ist kaputt.

FRUNZ Ich war ein einfacher Schirmvertreter. Nur ein einziges Mal hab ich sie geküßt. Da fing sie an zu heulen. Und heult und heult. Meinetwegen, dachte ich. Fehlanzeige, damals ging die Fabrik in Konkurs. Als ich es erfuhr, waren wir bereits verheiratet. So einfach war das. Nur der Laden war uns geblieben. Ich hab ihn übernommen.

MILLY *am Automaten.* Das war knapp!

FRUNZ Ein Schirmgeschäft. Knirpse, Pelerinen. Aber die Pole erwärmen sich, die Regenmenge nimmt ab, und ich Unglückswurm soll Schirme verkaufen. Es war herrlich. Je schlechter die Geschäfte liefen, desto schöner war das Leben. Das Element des Schirmhändlers, sagte ich mir, sei und bleibe das Wasser. Also haben wir gefischt, ich und noch ein paar andere.

MILLY Kennen Sie Doktor Elsi?

FRUNZ Wie bitte?

MILLY Sie versteht mich.

FRUNZ Aha.

MILLY Mir passiert's immer zur Polizeistunde. Ich bin traurig, ganz plötzlich.

FRUNZ Man wird nicht gern sitzengelassen.

MILLY *raucht.* Das hilft.

FRUNZ Das Rauchen.

MILLY Nein. Das Sitzen. Wer eine Depression verspürt, sagt Doktor Elsi, soll sich auf einen Barhocker setzen. Möglichst hoch! Damit die Füße den Kontakt zum Boden verlieren.

FRUNZ Die Psychopute!

MILLY   In den Ritzen, in den Rillen ist das Nichts.

FRUNZ   Das mir!

MILLY   Ich verpasse keine einzige Dr.-Elsi-Sendung, aber nicht
eine! Wie sie es bringt! So – so charmant. Und doch wieder
mütterlich.

FRUNZ   Ja.

MILLY   Eine Schweinerei, wie er mich sitzenläßt.
Sie schlitzt eine weitere Münze ein.
Eine Riesenschweinerei!
Ein Signalpfiff.

MILLY   Jetzt müssen wir zumachen.
Sie geht ins Office, löscht dort die Lichter.

FRUNZ   *setzt sich auf den Barhocker, starrt auf die Scheiben des
Automaten – sie rotieren immer noch.*   Armer Anselm!

MILLY   Wer?

FRUNZ   Er war mein einziger Freund, der Onkel! Nun ist er tot.

MILLY   Bernie? Bernie, bist dus?! Ich komme!

FREDI FRUNZ *auf die Toilette, ab. Draußen scheppert der Lautsprecher.* MILLY *kommt im Mantel aus dem Office, schaut sich
um.*

MILLY   Hallo? Komischer Kauz.
*Sie löscht die letzten Lichter, geht auf den Perron hinaus, ver-
riegelt die Tür, ab.*
Der Nachtzug fährt ein, quietschende Bremsen.

OSKAR WERNER, *im langen, schwarzen Pelzmantel, mit Reise-
gepäck, steht plötzlich mitten im Raum.*

WERNER   Spiegel – – Spiegel, aber sie haben Macht über mich. Sie
zwingen Grimassen in mein Gesicht. Siehst du, Werner? Siehst
du mein Gesicht? Meine Muskeln! Ohne mein Zutun fangen sie
an zu zucken. Ich könnte schluchzen vor Begeisterung. Ist das
nicht großartig? Ich muß nicht mehr spielen, Werner, nie mehr.
Mein Gesicht ist die Bühne. Ich bin das Theater. Ich bin so groß,
Werner, wie du, ebenbürtig dir, dem großen toten Lear! Salve,
Maestro! Ich habe jetzt das Gefühl, daß alles wohlgeraten ist,
von Anfang an, tief, zart, verzweifelt. Ich bin Tasso Hamlet
Homburg, Werner, ich bin alle meine Rollen zugleich, der Rubi-

kon ist überschritten. Flasche Fernet. Unter uns, Werner, sehr
unter uns! Wenn ich nur wollte, könnt ich die Welt regieren,
und wer weiß, vielleicht leist ich mir den Spaß einer Weltregie-
rung. Oder ich übernehme die Burg. Bedienung, ich bin in Eile,
der Alleinbesitzer aller Augen, wie ein Orkan umtost mich die
applaudierende Menschheit, mich läßt man nicht warten.
Gestern nacht, ich saß in einem Gasthaus an der Grenze,
Schmuggler um mich versammelt, spürte ich die Lust, eine
Anti-Oskar-Werner-Liga auszurufen. Wollt ihr den totalen Wer-
ner? Wollt ihr ihn? Und sie wollten ihn. Sie hoben mich auf die
Schultern, sie trugen mich hinaus in die Nacht. Ich pflückte
Sterne vom Himmel und warf sie unters Volk. Hast du gewußt,
Werner, daß in den Zuschauersälen lauter Pferde sitzen? Meine
Damen und Herren, ich möchte Ihre Hälse umarmen, meine
Lippen an Ihre Nüstern pressen, meine Stürme will ich in Ihre
Visage werfen, Stürme und Sterne – –
Draußen scheppert der Lautsprecher.
WERNER   Ich nehme den Nachtzug nach Wien.
Ein Abfahrtspfiff.
WERNER   Morgen.
Der Nachtzug entfernt sich.
WERNER   Morgen nehme ich den Nachtzug nach Wien.
Ein verwehter Signalpfiff.
WERNER   Niemand mehr da.
Er rüttelt an der Tür. Sie ist geschlossen.
Ich bin allein. Werner, ich bin allein, ich bin dermaßen im Krieg
mit mir – und allein! Allein!!!
Er tanzt.
Ich bin der ewige Prinz. Tasso Hamlet Homburg. Ich bin ein
ganzes Schloß voller Prinzen.
Er läßt Filmrollen durch seine Finger gleiten.
Seit Tagen nichts mehr gegessen. Nietzsche niemals verstanden.
Unerreicht einzig und allein als Spaghettikoch. Unfähig seit
Monaten, in den Zug zu steigen. Der letzte Freund ein Taxifah-
rer. Werner Krauß, das große Vorbild, im tiefsten verachtet. Er
hat für Goebbels im Jud Süß gespielt. Mein Vorbild! Mein Lehrer! Mein Meister! Mein Freund! Und spielt für Goebbels dreizehn Juden im »Jud Süß«. Du hast deinen Abgang nicht ver-

dient, alter Parkett-Kokettierer. Tod in Kostüm und Maske, ganz Narr zum Schluß, ganz König.
Er wischt sich den Schweiß ab.
Durst in Buchs. In Buchs am Verdursten. Letzter Auftritt, und nicht wahr, die gute Pistole, du gehst los –
Sein Schweißtuch verwandelt sich in eine Pistole.
du gehst los, ehe mir klar wird, daß mein Vorhaben nicht einmal den Schuß Pulver wert ist. Dir ist ja wurscht, warum du losgehst.
Er setzt sich die Pistole an die Schläfe.
Es ist kein leichter Schnitt. Abgang nach Nestroy. ES IST KEIN LEICHTER SCHRITT: DU BIST EINE EIGENE SACHE, DU TOD, DU! SCHAUERLICH DURCH RÄTSELHAFTIGKEIT; UND WÄRST VIELLEICHT NOCH SCHAUERLICHER, WENN DAS RÄTSEL GELÖST WÄR. ABER DIE WÜRMER REDEN NICHT, UND KÖNNTENS REDEN, VERRATETEN SIES VIELLEICHT, WIE GRÄSSLICH LANGWEILIG DEM TOTEN DAS TOTSEIN VORKOMMT: ALLES EINS. Ich – wo hab ich die Pistole her?
Er öffnet die Wurmbüchse von FRUNZ.
Würmer. Ich dachte, ich spiele.
Perplex.
Sie sind echt. Echte WÜRMER! Gräßliche Grabesboten... nein, wahrhaftig, kein leichter Schritt. ES GIBT WOHL VIELE, DIE GANZ STOLZ DEN SELBSTMORD EINE FEIGHEIT NENNEN. SIE SOLLENS ERST PROBIEREN, NACHHER SOLLENS REDEN.
Die Toilettenspülung röhrt.
WERNER   Ruhe!
FRUNZ *ruft von draußen.*   Es ist nur der Magen!
WERNER   Da macht sich einer lustig über mich.
FRUNZ   Nicht die Bohne!
WERNER   *reißt die Tür zu einem anschließenden Saal auf.* Ich verlange absolute Ruhe! Wenn ich mich abknalle, will ich Ruhe haben. Ruhe! Grabesruhe! To-ten-stille, ist das klar?
Er knipst das Licht an. Ein leerer Saal mit verdorrten Girlanden.

Die Wahrheit ist: Ich muß nicht nach Wien, ich müßte nach Marburg. Marburg, Fulda, Kassel. Ob ich nicht doch besser warte? Nein. Wenn ich an die Nachrufschreiber denke – »tingelte er zum Schluß mit seinem abgestandenen Rilkeprogramm durch das Zonenrandgebiet«. Nein, die Pointe gönn ich ihnen nicht.

FRUNZ Eine Kolik.

WERNER Entsetzlich. Noch in letzter Lebensminute an die Presse gedacht. Schauspieler bis zum Schluß. MIMERER. Unheilbar.

FRUNZ Ich habs überlebt.

WERNER Ich habe mich selbst überlebt.

Er setzt die Pistole wieder an.

FRUNZ Sekunde noch!

WERNER Die letzte. Aber was ist das? Mein Echo? Überholt mich mein Echo? Oskar? Oskar Werner?

Er lauscht. Stille.

NUR DIE HAND WILL NOCH UMSTÄND MACHEN. JAJA, DER KÖRPER IST SO EIN HARTNÄCKIGER ANBETER DES LEBENS UND LEHNT SICH AUF GEGEN DEN GRABESENTSCHLUSS DES GEISTES. NUTZT IHM NICHTS! NUN, O UNSTERBLICHKEIT – –

WERNERS *Pistole verwandelt sich in eine davonflatternde Taube. Die kaputte Musicbox beginnt zu spielen.*

FREDI FRUNZ *ist von der Toilette gekommen.*

WERNER Sie hätten mich als erster gefunden.

FRUNZ Oder Sie mich.

FRUNZ *starrt* WERNER *an. Der Geldspielautomat sprudelt Münzen heraus.*

WERNER Ja, ich bins. Ich bins. Lassen wir das.

FRUNZ *entgeistert.* Ich bins. Ich bins. Soll das heißen – ich bins auch?

WERNER Finita la commedia!

FRUNZ *geht zur Tür.* Abgeschlossen.

WERNER Incipit tragoedia.

FRUNZ Die Truhe war kaputt, dafür gibts Zeugen. Funktioniert nicht mehr, hat sie gesagt. Wo ist sie überhaupt? Und diese Taube – –

WERNER Schön, nicht?

FRUNZ DAS SCHÖNE IST DES SCHRECKLICHEN AN-
FANG.

WERNER *erstaunt.* Sie kennen Rilke?

FRUNZ Göttlich! Ich meine, man scheißt sich aus, zieht die Spülung, und schon – – schon ist man drüben?

WERNER Herr Ober, ich sterbe vor Durst.

FRUNZ Sterben ist gut. Ich habs mit dem Magen, wissen Sie. Es
wurde schlimmer von Tag zu Tag, und heute abend –

WERNER Bittschön, Herr Ober, keine Details.

FRUNZ Das ist es ja, was mir Sorgen macht –

WERNER Ausgschissen, ich weiß.

FRUNZ Ich fühle mich auf einmal pudelwohl!

WERNER Muß ich die Flasche selber holen?

FRUNZ Auf Ihre Verantwortung.
Er geht hinter den Tresen.
Können Sie mir folgen? Man zieht die Spülung, schon ist man
jenseits der Grenze. Jenseits aller Grenzen. Mit Eis?

WERNER Pur.

FRUNZ Die Einrichtung der Welt ist sowieso ein Beschiß. Da soll
es uns nicht wundern, wenn es ewig so weitergeht.

WERNER Philosophierende Kellner sind mir ein Greuel.

FRUNZ *schenkt ihm ein.* Mir auch. Frunz ist mein Werter. Der
fröhliche Frunz, wie meine Kameraden sagen. Mein Beliebt-
heitsgrad ist groß, vorn heiß ich Fredi, und was das Leben
betrifft: Ich hab immer Glück gehabt.

WERNER Schweigen Sie!

FRUNZ Ja. Nein!
Er geht zum Fenster.
Dieselben Perrons, dieselben Signale? Hüben wie drüben das-
selbe?
Die Musik setzt aus.

WERNER *geht zur Tür.* Machen Sie auf.

FRUNZ Ich habe keinen Schlüssel.

WERNER Ich denke, Sie sind der Kellner.

FRUNZ Im Gegenteil. Ich bin der letzte Gast, sie haben mich auf
dem Scheißhaus vergessen.

WERNER *gibt ihm Geld.* Der Rest ist für Sie.

FRUNZ Merci, Monsieur. Das heißt, jetzt sind Sie der letzte Gast!
Er geht Richtung Billardsaal.
Vielleicht gibts hier einen Ausgang.
WERNER Sie zitierten tatsächlich – DAS SCHÖNE?
FRUNZ IST DES SCHRECKLICHEN ANFANG. In der Hochzeitsnacht hab ich den Spruch zum ersten Mal vernommen.

In der Nische sitzt EIN ALTES PAAR *mit Gepäck.*
DIE FRAU Noch einen Tee, bittesehr.
FRUNZ Da! Da sitzen noch Leute ...
WERNER Unter diesen Umständen kann man sich nicht umbringen! Überall Leute. Zuschauer! Der Tod, mein Herr, ist etwas Erhabenes!
FRUNZ Hm. Und das wissen Sie?
WERNER Als Brutus stürzte ich in mein Schwert. Als Hamlet wurde ich erstochen, hundert Vorstellungen, jedesmal ausverkauft. Wie sollen Sie mich verstehen, junger Mann. Sie mit Ihrer Klosettkolik! So ließ ich meinen Othello enden, passen Sie auf. AND SAY BESIDES, THAT IN ALEPPO ONCE, / WHERE A MALIGNANT AND A TURBAN'D TURK / BEAT A VENETIAN, AND TRADUC'D THE STATE, / I TOOK BY THE THROAT THE CIRCUMCISED DOG, / AND SMOTE HIM, THUS.
Er ersticht sich.
DAS PAAR *wird vom Dunkel verschluckt, ab. Ein Güterzug rumpelt durch die leere Station.*
FRUNZ Vor zehn Tagen ist mein Onkel unerwartet dahingegangen. Anselm heißt der Onkel. Eigentlich gar kein so übler Gedanke, finden Sie nicht? Wo einer zuletzt ist, da bleibt er für ewig. Krepiert man im Auto, bleibt man im Auto. Und wird man überfahren, bleibt man auf der Straße liegen bis zum Jüngsten Tag. Du liebe grüne Nudel! Wenn ich diesen Gedanken unter die Menschen bringe, lösen wir sofort eine Massenflucht aus. Dann können sie die Intensivstationen und Altersheime zumachen, und zwar sofort. Ich würde mich mit einer Angelrute an den See setzen.
Er steht auf
Hat mich gefreut, Sie kennenzulernen.

WERNER Adieu.

FRUNZ Adieu.

Er nimmt seine Angelrute.

WERNER Wohin?

FRUNZ Vielleicht find ich die Kameraden wieder.

WERNER Viel Glück.

FRUNZ Ihnen auch, Herr – Zauberer?

WERNER Gewesen.

FRUNZ Ein gewesener Zauberer.

WERNER Ja.

FRUNZ Ein paar Tricks haben Sie immer noch drauf, Chapeau!

WERNER DOCH DIESES GRAUSE ZAUBERN / SCHWÖR
ICH HIER AB; UND HAB ICH ERST, WIE JETZT / ICH'S
TUE, HIMMLISCHE MUSIK GEFORDERT –
Die kaputte Musicbox beginnt zu spielen.

WERNER SO BRECH' ICH MEINEN STAB, / BEGRAB' IHN
MANCHE KLAFTER IN DIE ERDE, / UND TIEFER ALS
DIE FISCHE JE GESCHWOMMEN / I'LL DROWN MY
BOOK / WILL ICH MEIN BUCH ERTRÄNKEN.
Die Musicbox setzt aus.

FRUNZ *steht entgeistert.* Herrgott von Zurzach!

WERNER I'll drown my book! Natürlich! Ihre Rute weist mir den
Weg – den Weg ins Nichts!

FRUNZ Ins Nichts?

WERNER Zum See. Dann ins Nichts, ja.

FRUNZ Wie.

WERNER Was hier nicht klappt, kann dort gelingen. Ein See.
Nacht. Mondschein! Mich selbst und meinen Stab will ich ver-
senken. Auf gehts! kommen Sie!

FRUNZ Nein.

WERNER Nein?

FRUNZ Es geht nicht.

WERNER Halten Sie mich für feige?

FRUNZ Neinnein. Wie soll ich es Ihnen erklären. Der See –

WERNER Soll mein Grab werden.

Er singt.
MEIN GEBEIN WIRD ZU KORALLEN,
PERLEN SIND DIE AUGEN MEIN,

NICHTS AN MIR, DAS SOLL VERFALLEN,
DAS NICHT WANDELT TIEFE FLUT
IN EIN REICH UND SELTNES GUT.

CHOR NYMPHEN LÄUTEN STÜNDLICH IHM.

WERNER DA HORCH! IHR GLÖCKLEIN –
BIM! BIM! BIM!

CHOR BIM! BIM! BIM!

FRUNZ Sie wären ziemlich allein da unten. Bim Bim Bim: der einzige Fisch. Wir sind gekippt. Aber ich hätte das Amt übernommen, trotz alledem. Hätte ihnen eine Präsidentschaft hingelegt, und was für eine. Obmann Fredi Frunz. In die Zukunft hätt ich sie geführt, an die sie nicht mehr glauben. Vor einigen Tagen war ich beim Arzt.
Er trinkt.
Er war zufällig im Haus, präziser gesagt. Er hat Onkel Anselm den Totenschein ausgestellt.
Er trinkt.
Eine Kloake. Biokollaps. Unser See, Herr, stinkt zum Himmel!

WERNER Kein Problem.

FRUNZ Nach Scheiße stinkts, nach Fäulnis, nach Verwesung!

WERNER Wo Oskar Werner ist, da reden tote Wellen mit Rilkes Zunge, da zischt es und schäumts, da gischtets und träumts, UND ALLES JETZT IST GROSS, GEWALTIG. BÄUME RIESIG, STILL DAS SCHILF. VERSINKT DAS LAND IN DÄMMERUNGEN, WASSER WERDEN FALTIG. DRAUSSEN EINE LETZTE HELLE, WIR STEHEN ZWISCHEN TAG UND NACHT. WIR STEHEN AN DER SCHWELLE. DOCH JETZT, DOCH NUN – IHR HÖRTS?

FRUNZ Ja.
Eine Geige.

FRUNZ Eine Geige.

WERNER EINE GEIGE NUN, GOTT WEISS WOHER, ERWACHT. Ich schreie. SCHREIE NACH DEM ENGEL.
Schrei.

FRUNZ Der Engel! –

WERNER Kommt in seinem Schein. Er schwebt herab, mein Wort wird schwer.

FRUNZ Da sind – da sind ja Wellen!

WERNER Von Licht und Winden überschienen. Da! und da! Da
wächst das Unerhörte, steigt das Leben schön aus Maden und
Trichinen.

FRUNZ Zauberer, dank Ihnen! Geigen. Wellen. Engel. Engel im
Büffet! Mir schwindelt. Träum ich? Nein! Neinnein, das ist die
Rettung. Retter! Rette unseren Verein durch deine große
Kunst.

WERNER Mein lieber Frunz, ich geh zum See –

FRUNZ Jawohl, zum See!

WERNER Um dort zu enden.

FRUNZ Petri Heil Heil Heil, mein Obmann!

WERNER Obmann? Ich? Er ist verrückt.

FRUNZ Im Gegenteil! Schon morgen wirst du unser Obmann sein.

WERNER Was meint der Mensch.

FRUNZ Ich meine Sie! Herr Obmann, großer Meister, Ihr Genie
läßt unseren Verein und auch den See in neuem Glanz erstehen.
Ha ho he!

WERNER Ich bin am Ende, Frunz, ich bin passé!

BEIDE Zum See, zum See, zum See!

FRUNZ Dort wirst du Großes tun.

WERNER Dort will ich ewig ruhn.

FRUNZ Der neue Obmann ha ho he!

WERNER Ins Nichts!

FRUNZ Lebt dreimal hoch!

WERNER Hinweg!

FRUNZ Er ist okay!

MILLY *riegelt die Tür auf, betritt das Büffet.*

MILLY Was ist denn hier los!

WERNER Die Fürstin Eboli.

MILLY Hier ist zu!

WERNER Enchanté.

MILLY Verdammtnochmal, ganz Buchs ist geschlossen, und bei
mir brennt Licht?! Ihre Kameraden sind mit dem Taxi nach
Hause gefahren.

WERNER *zu* MILLY. Wo hat Ihr Gemahl, der gestrenge Spanier,
den Fernet versteckt?

FRUNZ *löst sich von der Box.* Kaputt, aber spielt. Fräulein. Mein

liebes Fräulein. Mir schwant etwas von schauerlicher Groß-
artigkeit.

MILLY Ich bin müde.

WERNER Bitte, Milly.

MILLY Ich kann nicht mehr.

WERNER Gib uns zu trinken. Dann fahren wir zum See, Milly.

FRUNZ Zu unserem See.

WERNER *singt.*

MORGENROT, MORGENROT,
STERBEN IST DER SCHÖNSTE TOD.

FRUNZ Keine Angst, Milly. Er wird sich nicht umbringen. Das
pure Gegenteil! Ich mache ihn zum Obmann unseres Vereins!

MILLY Hä?

FRUNZ Ja. Noch heute steht er mit mir vor der Corona. Fangtreue-
nadel in Silber! Ehrenobmann auf Lebenszeit!

MILLY Sie sind ja sturzbetrunken.

FRUNZ Vor Glück, Liebste, unsere Zukunft ist gerettet!

Er erblickt den Schlüssel in MILLYS *Hand.*

Die Tür war verriegelt ... ganz plötzlich war er hier!

WERNER Wo für euch eine Mauer ist, öffnet sich mir der Vorhang.

Vorhang.

Dritter Akt

*Die Terrasse der alten Villa am See. Herbstlicher Nachmittag. Aus
dem Inneren Klavierspiel.*
FREDI FRUNZ. MILLY. OSKAR WERNER *im Sessel des toten* ONKEL
ANSELM.

FRUNZ Wenn meine Frau dieses Wrack erblickt, gibts Ärger.
MILLY Frunz, er braucht Stoff!
FRUNZ Drum sind wir ja hier. Es gibt keine Gasthäuser mehr am
   See. Kein einziges.
   Zu WERNER. Siehst du, Kamerad Oskar? Dort ist das Club-
   haus. Himmel, sie werden gleich da sein!
MILLY *betrachtet das Haus.* Ein richtiger Palazzo.
FRUNZ Pst! Sie ist depressiv...! Doktor Elsi persönlich hat sie
   analysiert.
MILLY Doktor Elsi? Die Perversion in der Lall- und Kriechstufe?
   Mensch Frunz, deine Alte kennt Doktor Elsi?
   FRUNZ *und* MILLY *in den Garten, ab.*

*Das Klavierspiel setzt aus. Land und See im Licht einer diffusen
Sonne.* OSKAR WERNER, *mit seinem schwarzen Pelzmantel zugedeckt, lauscht in die Stille. Dann greift er nach den Medizin-
flaschen, die neben ihm auf dem Tischchen stehen. Seine Hände
sind zittrig. Er will trinken. Die Flaschen sind leer. Er entdeckt
die Glocke, läutet.*
Nichts geschieht.
Noch einmal läutet er, heftig jetzt.

MONIKA FRUNZ, *in schwarzer Trauerkleidung, kommt aus dem
Haus.*
MONIKA Onkelchen, mon Dieu...!
   *Sie eilt auf das Haus zu, erstarrt. Dann dreht sie sich langsam
   um, staunt* WERNER *an.*
   Du bist tot, Onkelchen.
WERNER Pardon?

MONIKA Er spricht.

WERNER Wo sind die Sekretäre? Schlafen alle Sekretäre? Wo sind die Herren? Ganz Wien, telegraphieren sie, erwarte mich auf den Knien seiner Herzen. Und jetzt? Wo sind sie jetzt? Wo sind die Herzen, wo knien sie?
Er steht auf, blickt ins Innere.
Burgtheaterdirektor! – und stopft sein Bureau mit Hirschen voll. Mit Siebenendern von Damhirschen!

MONIKA Rudelweise Damenschirme, ja.

WERNER Sie spinnt.

MONIKA Ja.

WERNER Die Zentrale der Welttheaterkunst, vollgestopft mit Jagdtrophäen! Eine entsetzliche, kaum noch zu übertreffende Peinlichkeit. Wo ist das Bild?

MONIKA Ja, das Bild, das Bild. Was für ein Bild?

WERNER *setzt sich wieder in den Sessel.* Werner Krauß, der Größte von uns, in seiner letzten Rolle. Ganz Narr zum Schluß, ganz König ... Wir werden mit dem Hamlet eröffnen. Dann geben wir den Homburg, Freund Orson als Kottwitz. Orson Welles, Mädchen.
Sein Kopf kippt auf die Brust.

MONIKA Ich hole nur geschwind die Maman. Sie ist auf dem Friedhof. Sie streut Schneckengift. Auf dein Grab, Onkelchen, streut sie Schneckengift ...
Sie lächelt. Dann stößt sie einen spitzen kleinen Schrei aus.
MONIKA *ab.*

MILLY, *mit einer Flasche Schnaps, und* FREDI FRUNZ *kommen aus dem Garten.*

MILLY *flößt* WERNER *Schnaps ein.* Ich bins, Oskar, die Fürstin Eboli. Den hats tüchtig erwischt.
Von fern hört man DR. PÜTZ *und* KUNO KNILL *Ho-ho-hoo rufen.*

MILLY Deine Leute?

FRUNZ Kann er sich nicht ein bißchen schneller erholen? Ja, meine Leute.

MILLY Zwei, drei Gläser braucht er noch.

FRUNZ Herrgott von Zurzach, ich habe ihnen einen Weltstar versprochen, die Sensation des Jahres, auch der Pfamatter, hab ich gesagt, soll antanzen.

MILLY Pfamatter?

FRUNZ Ein Zeitungsmann. Hochelegante Feder.

MILLY Er hat ziemlich viel gesoffen, Frunz. Das ist der Entzug
momentan.

FRUNZ Milly, ist er ein Weltstar oder nicht?

MILLY Jaja, schon.

FRUNZ Dann wird er doch die Größe haben, den Mut und die
Kraft, sich an das Versprechen zu erinnern, das er mir gegeben
hat. So. In die Hand hinein. Ach, Milly. Du hast schöne Hände.

ADRIENNE, *in schwarzer Trauer, mit einer Gießkanne, und*
MONIKA FRUNZ *kommen aus dem Garten.*

ADRIENNE C'est épatant...!
Zu MONIKA. Bist du wahnsinnig geworden?

MONIKA Allerdings.

ADRIENNE Maître!

MONIKA Wer?!

ADRIENNE Der Schwarm meiner Jugend! Der erste Hamlet seiner
Zeit, SEIN ODER NICHTSEIN, göttlich sein Tasso, sein
Homburg ein Ereignis, und du, gestörtes Huhn, redest die ganze
Zeit von HIRSCHEN?! C'est épatant. Ja, wirklich, kaum zu
glauben – er ist es. Oskar Werner. Ist ers wirklich?

FRUNZ Wir haben uns über Rilke unterhalten.

ADRIENNE Du? Über Rilke?

FRUNZ Natürlich. Aber jetzt, entschuldige Maman, müssen wir
gehen.

MILLY Wir sind verabredet.

ADRIENNE Neinnein, verehrter Meister. Sie müssen natürlich bleiben.

MONIKA Oskar Werner!

MILLY Depressiv tönt das nicht.

MONIKA Bitte?

MILLY Gleich werden wir abgeholt.
Sie will WERNER *auf die Beine helfen.*

ADRIENNE Jules. Mein lieber, schöner Jules. Sie bleiben, hoffe ich,
zum Essen. Sie MÜSSEN bleiben.

FRUNZ Jules?

ADRIENNE Ja, Alfred. Oskar Werner war Jules in »Jules et Jim«.

MONIKA Irrtum, liebste Maman. Er war Jim in »Jules et Jim«.

ADRIENNE Jules.

MONIKA Jim.

ADRIENNE Jules.

MONIKA Jim.

ADRIENNE Jules!

MONIKA Jim! Er war Jim, Maman, Jim Jim Jim!

ADRIENNE Jules, ma chère. Ich gratuliere, Maître, Ihr Jules war unsterblich, immortel!

MILLY Avec Jeanne Moreau.

ADRIENNE Comment?

MONIKA Wer ist diese Frau?

MILLY Ich bin die Fürstin Eboli.

MONIKA Und wenn ich sage, daß er Jim war, so war er Jim!

ADRIENNE Jules.

MONIKA Jim.

ADRIENNE Jules. Aber wollen wir uns nicht in den Salon setzen, Maître?

MONIKA *zu* ADRIENNE *leise und heftig.* Er kann nicht in den Salon...!
   Sie flüstert.

ADRIENNE Fürchtet sich?

MONIKA Ja. Schirme sind HIRSCHE für ihn.

ADRIENNE Schirme?

MONIKA Hirsche!

ADRIENNE Warum hast du das nicht gleich gesagt?
   Zu WERNER. Ja, tatsächlich, wir sind eine Hirschfabrik... Das heißt, wir waren eine.

WERNER *blickt auf den See.* Schön.

ADRIENNE Gott, wir sind zufrieden.

WERNER Natur.

ADRIENNE Was sagen Sie zu unserer Aussicht, Fürstin?

MILLY Riecht so komisch.

MONIKA Finden Sie?

MILLY Ja, nach Scheiße.

ADRIENNE Es wird allmählich zu kühl hier draußen. Ist sie nicht süß, unsere Fürstin? Vraiment charmante.
   ADRIENNE *ins Haus, ab.*

WERNER *steht auf, von* MILLY *gestützt, glotzt* FRUNZ *an.* Taxifahrer?

FRUNZ Vor vier oder fünf Stunden haben wir noch geübt zusammen, dreistimmig ... Wer soll ich sein?

WERNER Fahren wir.

FRUNZ Schluß jetzt. Schluß mit dem Theater, verdammtnochmal!
Er setzt sich seine Sportfischermütze auf.
Dämmerts endlich? Jeden Augenblick holt man uns ab.

WERNER *zu* MILLY. Das Burgtheater?

FRUNZ Dr. Pütz!

MILLY Mit dem clubeigenen Gummiboot.

MONIKA Weißt du, was du bist, Alfred?

FRUNZ Ja. Leider.

MONIKA Es genügt.

FRUNZ Ich bin genau der Typ Blödmann, den ich auf den Tod nicht ausstehen kann. Aber ich bin kein Taxifahrer!

WERNER Nein?

FRUNZ Nein!
Er schreit es.
Ein Stück Scheißdreck bin ich, ein magenkrankes Stück Scheißdreck, ein Debakel, ein Versager, ein Ausfall! Das Verhängnis meiner Frau! Das Verhängnis meines Vereins! So. Das mußte mal gesagt werden.

MONIKA Ja. Du bist genau der Trottel, für den du dich hältst.

FRUNZ Monika!

MONIKA Unfähig, auch nur einen Knirps zu verkaufen.

FRUNZ Ein Wort noch!

MONIKA Aber durch die Gasthäuser ziehen.

FRUNZ Man trifft nicht jeden Tag einen Hollywoodstar.

MONIKA Und du, beschränkt wie du bist, drängst ihm deine Fangerfolge auf, deine Vereinsgeschichten!

FRUNZ Nein.

MONIKA Ich kenne dich.

FRUNZ Frag die Milly.

MONIKA Die Milly, aha. Ich soll die Milly fragen. Wie vertraut das klingt: »Frag die Milly«! Die Fürstin heißt also Milly. Aus welchem Gewerbe, wenn man fragen darf?

MILLY Sag ihr, sie soll aufpassen.

FRUNZ Ja.

MONIKA Sie soll verschwinden. Sag es ihr.

FRUNZ Ja. Nein. Hör zu –

MONIKA Nein? Du hast nein gesagt? Das wird ja immer schöner. Ich habe eine ganze Nacht lang auf dich gewartet. Du hast es nicht einmal für nötig gehalten, mich anzurufen. Dabei weißt du, wie krank ich bin, ein Wesen ohne Haut, eine einzige Wunde – da, schaut nur, schaut mich an! Durch mich kann man hindurchsehen. Wie im Anatomieatlas. Da verlaufen hochsensible Nervenstränge, und da pumpt ein hypertropher Herzmuskel. Alfred, ich leide unter endogenen Depressionen!

MILLY Die und endogen.

MONIKA Pardon?

MILLY Sie sind so gesund, daß einem übel wird!

MONIKA Alfred!

MILLY Ja. Wenn hier eine gestört ist, dann bin ichs, und zwar total. Mein Vati war ein Auto.

ADRIENNE *kommt aus dem Haus, mit Schirmen.*

ADRIENNE So helft mir doch, Kinder, helft mir! Ich kann nicht alle Hirsche allein von den Wänden nehmen, das schaff ich nicht!

FRUNZ Jetzt dreht auch noch die Alte durch.

ADRIENNE Der große Meister ist unser Gast, Alfred. Wenn er sich dafür entschieden hat, in den Schirmen Hirsche zu sehen, so ist das sein gutes Recht. Amüsiert ihr euch?

MONIKA Und wie. Sie hat uns gerade erklärt, ihr Vati sei ein Auto.

ADRIENNE Wirklich?

MILLY Ein VW-Käfer.

ADRIENNE Wie interessant.

ADRIENNE *ins Haus, ab.*

MILLY Interessant? Ein echter Schlag Schicksal war das! Eines Abends komm ich nach Hause. Mammi am Heulen. »Wo ist Vati?« »In der Garage, er hält sich für ein Auto.« So wars, echt, absolut. Von da an hat er nur noch in der Garage gepennt. Am Morgen, Tor auf, Blinker raus und brrmmm- brrmmm-brrmmm zur Arbeit. Schon am dritten Tag hats ihn erwischst, mitten auf einer Kreuzung. Weggekratzt haben sie ihn, mit Spachteln von der Straße gekratzt.

MONIKA Tot?

MILLY Totalschaden.

MONIKA Etwa aus Mitleid, Alfred?

FRUNZ Keine Ahnung, was du meinst.

MONIKA Aber natürlich liebst du sie!

FRUNZ Die Milly?

MONIKA Ja, aus Mitleid. Genau wie bei mir: keine Liebe – Mitleid.

FRUNZ Monika –

MONIKA Glaubst du, ich wüßte nicht, daß es aus ist zwischen uns? Oh, ich weiß es, ich weiß es, und ich weiß auch, weshalb. Eine Endogene kann man nicht lieben – nein, sag bitte nichts. Geh zu deiner Fürstin. Brrmmm brrmmm, werde glücklich mit ihr.
MONIKA *ins Haus, ab.*

DR. PÜTZ *und* KUNO KNILL *kommen.*

DR. PÜTZ Wo ist er?

FRUNZ Ah, ihr seids.

DR. PÜTZ Drüben werden schon die Flaggen gehißt. Sitzt er am Flügel?

FRUNZ Wer?

KNILL Die aus Film, Funk und Fernsehen bekannte Persönlichkeit, Kamerad Oskar, unser Ehrenobmann in spe!

FRUNZ Er hat alles vergessen.

DR. PÜTZ Wer?

FRUNZ Wer wohl. Er.

KNILL Vergessen?!

FRUNZ Ja.

KNILL Der Irre im Pelz…

DR. PÜTZ Soll Oskar Werner sein?!

WERNER Meinen Sie mich?

FRUNZ *zu* MILLY. Ich bin geliefert.

MILLY Ach was.

FRUNZ Sie schließen mich aus, Milly.

KNILL Logisch.

DR. PÜTZ Wegen Kameradenverarschung.

MILLY Ich war ja dabei.

DR. PÜTZ Sie?

MILLY Ja. Ich war dabei, wie er dem Frunz versprochen hat, das Vereinspräsidium zu übernehmen. Ehrenhalber.

DR. PÜTZ Uns wurde ein Hollywoodstar versprochen.

MILLY Laß ihn nicht hängen!

WERNER Was soll ich denn tun?

MILLY Du bist der Präsident. Du hast es versprochen!

WERNER *zu* DR. PÜTZ. Sie sind, soviel ich weiß –

FRUNZ Der Aktuar.

WERNER Und er?

FRUNZ Der Mückenkönig.

WERNER Der Forellenstar!

KNILL Forellenknill, der bin ich, bin ich allerdings! Ich war sogar berühmt –

WERNER Für Ihren Dings!

KNILL Genau, für meinen Wurf –

WERNER Und Ihre Zielgenauigkeit.

KNILL War ich berühmt, jawohl, zumindest landesweit, so darf ich sagen, in der Tat.

WERNER Erfreut. Ihr Buch, mein lieber Aktuar?

DR. PÜTZ »Der Fisch im deutschen Liedgut«.

WERNER Wunderbar. Es wird Furore machen.

DR. PÜTZ Wirklich?

WERNER Aber klar! »Der Fisch im deutschen Liedgut«!
Er stimmt den Ton an. Aaaaaa –

DR. PÜTZ *fällt ein.* Aaaaaa –

FRUNZ/KNILL Aaaaaa –

WERNER *singt das Heurigenlied:*
DAS GLÜCK IS A VOGERL, GAR LIAB ABER SCHEU, / ES LASST SI'SCHWER FANGEN, ABER FORT G'FLOG'N IS GLEI, / DAS HERZ IS DER KÄFIG UND SCHAUST D'NET DAZUA, / SO HAST AUF AMAL DANN KEI GLÜCK UND KAN RUAH.

DR. PÜTZ Oskar Werner!

MILLY Allerdings, Herr Doktor, das ist Oskar Werner.

DR. PÜTZ Irgendwie kam er mir auf Anhieb bekannt vor, was, Knill?

KNILL Mir auch! Forellenknill. Mückenkönig. Er hat mich genau durchschaut, Pütz. Das ist Hollywood!

FRUNZ Das Burgtheater!

DR. PÜTZ Furore!

KNILL Granate!

WERNER Ich danke Ihnen. Ich danke Ihnen für alles.
    Er geht Richtung See.

FRUNZ Was hast du vor, Kamerad Oskar?

WERNER Meine Zeit ist um.

FRUNZ Wir müssen handeln. Werner sofort ernennen.

DR. PÜTZ Du hast recht, Frunz, noch ist Polen nicht verloren,
    nach wie vor sind wir vorhanden, Sportfischer mit Leib und
    Seele.

KNILL Bravo.

DR. PÜTZ Jawohl: Sportfischer. Den Spöttern im Lande und allen
    Lästerzungen mag es ein Denkzettel sein: Dieser Mann, bekannt
    aus Film, Funk und Fernsehen, und zwar bestens bekannt, über-
    nimmt unsere Führung. Das aber heißt: Wir bleiben uns und
    unserem Auftrag treu. Wir lassen die Fische auch dann nicht im
    Stich, wenn es keine mehr gibt. Wir sagen Ja, ein dreifaches Ja,
    nämlich ein Ja zu uns, ein Ja zum Fisch, und ein Ja zum Fortbe-
    stand unseres Vereins. In diesem Sinne:

KNILL Ein dreifach donnerndes.

FRUNZ Petri!

DIE SPORTFISCHER Heil! heil! heil!
    Sie setzen WERNER *eine Sportfischermütze auf, geben ihm eine
    Angelrute, singen.*
    Im Frühtau zum Fange wir gehn, fallera,
    Es blauen die Flüsse, die Seen, fallera.
    Der Himmel wird dunkel. Ferner Donner.

WERNER Es stinkt. Wie das stinkt. Es verschlägt einem den Atem.

MILLY *und* MONIKA FRUNZ *kommen.*

MILLY Ich muß mich irgendwo hinsetzen, möglichst hoch. Ich
    muß sofort den Boden verlassen!

MONIKA Soll das heißen –

MILLY Ja, und zwar schleunigst. Überall Ritzen und Rillen.

MONIKA Sie wollen depressiv sein?

MILLY Bin ich. Haben Sie zufällig einen Barhocker?

MONIKA Entschuldigen Sie, daß ich lache. Sie und depressiv! Ich!

Sie lacht Tränen.
Ich bin depressiv! Ich!
MONIKA *und* MILLY *stellen Stühle auf die Terrassenbrüstung,
setzen sich hinauf.*

In frühchristlicher Zeit haben sonderbare Gottsucher, um Gott
näher zu sein, ihr Leben auf Säulen zugebracht, die Säulenheiligen. Nachmittags um drei war die Hitze am schlimmsten, die Zeit
lang, der Durst groß, da versanken die Heiligen in eine tiefe Traurigkeit. Ist diese Traurigkeit, fragte Thomas von Aquin, eine Sün-
de? Schließlich sind wir erlöst, Gott hat uns erlöst, also haben wir
nicht traurig zu sein, nicht depressiv. Nein, entschied der Aquinat.
Gott ist um die dritte Nachmittagsstunde verstorben, und so dürfen wir annehmen, daß die Traurigkeit des Säulenheiligen ein Akt
des Mitleidens ist, ein Akt der Trauer über den Tod am Kreuz.

Donner.
WERNER Ich bin Prospero.
MONIKA Da hörst dus. Er ist Prospero. Herr über die Wellen, Herr
    über den Sturm!
    Donner.
MONIKA *gibt* WERNER *die Glocke von Onkel Anselm.* Hier, Pro-
    spero!
WERNER *hält die Glocke.* Was soll ich damit?
MONIKA Zaubern, Prospero.
MILLY Uns alle verzaubern!
WERNER BIM. BIM!
    Nah kracht ein Donner.
MONIKA BIM!
WERNER Komm, Miranda.
MONIKA Das Schreckliche ist der Anfang des Schönen.
    WERNER *und* MONIKA *ab. Der Himmel wird schwarz.*

ADRIENNE *kommt aus dem Haus.*
ADRIENNE Alfred! Es regnet! Gleich wird es regnen. Spannt die
    Hirsche auf, los, die Hirsche!

DR. PÜTZ Hat sie »Hirsch« gesagt?

KNILL Hirsch.

DR. PÜTZ Allmächtiger.

KNILL Die sind gekippt, Pütz.

DR. PÜTZ Total hinüber!

ADRIENNE *spannt einen Hirsch auf und singt in den Sturm hinaus, der zunimmt, mit jubilierender Stimme:*

ADRIENNE SCHÖNE NACHT, DU LIEBESNACHT,
          O STILLE MEIN VERLANGEN.

Vorhang.

Vierter Akt

Bahnhofbüffet Buchs.
Morgen.
MILLY, MONIKA FRUNZ, OSKAR WERNER, DER GAST. OSKAR WERNER
am Boden, mit seinem Pelzmantel zugedeckt.

MILLY Mensch Oskar, mach keinen Scheiß! Das erlaube ich nicht!
  Steh auf! Aber das hab ich gewußt, das hab ich genau gewußt –
  eines Tages erwischt er zuviel. Ich kenn mich ja aus mit der Pro-
  minenz. Wenn sie drüben in Vaduz aufs Schloß gehen, kommen
  sie alle zu mir nach der Soiree, und zwar die ganz Großen.

DER ALTE *und* DER JUNGE EISENBAHNER *treten ein, winterlich*
gekleidet.
ALTER EISENBAHNER Das spür ich in den Knochen. Am Arlberg
  schneits!
JUNGER EISENBAHNER Kalt. Saukalt.
ALTER EISENBAHNER Der Wiener hat Verspätung.
JUNGER EISENBAHNER Am Montag immer.
  Zu MILLY. Gestern abend war dein Verlobter hier.
MILLY *serviert.* Pfoten weg!
JUNGER EISENBAHNER Er hat nach dir gefragt, schönes Kind.
ALTER EISENBAHNER *erblickt* WERNER. Mein lieber Schwan!
JUNGER EISENBAHNER Der Schauspieler...!
ALTER EISENBAHNER Jedenfalls war das keiner von den Affen, die
  herumreisen. Löst Abend für Abend ein Billett nach Wien.
JUNGER EISENBAHNER Und eins für Marburg, Fulda, Kassel.
ALTER EISENBAHNER Und bleibt hier, hier in Buchs.

BERNIE »STROHHUT« *tritt ein.*
STROHHUT *auf* WERNER *blickend.* Oh, acht Uhr und bereits die
  erste Leiche?
  Er geht zum Automaten, leert ihn.
  Gestern war man privatim hier. Am Sonntag wird nicht abkas-

siert, jamais le dimanche, wir sind anständige Leut. Wie hat mein Täubchen den Sonntag verbracht?

Er zeigt auf WERNER.

Mit dem Herrn dort?

MILLY Nein.

STROHHUT Dann stellen wir die Frage noch einmal. Wo habt ihr euch herumgetrieben?

MILLY Nirgendwo.

ALTER EISENBAHNER Früher, Gott je, haben sies überall getrieben, mein lieber Schwan. Unten am Fluß, hinter den Lokschuppen und sogar auf den Prellböcken. Das waren mächtige Dinger aus Holz damals, oben schön mit Gras überwuchert. Steppengras. Den Samen haben die Züge eingeschleppt, weiß der Deibel woher. Aus Galizien, aus Bulgarien. Das waren noch Zeiten. Da hat bei uns der Orient-Expreß gehalten. Und heute? Heute schauen sie fern und reisen herum. Zum Kotzen.

STROHHUT *zu* MONIKA. Pardon, Madame, haben Sie Feuer?

Er läßt die Zigarette verschwinden, lacht.

Simsalabim. Strohhut. Wie heißt man selber?

MONIKA Frunz.

STROHHUT Der Name paßt zu Ihnen –

MONIKA Finden Sie?

STROHHUT – wie die Faust aufs Auge. Wo drückt der Schuh? Reden Sie nur, reden Sie!

Mit Blick auf WERNER. Der Kerl geht mir schon länger auf den Wecker, der Frauenverführer, der elende.

MONIKA Da gibts nichts zu erzählen. Wir zogen durch die Grenzkaschemmen, er trank. Im frühen Morgen hat er plötzlich gelacht. Dann begann er zu rezitieren, Rilke. UND WIR, DIE AN STEIGENDES GLÜCK / DENKEN, EMPFÄNDEN DIE RÜHRUNG, / DIE UNS BESTÜRZT, / WENN EIN GLÜCKLICHES FÄLLT...

STROHHUT Kann ich auch, Madame. DIE MÄDCHEN WERDEN WILLIGER / DIE RÜBCHEN WERDEN BILLIGER / ES STINKT AUS DEN ABORTEN / FRÜHLING ALLER-ORTEN. Poesie. Hobby von mir. HAT GELOGEN, HAT BETROGEN, HAT DIE KUH AM SCHWANZ GEZOGEN.

Das Office klingelt. MILLY *stellt den Kaffee für* STROHHUT *auf einen separaten Tisch.*

STROHHUT *zu* MILLY. Ich sitze hier.

Zu MONIKA. Erzählen Sie! Erzählen Sie! Wie ging es weiter?

MONIKA Nein, eben nicht –

STROHHUT Es ging nicht?

MONIKA Er wiederholte stets dieselbe Zeile, immer wieder. »Diese eine Zeile entlanggehend«, sagte er, »will ich in der Sprachstraße verschwinden.«

STROHHUT Könnte eine Botschaft sein.

ALTER EISENBAHNER Chiffriert?

STROHHUT Wer weiß. Hat er noch was gesagt?

MONIKA »Ich bin am Genitiv gescheitert.«

ALTER EISENBAHNER Mein lieber Schwan!

MONIKA Das SCHÖNE des. Das Schöne DES. Undsoweiter, immer wieder.

STROHHUT Und meine Milly? War die auch dabei?

MONIKA *schweigt.*

STROHHUT Ich verstehe.

MONIKA Gar nichts verstehen Sie!

STROHHUT Sie hat er sitzenlassen, der Herr Schauspieler …

MONIKA Ich wollte endlich der Arethusa entkommen.

STROHHUT Läßt Sie hocken und treibts mit meiner Verlobten. Unersättlich.

MILLY Die sagen, du warst schon am Samstag hier. Oben, bei der Frau vom Vorstand.

STROHHUT Die nimmt nur Kondukteure.

ALTER EISENBAHNER Und Lokführer.

STROHHUT Bin ich ein Lokführer?

Er schichtet die Münzen zu Türmen.

MILLY Eventuell können mir Freunde ein Date mit Doktor Elsi vermitteln. Dann frag ich sie, warum ich dich liebe, Bernie. Dich.

ALTER EISENBAHNER Fällt die Liebe auf einen Misthaufen, bleibt sie liegen.

MILLY *schreit.* Du – du Arsch!

STROHHUT *zu den* EISENBAHNERN. Kennt ihr den einzigen Reim auf »Mensch«? DIE SCHÖNSTEN VERSE DER MENSCHEN / SIND DIE GOTTFRIED BENNSCHEN.

MILLY *geht ins Office, ab.*

Ein naher Signalpfiff.

STROHHUT Der Wiener?

ALTER EISENBAHNER Der Bummler. So wies aussieht, hat der Wiener wieder einmal Verspätung. Am Arlberg wintert es schon.

JUNGER EISENBAHNER Es ist tagsüber wie nachts. Aber nachts ist es dunkel.

Er legt Geld auf den Tisch.

Milly? Habs hingelegt!

DER JUNGE EISENBAHNER *ab. Der Lautsprecher meldet die Einfahrt des Regionalzuges von St. Margrethen.*

MILLY *kommt aus dem Office, mit einem Teller Suppe für* WERNER.

WERNER Flasche Fernet.

MILLY Erst die Suppe.

MONIKA Ja, das ist eine sehr gute Idee. Die Suppe wird Ihnen gut-tun. Wenn Sie trinken, werde ich dasitzen. Einfach nur dasitzen.

Über den Perron kommen FREDI FRUNZ *und* KUNO KNILL. *Vor dem Fenster bleiben sie stehen.*

MONIKA Ich kann das. Sobald wir in Wien sind, nehme ich mir ein Zimmer ... mit Telephon vielleicht, und sollten Sie einmal Zeit haben, abends, nach der Vorstellung, rufen Sie mich an. Mehr verlange ich nicht, ich bin sehr genügsam. Nur ein bißchen, verstehen Sie? – ein bißchen leben möchte ich. Ihnen zuschauen, wenn Sie auf der Bühne stehen. Sie bewundern. Oder ich wasche die Kostüme für Sie. Ich bin robuster, als Sie glauben.

MILLY *stellt eine Flasche Fernet auf* WERNERS *Tisch.*

MILLY *zeigt hinaus.* Ihr Mann.

MONIKA Wir sind bereits unterwegs, Fräulein Milly.

FREDI FRUNZ *und* KUNO KNILL *treten ein.* FRUNZ *mit dem Papageienschirm.*

FRUNZ Wollte dir adieu sagen.

MONIKA Adieu.

FRUNZ Und alles Gute.

MONIKA Dir auch.

FRUNZ Lebwohl.

MONIKA Du auch.

KNILL Ein Bier!

FRUNZ Knill, wir gehen gleich.

MONIKA Soll ich dir die Adresse schicken?

FRUNZ Ja.

MONIKA Heute abend nehmen wir den Nachtzug.

FRUNZ So, heute abend.

MONIKA Ja. Nach Wien.

FRUNZ Wie schön.

  FRUNZ *geht.* KNILL *folgt ihm.*

KNILL Gute Reise, Frau Frunz! Und grüßen Sie mir die Donau-
forellen!

  Zu MILLY. Das Bier ist annulliert.

MONIKA *zieht etwas aus der Handtasche.* Fredi! Deine Tabletten!

FRUNZ Behalte sie.

MONIKA Warum bist du gekommen?

FRUNZ Es ging alles so schnell. Plötzlich warst du weg. Ohne
Adieu.

MONIKA Ach ja.

FRUNZ Es war trotz allem ein schöner Abend. Der See, der Regen,
der Sturm.

MONIKA Das liegt so weit zurück.

FRUNZ Ja. Der Sturm hat den Winter gebracht.

MONIKA Fredi –

FRUNZ Ich will nicht länger stören.

MONIKA Fredi – ich weiß doch, warum du ihn eingeladen hast.
Mirzuliebe. Ich danke dir.

FRUNZ Bitte. Zum ersten Mal bin ich in den Augen meiner Gattin
erfolgreich. Das ist ja die Katastrophe. Die Aktion ist mir zum
Guten mißlungen. Aber es ist gut so. Du sollst glücklich werden.
Er geht.
Es ist gut so. Es ist gut.

MONIKA *zeigt auf* WERNER. Mit ihm – soll ich glücklich werden?

FRUNZ Mit mir hast du es auch geschafft. Jedenfalls eine Zeitlang.
Das härtet ab, denke ich.
Zu KNILL. Komm.

MONIKA Er ist ein Wrack, Fredi, ein armes, kaputtes, betrunkenes
Wrack.

FRUNZ Neinnein.

MONIKA Doch.

FRUNZ Nein!

Plötzlich rennt er auf WERNER *zu, reißt ihn hoch.*

Jetzt leben wir! Jetzt werden wir glücklich! Himmelarsch, die Lebensenttäuschung meiner Frau bin ICH! Das haben wir hinter uns, jetzt wird gelebt! Glück! Wien! Leben! Hollywood! Burgtheater!

Er schlägt ihn.

Sie sind nicht kaputt, Herr, verstanden? Sie sind ein Genie, Herrgottsack, Klasse! Weltklasse! Genial!

Er schlägt zu.

Meine Frau muß doch endlich glücklich werden... bitte!

Er nimmt ihn vom Boden auf.

Bitte! Sie liebt Sie! Stehen, Kamerad Oskar! Stehen!

Er umarmt ihn schluchzend.

Du scheißblöder Jules... oder Jim?

MONIKA Jules.

FRUNZ *umarmt* WERNER Mach sie glücklich.

WERNER Flasche Fernet.

FRUNZ Siehst du? Er versteht mich. Mit dem kann man reden.

MILLY *setzt* WERNER *auf einen Stuhl. Stille. Dann ein ferner Signalpfiff.*

MILLY Wo habt Ihr eigentlich den Doktor?

KNILL Der ist gestern nacht zu seiner Verlobten gezogen.

MONIKA Fredi –

FRUNZ Sie hat mich Fredi genannt!

MONIKA Wirklich, Fredi? Hab ich das?

FRUNZ Ja. Zum ersten Mal. Das ist ja furchtbar –

MONIKA Findest du?

FRUNZ Ja! Wir verabschieden uns aufeinander zu.

KNILL *setzt sich wieder.* Ein Bier!

FRUNZ Dann geh ich allein.

MONIKA *zu* KNILL. Wo will er hin?

KNILL Die ganze Nacht hat er im alten Clubhaus verbracht, einsam und allein.

MONIKA War es nicht zu kalt da draußen?

FRUNZ *gibt* MONIKA *den Papageienschirm.* Auch in Wien wird es regnen.

MILLY Setz dich. Hinsetzen!

FRUNZ *gehorcht widerstrebend. Der Signalpfiff, näher jetzt.*

FRUNZ Sie ist an mir zugrunde gegangen. Genügt das nicht? Soll das ewig so weitergehen?

MONIKA Ja, Fredi. Laß uns noch ein paar Tage aneinander zugrunde gehen, nur noch drei oder fünf oder sieben Tage lang.

FRUNZ Mir wird grün und gelb.

Er küßt sie.

Zu MILLY. Was sind wir schuldig?

MILLY Eins achtzig.

FRUNZ Die Zeche meiner Frau?

MILLY Zahlt Herr Werner.

KNILL Die Meinige ist hin.

FRUNZ Ich habe bezahlt, Knill.

KNILL Schon seit Jahrzehnten, und was muß ich feststellen? Ich vermisse sie. Als Sophie noch lebte, hab ich sie nie vermißt.

STROHHUT *streicht die Geldtürme in seine Mappe.* Hier sind die Leut besonders blöd.

MILLY Findest du?

STROHHUT Ja. Vom Automaten kassier ich doppelt so viel wie in St. Margrethen, das Dreifache von Heerbrugg, das Fünffache von Sargans.

Er wirft ihr eine Münze zu.

Für dich.

MILLY Mußt du – mußt du wirklich schon gehen?

STROHHUT Bis Chur hab ich meine Automaten laufen, von St. Margrethen bis Chur.

MILLY Dann geh, geh schon! Geh!!

Zu KNILL. Komm!

KNILL Ich?

MILLY Ja, du! Ich leg mich auf den Billardtisch.

KNILL Donnerwetter. Auf dem Billardtisch!

MILLY ANGSTHASE PFEFFERNASE!

MILLY *geht mit* KNILL *in den Billardsaal, ab.*

STROHHUT *perplex.* MORGEN KOMMT DER OSTERHASE!

Der Lautsprecher meldet die Einfahrt des Arlberg-Expreß von Wien. Das Tuten ist sehr nahe.

ALTER EISENBAHNER Der Nachtzug, verspätet wie immer.
Er legt Geld auf den Tisch.
Milly? Habs hingelegt.
Der Zug fährt ein. Quietschende Bremsen. DER ALTE EISEN-
BAHNER *ab.* STROHHUT *geht in den Billardsaal, ab.*

WERNER Unser Nachtzug!
MONIKA Umgekehrt. Er kommt von Wien. Fährt weiter nach
Zürich.

STROHHUT *und* MILLY *kommen aus dem Billardsaal.*
STROHHUT Wenn es die Automaten gestatten –
Er küßt sie.
Auf heute abend, meine Siebenschöne.
MILLY *blickt in den Billardsaal.* Um Gottes willen!
STROHHUT Ich hab ihn nur gestreichelt.
STROHHUT *ab.*

MILLY Herr Frunz! Herr Frunz!
FRUNZ *und* MONIKA *in den Billardsaal ab.*

WERNER Man hüte sich vor Ü-Wörtern. Keine Ü-Wörter mehr.
Abschied vom Ü. Nie mehr MÜSSEN sagen müssen. Nie mehr
ZÜGE. Das Wort FLÜCHTLING zum letzten Mal über die
Lippen gebracht. BRÜCHE künftig meiden dürfen. Nie mehr
BRÜCHE spielen müssen. Und warum dieser Ü-Haß? Ich wills
dir erklären. WER ZU DEN GRÜNDEN GEHT, GEHT
ZUGRUNDE. Nietzsche. Niemals verstanden, immer gespielt.
GRÜSS DICH, MEIN LIEBER GRÜNDGENS, WIE
GEHTS DEM LÜHR? Nie mehr. Wann hatten wir eigentlich
den Gründgens hier? Ich soll ihm den LEAR spielen. Mein lie-
ber Gründgens, ich BIN Lear. Wie soll ich den Lear spielen,
wenn ich Lear BIN? Kübel. Mir ist übel. BÜHNE!!! Fürchter-
lichstes aller Ü-Wörter. Zertrümmert die Bühnen! Ein Lear, der
sich nicht entalphabetisiert, ist kein Lear. Jud Süß. Sülze. Ent-
zückend. An meinen Gefühlen für Krauß die Würde verspielt.
Weggewürfelt die Würde. Ein Leben lang die Wahrheit gelogen.
Perücke. Überdruß. Süchtig nach Liebe. Gescheitert, endgültig,

an mir. Aber glücklich, glücklich im Entzücken der Trümmer.
Mühelos glücklich.
Die Waggontüren schließen.

FREDI FRUNZ, MONIKA *und* MILLY *kommen mit* KUNO KNILL *aus
dem Billardsaal.*
Ein Abfahrtspfiff.
WERNER Das war mein Zug –
Der Zug fährt ab.
WERNER Mein Leardebüt –
Ein verwehtes Signaltuten.
WERNER Milly – wenn ich noch zu retten bin, rette mich.
MONIKA Wir müssen gehen.
MILLY *zu* FRUNZ. Kommen Sie wieder mal vorbei?
MONIKA Fredi wird sich nun um seine Gesundheit kümmern.
MILLY Ja. Viel Glück. Muß meinem Clown ein Taxi besorgen.
Sie tritt auf den Perron hinaus, pfeift in die Finger.
Taxi! Taxi!
MILLY *ab.*

FRUNZ Ich warte draußen.
MONIKA Zwei Sekunden.
FRUNZ Grüß ihn von mir.
Er geht.
FRUNZ *ruft hinein.* Es sieht nach Schnee aus. Guter, nasser
Schnee!
Ein ferner Signalpfiff.
WERNER Adieu.
MONIKA Ganz Wien wartet auf Oskar Werner.
WERNER Auf den Knien seiner Herzen.

FREDI FRUNZ *tritt noch einmal in die Tür.*
WERNER Aber wo sind die Herzen? Wo knien sie?
MONIKA *ohne* FRUNZ *zu sehen.* Glauben Sie mir, ich würde lieber
mit Ihnen fahren, viel lieber. Geht leider nicht. Die Ärzte geben
ihm keine Chance.
Sie legt den Schirm auf den Tisch.
Für Sie. Damit Sie hin und wieder an mich denken. Wenn es
regnet in Wien. Wenn es schneit.

WERNER Sie müssen gehen.
MONIKA Ja.
  FREDI FRUNZ *zieht sich zurück.*

Wenige Tage danach ging Oskar Werner auf Tournee. Er schlepp-
te alle seine Filme mit, Platten und Partituren von Mozart, die Pho-
tos und Requisiten seiner größten Triumphe. Als er den Hamlet
spielte, hat ihn die Presse neben Monsieur Barrault und Sir Olivier
gestellt. Hollywood bot ihm Spitzengagen. Oskar Werner ist am
23. Oktober 1984 in einem Marburger Hotelzimmer gestorben.
Zum Schluß, heißt es in einem Nachruf, tingelte er mit seinem Ril-
keabend durch das Zonenrandgebiet.

MONIKA *unter der Tür.* Toi, toi, toi. Und danke für alles, Herr
  Werner, danke für alles!
  Sie geht auf den Perron hinaus, schaut sich um.
  Fredi? Fredi – –
  FRUNZ *ist verschwunden, ab. Über den Perrons beginnt es zu
  schneien.* MONIKA *ab.*

MILLY *kommt zurück.*
WERNER Wie sagen es die Dichter? Man sieht den Wegen im
  Abendlicht an, daß sie Heimwege sind. Lear ist müde. Alle
  Mühen vergeblich. Aber die Zeit, die Zeit. Pünktlich und ewig.
  Ewig und pünktlich.
MILLY Das Taxi wartet.
WERNER Der Rest ist Trinkgeld.
  OSKAR WERNER *ab.* MILLY *setzt sich auf den Barhocker, spielt.*

KNILL *summt* IN EINEM BÄCHLEIN HELLE.
  Vorhang.
  Finis.

Der Gesandte

Berner Fassung

Personen

DR. HEINRICH ZWYGART, Gesandter der
Schweizerischen Eidgenossenschaft
in der Reichshauptstadt Berlin
OBERST ZWYGART, sein Vater
REGINE, seine Schwester
HOBY, Departements-Sekretär
KLARA, BABETT, angestellt bei Zwygarts

Ort

Herrenzimmer im Zwygartschen Haus zu Bern.

Zeit

Vormittag des 8. Mai 1945 bis zum Morgen des 9. Mai.

I
Heimkehr eines Helden

8. Mai 1945. Kurz vor elf Uhr vormittags. Herrenzimmer eines
Stadthauses, mitten in Bern. Fenster zur Gasse.
Draußen fährt ein Auto vor. Man hört das Öffnen, das Zuschlagen
einer Tür, dann entfernt sich der Wagen durch die Gasse. Vom
Münsterturm schlägt es elf.

ZWYGART *tritt auf.*
Von den Strapazen einer langen, beschwerlichen Reise ermüdet,
sinkt er in einen Ledersessel mit breitem Rücken.
DER OBERST *tritt auf, mit Blindenbrille und Stock.*

DER OBERST Alles bereit?
REGINE *ruft.* Ja, Papa!
DER OBERST Girlanden, Lampions, Fahnen?

REGINE *mit einer blumengeschmückten Girlande.*
REGINE Die kommt über die Tür.
DER OBERST Außen?
REGINE Pourqoi pas?
DER OBERST Still!
    Er lauscht. ZWYGART *tritt in den Schatten zurück. Weder* DER
    OBERST *noch* REGINE *bemerken ihn.*
DER OBERST Müssen wir der Gasse zeigen, daß es bei uns etwas
    zu feiern gibt? Willst du tout Bern bewirten?
REGINE Das wird nun alles Heinrich entscheiden.
DER OBERST Ich, wenn du erlaubst, war auch nicht ganz untätig.
    Paß auf!
REGINE Papa, bitte! Wenn er sich für elf Uhr anmelden läßt, steht
    Heini Punkt elf auf der Schwelle.
DER OBERST Es ist elf vorbei, Regine.
REGINE Dummes Zeug.
DER OBERST Taub bin ich nicht.

REGINE Nach meinem Bruder kann man die Uhr richten. Wär elf vorbei, er hätte uns bereits die internationale Lage erläutert. *Ab.*

DER OBERST Mein Sohn. Du hast in großer, schwerer Zeit unsere Berliner Gesandtschaft geleitet. Du hast einen Krieg überhauen, und unserem Vaterland hast du ihn erspart – den Krieg, meine ich. Dir haben wirs zu verdanken, deinem diplomatischen Geschick, daß unsere Häuser noch stehen und die alten Bäume auch. Sei willkommen zu Hause. Oder sage ich besser: Willkommen daheim? Was meinst du, Regine? Regine? Regine, wo bist du?!

REGINE *mit zwei* MÄGDEN, *die Blumen bringen.*
REGINE … und was isch mit em Silber?
ERSTE MAGD Hani putzt, Fröilein Zwygart.
ZWEITE MAGD Söll i dr Chueche scho usenäh?
REGINE Uf di elfi hani gseit.
   Blick der Mägde.
DIE MÄGDE Ja, Fröilein Zwygart.
   Sie stellen die Vasen in die Ecke, ab.

DER OBERST Das riecht ja –
REGINE Wie in einer Kapelle!
   Sie zieht die Karten aus den Sträußen.
   De Kalbermattens, mit Grüßen an dich. Professor Senn. Ah, und der Nuntius!
DER OBERST Der wird den Kuchen riechen, der alte Freßsack!
REGINE Papa!
DER OBERST Ich hab dir etwas sagen wollen, etwas sehr wichtiges …
REGINE *vor einem Strauß Gladiolen.* Gladiolen kann Heini nicht ausstehen.
DER OBERST Vom Departement?
REGINE Nein.
DER OBERST Dann wirf sie weg. A propos –
REGINE Ja?
DER OBERST Hat sich das Departement endlich gemeldet?

REGINE Nein.

DER OBERST Auch keine Blumen?

REGINE Heut ist halt ein besonderer Tag. Frieden. Da haben sie viel zu tun im Departement.

DER OBERST *lacht.* Glugg-Glugg! – Komm her!
Sie reagiert nicht.
Du sollst herkommen!
Sie gehorcht widerstrebend.

REGINE Die Girlanden hab ich im Flur aufgehängt.
Er hält sie fest.
Und jetzt muß ich in die Küche.

DER OBERST Auch ich, glaub mir, bin froh, daß wir die Märkli- und Chärtli-Wirtschaft hinter uns haben, diese verdammte Hackfrüchtezeit. Und den Krieg, Regine, das Hoffen, das Bangen um Heini. Herrgott von Zurzach! Ich schaff's nicht.
Er nimmt ihre Hand.
Hab dir danken wollen.

REGINE Du? Mir danken?

DER OBERST Mit dem heutigen Tag, mit der Heimkehr meines Sohnes, sind die dunklen Zeiten vorbei. Die schwarzen Vorhänge können wir herunternehmen, der Zuckerpreis wird sich normalisieren... Nein! Bleib! Das war nicht bös gemeint. Ich rede von uns, meine Tochter. War nicht immer einfach, wir zwei allein... Regine! Regine, lauf! lauf schnell!!

REGINE Heini?

DER OBERST Dr Chueche, du Griite!

REGINE Um Himmelsgottswille, dr Chueche!!
Ab.

Draußen in der Küche ein Schrei.
ZWYGART, *in seinem Versteck, erschrickt.*
Dadurch stellt DER OBERST *fest, daß er nicht allein im Raum ist. Er geht einen Schritt auf* ZWYGART *zu, dann greift er sich ans Herz –*
und in diesem Augenblick kommt REGINE *aus der Küche zurück, mit dem verbrannten Kuchen.*

REGINE Papa! –

DER OBERST Dort. Dort...!

REGINE *läßt das Tablett fallen, schreit auf.* Heini!

DER OBERST Lieber Sohn –

ZWYGART Augenblick, wenn ich bitten darf.

Er schließt das Fenster.

So. Jetzt kannst du deine Rede halten.

DER OBERST Lieber Sohn. In großer, schwerer Zeit hast du unsere Berliner Gesandtschaft geleitet. Du hast den Krieg überhauen, und unserem Vaterland hast du ihn erspart – den Krieg, meine ich. Als dein Vater darf ich sagen: Ich bin stolz auf dich.

REGINE Wir alle.

DER OBERST Wir alle sind mächtig stolz. Laß dich umarmen.

Nichts geschieht. DER OBERST *steht mit offenen Armen.*

REGINE *flüstert.* Er schläft.

DER OBERST Schläft...!?

REGINE Im Stehen!

DER OBERST Im Stehen...! Donnerwetter.

REGINE Er ist dünner geworden, sehr viel dünner.

Sie starren ihn an.

REGINE Und sein Gesicht! Er ist so grau im Gesicht!

DER OBERST Grau?

REGINE Wie ein Gespenst.

DER OBERST Still!

ZWYGART Müde bin ich. Müde von sechs Jahren Krieg. Müde von der Zeit im Kessel Berlin.

Er berührt das Klavier.

Alles steht noch an seinem Platz. Nichts hat sich verändert. Sogar meine Noten liegen noch da, der kleine Czerny.

Er spielt eine Etüde an.

Ihr solltet Berlin sehen. Was heißt Berlin. Berlin gibt es nicht mehr.

II
Der Sekretär

REGINE, HOBY.

HOBY Meinen herzlichen Glückwunsch, Fräulein Zwygart, zur
  glorreichen Heimkehr Ihres Bruders. – Der Chef?

REGINE Pardon?

HOBY Lukullus. Ist er nicht hier?

REGINE Er wird schon noch kommen, der Herr Vorsteher.

HOBY Gewiß. Schwül. Und diese Stille! Als hätten sich alle verkrochen.

REGINE Heute ist eine Art Sonntag. In ganz Europa schweigen die
  Waffen.

HOBY Fragt sich nur, auf welcher Seite wir stehen, jetzt im Frieden.

REGINE Aber, aber! Das müßten Sie doch am allerbesten wissen.

HOBY Sie, offen gestanden, waren meine letzte Hoffnung.

REGINE Ich?

HOBY Ich war sicher, hier bei Ihnen den Chef zu treffen. Absolut
  sicher.
  Er reibt sich den Schweiß aus dem Nacken.

REGINE Oh, Dyr weit ja es Bierli. Pardon, Herr Hoby. Babett!?
  Babett!!

ERSTE MAGD.

MAGD Babett isch gange.

REGINE Gschäfter si zue hütt.

MAGD Babett isch nid go Kommissione mache.

REGINE Bringed em Herr Departementssekretär es Bier.

MAGD Babett chunnt nümm zrügg.

REGINE Was? I rede de no mit em Babett. Es Bier, Klara, aber
  gleitig.
  MAGD *ab.*

HOBY *steht an der Bücherwand, blätternd.*

REGINE Sitte si das. Chuum hei mer Friede, isch dr Tüüfel los. Blättern Sie in Ihren eigenen Broschüren, lieber Freund?

HOBY Das hab ich tatsächlich geschrieben, ich Hornochs? Der einzelne sei ein Blutkörperchen in der Blutbahn seines Volkes?

REGINE Jaja.

HOBY *schwitzt.* Man schafft es manchmal, sich selber zum Rätsel zu werden.

DIE MAGD *serviert das Bier.*

REGINE Isch dr Herr Minischter no im Bad?

MAGD *nickt.*

HOBY Ja. Kanns Ihrem Bruder förmlich nachfühlen, wie er sein Schaumbad genießt. Hat er verdient.

REGINE Weiß Gott, ja, das hat er verdient.

HOBY Sind wir ganz unter uns?

REGINE »Und ging es leuchtend nieder, leuchtets lange noch zurück.«

HOBY Im Privaten eine schöne, im Politischen eine gefährliche Maxime. Ich bin gekommen, ehrlich gesagt –

REGINE *verträumt.* Mier si ja fascht no Goofe gsy, a däm Abe…

DIE MAGD *serviert einen Kuchen.*

REGINE Ah, jetz isch er glunge! Merci, Klara.

MAGD *ab.*

HOBY Regine. Ich muß jetzt unbedingt und sofort wissen, wo wir stehen.

REGINE Um Gottswille – mier zwöi?

HOBY Die Schweiz. Das Departement! Begreifst du nicht? Frieden. Und wir? Himmelnochmal, haben wir diesen Scheißkrieg auf seiten der Sieger beendet oder – oder auf seiten der Achse?

REGINE Excusez, Alfons, aber wie soll ich das wissen?

Sie nascht an der Torte.

HOBY Lukullus hat es mir überlassen, die Beflaggung anzuordnen.

REGINE Was ist daran so schwierig?

HOBY Regine, ich allein soll entscheiden, ob wir uns erlauben dürfen, feierlich auf Sieg zu setzen.

REGINE Ja. Gut. Setzen wir auf Sieg.

HOBY Und die Stille da draußen, die Grabesstimmung? Hat man schon jemals so besinnliche Sieger erlebt?

REGINE Was meinen sie im Departement?

HOBY Heute, um den großen Tag zu würdigen, haben unsere Büros geschlossen.

REGINE Willst du nicht auch ein Stück? Mit richtigem Zucker.
Sie ißt.

HOBY Tippe ich falsch, läßt er mich fallen. Tippe ich richtig, nimmt er den Entscheid für sich in Anspruch.

REGINE Armer Alfons.

HOBY Es ist meine letzte Chance. Im Erfolgsfall, hab ich munkeln hören, wollen sie meine Schriften gnädig vergessen.

REGINE Eigentlich schad. Dein Stil hat mir gut gefallen. »Laßt uns gemeinsam ein neues Europa bauen! Ein Reich, ein Volk, ein –«

HOBY Regine!
Er hält ihr den Mund zu.

ZWYGART, *gebadet und rasiert, im seidenen Morgenmantel, lachend, mit Schwung, ein anderer Mensch.*

ZWYGART Störe ich?

REGINE Neinnein.

ZWYGART Vorsicht, Schwesterchen, Vorsicht! In Berlin sind runde Hüften ein gefährliches Indiz. Hoby, altes Haus! Sie zeigen, daß man unter den Nazis gut gefuttert hat.

REGINE In Berlin.
Sie verschluckt sich, will ab.

ZWYGART Bleib! – Schön, Sie zu sehen. Wie geht's immer, wie steht's?

HOBY Danke, Herr Minister, danke.

ZWYGART Wie Sie sehen, hat alles bestens geklappt. Ich bin zu Hause, heil und gesund. Aber Sie haben ja nichts Anständiges zu trinken. Einen Whisky? Oder lieber einen Aperitif? Sie können sich gar nicht vorstellen, was diese Worte in mir abrufen. Whisky! Henry Clay! Aperitif! Die letzten Monate, müssen Sie wissen, haben wir wie die Ratten gelebt.

HOBY Ich bleibe, wenn sie erlauben, am liebsten beim Bier.

ZWYGART Wann soll's denn losgehen?

HOBY Pardon?

ZWYGART Der große Friedensball.

HOBY Wir feiern einen Friedensball?

ZWYGART Sie haben uns die Karten gebracht? Aber deswegen
hätten Sie doch nicht extra kommen müssen, mein Lieber. Mich,
denke ich, lassen sie auch so aufs Parkett.

Er zeigt auf den größten Strauß.

Von den Dadelsens?

REGINE Professor Senn.

ZWYGART Sein Weib war eine rasante Person, jedenfalls in den
guten, alten Friedenszeiten. Ihr müßt mich selbstverständlich
begleiten, du und Papa.

REGINE Auf den Ball?

ZWYGART Aber ja, Schwesterherz, der Winter unseres Mißver-
gnügens, nun ist er vorbei.

Er zieht eine Karte aus den Blumen.

Typisch Lukullus.

Er lacht. Zu REGINE: Ab zur Friseuse, Kindchen, hopphopp!

REGINE Heini, ich muß zuerst den Stabsarzt fragen, ob Papa –

ZWYGART Ach was! Als alter Krieger wird er den Aufregungen
eines Friedensballes wohl gewachsen sein!

REGINE Zigarrenrauch ist Gift für Papas Augen.

ZWYGART Hopp hopp! Frag den Herrn Stabsarzt. Irgendeine
rauchfreie Nische wird sich mit Sicherheit finden!

REGINE Ja, gut. Dann ruf ich ihn gleich an, wenn du meinst.

REGINE *nach nebenan, sie schließt die Tür, ab.*

HOBY Darf ich offen reden?

ZWYGART Von Freund zu Freund.

HOBY Wir haben 13 Uhr 15.

ZWYGART 16.

HOBY 13 Uhr 16. Und wissen immer noch nicht, ob es die Alliierten zulassen, daß wir mit dem heutigen Tag, dem ersten Tag
des Friedens, zu den siegreichen Nationen gehören. Was meinen
Sie: Sollen wir flaggen oder nicht? Ich, lieber Zwygart, muß diese heikle Frage entscheiden.

ZWYGART Der amerikanische Botschafter?

HOBY Gibt eine Steakparty.

ZWYGART Der britische?

HOBY Ist verreist.

ZWYGART Washington?

HOBY Will sich in den nächsten Tagen mit uns in Verbindung setzen, London dito, aber diese verfluchte Flaggenfrage muß ich heute entscheiden – jetzt.

ZWYGART Darf ich Sie bitten, Hoby, sich ein paar Notizen zu machen? Ad eins, der Herr Vorsteher soll den Ball mit launigen Worten eröffnen.

HOBY Der Herr Vorsteher –

ZWYGART Es trifft immer die Falschen, ich weiß.
Er zieht eine Rede aus der Tasche.
Hier. Für die Witzchen kann ich garantieren, den Schluß lassen Sie ins Amerikanische übersetzen, irgendein Dolmetscher soll mit ihm pauken, bis er's flott über die Lippen bringt. Auer american friends.

HOBY Auer american –

ZWYGART A propos, das Allerneueste haben Sie schon gehört? – Regine, Regine, würdest du bitte aus dem Flur die Schachtel bringen?

HOBY Zwygart, das alles ist schön und gut, aber –

ZWYGART Die Schachtel! – Auf meiner Heimfahrt habe ich bei meinem alten Freund Bradley Station gemacht. 7. US-Armee. In Bayern stationiert.

REGINE, *mit einer großen Schachtel.*

HOBY Verzeihung, Herr Minister, aber –

ZWYGART Ich bin der einzige, der von diesem Ball Kenntnis hat, ich weiß, ich weiß. Aber das kann sich ja ändern, oder nicht? Legen Sie los, Hoby. Zeigen Sie, was Sie können.
Er öffnet das Paket.

HOBY Wir dachten an einen Gottesdienst im Münster. Interkonfessionell.

ZWYGART *zieht einen Fallschirm hervor.* Für dich, mein Täubchen.

REGINE Für mich?

HOBY Ein Fallschirm . . .?

REGINE Was söll i dermit mache? Usem Fänschter gumpe?

ZWYGART Au contraire. Daraus schneidern wir die raffiniertesten Dessous, ma chère.

REGINE Danke, Heinrich.

ZWYGART *blickt auf die Uhr. Dann zu* HOBY. Menschenskinder, die Boys dürften die Grenze bereits erreicht haben. Beeilung, Sie müssen sofort die Formalitäten erledigen, Telephon ist nebenan.

HOBY Was für Boys?

ZWYGART Ach, das habe ich noch gar nicht verraten? Das Allerneueste, die Sensation des Tages? Es ist mir – sagen wir präziser: Es ist dem Herrn Departementsvorsteher gelungen, eine Ballüberraschung zu verpflichten, die sogar die kühnsten Erwartungen um ein Vielfaches übertreffen dürfte. Heute nacht wird uns eine Band der 7. US-Army ein Potpourri zum besten geben.

HOBY In Bern.

ZWYGART Auf dem großen Friedensball im Bellvue in Bern. Ich kann auch selber telephonieren.

Er blickt auf die Karte, die er vorher aus den Blumen gezogen hat.

Lukullus war so freundlich, mir seine Telephonnummer zu schicken.

HOBY *nach der Karte greifend.* Wenn ich –

ZWYGART Sie erledigen das auf Ihrer Stufe, nicht wahr?

HOBY Jawohl, Herr Minister.

Ab.

REGINE *kichert.* Du Schlawiner!

ZWYGART *spielt.* Sag bloß. Die schönen Gladiolen waren nicht von Lukullus?

REGINE Der hinterläßt keinen Lippenstift auf der Karte.

ZWYGART O làlà, war das zu sehen?

REGINE *nickt, geht zur Tür, lauscht.* Er läßt überprüfen, ob diese Band tatsächlich im Anmarsch ist.

ZWYGART Natürlich ist sie das. Die Burschen sind ganz wild auf Schokolade. Und auf das Matterhorn. Morgen fahren wir gemeinsam nach Zermatt.

REGINE Wir?

ZWYGART Du, Senns Weib und die Boys von der Band. Zwei Schwarze, drei Weiße. Mit den Amis ist man innert fünf Minuten auf du.

REGINE Ich darf Papa nicht allein lassen, Heini.

ZWYGART Nach deinem Telegramm, ehrlich gesagt, hab ich Schlimmeres befürchtet.

REGINE Was für ein Telegramm?

ZWYGART Dein Telegramm.

REGINE Meines? Das kann nicht sein, absolut ausgeschlossen! –

ZWYGART Bist du sicher?

REGINE Ja. Ich hab dir nur ein einziges Mal nach Berlin telegraphiert. Das war bei Mamas Tod.

ZWYGART Sonderbar. –

REGINE Vielleicht hast du geträumt.

   ZWYGART *geht zur Tür, lauscht.*

REGINE Heut vormittag hast du sogar im Stehen geschlafen. Wir sind richtig erschrocken, ich und Papa.

ZWYGART *faßt sich.* Entschuldige, du hast ganz recht.

REGINE Was soll ich denn gschrieben haben?

ZWYGART Schon vergessen. Geträumt und vergessen.

HOBY, *mit dem eine merkliche Veränderung vorgegangen ist, steht plötzlich im Zimmer. Er hat seine Biedermaske abgelegt.*

ZWYGART Klappt's mit den Boys?

HOBY Das erledigen die niederen Chargen. Ab sofort laufen die Ballvorbereitungen auf Hochtouren, die Flaggen steigen!

ZWYGART Wie bitte?

MAGD *tritt auf.* Fröilein Zwygart, cha-n-i nech än-Ougeblick –?

ZWYGART Raus!

   MAGD *ab.* HOBY *zieht aus seiner Aktentasche eine Mappe.*

HOBY Die Presse von morgen.

ZWYGART Was ist der Trend?

HOBY Ihre Aktien fallen.

ZWYGART *zu* REGINE. Auch wir müssen die Fahne aushängen.

REGINE Sofort.

   Ab.

ZWYGART Haben Sie mit Lukullus gesprochen?

HOBY Volk und Regierung der Schweiz danken dem General und

seiner Armee für die selbstlose und heldenhafte Wacht an allen Landesgrenzen. So wird die NZZ in ihrer Frühausgabe wörtlich schreiben: »Der kompromißlose Widerstandswille des Generals, sowie eine unter größten Opfern Tag und Nacht aufrecht erhaltene Abwehr- und Kampfesbereitschaft sämtlicher Truppenteile, haben Hitler und das OKW davon abgehalten, unsere Landesgrenzen überschreiten zu wollen.«

ZWYGART *versucht, Haltung zu bewahren.* Der General.

HOBY Die Armee.

ZWYGART Ich habe Sie richtig verstanden. Der General wird zum Strategen ausgerufen, die Armee zum Sieger.

HOBY Jawohl, Herr Minister.

ZWYGART Bitte, sie knallten ein paar Flüchtlinge ab, die illegal über die Grenze krochen.

HOBY Irrtümlich.

ZWYGART Sie stellten ein paar arme Hunde an die Wand, sogenannte Landesverräter, und liquidierten sie. Irrtümlich?

HOBY *schweigt.*

ZWYGART Und zur Hauptsache war diese Armee damit beschäftigt, vom Tessin in den Jura, vom Jura in den Tessin zu trotten, hin und her, her und hin.

Er schreit. Himmelarsch, wir machen in Berlin die ganze Arbeit, und zum Schluß erklärt ihr diesen graumelierten Onkel zum Helden eines Krieges, den er nie sah, nie roch, geschweige denn geführt hat?!?

HOBY Als Oberst dürfte Ihr Herr Papa zu denen gehören, die eine diesbezügliche Meinung unterstützen.

ZWYGART Moment mal, mein Lieber. Vor fünf Minuten hatten Sie keine Ahnung, wo wir stehen. Ob wir Sieger sind oder Besiegte. –

HOBY Gewissermaßen, ja.

ZWYGART Und jetzt, handkehrum, haben Sie die Presse von morgen in der Tasche?

HOBY *zieht eine zweite Mappe aus der Aktentasche.* Wir Sekretäre müssen alle Varianten durchdenken, alles vorbereiten. Hätten wir uns nicht zu den Siegern gerechnet –

Er zerreißt die Papiere der zweiten Mappe.

– dies hätte morgen in den Zeitungen gestanden. Ich komme

nicht umhin, Ihnen noch einmal zu danken, ganz persönlich. Wir lassen die Flaggen steigen, wir setzen auf Sieg.

ZWYGART Auf den General.

HOBY Logisch. Wo ein Sieg ist, muß auch ein Sieger sein. Wüßten Sie sonst jemanden?

ZWYGART Hoby, der General träumte von einer Reise nach Berlin, von einer Wallfahrt zum Führer!

HOBY Mir neu.

ZWYGART Wie bitte? Es hat mich und meine Leute Tage und Nächte gekostet, Telephonate, Telegramme und Depeschen, um unseren senilen Militärs den Canossagang in den Arschkanal des Führers auszutreiben!
Von oben klatscht eine Fahne am Fenster vorbei nach unten. Der Jubel in den Gassen wird lauter.

DER OBERST.

DER OBERST Heinrich, mein Lieber, das ist ein großer Tag für dich, für deinen Vater, für das ganze Land!

ZWYGART Wir haben Besuch, Papa.

DER OBERST Lukullus, mein alter, mein bester –

ZWYGART Departements-Sekretär Hoby – mein Vater.

REGINE.

ZWYGART Hoby war so liebenswürdig, mir die Presse von morgen vorzulegen.

DER OBERST Anständig zensuriert, hoffe ich. Was diese Tintentiere manchmal zusammenschmieren, man glaubt es nicht!

HOBY Ich möchte Sie keinesfalls inkommodieren, Herr Oberst.

DER OBERST Nicht der Rede wert. Nur die Augen, das Alter. Mein verfluchter Corpus trocknet allmählich aus.

REGINE Papa, wir haben eine Überraschung für dich.

DER OBERST Ja, furchtbar. Die ganze Welt zerfließt in bitteren Tränen, und ich muß sie mir einträufeln lassen.

HOBY Tränen?

DER OBERST Augenflüssigkeit, und zwar für teures Geld. Mein verfluchter Corpus, er produziert keine Säfte mehr.

HOBY Dann müssen Sie heute abend unseren Landessender hören. Unmittelbar nach den Abendnachrichten wird Beromün-

ster einen Bericht über die Kazetts bringen. Entsetzlich, sag ich
Ihnen, entsetzlich.

DER OBERST Was für eine Überraschung, Regine?

REGINE Heute abend rücken wir aus, du, Heini und ich. Zum
Friedensball!

DER OBERST Zielrichtung Friedensball, das laß ich mir gefallen!

REGINE Zeit für die Tropfen, Papa.

DER OBERST *bleibt sitzen, zu* HOBY. An der gelungenen Mission
meines Sohnes, hört man allenthalben, haben Sie großen Anteil.
Wie heißts bei Clausewitz? Auch und insonderheit die Arbeit im
rückwärtigen Bereich – na, Sie wissen schon.

REGINE Bitte, würdest du jetzt kommen?

DER OBERST Für mich, wissen Sie, war das Hinterland eher ein
Problem. Uns hat's immer nach vorn gedrängt. Nun, dazu ist
man Troupier. Wir sehen uns auf dem Ball, Hoby?

HOBY Es wäre mir ein ganz besonderes Vergnügen.

DER OBERST Ein Tänzchen oder zwei hat meine Tochter noch frei.

REGINE Vater, bitte!

HOBY Sie würden mich tief beglücken, Fräulein Zwygart.

DER OBERST Das wäre geritzt.

Er steht auf. Dann bis heute abend, Hoby. Wird Zeit, meinen
Nachschub an Tränen zu fassen.

In der Tür bleibt er stehen.

In Terrainlehre war ich allerdings gut. Ich meine nur – nicht daß
Sie falsch von mir denken! Wir waren weiß Gott keine Büro-
hengste, wir alten Knaben, aber in Terrainlehre und Trigono-
metrie, da hat uns keiner je aus dem Sattel gehauen!

REGINE *mit* DEM OBERSTEN *ab.*

ZWYGART Haben SIE das Telegramm verfaßt?

HOBY Wie bitte?

ZWYGART Das Telegramm, das mich nach Hause rief.

HOBY Wenn es Ihnen so wichtig ist, will ich den Absender eru-
ieren.

ZWYGART Den Absender kenne ich: meine eigene Schwester.

HOBY Ah ja? Dann versteh ich nicht, wie Sie in mir den Verfasser
vermuten können.

ZWYGART Meine Schwester hat von diesem Telegramm keine
Ahnung.

HOBY Kapiere. Jemand erdreistete sich, den Namen Ihrer Schwester zu mißbrauchen. Ich gehe der Sache nach, Zwygart, esprit de corps!

ZWYGART Danke, Hoby. Nur noch eins, eine letzte Frage. Einmal angenommen, der General ist tatsächlich der große Sieger, was, bitte, geschieht mit mir?

HOBY Sie ruhen sich aus.

ZWYGART Schlägt das der Herr Vorsteher vor?

HOBY Ich denke, Sie haben seine Telephonnummer. Im übrigen wird er bald aus seinem Versteck kriechen, von den Fahnen ans Licht gelockt. Es wird Zeit für mich.

ZWYGART Ich habe Neutraliens Politik weder entworfen noch beschlossen. Mir oblag es nur, nur unterstrichen, sie in Berlin zu realisieren. Es gibt Dokumente, die das belegen.

HOBY Dokumente, Herr Minister?

ZWYGART Telegramme, Fernschreiben, magnetische Bänder. Auf dem Ball werde ich Lukullus über Ihren Besuch in Kenntnis setzen.

HOBY *zieht eine Liste aus der Mappe hervor.* Die Gästeliste.

ZWYGART Sie sind besser, als ich dachte.

HOBY Zur Variante Sieg gehört selbstverständlich ein Ball.

ZWYGART Dessen Höhepunkt mir zu verdanken ist.

HOBY In der Tat. Eine US-Band in Bern: So was gelingt nur Ihnen, altes Haus!

ZWYGART *hat in der Liste geblättert.* Ich kann mich auf der Liste nicht finden.

HOBY Entweder hat man einen Krieg gewonnen. Oder man hat ihn verloren – tertium non datur.

ZWYGART Wir sehen uns auf dem Ball, Herr Hoby.

III
Bruder und Schwester

Vor Einbruch der Dämmerung

ZWYGART, *im Smoking.*

REGINE, *im Ballkleid. Sie bringt ihrem Bruder Mantel und Seiden-schal.*

ZWYGART Ist der Wagen da?

REGINE Wir müssen nur über die Straße.

ZWYGART Wir fahren im Wagen vor, wie unsere Bundesräte.
Er äugt aus dem Fenster.
Kein Mensch.

REGINE *tritt in seinen Blick: Sie erhofft sich ein Lob für ihre Ballgarderobe.*

ZWYGART Ungeheuerlich! –

REGINE *wendet sich ab.*

ZWYGART Seit geschlagenen zwanzig Minuten müßte er hier sein.
Ich verspäte mich ungern. Sogar aus dem Krieg kam ich pünkt-lich zurück.

REGINE Pünkt-lich.
Sie lächelt.
Du hast dich nicht verändert.

ZWYGART Natürlich nicht.
Er legt eine Platte auf.
Wie gefällt dir der neue Sound?
Er übt die Schritte mit ihr.
And-a-one, and-a-two, step and step and-a-one, and-a-

DIE MAGD, *mit Mantel und Kopftuch, ein Köfferlein in der Hand.*

ZWYGART Wer sind Sie? Was wollen Sie!

REGINE Aber Heini! Das isch üses Klärli.

ZWYGART Wozu dieser Aufzug, wenn ich fragen darf?

REGINE Eh, bis jetzt still, Heini, äs brieget ja.

ZWYGART Brieget?

REGINE *zur* MAGD. Was isch los, hm? Tüet mers säge.

MAGD I söll gah, hei si geseit.

REGINE Hie bi üs hei nume mier d'Säge. Dier blybet, Klara.

ZWYGART Wie war das? Sie sollen gehen?

DIE MAGD *nickt.*

Wer hat das gesagt? War jemand hier? So reden Sie schon, Sie Dienstmensch!

REGINE Heini, was fällt dier i!

MAGD *rasch ab.*

REGINE Das hesch jitz dervo, Dienstmensch. Ph!

Er schaut sie an, lächelt sein charmantes Lächeln.

REGINE Gefall ich dir?

ZWYGART Jede Frau hat ihr Alter. Da wird sie zu dem, was sie ist. Die eine erlebt das mit zwanzig, der Julia-Typ. Die andere mit dreißig, und nicht selten hört man von Witwen, die in schwarzen Schleiern, Strümpfen und Strapsen der ersten Erfüllung entgegenschweben. – Was denen einfällt!

REGINE Wir haben Zeit, Heini.

ZWYGART Wo ist Papa?

REGINE Eingeschlafen. Aber keine Sorge, das passiert ihm tagtäglich. Kaum hab ich ihn angezogen, setzt er sich hin und schläft ein.

ZWYGART Ich muß vorher in die Bar. Alle werden sie mit mir tanzen wollen, und du weißt ja, wie häßlich die Weiber unserer Bundesräte sind; nüchtern schaff ich das nicht.

REGINE Darf ich mit?

ZWYGART Natürlich. Erst gehen wir in die Bar, dann auf den Ball. Vor dem Krieg war ein gewisser Gaston Bartender im Bellevue. Interessanter Bursche. Seine Martini-Drys waren erstklassig.

Er setzt die Platte wieder auf, das gleiche Spiel:

And-a-one, and-a-two, step and step and-a-one, and-a-

Geklirr. Ein Stein fliegt durch die Fensterscheibe. ZWYGART *stellt sofort die Musik ab. Sie stehen.*

REGINE Chumm!

Leise. Hinde-n-use!

ZWYGART Bist du wahnsinnig! Ich fahre offiziell vor, ich bin Mini-
ster, ranggleich mit unseren Bundesräten.
Er lacht plötzlich.
Natürlich! Unsere Staatskarossen, Regine, sie könnten auf der
Straße gewisse Schwierigkeiten bekommen! Deutsche Automo-
bile! Von Benz!

Im Nebenraum versucht REGINE *zu telephonieren. Sie klopft auf
die Gabel, ruft: Hallo!*
ZWYGART *beobachtet sie.*
REGINE *kommt zurück.*
REGINE Du, Heinrich, da stimmt etwas nicht.
ZWYGART Setz dich. Ich muß mit dir reden.
Da sie nicht reagiert, schreit er.
Du sollst dich setzen!
REGINE Es genügt, daß mich der Alte schikaniert.
ZWYGART Entschuldige.
REGINE Schon gut, Heini.
ZWYGART Heinrich.
REGINE Heinrich, verzeih.
ZWYGART Tote Leitung?
REGINE Vielleicht eine Störung. Nichts von Bedeutung.
ZWYGART *geht nach nebenan, ab.*

REGINE *allein im Raum.* Weißt du, was Mama immer gesagt hat?
Das ist kein Haus, hat sie gesagt, das ist ein Hausoleum. Sogar
die Lauben hat sie gehaßt. Nicht einmal in der Stadt, hat sie
gesagt, kann man im Freien gehen, unter dem Himmel, sie blieb
Berlinerin, sie muß gespürt haben, schon damals, daß die
Mauern etwas zu dick sind und die Kellergewölbe zu groß, zu
dunkel...

ZWYGART *kommt zurück.*
ZWYGART Hausoleum? Warum sagst du das?
REGINE Vielleicht liegts am Kleid.
ZWYGART Ja, natürlich! Du trägst ein Ballkleid von Mama...!
REGINE *setzt die Platte zum dritten Mal auf, und wieder begin-
nen sie zu tanzen.*

REGINE/ZWYGART And-a-one, and-a-two, step and step and-a-one, and-a-
Plötzlich halten sie inne.
ZWYGART Was war das?
REGINE Nichts, nichts…
Sie lauschen.
Nur die Fahnen! Sie knattern so lustig.

HOBY *tritt aus dem Schatten.*
ZWYGART Hoby!
REGINE Alfons!
Sie sinkt auf einen Stuhl.
Gottseidank, dir syts… Heit dir mi verchlüpft…!
Sie lacht.
ZWYGART Einen Drink?
HOBY Behüte, uns steht eine lange Ballnacht bevor.
ZWYGART Sind Sie gekommen, um uns über die Straße zu begleiten?
HOBY Ich bin Ihr Freund, Zwygart. Immer noch.
ZWYGART Es hört sich wie eine Drohung an.
Er mixt sich einen Drink. Dann wirft er sich lässig in einen Sessel.
Zu REGINE: Erinnerst du dich an Hasso von Beeskow?
REGINE *zu* HOBY. Ein entfernter Verwandter unserer Mama.
ZWYGART Sehr entfernt.
REGINE Ein Lebemensch, wie Mama gesagt hat. Wie geht es ihm?
ZWYGART Er hat sich erschossen.
REGINE In den Kopf?
Zu HOBY. Er hatte einen bermerkenswerten Kopf, müssen Sie wissen. Ein Dichterhaupt.
ZWYGART Kurz vor meinem Ausbruch aus dem Kessel war ich noch bei ihm. Er saß in seiner Bibliothek und stach eine Flasche nach der andern aus, das Beste aus seinem Keller. Sobald der Krieg zu Ende sei, so von Beeskow, plane er in den Schrotthandel einzusteigen – oder ins Verlagsgeschäft.
HOBY Eine erstaunliche Alternative.
ZWYGART Diese Zeit, meinte er, würde uns viel Schrott bescheren – und eine Fülle hochinteressanter Biographien. Ein

typischer Preuße. Für die wohnt der Liebe Gott im Neben-
zimmer.

HOBY Wollen Sie damit andeuten, daß es Ihr Herr von Beeskow
geschafft hat, in der letzten Lebenssekunde zum Helden zu
werden?

ZWYGART Vielleicht.

HOBY Ein gefährliches Vielleicht.

ZWYGART Man geht rasch hinüber und tritt ein in jenes Land,
DAS UNS WIE BÄCHE DAHINREISST.

REGINE Hölderlin?
Stille. Sie sitzen.

ZWYGART *zitiert. WIE BÄCHE REISST DAS ENDE VON
ETWAS MICH DAHIN, WELCHES SICH WIE ASIEN
AUSDEHNET.*

REGINE Still!
Die Geschwister schauen sich um. Es ist dunkler geworden.

ZWYGART Hoby? Hoby –
Zu REGINE: Nein, kein Licht!
*Er zieht die Verdunkelungsvorhänge. Dann knipst er das Licht
an.* HOBY *ist verschwunden, ab.*

REGINE Was soll das?

ZWYGART *grinsend.* Hoby war hier, um sich über meine weiteren
Schritte ins Bild zu setzen.

REGINE And-a-one, and-a-two: das sind deine weiteren Schritte!
Noch einmal legt sie die Platte auf.

ZWYGART Es war meine Absicht, Schwesterchen, am Rande des
Ballgeschehens ein paar Dinge zu regeln. Bitte, was mir in Berlin gelang, macht mir so schnell keiner nach. Aus potentiellen
Feinden machte ich gute Handelspartner, und zwar auf die einfachste Weise. Ich brachte ihnen bei, daß man die eigene Bank
nicht überfällt. Heute abend wollte ich meinen Status klären.
Das nationalsozialistische Deutschland hat aufgehört zu existieren. Damit steht meine Gesandtschaft in einem rechtsfreien
Raum, und ich, ihr Chef, wo stehe ich? Der Ball fällt aus. Für
uns fällt er aus.

REGINE Du hast mir einen Martini versprochen.
Das Geläute des Münsters setzt ein.

ZWYGART Abbruch der Übung, tut mit leid.

REGINE Abbruch der Übung... nein, Heini, das geht nicht! Das dürfen wir Papa nicht antun!
Weitere Glocken.

DER OBERST, *in Galauniform.*

DER OBERST Hört ihr, Kinder? Hört ihr, wie schön? Sie läuten den Frieden ein! Kinder?

REGINE Vorsicht!

DER OBERST *stolpert über die Gladiolen-Vase.* Vom Departement; hab ich recht?

ZWYGART Ja.

DER OBERST Rosen!

ZWYGART Treffer, alter Herr!

DER OBERST Habs gewußt. Rosen. Rosen von Lukullus! Jetzt aber los, Kinder! Höchste Zeit, daß wir ausschwärmen!

REGINE Papa, da gibt es leider ein Problem. –

DER OBERST Schweig, davon verstehst du nichts. Männersache. Hab ich recht, Heinrich? Großartiger Augenblick. Historischer Moment. Meinem Sohn haben sie's zu verdanken, daß die Türme noch stehen, daß die Glocken noch läuten. Kragen?

ZWYGART Sitzt.

DER OBERST Ceintüro?

ZWYGART Perfekt, Säbel dito.

DER OBERST Zum Ball, Kinder!
Das Jubelgeläute aller Kirchtürme der Stadt. Plötzliche Stille. Dann eine Klingel. REGINE *ab.*

ZWYGART Papa, ich befürchte, wir sind zu früh.

DER OBERST Für die Bellevue-Bar ist es nie zu früh!

ZWYGART *lauscht hinaus, wo* REGINE *offensichtlich einen Disput führt.* Als Botschafter muß ich auf meine Würde achten. Darf nicht als erster erscheinen.

DER OBERST Bin nicht müde.

ZWYGART Au contraire. Gut siehst du aus, ein Troupier vom Scheitel bis zur Sohle.

DER OBERST *glücklich.* Troupier. Das trifft die Sache. War ein Mann der Truppe, Heinrich, in der Tat. Immer im Feld, im Zelt. Und anno 13 hab ich vor Wilhelm salutiert... So!
Er sinkt in einen Sessel, schlummert weg.

REGINE.

ZWYGART Er schläft!

REGINE Reg dich bitte nicht auf, Heinrich – es geschieht, sagt der Wachtmeister, rein und ausschließlich zu unserem Schutz.

ZWYGART Polizei.

REGINE Ja.

ZWYGART Die Telephondrähte abgezwackt, das Haus umstellt.

REGINE Aber doch nur zu unserem Schutz! Sie möchten verhindern, daß es uns ergeht wie der armen Frau Tüderli. Die Tüderli ist eine Deutsche. Jedenfalls in Deutschland geboren.

ZWYGART Was geht uns das an?

REGINE Grad vorher, sagt der Wachtmeister, hat man sie durch die Gerechtigkeitsgasse gejagt, die Tüderli.

ZWYGART Wird eine Nazisse gewesen sein.

REGINE Eine Deutsche. Und seit siebzehn Jahren mit einem Schweizer verheiratet.

ZWYGART Wo gehobelt wird, fliegen Späne.

REGINE Durch unsere Gasse wird keine gehetzt.

ZWYGART Ich muß sofort mit Lukullus reden. Sofort!

REGINE Ohne Telephon? Ein zweiter Mann steht im Hof. Sie dürfen niemanden reinlassen ... und niemanden raus.

ZWYGART *überlegt. Plötzlich scharf, auf den Alten zeigend.* Schaff ihn weg!

IV
Die Firma

Nach Einbruch der Dämmerung.
ZWYGART, *allein.*

ZWYGART Bis heute morgen war ich überzeugt, die schwierigste
  Mission meines Lebens erfüllt, den Krieg, einen Weltkrieg, von
  unseren Grenzen ferngehalten zu haben. Irrtum. Meine schwierigste Mission beginnt hier, beginnt jetzt, sie betrifft: mich
  selbst. Ich war unser Mann in Berlin. Meine Partner, Minister
  bis gestern, sind heute Verbrecher. Auch ich war bis gestern
  Minister. Was bin ich heute?
  Per Saldo aller Ansprüche ist meine Mission nicht übel gelau-
  fen. Unsere Häuser stehen noch und die alten Bäume auch. Ich
  habe dieses Land, wie ich bitte unterstreichen zu dürfen, nicht
  verraten, ich habe es gerettet, und das gelang mir, indem ich eine
  kluge Politik nach bestem Wissen und Gewissen in die Tat
  umsetzte: deine Politik.
  Herr Bundesrat, lieber Lukullus, ich erwarte keinen Dank, keine Reden. Ich realisierte vor Ort, was du gedacht, was du entworfen hast. Ich wars, der die Kastanien aus dem Feuer holte,
  wieder und wieder. Machen wir uns nichts vor: die Finger werden schmutzig dabei, die Weste bleibt nicht rein. Mit Fräulein
  Braun spielte ich Domino; mit Magda Goebbels diskutierte ich
  Fragen einer nationalsozialistischen Kindererziehung und mit
  Emmy Göring den Spielplan des Deutschen Theaters. Im Palais
  hatten wir Nacht für Nacht Hochfrequenz; vor dem Morgen-
  grauen begann sich das Völkisch-Heroische zu legen, sogar bei
  den Damen. Ich tat meinen Job. Ich tanzte, verschenkte Pra-
  linees und die Truffes von Lindt & Sprüngli. Ich spielte Tennis,
  spielte Golf, spielte Schach.
  Er grinst.
  Du ahnst, Lukullus, worauf ich hinauswill? Kein Wort über die
  doctrine suisse. Keine Silbe über unsere Handelsabkommen

(die ja deine Unterschrift tragen), keinen Mucks über all unsere Verträge und Vereinbarungen mit dem Reich. Darüber zu
reden – wir haben es nicht nötig, schließlich hatten wir Zwygart,
und Zwygart, wer wüßte es nicht, war im Berlin der Preußen-
stiefel ein gerngesehener Mann. Sein Habitus gefiel. So kamen
wir durch. So, mein Lieber, werde ich reden.
Er geht zur Bar, mixt sich einen Drink.
Im Ernst: Wäre ich für den Lauschangriff auf Zwygart zuständig: hier hätte ich die Mikros montiert, hier. Oder hier?
Er horcht auf. Irgendwo im Haus fällt eine Tür ins Schloß.
Schön haben Sie's hier, sagte ich zum Führer. Er nickte stolz. Es
war auf dem Obersalzberg, und der Tag hatte sich schon
geneigt. Wir standen am großen Fenster. Vor uns die Alpen, ein
gezackter Horizont, ein Meer aus Stille und Schnee. Blondie,
sein Schäferhund, lag vor dem Kamin, und unter uns, auf der
Terrasse, spielte die Braun mit den Sekretärinnen des Führers
Himmel-und-Hölle, hüpfidihüpf. Hitler nannte mir die Namen
seiner Gipfel. Auch wir Schweizer, sagte ich, würden unsere
Berge achten und ehren, Gottfried Keller habe sie als Altäre
besungen, »Altäre des Vaterlandes«. Zudem verstünden wir
uns, fuhr ich fort, auf die schöne Kunst, aus unseren Felsen
Kapital zu schlagen. Der Führer horchte auf. Ich ergriff meine
Chance. Wir sind, mein Führer, ein Volk von Tresoristen, ras-
sisch und blutsmäßig dem Deutschtum verwandt und folgedes-
sen aus tiefster Überzeugung willens, aber auch fähig, die Schätze der Nibelungen in unseren Felskammern zu horten, zu
waschen und je nach Front- und Devisenlage ins alliierte Aus-
land zu transferieren. Mit Gewinn für das Reich, mein Führer,
und mit ein paar Prozentlein für uns.
Ahnst du, Lukullus, was ich dir anbiete?
Kein Wort über die doctrine suisse, keinen Mucks über all unsere Verträge und Vereinbarungen mit dem Reich. Darüber zu
reden – wir haben es nicht nötig, schließlich hatten wir Zwygart,
und Zwygart, wer wollte es leugnen, teilt mit dem Führer die
Liebe zu Wagner, zu Nietzsche, zu Rassehunden.
Auf dem Ball bin ich nicht willkommen, gut, akzeptiert – ich
habe meine Bälle gehabt, meine Tänze getanzt. Aber warum die
rüde Art, mich auszuladen? Warum zeigt keiner von euch sein
Gesicht? Was habt ihr vor, Freunde?

Ich rate dir sehr, lieber Lukullus, bedenke mein Angebot. Dich
kostet es nichts, mich kostet es viel. Mir bringt es wenig, dir
bringt es alles. Ordne eine hübsche Vernehmung an, und ich
freue mich darauf, von deinen Sonderausschüssen und Schnell-
gerichten vernommen zu werden. Verlangst du ein langes La-
vieren, laviere ich lange, und sollte es dem aufrechten Herrn
Untersuchungsrichter gefallen, den Gesandten Zwygart als
genußforschen, nur an Tanztees und Tennis interessierten Gigo-
lo vorzuführen, bitte, ich bin bereit, in Lackschuhen vor die
Schranken zu treten, pomadisiert vom Scheitel bis zur Sohle.
Ich lasse dich nicht im Stich, Lukullus, ich bin dein Freund, ein
Freund, ein guter Freund . . .
Er singt ein paar Takte des Liedes der Commedian Harmonists.
Schon habt ihr mich soweit! Schon wird der, den ihr für einen
Verräter haltet, zum Verräter. Denkt ihr. Nein! Die Umstände
erfordern es. Die Umstände, und der Staat, dem ich diene, und
natürlich unsere Freundschaft, meine Freundschaft zu dir,
Lukullus, verlangen, daß ich bereit bin, mich selber, meine
Arbeit, meinen Einsatz zu verleugnen, zu verraten. Ich nehme,
mein lieber Lukullus, deinen Dreck auf meine Person. Aber vor
Gericht, Herr Bundesrat, hören Sie? Vor Gericht! Nicht auf
dem Friedhof!!
Da! In der Decke! Im Leuchter sind die Wanzen!
Er steigt hoch.
Esprit de corps, Lukullus, ich bin einer von uns, ihr dürft mich
nicht hängenlassen, holt mich ab, präsentiert mich auf dem Ball
und Schwamm über die Sache.
Er schraubt die Birne aus, verbrennt sich die Finger.
Scheiße!
Er rast zur Wand.
Oder hier?
Nein, das war keine Panne. Ich rede von der Grenze. Ich rede
davon, daß mich deine Leute – unsere Leute! – vor unseren
Grenzbarrieren warten ließen, mehr als eine Stunde lang! Ja,
wie einen Landstraßenläufer, wie einen Fluchtjuden habt ihr
mich stehenlassen, und ich frage dich – ich frage dich: Behan-
delt man so einen Freund? Antworte mir! Ist das korrekt? Es
will mir nicht in den Kopf, noch nicht! Ich hatte es geschafft,

durch die russischen Linien zu kommen. Und was, bitte, geschieht an dieser Grenze? Sie macht sich für Zwygart nicht auf, sie bleibt geschlossen, mehr als eine Stunde lang. Vor den Stacheldrahtrollen stand ich, vor den Barrieren meiner eigenen Heimat. Zum Lachen. Zum Totlachen. Ich, der Mann, dem dieses Land nicht gerade wenig verdankt, wie ich meine bemerken zu dürfen, lehnte an der Kühlerhaube meines Studebakers und durfte hinüberglotzen auf unsere dösenden Soldaten, auf die Kirchtürme, auf das friedliche Grenzdorf. Ob du es glaubst oder nicht, Lukullus – ich habe das Signal nicht verstanden, die Warnung, und hätte ich sie verstanden: Ich wäre trotzdem nach Hause gekommen. Mein Vater ist krank. Auf den Tod ist er krank. In beiden Augen: Krebs.
Er erschrickt. Dann lacht er.
Meinen Glückwunsch. Erstklassige Arbeit.
Er hebt das Glas.
Der Plan könnte von mir sein, perfekt bis ins Letzte. Ex!
Er trinkt.
Ein einziges Telegramm hat genügt, mich in die Heimat zu locken, in den Schoß der Familie, in die Falle: VATER SCHWER ERKRANKT, AUGENKREBS, REGINE. Dieser Krebs war ein Köder. Ich habe danach geschnappt. Ich Idiot. Ich Idiot!
Er reißt den Teppich weg und kriecht, auf der Suche nach den vermuteten Wanzen, auf allen vieren.
Unser Land
Sagt Ihr
War eine Festung?
Irrtum.
Es war
Ein Tresor.
Habe meine Pflicht
Erfüllt, die Heimat
Vor dem Schlimmsten bewahrt. Meine Liquidierung
Müssen andere besorgen. Ihr
Freunde.
Das übersteigt
Meine Loyalität, tut mir leid, eure Westen, eure Finger
Werden schmutzig. Hört ihr mich?

HÖRT IHR MICH?
Ich hoffe doch sehr ... wie ich bitte unterstreichen zu dürfen ...
ich spreche nicht zu hastig, nicht zu leise, verständlich, vernünftig ... oder soll ich den Stenographen erzählen, was ich
weiß, Lukullus? Soll ich den Bändern sagen, wer du bist, Lukullus? Soll ich den Lauschern die doctrine suisse en détail erläu-
tern?
Ich warne dich. Dies ist die einzige Möglichkeit, mit dir zu
reden, der letzte Weg, der noch offen ist. Aber ich weiß meine
Chance zu nutzen, Lukullus. Über die Mikrophone, die deine
Leute, unsere Leute, in meinem Vaterhaus installiert haben,
gebe ich kund und zu wissen, daß nicht ich die Absicht hatte,
unser Land dem Protektorat der Deutschen zu unterstellen. Das
war, lieber Lukullus, deine –
Stromausfall, ZWYGART *stolpert über eine Vase.*
Scheiß-Gladiolen!

V
Vater und Sohn

Hausoleum.

ZWYGART, REGINE.

REGINE *Am Fenster.* Die de Wolff! Schau dir diese Robe an,
impossible!
Man hört fernen Applaus. Sie schließt das Fenster.

ZWYGART Laß nur. Ich höre gern, wie das Volk seine Retter
begrüßt.

REGINE *streicht ihm übers Haar.* Armer Heinrich.

ZWYGART Die hier ansässigen Botschafter, Washington, London
hätten sich erst morgen geregt, erst übermorgen, und ich – ich
spiele meine beste Karte aus. Pour rien!

REGINE Und wenn die Amis übermorgen erklären, daß sie uns
nicht auf seiten der Sieger sehen wollen? Was geschieht dann?

ZWYGART Sie werden Bradley und seine Boys nicht diskreditieren
wollen . . .

REGINE Das hast du fein eingefädelt.
Am Fenster. Er kommt, glaub ich.

ZWYGART *tritt dazu, schaut.* Nein. Noch hat er Licht in seinen
Büros. Lukullus ist eine Spinne. Er kann warten.

DER OBERST.

DER OBERST Bin gern pünkt-lich.

ZWYGART Pünkt-lich.
Er lächelt.
Du hast dich nicht verändert.
Man hört Hoch-Rufe.

DER OBERST Der General . . .!
Jubel, Applaus.
Gehen wir endlich!

ZWYGART Es gibt ein Problem, Papa.

DER OBERST Nicht akzeptiert! –

ZWYGART Hör zu! –

DER OBERST Nicht akzeptiert, punktum, basta. Sie würde sich glatt einen Fuß abhacken, die arme Regine, oder beide Füße, um wieder einmal zu tanzen, zu lachen. Wie Gefangene hocken wir hier, wir zwei. Durch meine verfluchten Augen an dieses Haus gefesselt. Ich bin alt, Heini. Ich habe meine Bälle hinter mir. Aber die Regine! Sie muß ins Leben, die Regine, endlich ins Leben. Es ist schrecklich, alt zu werden, ohne die Liebe erlebt zu haben. Für eine Frau ist das schrecklich.

REGINE *ab.*

ZWYGART Jetzt hast du ihr weh getan.

DER OBERST Kann passieren. Hoby war ziemlich schamlos, findest du nicht?

ZWYGART Das hat nichts zu bedeuten.

DER OBERST Die Anspielung auf die Lager hat nichts zu bedeuten?

ZWYGART Der reine Neid. Wir wühlen im prallen, im farbigen Leben, und die Herren Sekretäre und Subsekretäre – schau ihn doch an! So einer verstaubt zwischen seinen scheppernden Manschetten. Als ich zum ersten Mal ein Lager besuchte – es muß anno 39 gewesen sein, im Frühjahr, ganz zu Anfang meiner Berliner Zeit – brachte ich ihnen Rasierwasser mit. Für jeden Schweizer Kazett-Häftling, namens und im Auftrag unserer Regierung, eine Flasche Pitralon. Der peinlichste Moment meines Lebens! Stand auf dem Appellplatz, neben mir die Brütsch. –

DER OBERST Die mit dem Busen?

ZWYGART Exakt. Sie hat in jeder Hand eine Tasche getragen, und in jeder Tasche waren zehn Flaschen Pitralon. Sie glotzten so sehnsüchtig auf die Taschen, die armen Kazettler, ich mußte ihnen das Wässerchen überreichen, ob ich wollte oder nicht. Wir können nicht ins Bellevue. Tut mir leid.

DER OBERST Nicht auf den Ball.

ZWYGART Nie mehr.

DER OBERST Nie mehr.

ZWYGART Ja.

Nun ist vom Bellevue her der erste Walzer zu hören.

DER OBERST   Ich habe es förmlich gerochen. Dieser verfluchte Feigling von Stabsarzt! Er hat dir reinen Wein eingeschenkt.

Er zieht seine Brille ab, lächelt.

Es ist aus, hab ich recht? Mir spielt bald ein anderer zum Tanz auf.

ZWYGART *am Fenster. Er schiebt vorsichtig den Verdunkelungs-vorhang beiseite, öffnet einen Spalt weit den Laden. Nah erklingt die Ballmusik.*

DER OBERST   Auch drüben, denke ich, ist Land. Eine Art Asien. Aber heißer. Weiter. Höher; tiefer.

ZWYGART   Fragt sich nur, ob man die richtigen Papiere hat, das Visum.

DER OBERST   Die haben eine lockere Asylpolitik, da drüben. Bis jetzt, denke ich, haben sie noch jeden reingelassen.

Er steht auf.

So. Nun ist genug gejammert. Hauptsache, du bist aus dem Berliner Kessel heil entkommen.

Er lacht.

ZWYGART   *am Fenster.* Jetzt! Lukullus verläßt seine Büros...

DER OBERST   Ja, ja. Alles verkehrt, wenn man's bedenkt. Dein Vater hat sein Leben der Armee verschrieben, aber du, der Diplomat und Parkettheld, mußt dich durch russische Linien schlagen!

ZWYGART   Ja, alles verkehrt.

Er nimmt die Hand seines Vaters.

Ich habe Angst, Papa.

DER OBERST   Das gibt's doch nicht! Da, schau, ich habe Tränen! Eigene, von mir selbst produzierte Tränen! Schau!! Hätte ich nicht gedacht, offen gestanden, daß es dir so nahe geht, wenn der Alte Herr auf sein Ende zu sprechen kommt. Heini, das ist die schönste Nacht meines Lebens. Ich habe einen Sohn.

ZWYGART   Pünktlich zu den Frühnachrichten muß ich mich erschossen haben.

DER OBERST   Weißt du, was du da sagst, Heinrich?

ZWYGART   Ich denke schon. Als Departementschef hätte ich genau so gehandelt. Wir küren den General zum großen Sieger, und was den Dreck betrifft, diesen ganzen verdammten Dreck, der an

allen Fingern klebt, auf unseren Westen und Zungen und Akten,
bitte, den werden wir auf die einfachste Weise los. Mit diesem
Dreck füllen wir Zwygarts Grab. Übrigens, da wir gerade beim
Thema sind: Würdest du so liebenswürdig sein, mir die Pistole zu
leihen?

DER OBERST   Meine Pistole...?

ZWYGART   Ich denke, auch das gehört zum Plan. Sie haben mich
per Telegramm hierhergeholt, vor die Mündung deiner Ordonanzpistole. Erstklassige Arbeit, findest du nicht?

DER OBERST   Das ist Wahnsinn.

ZWYGART   Wirklichkeit. In Anbetracht meiner Verdienste um
Volk und Regierung der Schweiz wird mir gestattet, mich selber
zu liquidieren.

DER OBERST   Ich kann es nicht glauben. Ich kann es nicht verstehen! Heinrich!

REGINE, *mit belegten Broten.*

REGINE   Habt ihr gerade über mich gesprochen?

ZWYGART   Aber nein!

REGINE   Doch, Heini. Ich spür es euch ab. Ich merk es euch an. Ihr
habt die ganze Zeit über mich gesprochen. Aber bitte, zerreißt
euch nur das Maul. Tut euch keinen Zwang an. Dafür bin ich ja
da, damit die Herren an mir ihre Stiefel abputzen. Dafür bin ich
gerade gut genug. Magst du eins?
Sie bietet dem Vater ein Brot an.
Aber was ist denn das?! Was seh ich da? Du hast Tränen?

DER OBERST   Ja, stell dir vor, eigene, von mir selbst produzierte
Tränen!

REGINE   So. Und wie hat er das geschafft, der ach so liebe, ach so
gute, aus Krieg und Abenteuer endlich heimgekehrte Sohn?

DER OBERST   Mit redlichen Mitteln, stimmt's, Heini?

ZWYGART   Gelacht haben wir!

DER OBERST   Tränen haben wir gelacht.

ZWYGART   Pitralon!

DER OBERST   Heini, stell dir vor, hat unseren Landsleuten Pitralon
ins Kazett gebracht.

REGINE   Pitralon?

ZWYGART   Namens und im Auftrag unserer Regierung, in der Tat.

REGINE Und was haben sie gemacht damit? Ihre Schädel einge-
schmiert?

ZWYGART Ausgesoffen.

REGINE Ausgesoffen?

DER OBERST Ja! Ausgesoffen! Heini hat jedem sein Fläschlein in
die Hand gedrückt.

REGINE Grundgütiger! Dann waren sie alle betrunken?!

DER OBERST/ZWYGART Aber klar! Voll wie Haubitzen! Platt wie
Flundern! Katzkanonenhagelvoll!

REGINE Und du hast dich nicht geschämt, Heinrich?

ZWYGART *setzt sich ans Klavier.*

ZWYGART Nein, ich habe mich nicht geschämt! Bereit?

REGINE Aber doch nicht jetzt, ihr Lieben. Morgen!

DER OBERST Morgen kann es bereits zu spät sein. Hab ich recht,
Heini?

ZWYGART Absolut. Auf vielfachen Wunsch des Kommandeurs,
zwo, drei und!

DER OBERST Attacke!

REGINE, *von* ZWYGART *begleitet, singt das Lied der Gilberte de
Courgenay.*

REGINE C'est la petite Gilberte
Gilberte de Courgenay...

VI
Asien

Hausoleum. Nacht.

ZWYGART, REGINE.
REGINE Heinrich!
ZWYGART Raus.
REGINE Heini –
  ZWYGART *stößt sie aus dem Zimmer, verriegelt die Tür.*
  REGINE *ab.*

ZWYGART Raus! Verschwinde! Ich muß mit Lukullus reden, mit
meinem Freund Lukullus, dem Sieger, dem Chef. Bekenntnis.
Herr Bundesrat, lieber Lukullus. Es war meine persönliche Ent-
scheidung, deine Weisungen zu befolgen, deinen Befehlen zu
gehorchen. Du hast die doctrine suisse entworfen, ich habe sie
realisiert. Das ist, sagt mein Freund, der Dichter Reinhold
Schneider, der Fluch dieses Zeitalters: daß man der falschen
Macht innerhalb ihres Bannkreises nicht begegnen kann ohne
Bündnis mit ihr. Ja, das ist der Fluch. Ich bin der falschen Macht
innerhalb ihres Bannkreises begegnet. Ich habe mich ihr verbunden.
War das gut?
Bitte, ich kann auch anders. Bekenntnis!
Ich bekenne, unsere Grundsätze und die Moral unserer Politik
verraten zu haben. Ich riskierte das Böse, um Gutes zu tun.
Unsere Kinder sollten leben. Die Häuser, die Bäume sollten blei-
ben. Dafür habe ich gelebt, gefickt, getanzt. Eigenmächtig und
unverantwortlich, wie ich bitte zugeben zu dürfen, habe ich die
offizielle Politik des unbedingten Widerstandes in ihr Gegenteil verkehrt. War das besser? Könnt ihr haben, in dreifacher
Ausfertigung, wird sofort unterschrieben, gezeichnet: Zwygart.
Machen wir uns nichts vor. Ich weiß doch, worum es euch wirklich geht. Aber nicht mit mir! Erst will ich ein Angebot von

euch, und erst danach – damit wir uns richtig verstehen: erst
wenn ich einem ersten Mann unserer Firma gegenüberstehe, bin
ich bereit, einen Teil meiner hübschen Akten und Tonbänder als
Verhandlungsmasse einzubringen.
Hast du verstanden, Lukullus?
Ich erwarte ein Signal, Lukullus. Ich erwarte, daß du das Tele-
phon läuten läßt – gib mir zu verstehen, daß du mir zuhörst!
Laß das Telephon läuten! Bitte!
Ich warne dich. Meine Stimme werden sie in den Tresoren verschließen, in den Bergen begraben. Eines Tages jedoch, vielleicht in fünfzig, vielleicht in hundert Jahren, kehrt Zwygart
aus dem Vergessen zurück. Dann ruft meine Stimme deinen
Namen –
Er entdeckt die Ordonanzpistole.
Papa. Typisch! Glaubt mir kein Wort, aber die Ordonanzpistole liegt auf dem Schreibtisch parat... zur Sache. Lukullus, wer
wollte dieses Land dem Protektorat der Deutschen unterstellen? Wer sperrte unsere Emigranten in Lager? Wer zensurierte
die Presse? Wer ist der Kollaborateur, Lukullus, wer ist der Verräter, du oder ich? Du oder ich? Lukullus, ich warne dich zum
letzten Mal: Ich packe aus! Ich nenne deinen Namen, Lukullus,
und ich nenne Zahlen. Wer ist reich geworden in dieser großen,
schweren Zeit? Wer hat seine Tresore vollgestopft mit Leichen,
mit Knochen, mit Haut und Augen und Blut? Du bist nicht auf
dem Ball, Lukullus, ich habe dein Ohr, Lukullus, ja, ja!
Erfreut. Lukullus! Lukullus, bist du's?
Er zieht den Kittel an, rennt ihm entgegen, lachend.
Willkommen, mein Lieber – –
Es beginnt zu dämmern.
Du bleibst, der du bist. Niemals zu greifen, kein Gesicht, eine
Null, rien. Wer dich anspucken will, spuckt in den Wind. Wer
dir in die Eier tritt, tanzt ins Leere. Demokratie. Herr Niemand
herrscht im Niemandsland; deine Diktatur ist total, die Macht
ohne Grenzen, ein Gas, ein Gift, das nicht einmal stinkt, und
doch ist es da, da, überall, kein Land, ein Todesstreifen, die
Hygiene perfekt... Die Rede?
Ein voller Erfolg.
Danke.

Für mich, deinen Freund Lukullus.

Um so größer meine Leistung.

Von der du nicht profitierst.

Wer weiß.

Nein. Die Geschichte schreiben wir. Sagen wir präziser: Wir schreiben sie gemeinsam mit unseren alliierten Freunden. Unter uns, Zwygart. Die Boys – wonderful! Really! Man braucht nur Heidi zu sagen, Omega oder Luzern, schon hauen sie dir ihre Pranke auf die Schulter und lachen sich schief...

Ach, Lukullus, altes Haus. Hast du unsere guten alten Zeiten vergessen? Die Saufereien, die rote Lola und ihr Pudelchen? Weißt du noch, wie Lolas Pudelchen hieß? Mit meiner Liquidierung habe ich nicht gerechnet.

Wer spricht von Liquidierung?

Du.

Ich?

Ja, du.

Mich gibt es nicht.

O doch!

Nein. Luft bin ich, eine Null –

REGINE.

ZWYGART *ohne sie zu sehen.* Lukullus, ich verspreche dir, unser Hausoleum nicht mehr zu verlassen. Ich bekenne mich schuldig im Sinn der Anklage. Regine wird ledig bleiben. Als Schwester eines Landesverräters hat sie keine Chance, eine halbwegs akzeptable Partie zu machen, in unseren Kreisen sind wir erledigt, im Klartext: Ihre Sehnsucht, ihre Gier nach Leben, nach Männern, nach Kindern – das findet keine Erfüllung, keine Erlösung, und dieses ungelebte Leben, Lukullus, es wird Haß erzeugen, ja: Haß! Haß, der euch garantiert, daß ich hier nie mehr hinauskomme. Herr Bundesrat, ich trete hiermit die Pensionierung und gleichzeitig meine Strafe an: Hausarrest, lebenslänglich.

Er erblickt REGINE, *versucht zu lächeln.*

Zigarette? Einen Whisky?

REGINE *schweigt.*

ZWYGART Ich erzählte der Firma von Mama.

REGINE *schweigt.*

ZWYGART Ehrenwort. Stimmt's nicht, Lukullus? Von Mama!

REGINE Hör auf.

ZWYGART Ich lüge nicht. Ich habe Lukullus erzählt, wie sehr sie
dieses Haus haßte, dieses Bern, die Gassen ohne Himmel, die
Figuren auf den Brunnen.

REGINE Aufhören! Bitte...

ZWYGART Denkst du manchmal an Mama?

REGINE Nein.

Plötzlich lacht sie.

Nach dem Tod habe ich Mama gewaschen. Hier, unter den Brüsten, war sie ein bißchen gelblich. Ich versuchte, es wegzuwa-
schen, erst mit dem Lappen, dann mit der Bürste. Da, auf einmal, hat Mama die Augen aufgemacht.

ZWYGART Die tote Mama?

REGINE Ja, die tote Mama.

ZWYGART Macht die Augen auf?

REGINE So hat sie geschaut.

Sie verzerrt ihr Gesicht zu einem Grinsen.

ZWYGART Du bist schrecklich ordinär.

REGINE Wir mußten die Lider mit Heftpflaster zukleben. So was
soll vorkommen, sagte der Stabsarzt.

ZWYGART Sag mal, Regine. Wer hat eigentlich Papas Krebs dia-
gnostiziert – der Stabsarzt?

REGINE Ja. Warum fragst du?

ZWYGART Er kann sehen.

REGINE Wer – –

ZWYGART Papa!

REGINE Ich habe mich auf deine Heimkehr gefreut, Heini, jahrelang, Nacht für Nacht. Ich bin nicht fromm. Ich glaube an
nichts, sowenig wie du. Aber ich hatte Angst, Heini, um dich
hatte ich Angst. Für dich – für dich habe ich gelebt. Meine Gebe-
te wurden erhört. Du bist wieder daheim. Du? Nein. Das ist ein
anderer. Eine Ruine, ein Wrack. Du bist krank, Heini. Die Firma hat dich krank gemacht.

ZWYGART *knallt ihr eine. Sie steht starr. Dann gibt sie ihm die
Ohrfeige zurück: schallend.*

Fern eine Trommel. Es wird Tag.

DER OBERST, *im Morgenmantel, mit verbundenen Augen.*

DER OBERST Die Trommel! Hört ihr die Trommel? Ein großer Augenblick, Heini, ein historischer Moment. Das ist der General. Der General ruft uns per Trommel zum Defilee, zur großen Parade!

ZWYGART Du kannst sehen.

REGINE Heini!!

Sie packt ihn mit beiden Händen.

Heini, komm zu dir! Bitte...! Bitte...

ZWYGART Ihr habt dem alten Herrn den Krebs eingeredet; stimmt's? Um Zwygart heimzulocken, um ihn hier zu haben – im Schoß der Familie, in der Falle, habt ihr Papa zum Blinden gemacht.

DER OBERST Keine Ahnung, was er meint. Regine. –

ZWYGART DAS meine ich!

Er reißt DEM OBERSTEN *die Augenbinde ab.*

Dieser Krebs war ein Köder, das Mittel zum Zweck, ein fauler Trick, den der Stabsarzt auf Befehl der Firma erfunden hat. Ja, Papa: erfunden! So hat mich die Firma aus dem Verkehr gezogen, und zwar aus privaten Gründen und gerade noch rechtzeitig vor dem Zusammenbruch des Reiches. Man ist angewidert, doch erkennt man die Handschrift: Lukullus, ich gratuliere. Bin drauf reingefallen. Du übrigens auch, alter Herr. Du bist gesund. Du kannst sehen.

DER OBERST Meine Augen...

Die Trommel, nahe.

DER OBERST *mit blutenden Augen.* Wir haben gewonnen. Der General hat gewonnen. Der Krieg ist aus.

Marschmusik in allen Gassen.

ZWYGART Bekenntnis. Ich habe, wie ich bitte unterstreichen zu dürfen, die Widerstands- und unbedingte Abwehrpolitik des Generals wider mein besseres Wissen und Gewissen konterkariert und auf diese Weise mein Vaterland in mehreren Fällen verraten. Für die Gnade, mich selber liquidieren zu dürfen, spreche ich Volk und Regierung der Schweiz meinen Dank aus. Schluß. Vorhang. Finis. Das ist nicht das Ende. Das Ende von Heinrich Zwygart ist grausamer.

VII
Ene Mene Muh

ZWYGART. REGINE. DER OBERST.

REGINE Über Nacht war Zwygart vergessen. Und er blieb vergessen. Denn aus dem Vergessen der Menschen, sagt der Dichter,
kehrt keiner je zurück, sowenig wie aus der Ewigkeit.

ZWYGART Ich versteh's einfach nicht. Bis zum letzten Kriegstag
waren wir tätig. Wir wickelten ihre Geldgeschäfte ab, produ-
zierten ihre Messerschmidts, kauften ihre Kohlen, lieferten
Reis, Käse, saubere Wäsche, und jetzt, über Nacht, sind wir ein
einzig Volk von Widerstandskämpfern?
Er lächelt müde.
Ja; vielleicht.

REGINE Wir mußten eine Art Bündnis mit dem Kummer
schließen. Wir mußten mit dem Kummer – kollaborieren.
Winter. Draußen fällt Schnee.

REGINE Papa ist wenig später gestorben, am Abend, so gegen
zehn, halb neun. Im November wirds gewesen sein. Oder Oktober? Jedenfalls hat es schon geschneit.
Stille. Sie sitzen.

ZWYGART Darf ich dich etwas fragen, Regine? Aber nicht böse
sein! – Manchmal hör ich ihn reden.

REGINE Lukullus?

ZWYGART Den hab ich vergessen. Auch Hoby hab ich vergessen.
Aber Papa –

REGINE Ja?

ZWYGART Papa ist tot. Wir alle sind tot. Oder nicht?
Er tritt ans Fenster, will es öffnen.

DER TOTE OBERST Geh in den Garten. Er ist mein Werk, mein
Lebenswerk. Gott je, man ärgert sich über die Schnecken, aber
wenn du die Tautropfen siehst, die jetzt glitzern und funkeln wie
Tränen – wiegen sie den Ärger nicht auf, zehn-, hundert- und
tausendfach? Gott je, ich gewöhnte mich sogar an eure Mutter
im Lauf der Jahre, an ihre Moden, ihre Marotten. Sie hat immer

das Licht brennen lassen, Millionen von Kilowattstunden, aber
bitte – will man überleben, muß man sich an die Weiber halten.
Das ist ihr Bauch, Heini. Ihr Bauch produziert Realitäten.
Nimm dir eine Frau. Kümmere dich um die Rosen.

ZWYGART *nimmt einen Hut, setzt ihn auf.*

REGINE Wo willst du hin?

ZWYGART In den Garten. Papa –

REGINE Ja?

ZWYGART Nein. Nein, er ist tot. Er kann mir nicht helfen, er
nicht ... die Juden! Regine, das ist die Lösung! Wir rufen die
Juden zuhilfe! Meinen Mantel, rasch den Mantel! Als erstes kon-
taktiere ich – verdammt, wie heißt er noch?! Und sie, ein glutäu-
giges Reh, schwarze Locken, Textilindustrie. Immerhin hat man
ihre Bilder in Sicherheit gebracht, kofferweise Schmuck, das
ganze Vermögen. Oh, das haben die nicht vergessen! Dafür
haben die ein gutes Gedächtnis, die Juden, ein verdammt gutes
Gedächtnis, ganz besonders für Zahlen, für Summen, für Zinsen ... Finkelstein! Er heißt Finkelstein!
Nein. Die Finkelsteins
Sind nicht angekommen. Nur
Ihre Koffer, nur
Die Bilder
Der Schmuck.

*Er öffnet die Truhe mit seinen Dokumenten, reißt Papiere, Hüte
und Bilder hervor.*

Können sich ihre Bilder stark machen für mich?
Sind ihre Koffer, ihre Mäntel in der Lage
Zu bitten für Zwygart?
Bittet für mich
Ihr Bilder
Betet für mich
Ihr Mäntel
Ihr Armreifen
Fleht für Zwygart!
Ihr seid schließlich angekommen. Euch
Haben wir die Grenze
Geöffnet. Ihr
Seid in unseren Tresoren

In unseren Felsen
Wohl und sicher verwahrt. Sagt ein Wort
Ihr Preziosen, ihr Aktien, ihr Bilder, ihr Mäntel, ihr Hüte
Sagt nur ein einziges Wort!
Ist es gerecht, daß sie mich, euern Retter
Abschlachten wie den letzten
Verräter?

REGINE Mit wem sprichst du, Heini?

ZWYGART Ich? Mit mir selber, Regine, mit mir selber ... Stört es dich? Soll nicht mehr vorkommen. Will mich nun um den Garten kümmern, um die Rosen. Weißt du noch? Als Kinder haben wir im Garten gespielt, du und ich, ich und du, ene mene muh!

REGINE Und raus bist du!

Sie lachen. Es schneit. Es ist still.

REGINE Ganz gab mein Bruder die Hoffnung nicht auf, doch noch rehabilitiert zu werden. Dann wurde er müde. Er alterte rasch.

ZWYGART Ene mene muh
Ene mene muh

Der Schnee fällt dichter. Eine ungeübte Hand übt eine Cernymelodie.

REGINE Still!

ZWYGART War was?

DER OBERST Nichts, nichts.

Vorhang.
Finis.

De Franzos im Ybrig

Komödie

Personen
(in der Reihenfolge ihres Auftretens)

SARGTÖNELI
ERSTER FECKER
ZWEITER FECKER
LYMBACHER, Gastwirt und Ammann
RINGGI, Serviertochter
DER PFARRER
URSI, seine Köchin
DER SCHULMEISTER
TOINETTE, seine Frau
ERSTE FECKERIN
ZWEITE FECKERIN
DRITTE FECKERIN
ÖRGELI-MIGGEL, ein Vazierender
STEFFI
WENDEL, ihr Verlobter
MUTTER KÄLIN
VOGEL-LISI
FOULON, ein französischer Soldat
DER HEILIGE JOSEPH, eine Statue

Zeit

1798, als die Franzosen die alte Schweiz eroberten.

Ort

Ybrig, ein Gebirgsdorf. Der Drusberggipfel.

I
Vom Vergehen der Menschen und der Zeit

SARGTÖNELI *tritt auf. Er trägt ein Feckergewand und einen Zylinder, auf dessen Rand, wie auf einem Adventskranz, ein paar Kerzen brennen.*

SARGTÖNELI Ich bi de Sargtöneli. Ich bi de, wo üüch de letschti Rock apasst. Grüezi mitenand. Er isch us Holz, de Rock. Er het kä Täsche, und no keine het e sälber agleit. Ich muess üüch inestopfe i de Rock. *Er pfeift.* Was pfused iher no, iher Fecker? Uufstah, s git Arbet, vil Arbet. De Chrieg isch im Land. De Chrieg!
Als Sargschnyder chunnt mer mit de Zyt es dritts Aug über. Ich gseh, wenn d Huut gäler wird, will s Bluet nümme eso suuber isch, und mängisch gsehni, wie sich e Seel hinder schön pralle, milchwysse Brüscht bös vertunklet. *Grinsend ins Publikum.* Wenn de Sargtöneli afat, genauer z luege, wirds de meischte echli gschmuuch, gäll? Drum hani kein Spiegel by mier dehei, i mynere Wärchstatt nid emal e Fänschter-Schybe. Eh ja, luegt us em Spiegel use de Sargtöneli de Sargtöneli a, wirds sogar em Sargtöneli gschmuuch.

ERSTER *und* ZWEITER FECKER *kommen.*
ERSTER Ha traumet.
ZWEITER Ich au.
SARGTÖNELI Au ich ha traumet.
ERSTER So ne komische Gox het er gha.
SARGTÖNELI Wer.
ZWEITER De Ma i mym Traum. Rundume Cherze.
SARGTÖNELI Uf em Gox?
ERSTER Ja, uf em Rand vom Zylinder.
SARGTÖNELI Und die Cherze hend brännt?
ERSTER *erschrickt plötzlich.* Sargtöneli! Das bisch ja du gsi!
ZWEITER Vo dier hemmer traumet, vo dier!
SARGTÖNELI Au im Traum vom Sargtöneli isch de Sargtöneli erschyne.

DIE FECKER Verbrännti Zeine! Das isch käs guets Zeiche!

SARGTÖNELI Einisch muess au de Sarger gah.

DIE FECKER De Versargete nah.

SARGTÖNELI Einisch müend au d Graber gah.

DIE FECKER De Vergrabete nah, de Vergrabete nah.

SARGTÖNELI Machid e Grueb uuf, eso gross, dass mer all mitenand chönnd ligge.

DIE FECKER Es Massegrab?

SARGTÖNELI So lang wies Dorf, so breit wies Tal. Mier verreckid all mitenand. De Chrieg isch im Land.

DIE FECKER De Chrieg!

Die Fecker ab.

SARGTÖNELI So. Und ich muess üüch no säge, dass mier inere andere, inere alte, inere lang vergangne Zyt sind. Anno Domini 1789, also vor guet und gärn zweehundert Jahr, hänðs in Paris de König und Königin – kkt! Ihri Häupter sind i Chörb inetroolet, de Bürger het d Macht übernoh, vil Bluet isch gflosse, und es heisst, de eint und de ander heg i sym revolutionäre Ruusch es Stuck Pariser Brot i d Häls vo de Köpfte tunkt und mit Gnuss verspyse. Es paar Jahr drufabe isch de Napoleon cho. Er het Ornig gmacht. D Sansculotte het er wider a Härd befohle und d Jakobiner i Reih und Glied. Aber i sym Innerschte isch de Napoleon Revolutionär blibe, syni Soldate hend nid andersch gfühlt, und so het de Huufe, genannt La Grande Armée, die französisch Revolution vo Paris i di ganz Wält usetreit. Zwüschet de ägyptische Pyramide und de Moskauer Zwibeletürm isch kein Stei meh uf em andere blibe, d Schüüre hend brännt, d Meitli brüelet, und eines Tages, Anno 1798 isch es gsi, het de Napoleon au di alti Schwyz eroberet.

Von fern ein Kanonendonner. Eine Glocke läutet Sturm.

Z Rotheture und dobe am Etzel sind bösi Gfächt im Gang, und di heilig Muetter Gottes – si isch us de Gnadekapälle verschwunde. Uusgfloge, sägid di einte, und di andere: En alte Mönch heg si im Fryherrewald obe verlochet.

Er blickt empor und sieht gerade noch, wie die schwarze Madonna über den Dachfirst davonfliegt.

Da isch si ja! Da flüügt si! Gueti Reis, Muetter Gottes, und chumm gsund wider zrugg!

ERSTER *und* ZWEITER FECKER. *Sie heben im Hintergund eine Grube aus.*

DIE FECKER   Einisch muess au de Sarger gah.

SARGTÖNELI   De Versargete nah.

DIE FECKER   Einisch müend au d Graber gah.

            De Vergrabete nah, de Vergrabete nah!

SARGTÖNELI   Incipit comedia!

II
Männerrat in der Gastwirtschaft

Alle MÄNNER. RINGGI *serviert.*
Ein heftiges Bechern und Palavern ist im Gang.

DIE MÄNNER Rotheture isch französisch!
Alls nur Gschnorr. Grücht!
Was het er gseit?
D Muetter Gottes syg Richtig Süde gflohe.
De Franzos am Etzel!
Was, am Etzel au?

LYMBACHER He ja, dem seit mer Strategie. Hani nid rächt, Schuelmeister?

SCHULMEISTER Concedo. Ein Flügel vo dett, de ander vo da.

PFARRER Jetz chömmer nur no bätte.

DIE MÄNNER Tumme Seich!
Mier sind Manne. Mier kämpfid. Mier kämpfid bis zur letschte
Patrone! Ho rutz!

SARGTÖNELI *tritt ein.*
Plötzliche Stille.

SARGTÖNELI Was gits Nüüs?

RINGGI De Pfarrer sell rede!

ALLE De Pfarrer!

PFARRER Also Tatsach isch, iher Vättere, dass mier i Fässler Lienis Gade e Mugge-Süüch hend.

ALLE E Mugge-Süüch!

RINGGI Und wie hemmer si z düüte, die Süüch?

PFARRER Die Mugge-Süüch hemmer z düüte gemäss der Offenbarung Johannis.

LYMBACHER Verreckte Cheib.

PFARRER Gemäss Johannis, jawohl, wo man prophezeihet findet,
dass nach dem Posaunen des Engels aus dem Rauche der Tiefe
eine süügroosse Blootere vo Heugümper und Muggä entstünde,

und sie werde sich verzehn-, verzigfachen, und all diese Mug-
gen werden sirren und zwicken, werden surren und zwacken,
und haben über sich einen König, dess Namen heisst auf
hebräisch Abaddon.

ALLE Abaddon.

PFARRER Jetzt aber hergehört und aufgemerkt! Aus dem hebräi-
schen Abaddon ward im benachbarten Griechisch ein Partizipium.

SCHULMEISTER Natürli, natürli.

LYMBACHER Was, do wetsch du druus cho, du huere Plagöri?

SCHULMEISTER Silentium!

PFARRER Ward im Griechischen ein Partizipium, und änes Partizipium heisset wahr und wahrhaftig Apollyon.

ALLE Apollyon.

PFARRER Apollyon aber heisset auf deutsch: Das der Zerstörende,
das der Verderbende.

ALLE Das der Zerstörende, das der Verderbende.

RINGGI So! Jetz langets, Herr Pfarrer. Chönnd iher nid äntli säge,
was die Ableitig mit Fässler Lienis Gade z tue het?

PFARRER Man leset: Abaddon. Man verstehet: Apollyon. So man
aber Verstand hat zu deuten, deutet man –

ALLE Napoleon!

PFARRER Richtig. Die Mugge-Süüch bedüütet: Das der Zerstörende, es staht vor de Tür . . . !

URSI, *die Pfarrköchin, steht in der Tür.*

URSI Chasch das nomal säge, Pfarrer?

PFARRER Gärn. Das der Zerstörende, es staht –
Er erblickt seine Köchin. Jessesmariaundjoseph! Das isch ja
myni Ursle!

SCHULMEISTER *schadenfroh.* Jetz chunnt er Ärger über, üse
Pfarrer!

LYMBACHER Und de no wie!

PFARRER Du gsehsch die Sach falsch, liebi Chöchi. Ich ha mit de
Vättere d Schrift disputiert.

URSI So. Disputiert hesch. Und um was isch si gange, die Disputatio?

PFARRER Um es Partizipium.

URSI Das isch de Gipfel. Am heiterhelle Vormittag hockt er see-
legmüetlich bim Träschter, und mier git er a, er täg d Schrift disputiere. I Gade ghörsch, du Fuulhund! Wirds bald?
Sie packt ihn am Kragen und schleift ihn fort.

PFARRER Aua! Aua!

URSI *und* PFARRER *ab.*

SCHULMEISTER De isch schön underem Pantoffel, de Feigling
vomene Pfarrer.

LYMBACHER Ja, Schuelmeister, wenn das eso rassig wytergaht,
hemmer de Chrieg verlore, bevor de erscht Franzos sy Fuess uf
Ybriger Bode stellt.

RINGGI Das isch scho passiert!

ALLE Scho passiert?

RINGGI De Schuelmeister het eine gseh!

LYMBACHER Wotsch wider plagiere, Plagöri?

SCHULMEISTER Nänei, factum est! Bi z nacht echli umespaziert,
und woni gäge Büchel ufechume, so gsehni – was gsehni? –
neuwis eso Schwelbs ab de Guggerä abecho. Es isch käs Gämsi gsi. –

SCHULMEISTERS TOINETTE *steht in der Tür.*

SCHULMEISTER *ohne sie zu sehen.* Käs Gämsi, kä Vogel, aber
öppis Främds, öppis Uguets, und fascht hani gmeint, es syg lyb-
haftig myni Toinette. Oder glaubid iher – so hani zu mier sälber
gredt – glaubid iher tatsächlich, Schuelmeister, dass sich der
General Erster Konsul, genannt Napoleon, den Weg zu seiner
definitiven Unsterblichkeit ab de Guggerä abe bahnt? Concedo,
non datur. Also doch myni Alt, das Rääf, das Chrüüz, die siebe
ägyptische Plage i einere Person? Gfährlich sind ja beed, hamer
gseit, mys Läbesunglück, mys ehelich, und genau eso de Franzos, und woni präziser lueg, due gsehni – was gsehni? – uf de
Guggerä Matte öppis gample!

RINGGI *erblickt Toinette.* Dyni Alt!

SCHULMEISTER Nei, en Franzos!

TOINETTE Uf de Guggerä Matte, en Franzos?

SCHULMEISTER Factum est. De Jakobiner staht ante portas.

TOINETTE De Jakobiner.

SCHULMEISTER *merkt endlich, wer da spricht.* Um Himmelsgottswille! Du, liebs Toinettli?

LYMBACHER *schadenfroh.* Jetz chunnt er Ärger über, üse Schuelmeister.

TOINETTE Und de no bös! – Bisch scho aromatisiert, hm?

SCHULMEISTER Nänei. Mier biratid hie üsi Strategie.

TOINETTE *nimmt sein Glas.* So. Und was isch das, was?

SCHULMEISTER Concedo. Argumentum est. Aber nur eine. Will en
doch gseh ha!

TOINETTE Und was hesch du gseh, du Uglückswurm, du vertrüll-
te? Tue mer s säge. Keis Gämsi isch es gsy, kei Vogel, aber öppis
Främds –

SCHULMEISTER Himmel, hilf mer!

TOINETTE – öppis Uguets, und fascht hesch gmeint, es syg lybhaf-
tig dyni Alt, das Rääf, das Chrüüz, die siebe ägyptische Plage i
einere Person? Antworte fix, Schuelmeister, hesch eso gredt? Ja
oder nei?

SCHULMEISTER Cha mi nid erinnere.

TOINETTE Er cha sich nid erinnere.
Sie zieht eine Haselrute hervor. Weisch, was das isch?

SCHULMEISTER E Haselruete.

TOINETTE Die hani grad im Estrich obe gholt. Chasch der vor-
stelle, für was?

SCHULMEISTER I de Schuelstube isch tänk de Tüüfel los. Spileds
wider d Schlacht der Makkabäer gegen die Philister, die huere
Süügoofe?

TOINETTE So isch es. Präzis eso. Wemmer go Ornig mache?

SCHULMEISTER Mit de Haselruete?

TOINETTE Ja, mit de Haselruete.

SCHULMEISTER Aber nid z fescht, gäll? Die arme Büeble, Toinette,
si händ e tünni Huut am Füdli.

SCHULMEISTER *und* TOINETTE *ab.*

Stumm hocken DIE MÄNNER. *Dann hört man von fern einen entsetzlichen Schrei des* SCHULMEISTERS. *Alle zucken zusammen.*

SARGTÖNELI Wyberstärbe, das isch kei Verdärbe! Aber Süüver-
recke, das isch e Schrecke, das isch e Schrecke!
Alle grölen.

LYMBACHER Rueh, iher Vättere, jetz red ich, und zwar i mynere
Eigeschaft als Gmeind-Amme. D Laag isch ärnscht. S Ybrig
isch in Gfahr. Im Aargau usse, wie mer ghört, jasset es
wälsches Direktorium e helvetischi Verfassig uus, d Religion
sell abgschafft wärde, mit de Uralte Fryheit isch es einewäg
verby, und zu allem Übel plant mer, s Dezimalsystem au i
üserne Täler obe yzfüehre. Ich meine, wemmer üs das la
biete?

ALLE Nie!

LYMBACHER Mier hebid zäme.

ALLE Immer.

LYMBACHER Für Gott! Für s Vatterland! – und gäge s Dezimalsystem!

ALLE Ho rutz!

LYMBACHER I Chrieg mit üs, i d Schlacht, zum Sieg! Aber halt!
Halt-la! Zerscht wird zahlt!

SARGTÖNELI Ich übernime die Runde.
Er wirft Ringgi ein Geldstück zu. Da!

RINGGI Das isch kei Taler.

SARGTÖNELI Fallid d Gränze, wächslid d Gälder. Das isch e
Dublone, Ringgi. Chömid, iher Vättere, chömid mit! Mier gönd
i Chrieg, mier all mitenand.

ALLE De Franzos isch im Land. De Franzos!
Alle MÄNNER, *von* SARGTÖNELI *angeführt, ziehen davon, ab.*

LYMBACHER *und* RINGGI *bleiben zurück. Er steigt in den Kampfanzug, sie räumt die Gläser ab.*

RINGGI Gönd er em Franzos entgäge?

LYMBACHER Nänei, so tumm wie d Einsiedler simmer nid. Mier
lönds la cho.

RINGGI Bis is Dorf ine?

LYMBACHER Tänk scho. Wo isch my Helm?

RINGGI Da.

LYMBACHER Uf de Hoger ufe gömmer. De buued mer e Laui. Aber
pst, Ringgi! Das isch es militärisches Gheimnis!

RINGGI Hm. Was wird de us mier, do unne?

LYMBACHER Mach es Hudelfraueli us der!

RINGGI Es Hudelfraueli?

LYMBACHER De Franzos staht nur uf Stadtschminkeli. Wenn d
aständig verhudlet bisch, de wird er di scho i Rueh lah.
Er gibt ihr einen Kuss.
LYMBACHER *ab.*

RINGGI Es Hudelfraueli, soso. Und wenn d Laui chunnt? Was
machet mer denn?

III
Abschied

ÖRGELI-MIGGEL, *mit seinem Verkaufswagen. Drei* FECKERINNEN *lungern herum.*

MIGGEL Hend iher a Muul und Zände Weh
Und Huehnerauge a de Zeh
Hend iher es Mässer wo nid schnyt
Und Dössü wo de Suum verghyt
Hend iher e Chueh wos Chalb nid macht
Und Manne wo de Docht nid facht
So laufid zue iher Dame Fraue Chind
Und laufid gschnäll und chaufid gschwind

STEFFI *kommt.*
STEFFI Hesch myn Bruutschleier poschtet?
MIGGEL *zaubert den Schleier hervor.* Ächti Syde. Hie mit Blueme
verornamentiert, hie mit Silberfäde. Eso wyt is Sanggallisch use
bini scho lang nümme vaziert. Under de Sohle isch mer de Bode
helvetisch worde.
STEFFI *probiert den Schleier.* Hey, wie fyn, wie schön!
MIGGEL Jetz fählti nur no de Mussiöh, wo de Schleier finanziert.
STEFFI Kei Angscht. Er het syni Taler binenand, de Wändel.
MIGGEL Taler? Tuet mer leid, Mamsell.
Er zieht ihr den Schleier vom Kopf.
Mer muess mich mit Dublone
Oder mit eme Figgi-figgi entlohne.
STEFFI Mit eme – ?
MIGGEL Zungechuss fahts a
De chasch dy Schleier ha!
STEFFI Eimal mit de Zunge, guet
Denn schick mi dry!
MIGGEL Zweimal, Steffi, guet
Denn lah mi uf de Handel y!

STEFFI Einmal!

MIGGEL Zweimal!

WENDEL *kommt,* STEFFIS *Verlobter. Er ist feldmarschmässig ausgerüstet.*

WENDEL Adie.

STEFFI He, Wändel, was sell das heisse?

WENDEL Adie.

STEFFI Ich bis. Dyni Bruut. Lueg, de Örgeli-Miggel het üs grad de Schleier bracht.

WENDEL Adie.

STEFFI Wändel! Wändel, blyb da!

WENDEL Muess de andere nah.

STEFFI Wändel, ich ha di gärn.

WENDEL Und de Miggel? Hesch mit em caresiert oder nid?

STEFFI Nur dich hani gärn.

Sie gibt ihm einen heissen Kuss.

Nach em Chrieg de wider.

WENDEL Nach em Chrieg, Steffi.

STEFFI Hinder Fässler Lienis Gade.

WENDEL *nickt.* Wenn de Gade de no staht.

STEFFI *und* WENDEL *singen, von* ÖRGELI-MIGGEL *begleitet:*

Ist ein Zeit zum Pflastermachen
Ist ein Zeit zum Mauern
Ist ein Zeit zum Lustigsein
Ist ein Zeit zum Trauern

Ist die Nacht der Liebe kommen
Muss ich bitter leiden
Hab ihn lieb und wird es Tag
So muss die Liebe scheiden

Ist die Stund zum Scheiden kommen
Muss ich lustig lachen
Einerlei ob Leid ob Lust
Da können wir nichts machen

Ist ein Zeit zum Honigschlecken
Ist ein Zeit zum Fasten

Und die Zeit geht fort und fort
Sie hängt im schwarzen Kasten
WENDEL *ab. Dann* STEFFI *ab.*

MIGGEL *schaut in die Gastwirtschaft.* Läär.. !
ERSTE FECKERIN Bärguuf sinds.
ZWEITE FECKERIN Aber Pst!
ERSTE FECKERIN S isch es militärisches Gheimnis.
DRITTE FECKERIN Du, Miggel, wie läbt mer uf helvetischem Bode?
MIGGEL Gar nid schlächt. D Macht ghört jetz üsereim.
DRITTE FECKERIN Dier, Miggel?
MIGGEL Ja, mier. De Mischtstock muess de verschwinde, kapiert?
Mier Bürger sind suuberi Lüüt.
ERSTE FECKERIN Was hesch gseit?
ZWEITE FECKERIN De Mischtstock müess verschwinde?!
MIGGEL Und iher demit, schmutzigs Feckervolch! Es syg denn,
iher chaufid e Seupfe.
ERSTE FECKERIN Seupfe!
ZWEITE FECKERIN Pfui Dräck!
DRITTE FECKERIN Bäh! Das isch Tüüfelswar!
DIE FECKERINNEN *kreischend ab.*

MIGGEL Hend iher a Muul und Zände Weh
Und Hüehnerauge a de Zeh
Hend iher es fettigs Haar am Grind
Und Männdle wo nid suuber sind
So laufid zue iher Dame Fraue Chind
Und laufid schnäll und chaufid gschwind

IV
Peintrre de battailles

FOULON, *in der Uniform der Grande Armée. Er hat ein Holzbein. Auf seinem Rücken trägt er eine Staffelei, und sein Marschgepäck besteht aus einem Malkasten und einem Skizzenblock.*

FOULON   Allo! Allo! Gibt es ier keine Limonadier? Isch abe Durst! *Er schaut sich um.*   Keine Angst. Isch bin nur eine armlose Franzos mit die ölserne Bein. Allo? Isch pochen an die Tür von ire Erzen. Sie misch ören? Sie machen auf, und Foulon spazieren inein. Dann wir trinken zusammen, wir plaudern, und schon isch gehen wieder retour zu la Grande Armée. *Er zeigt dem Publikum seine Blätter.*   Isch bin Maler von La Grande Armée. Da, Sie aben eine Example. Wenn La Grande Armée aben verloren viel Blut oder sogar eine Bataille, dann, hélas!, armer Soldat Foulon muss malen Victoire. Sie verstehen meine Profession? Isch bin die Pinsel von Napoléon. Er malt mit Blut, Foulon mit Erzblut. Wollen Sie sehen? Vielleischt kaufen? Foulon, das ist die Avantgarde. C'est vrai, gutes Kunst ist immer die Avantgarde – und meine Arrière Garde, das ist er selbst persönlich: Napoléon. Sie aben kapiert? Nein? Bon, isch will erklären. Was ist eine Bataille ohne eroische Intergrund? Was ist eine Gemetzel ohne grossartige Immel darüber? Und was, Messieurs, ist eine Eldentod ohne idyllischromantisches Environ? Le voilà! *Er zeigt ein Bild.*   Ier Sie sehen eine kleine Ügel. Isch abe gemacht eute mittag diese Bild, und isch werde bringen diese Bild zu meine Auptquartier. Dann die Messieurs von die Generalstab werden betrachten die kleine Ügel, und vielleischt sie werden sagen: Bon, Foulon, ier wir lassen verbluten unsere rechte Flügel. *Er zeigt das nächste Bild.*   Ier eine kleine See. Sie aben kapiert? Les Messieurs werden betrachten, und vielleischt sie sagen: Bon, Foulon, diese Tümpel eignet sich gut für Ertränken von die albe Armée. *Er zeigt das nächste Bild.*   O eine Fels! Ser gute Intergrund! – Ier könnte man machen eine wunderbare Gemetzel! An die Fuss – *Er skizziert.* Eine Feind. Und noch eine Feind. Und noch eine. Voilà! Über die Feind eine Pferd. Voilà! An die Pferd eine Kopf, im Kopf eine Auge, im Auge der Tod, und darin – le voilà! – wir lassen spiegeln das untergehende Soleil! Wie das Bild eissen? Immer dieselbe Titel: Victoire! Ja, so wir arbeiten. Erst kommt die Intergrund, dafür bin isch eine Spécialiste, dann kommt Napoléon, und dann kommt rien. Nischt mehr. O, aber was ist das? *Er lauscht.* J'ai peur. Isch abe Angst. *Er lauscht.* Eine weiblische Ton? Eine Gewinsel? Mon Dieu, isch glaube, on fait l'amour . . . ! Wo soll isch suchen eine Versteck? Ier? Oder ier? Sapristi! Meine ölserne Bein, immer es machen togg-togg-togg . . !

V
Tod und Leben

Auf der linken Seite: MUTTER KÄLIN. *Sie liegt im Totenbett, fiebert, schwitzt, wimmert.*
TOINETTE, *mit einem grossen Buch,* URSI *und* RINGGI *halten bei der Sterbenden Wache. Sie murmeln den Rosenkranz.*
Auf der rechten Seite: Das VOGEL-LISI. *Sie liegt in den Wehen, stöhnt und schreit.*
STEFFI *hantiert als Hebamme.*
Zwischen den beiden Betten taucht jetzt SARGTÖNELI *auf, von* DEN FECKERN *begleitet.*

SARGTÖNELI Hend ihers gseh? Dett himmlet d Muetter Chäli ab
              Und dett, im andere Bett, was gaht ächt dett?
              O Sterne und Laterne! Nacht
              Thut sich mit Licht vereinen
              O Venus und Neptunus! Mond
              Will hell und heller scheinen
DIE FECKER Da drüben schreits im Weh im Weh
              Und hier heissts leis Ade Ade
              SARGTÖNELI *und* DIE FECKER *verziehen sich in den Hintergrund.*

URSI Wärs nid s Bescht, Schuelmeisteri, mier schicktid nach Einsiedle füre zume Tokter? Es gruchset eso schwär i de Muetter inne, dass mer schier Angscht überchunnt.
TOINETTE Nüd isch. Wie der Lehrer Theophilactus sagt: Morbi sunt milites Dei, die Todeskrankheiten sind Gottes des Allmächtigen Landsknechte, damit er uns väterlich züchtiget und heimsuchet. Luegid mer gschyder im Kaländer nah!
  Sie liest wieder im grossen, alten Buch.
URSI *hört plötzlich zu beten auf.* Ringgi, ich gschmöcks – es isch en Ma im Dorf!
RINGGI Tumms Züüg. All Manne sind bärguuf!

URSI Bärguuf?

RINGGI He ja, de buuids e Laui, und de –

TOINETTE Da! *Sie liest vor.* Hat es aber im Christmonat gestürmet, so schwitzen die Blumen Blut, und anklebrig sind die
Krankheiten. Ist aber die Pfarrkirche zu Schindellegi nach
Sankt Sophien noch verschneiet worden, so erscheinen am
Drusberg Gog und Magog, die roten Juden, und es hebet an
ein grosses Sterben: Mortalitas gravissima saevissima horribilis.

URSI Verreckte Cheib.

RINGGI Uf em Hoger obe hockits!

TOINETTE Wie Gog und Magog.

RINGGI Und mier sind hie im Chessi unne. –

TOINETTE Wie de Späck i de Falle!

RINGGI So isch es, präzis eso. Und wenn de Franzos ghörig am
Schände isch, wenn er üs d Locke verstriglet und Schänkel uf
und Schänkel abe fäget, dernah chunnt de d Laui z donnere. –
Wie stahts gschribe?

TOINETTE Mortalitas gravissima saevissima horribilis.

RINGGI Oder uf tütsch: Vo vore de Franzos, vo hinde de Bärg.

URSI Öb ihers glaubid oder nid: Es isch en Fäger ume. Es määge-
let nach Ma...!

MUTTER KÄLIN *fährt auf.* Da isch de Ma! Dett usem Tunkle use
chunnt er z gumpe!

TOINETTE Gänd nid e derewäg a, Muetter Chäli. Dich wott jetz
keine meh ha!

MUTTER KÄLIN Was ächt. De Tüüfel und de Tod sind ledig,
Schuelmeisteri. Die nänd, was chunnt.

SARGTÖNELI *und* DIE FECKER tauchen auf.

SARGTÖNELI Ich bin der Narr im Narren-Haus
            Der grosse Fecker-Ficker
            Ich treib euch schon die Sparren aus
            Fick euch die Bäuche dicker

DIE FRAUEN Du wilder wüster Ziegenbart
            Langnäsichter Krummschnabel
            Du Vogel von der Galgens-Art
            Pack dich auf deine Gabel

                    Ja pack dich nur und nimm dich fort
                    Hier ist ein reiner Weiber-Ort

Schreiend vertreiben DIE FRAUEN *den* SARGTÖNELI *und* DIE
FECKER, *alle ab.*

Das VOGEL-LISI *und* MUTTER KÄLIN *bleiben zurück.*

VOGEL-LISI Isch er furt, de Tödel?

MUTTER KÄLIN S gseht ämel eso uus.

VOGEL-LISI Und d Steffi? Wo isch etz d Steffi?

MUTTER KÄLIN Em Tödel nah! Si vertrybid de Tödel!

VOGEL-LISI Grad jetz müesst si ha..!

MUTTER KÄLIN Isch s Chind im Cho?

VOGEL-LISI Es chunnt, es chunnt..!

    SARGTÖNELI *steht plötzlich am Bett der Gebärenden.*

SARGTÖNELI *und* VOGEL-LISI
                    Ach mache mir doch auf geschwind
                        Du werteste Lisett
                    Ach lasse mich doch ein mein Kind
                        Mein Schatz zu dir ins Bett

                    Wer spricht zu später Nacht noch an
                        Der Seiger wird gleich schlagen

                    Es ist ein Ritter und ein Mann
                        Möcht dir was Liebes sagen

                    Dann irrt er sich in meiner Tür
                        Bin lange schon vergeben

                    Dir gilt der Hof dir gilt die Kür
                        Ich lieb dich vor mein Leben

                    Geh trotzdem fort ich trau dir nicht
                        Ihr müsst Gevatter heissen

                    Gevatter ich? mit dem Gesicht?
                        Da lachen ja die Geissen

DIE FECKER. *Sie fallen meckernd ein.*

DIE FECKER Da lachen ja die Geissen
                    Da lachen da lachen da lachen die Geissen

MUTTER KÄLIN O nimm dich ja in acht mein Kind
                          Vor diesen wüsten Feckern
                          Die Geissen lachen nicht mein Kind
                          Sie me- sie me- sie meckern
VOGEL-LISI   Ach was Herr Ritter kommt ich lass euch ein!
MUTTER KÄLIN Nein halt mein Kind das ist das ist das ist! –
VOGEL-LISI   Du bist der Bruder Hein
SARGTÖNELI   Ich bins du werteste Lisett
                          Ich bin der Bruder Hein
                          Komm nimm dein Kind vom Bett
                          Was soll es hier allein
VOGEL-LISI   Du schlauer Mann du schöner Hein
                          Hier liegt es warm hier liegt es fein
                          Auf blutverschwitzten Decken
                          Ade mein Kind ade
                          Komm fort Herr Tod komm rasch
                          Wir wollen es nicht wecken
SARGTÖNELI *und* DIE FECKER *mit* VOGEL-LISI *ab.*

TOINETTE, RINGGI, URSI *und* STEFFI *kommen zurück.*
TOINETTE So, de hettid mer vertrybe, de huere Tödel, de Seckel-
hund. Jetz, iher Wyber, chömmer eis juchze, jetz chömmer
bödele und tanze. Wahrhaftig, das ist ein reiner Weiber-Ort!
ALLE Jeder Mann und auch der Tod ist fort!
STEFFI *stürzt plötzlich zum Bett. Dann schreit sie auf, herzzer-
reissend. Im Bett liegt das tote* VOGEL-LISI, *im Arm das Kind.*
STEFFI S Lisi.
MUTTER KÄLIN S Lisi isch tod.
Die Frauen gehen mit den Kerzen zum Bett der Toten. STEF-
FI *nimmt das Kind in den Arm.*
Währenddessen zieht die genesene MUTTER KÄLIN *Wintermän-
tel an, wickelt sich in Lumpen und schmiert das Gesicht mit
Kohle ein.*
MUTTER KÄLIN Ha, ha! Wer hätti das tänkt, dass die alt Muetter
Chäli em Tödel nomal vo de Gable gumpet. D Seel isch mer
scho halbe zu de Schnorre us glampet, ha gwurget, grasslet und
karchlet als hetti d Höll im eigne Ranze inne, und äni dett, am
Schuelmeister syni, het nüme anders gwüsst, als im Mänsche-

kaländer go gruusigi Wörter z sueche. Mortalitas gravissima saevissima horribilis! Die het ja en Hau, die pseudogebildet Chleechue! Ich ligge quasi uf de Intensivstation, und si chunnt mer latynisch! Aber nüd isch gsi. Z früeh gfreut, iher fürnähme Trucke! Jetz seich i grad no i d Hose. *Sie kauert sich hin.* Nänei, ich ha de Verstand nid verlore bym Stärbe – au contraire, im Gägeteil! Gly chunnt de Franzos, und wenn eini stinkt wiene Geissbock – he ja, de laht er sie tänk schön in Rueh. Nur by de Suubere, dett griffits zue!

VI
Aufstieg ins Gebirge

Alle MÄNNER. *Ein wilder Heerhaufen, mit Uniformen und Waffen aus alter und neuer Zeit, bepackt mit Koffern, mit Hühnergattern, Ziegen antreibend, ein Schwein mit sich führend, von Hunden umbellt, so – teils an einen Fasnachtsumzug, teils an eine Flüchtlingskolonne erinnernd – ziehen sie bergan.*

SARGTÖNELI, *eine Sense schwingend, macht den Anführer. Auf seinen Schultern reitet das tote* VOGEL-LISI.

Und am Schluss, schnaufend und schwitzend (denn er zieht einen Schlitten hinter sich her, worauf eine Statue festgezurrt ist, der HEILIGE JOSEPH*), gibt sich der* PFARRER *alle Mühe, seine Vormänner nicht zu verlieren.*

DER WILDE ZUG, *vom* VOGEL-LISI *dirigiert, singt:*
   Wenn i nume wüsst, wos Vogel-Lisi wär
   S Vogel-Lisi chunnt vo Adelbode här
   Adelbode lit im Bärner Oberland
   S Bärner Oberland isch schööön
   S Oberland, ja s Oberland
   S Bärner Oberland isch schööön

PFARRER   Nid eso rasch!

LYMBACHER   Rüher ne halt s Loch ab, dyn Joseph! Oder lane la stah!

SCHULMEISTER   Morn wird gstoche, morn wird gstorbe!

LYMBACHER   Aber hütt wird gsoffe, hütt wird gfrässe!

PFARRER   Nüd für uguet, heilige Joseph, ich mag di nümme schleppe.

JOSEPH   Chasch mi wenigschtens losbinde, du Aff?

PFARRER   Hä?

JOSEPH   Losbinde!

PFARRER   *erstarrt.* Er het gredt!

SCHULMEISTER   Wer.

PFARRER De heilig Sepp!

SCHULMEISTER De isch us Holz, de heilig Sepp.

JOSEPH Genau wie dyn tumme Grind, Schuelmeister.

Alle fallen auf die Knie.

LYMBACHER Lönd mi nume la mache. Da muess mer jetz alpemagisch handle.

SCHULMEISTER Er wett wider einisch gschyder sy als üsereis, de
Lymbacher.

Zum Pfarrer: Wend Ihers nid lieber mit eme Sprutz Wyhwasser probiere?

PFARRER Ha gschwitzt bym Styge. Ha s gsoffe. Was het er de vor?

SCHULMEISTER Er macht uf Magie. Als fromme Schuelmeister
bini natürli gäge settig Brüüch, aber als Volkskundler chani
üüch de Casus erchläre. Jetz nimmt üse Gmeindamme en Gstal-
tewandel vor. Er blybt de glych – und doch wird er en andere!

LYMBACHER *ist aus seinem Kampfanzug geschlüpft. Er ruft, wie
ein Senn beim Betruf, durch einen Trichter.*

LYMBACHER De Wäg wird schmal so schmal
              Und gäch wene Wand wird de Bode
              Du bisch e toti Gstalt du Pfahl
              Du chasch di nümme verrode

So, de hettid mer wider im Holz, de Heilig. Oder wott eine vo
üüch no e Frag stelle?

WENDEL *tritt vor.* Wenn d scho retsch, heilige Joseph. Wie wirds
Wätter?

JOSEPH   S fat scho gly afa rägne.

WENDEL   Und nach em Räge schynt d Sunne?

JOSEPH   Ja, aber nur dunne.

WENDEL   Wyter obe fallt Schnee?

JOSEPH   Meh und immer meh!

WENDEL *gibt ihm einen Regenschirm.* De schänk der. Dys Holz
verlyht kei Räge. Aber säg mer no eis: Wie gahts mynere Steffi?

Der HEILIGE JOSEPH *lauscht nach unten, wo jetzt* STEFFI *daher-
kommt, einen Kinderwagen schiebend.*

VOGEL-LISI *zum* HEILIGEN JOSEPH Jesses, myn Büebel!

JOSEPH Heb de Latz, tummi Gans. Bisch ja tod!

VOGEL-LISI Und du us Holz!

WENDEL Säg scho, heilige Sepp, was hesch gsichtet?!

JOSEPH *lauscht nach unten.* Pst!

STEFFI   *unten im Dorf. Sie nimmt das Kind aus dem Wagen,*
                wiegt es.
                Schlaf Chindli schlaf
                Du schlafsch so tüf und brav
                Für dich tüend d Sterne schyne
                Du lachsch als wärsch du myne
                Schlaf Chindli schlaf

JOSEPH   *oben auf dem Berg. Er lauscht nach unten.*
                Ich ghör nur de Wind.
WENDEL   Tüüfel, er ghört nur de Wind!
JOSEPH   Und jetz es Gwimmer.
WENDEL   Herrgott, de Franzos!
JOSEPH   Nänei, nur kei Schiss!
WENDEL   Säg scho, was isch los?
JOSEPH   Es chunnt us em Chinderzimmer.
WENDEL   Hä?!
JOSEPH   Ja, si wiegelet es Chind.
                Er spannt den Schirm auf.
                Merci de no. De chani bruuche.
WENDEL   Werum hesch nid gloge?
                Ich halts nid uus, sie het es Chind!
                Si het mi betroge. Betroge!
                Verblas mi, du Wind!
                Verstyf mi, du Schnee!
                Die Mätz, ich will si nieme gseh!
VOGEL-LISI   Und du, Wändel? Hesch du no keini betroge?
WENDEL   Hie spuukts, hie obe. – Lymbacher, hilf mer! Ich ghör
                e Stimm, ich han es Gsicht!
LYMBACHER   *mit dem Trichter.*
                De Wäg wird schmal so schmal
                Und gäch wene Wand wird de Steig
                Iher Geischter gönd jetz zrugg is Tal
                Und änes Gsicht, es wird e Fleug!
SARGTÖNELI   Sssssss!
                Alle schauen der Fliege nach, die in der Höhe verschwindet.
                Gleichzeitig verschwindet das VOGEL-LISI, *ab.*

VII
De Franzos isch im Ybrig

STEFFI *mit dem Kinderwagen, summt ihr Schlaflied. Im Hintergrund taucht* FOULON *auf.*

STEFFI Schlaf Chindli schlaf
        Du schlafsch so lieb und brav
        Du bisch em Lisi syne
        Und schnuufsch als wärsch du myne
        Schlaf Chindli schlaf

FOULON Was für eine schöne Sujet! Schade, dass isch bin eine
        Spécialiste für Gemetzel!
STEFFI Aber was selli au mache mit der? Dyni Muetter isch i d
        Nüss gange, wyt wyt furt. Cha di doch nid elei la, du chlyne Pfü-
        deri du!
        Sie legt das Baby in den Wagen.
        De Chrieg isch im Land, weisch. All Wyber hend sich Ruess uf
        d Bagge gmalet. Und i d Hose hends gmacht.
        Sie schaut sich um.
        Mier probierid en andere Wäg. Mier hauid ab!
FOULON *tritt vor.* Enchanté, Madame.
STEFFI De Franzos!
FOULON Keine Angst. Isch abe selber Angst. Ist das Ihre Bébé?
STEFFI Nänei, am Vogel-Lisi sys. *Sie besinnt sich anders, nimmt
        das Kind in den Arm.* Ja, es isch mys.
FOULON Eine erzige Bébé. Und wo ist Ihre Mann?
STEFFI Furt. Wends mi jetz – töde?
FOULON Mais non! Isch möchte nur eine Limonade. Isch komme
        von Einsiedeln, Sie müssen wissen. Quel horreur! Das viele
        Beten machen die Frauen schön für die Immel, aber nicht für
        die Erde. So isch bin froh, dass isch jetzt bin ier im Ybrig, wo
        die Frauenzimmerschen sind so übsch, so lieblisch – –

MUTTER KÄLIN, TOINETTE, RINGGI, URSI *und alle andern* FRAUEN
*tauchen auf. Sie sehen fürchterlich aus – die Gesichter geschwärzt,
die Frisuren punkig, die Kleider zerrissen. Sie drohen mit Teppichklopfern, Besen, Pfannendeckeln und Staubsaugerrüssel.*

FOULON *erbleicht.* Mon Dieu, mon Dieu! Das ist ja noch schlimmer als vorne in die Klosterdorf! Und diese Gestaaahnk, pas
pour dire! Wie eine Maternité, wo man at seit eine Jaarundert
keine Windel gewechselt, mon Dieu, mon Dieu!
Ad spectatores. Sie, isch abe noch nie so etwas erschnuppert.
Und isch abe viel erschnuppert als eine Malsoldat von Napoléon!

RINGGI Was het er gseit?

TOINETTE Er heg no nüd eso erschnupperet.

MUTTER KÄLIN Luegid einisch de Fuess! Wie ne Mälchschämel!

FOULON Bonsoir, Mesdames.

TOINETTE Bonsoir, Mussiöh!

MUTTER KÄLIN Was nid gar. Zu mier het er bonsoiret.
Zu FOULON: Bonsoir, Mussiöh Soldat.

URSI Zu dier het er vilicht gredt, aber syni Auge hend i myni Richtig gschilet. Das Ursi bin ich. Pfarrchöchi. Aber der Pfarrer ist
im Feld momentan.

FOULON Sapristi! Das ist eine einmalige Gestahnk!

URSI Gäll, Franzos, hie gfallts der, bi üs im Ybrig.
Sie spielt aufdem Schwyzerörgeli.
Bumms mit em Füdle
Bumms mit em Arsch
Chäller abegah
Moscht uselah!

RINGGI He, halt! Schäme settsch di, du Fratz. Als Pfarrchöchi sich
e derewäg go fürefüdle!
Zu FOULON: Mon petit chouchou …

FOULON Was, diese Mistaufen kann französisch?

RINGGI Myni Grossmuetter het das alig zum Chätzli gseit.

FOULON Isch bin –

ALLE Entzückt?

FOULON *bitter.* Ja. Entzückt. Und Ihre Männer? Wo sind Ihre
Männer?

ALLE FRAUEN Die Männer sind fort
                Hier ist ein reiner Weiberort
FOULON Mon Dien, mon Dieu!
Er versucht zu lächeln.
So viele übsche, saubere, wohlriechende Frauenzimmerschen –
   und isch bin das einzige Mann. Sauve qui peut!
   Er humpelt davon, so rasch er kann, ab.

MUTTER KÄLIN De simmer los, de Franzos.
URSI Mer chönnt fascht meine, er heg Angscht vor Fraue.
RINGGI Vilicht hends em nid nur s Bei abghaue!
   Sie grölen.
TOINETTE Rueh, iher Müettere, jetz red ich, und zwar i mynere
   Eigeschaft als Ehefrau, wo die heisse Liebesnächt mit em
   Schuelmeister a einere Hand cha abzelle. D Lag isch günstig. D
   Manne hockid uf em Drusbärg obe und mier, meint ich schier,
   chönntid üs das Holzbei echli gnauer aluege!
MUTTER KÄLIN Und was mit em mache?
URSI   Für mich chönnt er d Chile butze.
RINGGI   Für mich en Chueche bache.
TOINETTE   By mier chönnt er d Stäge fäge.
MUTTER KÄLIN He ja, und i mier chämt er bym Bette gläge!
TOINETTE   Ho rutz!
ALLE   De holed mer zrugg!
             Alle ausser STEFFI *ab.*

STEFFI   Schlaf Chindli schlaf
             Du schlafsch so cheibisch brav
             Du bisch en fyne Chlyne
             Du bisch jetz nur no myne
             Schlaf Chindli schlaf

Von fern ein Schrei.
STEFFI Du heiligs Verdiene! Jetz hends em s Bei abgschruubet..!
   Und jetz – mon Dieu, mon Dieu! Tarf gar nid aneluege...
   Mit dem Kinderwagen ab.

SARGTÖNELI *kommt.*

SARGTÖNELI Üses Spil, iher Lüüt, isch guet und gärn i de Mitti.
S Mannevolk biwakiert i Yis und Schnee uf em Drusbärg obe,
und dunne im Dorf jagt s Wybervolch es französisches Soldät-
li. Arme Foulon! Aber bald wärdid iher gseh, wie de Malsoldat
üseri Fraue zünftig verwandlet. Die eint zupft sich de Schnauz
uus, und die ander versuecht, mit eme Schminkstängel es ver-
ruechts Paar Auge i iri Visage z male. Aber halt! Ich will üsere
Gschicht nid z vorcho. Es gibt noch viel zum Lachen, viel zum
Grausen! Jetzt ein erstes Finale, und dann eine Pausen!

Das erste Finale

Im Triumphzug bringen DIE FRAUEN *den gefesselten* FOULON *ins
Dorf. Oben auf dem Gipfel, wo* DIE MÄNNER *hocken, beginnt es zu
schneien. Alle singen.*

DIE FRAUEN Haued de Chatz de Schwanz ab
Aber hauid en nid ganz ab
Lönd em no es bitzli dra
Denn chömmers nochli luschtig ha

DIE MÄNNER Im Rösligarte
Da muess mer warte
Im grüene Chlee
Im wysse wysse Schnee

VIII
Zyt

SARGTÖNELI, VOGEL-LISI.

Das VOGEL-LISI *zieht* STEFFIS *Brautkleid an. Sie kämmt sich, macht sich schön.*

SARGTÖNELI *zündet die Kerzen an, die auf seinem Hutrand stehen.*

SARGTÖNELI D Nacht isch en Tschope chelter worde. Dänne im Chlouschter hends d Liechter glösche, und nur dett obe, im Fraterstock, gsehni öppis schimmere. En junge Frater lit vor em Herrgott üf de Chnü. Was mag er ächt säge? und i wellere Sprouch?
Er pfeift.
Aträtte, iher Fecker, mer müend s Lisi verloche!
Er setzt sich den Hut auf.

VOGEL-LISI *fertig angezogen, zeigt sich.* Voilà!

SARGTÖNELI Ghört das Chleid nid de Steffi?

VOGEL-LISI Ich hanere de Bueb überlah, sie mier de Schleier. Hesch kän Spiegel?

SARGTÖNELI Dett i dem Fänschter chasch di gseh.
Ad spectatores.
Luegt si dry
So gseht si was?
Nur Glas, nur Glas
Er pfeift. Wo ächt die Graber umefuulid!

VOGEL-LISI *vor dem Fenster, in Pose.* D Latärne, Sargtöneli! Ich wott öppis gseh.

SARGTÖNELI *nähert sich mit dem leuchtenden Hut. In diesem Augenblick erscheinen im Fenster – anstelle von* LISIS *Spiegelbild:*

DIE FECKER

VOGEL-LISI Sargtöneli! –

DIE FECKER Das bisch du, myn Schatz
Das Loch, das schwarz

VOGEL-LISI *an* SARGTÖNELIS *Brust fliehend.* Tues furt! Machs
wägg!

SARGTÖNELI Kei Angscht, Vogel-Lisi. Lueg, i dere Gruebe unne,
da bisch sicher.

VOGEL-LISI Isch das wahr, Sargtöneli?

SARGTÖNELI Aber so wahr ich de Sargtöneli bi. Das isch de
sicherscht Platz vo de Wält.

RINGGI, URSI *und* TOINETTE *tauchen von verschiedenen Seiten auf.
Alle sind grossartig herausgeputzt, frisiert und geschminkt.*

Oben auf dem Berg hocken DIE MÄNNER *im Biwak.*

LYMBACHER   Schnee.

PFARRER   Wind.

SCHULMEISTER   Nacht.

WENDEL   Und het si au es Chind
                Myni Steffi, gäre ha si glych!

LYMBACHER   Vergiss dyni Steffi.

SCHULMEISTER   Die hets hinder sich.

PFARRER   So hetts müesse ände.

SCHULMEISTER   Nacht.

PFARRER   Wind.

LYMBACHER   Schnee.

ALLE MÄNNER   Und de Franzos am Schände.

Unten im Dorf. Das VOGEL-LISI *liegt in der Grube.* DIE FECKER
beginnen zu schaufeln.

SARGTÖNELI/
   FECKER   Da oben klagts im Schnee im Schnee
                Und unten heisst es leis: –

RINGGI/
   TOINETTE/
   URSI   Mussiöh? Mussiöh! –

SARGTÖNELI   O Venus und Neptunus! Mond
                Will hell und heller scheinen. Frau
                Thut sich mit Mann vereinen!

Verrecktecheib! Isch das nid s Ringgi? Und dett – dett isch ja
nomal eini.

URSI *rasch ab.*

SARGTÖNELI Und nomal eini!
TOINETTE *rasch ab.*

SARGTÖNELI Und erscht no d Schuelmeisteri...! Mer glaubtis
nid, mer traumtis nid! Chömid, Fecker. Mier müend bärguuf –
d Manne go warne.
DIE FECKER Und s Lisi?
SARGTÖNELI Bärguuf!

IX
Liebesnacht

RINGGI. *Sie schliesst mit einem Schlüssel* FOULONS *Gefängnis auf.*

RINGGI Mon petit chouchou!

FOULON Der Mistaufen!

RINGGI Ha mi doch badet. Gschmöcksch nid? Meh de e Stund bini im Zuber ghocket.

FOULON Pardon, Madame, isch bin eine Gefangene!
Er hält die Tür von innen zu. Isch bin müde! Müde!

RINGGI Das hani no halbe tänkt, dass er de Mehbesser usehänkt. Aber wart nu! Für was schaff ich im Spunte. Uf de Ton het no jede reagiert! –
Sie zieht – pflopf – den Zapfen aus einer Flasche.

FOULON *streckt den Kopf aus dem Gefängnis.* Abe isch eine Pflopf geört?

RINGGI No, no. Du müde. Du pfuse!
Sie schenkt ein.

FOULON O diese Ton. Diese Melodie! Pflopf! dann glu-glu-glugg. Es erinnert misch an eine Boulevard à Paris. Un petit bistro. Da sitzt eine kleine Demoiselle. Isch dazu – und isch male sie schnell.
Er tritt unter die Tür und beginnt, Ringgi zu skizzieren.
Wie eissen Sie?

RINGGI Ringgi. Eigentlich Rose-Marie.

FOULON Rose-Marie..! Und wie aben Sie geschafft diese Rénovation? Isch meine Ire Umänderung. Am Tag war sie eine Mistaufen – und jetzt, mon Dieu, mon Dieu: la belle de nuit!

URSI *taucht auf.*

URSI Ich be de au e nüüi!

RINGGI Verschwind, du Chrott!

URSI Ganz nüüi Chleider!

RINGGI Gsch!

URSI *ab.*

RINGGI Die und nüü!

FOULON Was? nue? Une femme nue?

RINGGI Äh wa. Scho zimli abemusiziert. Aber jetzt, pardon, Mussiöh, isch muss gehen.

FOULON Schon?

RINGGI Es ist spät.

LYMBACHER *oben auf dem Berg.* Mitternacht.

FOULON Für eine Schluck ist es nie zu spät.

LYMBACHER *oben.* Was mys Ringgi ächt macht!

RINGGI Morgen ist ja auch wieder ein Tag, hm?

LYMBACHER *oben.* More, hets allig gseit, syg ja au wider e Tag.
Himmel, ich darf gar nid dra tänke!

SCHULMEISTER *oben.* Was pfniechsisch umenand, Lymbacher?
Tue jetz pfuse!

LYMBACHER *oben.* Vor Mitternacht cha ne Wirt nid pfuse.

RINGGI Guet, noch eine letzte Schlüggli. Aber dann ist Schluss!
Sie schenkt ein.

FOULON Wie zart, wie übsch Sie können eingiessen! Sind Sie eine
Professionelle?

RINGGI Ja.
Sie schnieft.

FOULON Oh, isch abe gemacht eine Fehler?

RINGGI Nänei, im Gägeteil! Jahruus, jahry muess i chrampfe. He,
Ringgi, no es Möschtli, no en Treschter, Ringgi, mach! Ringgi,
gang! Ringgi, hol! Und nid eimal es guets Wort. Säg, Chouchou,
isch das eine Läbe?

FOULON Non, ma petite princesse.

RINGGI Prinzässi, het er gseit.

LYMBACHER *oben.* Ringgi! Ringgi!

SCHULMEISTER *oben.* Das ist ein militärisches Biwak, gopfertekel.
Hier herrscht Silentium.

LYMBACHER *oben.* Du hesch guet rede. Du bisch froh, dass dyni
Toinette los bisch … aber ich! Ich Hornochs! Schuelmeister, da
unne versprühet e Servierperle syt Jahr und Tag ihren Glanz,
und ich, ich versteinte Lymbacher, merk erscht jetz, i dere
yschalte Gebirgsnacht, was i a dem Meitel gha ha. O Ringgi! O
du Härzchäfer!

FOULON Und deine Mann?

RINGGI Ah, där. Eine offnungslose Fall. Tänkt immer nur as Gäld, as Suufe, as Frässe. Mier sind nid emal ghürate!

LYMBACHER *oben.* Ja, das isch es! Das isch d Lösig! Sobald ich obe abe chumm, mach i s Ringgi zu mynere Frau. Hets nid s schönschte Füdle vo de ganze Innerschwyz? Und chas nid wärche und serviere, dass es e bari Freud isch? Morn am Morge stygi durab. Bym erschte Liecht! –

FOULON *zeigt ihr die Zeichnung.* Voilà!

RINGGI Jesses, das bi ja ich!

FOULON Ma belle de nuit!

RINGGI Und ich tarf mich ha, Mussiöh?

FOULON Für eine ganz kleine Preis.

LYMBACHER *oben.* Zuegä, vilicht chönnti z Pfäffike unne e Schöneri gfinde und im Alptal hinne e Gschaffigeri. Aber e Trüüeri – nei, e Trüüeri gits zäntume niene.

FOULON Wie sagt man in die Ybrig, wenn Lippen an Lippen nippen?

RINGGI Chusseli gäh.

FOULON Rosemarie.

LYMBACHER *oben.* Das isch fix. Ich nimm sie!

RINGGI Ich will di.

LYMBACHER *oben.* Ringgi, ich ha di gärn.

RINGGI Mon cher chouchou.

FOULON Ma belle de nuit.

RINGGI *und* FOULON *verschwinden ins Gefängnis, beide ab.*

Das VOGEL-LISI *taucht aus dem Grab auf.* DIE FECKERINNEN *schleichen herbei.*

DRITTE FECKERIN S Ringgi.

VOGEL-LISI Mit em Foulon?

ERSTE FECKERIN Säg emal, Lisi. Du bisch doch tod! –

VOGEL-LISI Ja, leider.

ERSTE FECKERIN Bisch tod, und glych bisch no da?

VOGEL-LISI Will öpper a mi tänkt. Solang sich nur ei Mänsch an e armi Seel erinneret, läbt mer nochli wyter.

ZWEITE FECKERIN Isch s e Ma, wo a di tänkt?

VOGEL-LISI Wer weiss, wer weiss.

ZWEITE FECKERIN Wetsch üs nid verrate, wer de Vatter isch vo dym Chind?

ERSTE FECKERIN Öppe de Schuelmeister?

VOGEL-LISI Nei.

ZWEITE FECKERIN De Lymbacher?

VOGEL-LISI Nei.

DRITTE FECKERIN De Sargtöneli?

VOGEL-LISI Nei.

ERSTE FECKERIN De Pfarrer?!

VOGEL-LISI Nei.

ZWEITE FECKERIN De blybt nunie no eine . . . !

WENDEL *oben auf dem Berg.* S fat wider a spuuke! Lymbacher,
   machs wägg, machs furt!

LYMBACHER Ha sälber es Gsicht. Ich cha der nid hälfe.

SCHULMEISTER Das isch de Schnee.

PFARRER De Schnee trückt uf d Seel.

LYMBACHER De Wind.

SCHULMEISTER Und Zyt! Zyt isch lang hie obe.

LYMBACHER Und schwär we de Bärg. Und chalt. Und gäch.

ALLE Uubarmhärzig!

X
Das Bidet

Morgen.
VOGEL-LISI. STEFFI, *mit dem Kinderwagen.*

STEFFI Bisch no nid verlochet?
VOGEL-LISI Ha Glück gha.
  Leise. Si hend duruuf müesse. D Manne go warne. Wie gahts
  am Bueb?
STEFFI Mach em e Fratze. Eh ja, dass er di vergässe cha. Dass er
  sich fürchtet, wenn er sich a dich erinneret.
  Das VOGEL-LISI *macht über dem Kinderwagen eine Fratze.*
STEFFI Angscht ha söllsch.
VOGEL-LISI Er lachet übers ganzi Gsicht, myn Pfüderi.
STEFFI Ja, ja. Nüd as we Ärger hani mit dem Zaupf.
VOGEL-LISI Hesch ne nid gärn übercho – wenigschtens es bitzeli?
STEFFI Scho.
VOGEL-LISI Aber?
STEFFI De Wändel.
VOGEL-LISI Jessesmariaundjoseph! Das hani bym Stärbe ver-
  schwitzt – du bisch mit em Wändel verlobt!
STEFFI Ja. Leider! Chunnt er obe abe, de Wändel, und gseht er mi
  es Bébé härze, so schlaht er mit z tod. Us luuter Liebi.
VOGEL-LISI Und us Tümmi, Steffi.
STEFFI Ja, das stimmt. Tumm sinds, die Manne.
VOGEL-LISI Sautumm. Aber wemmer scho halbe im Grab unne
  hockt, du heiligs Verdiene! – us dere Perspektive erschynt eim
  de allertümmscht Güggel, wo da obe umestolziert, eso gschyd
  we de Einstein und eso schön we de Belmondo. Steffeli, was
  gäbt ich drum, wenn i no eimal en Ma chönnt ha, en Ma!

ÖRGELI-MIGGEL *kommt, seinen Verkaufswagen ziehend; darauf
ein Bidet.*
MIGGEL Hend iher a Muul und Zände weh
            Und Hüehnerauge a de Zeh

So laufed zue iher Dame Fraue Chind
Und laufid gschnäll und chaufid gschwind!

MUTTER KÄLIN, *verschmutzt wie zuvor.*
MUTTER KÄLIN Lueg da, de Miggel! Guet, dass d chunnsch. All
   hend sich gwäsche und gstriglet! Da macht üsereis nid mit,
   bhüetis, aber wenn d es Duftwässerli hettisch...
   Sie erblickt das Bidet.
   Was isch de das, was?
MIGGEL Un bidet!
MUTTER KÄLIN/STEFFI Ah, eine Nouveauté!
MUTTER KÄLIN Und was macht mer mit dem Trögli?
MIGGEL *zwinkert* STEFFI *zu.*
   Was mer eso macht
   Uf d Nacht
   Zerscht wird gfi-gfi-gfidelet
   Dernah wird bi-bi-bidelet
Im Palascht vo Versailles, mini werte Dame, hends nid ei Schis-
si gha, käs Badzimmer, es Bidet scho gar nid. Badet hends öppe
eimal im Jahr, und wenns gstunke hend: –
MUTTER KÄLIN Parfüm drüber.
MIGGEL Und Puder.
MUTTER KÄLIN *anzüglich.* Genau we üse Herr Pfarrer.
MIGGEL Aber die Zyte sind jetz verby!
   Er springt auf seinen Wagen, setzt eine Jakobinermütze auf.
   Vous-comprrrrrenez? Rrrrévolution! Mier tapfere Bürger hend
   de verstunkni Adel zum Tüüfel gjagt! Hüttzutag staht a Stell
   vom Thron:
MUTTER KÄLIN Das Bidet!
MIGGEL *setzt sich eitel.* Justement, und a Stell vom Chüng hockt
   de Miggel.
MUTTER KÄLIN *reisst ihn herab.* Was nid gar!
   Sie schwingt sich aufs Bidet.
   Hie im Ybrig hemmer e Wyber-Regierig!
   Huldvoll zu MIGGEL, *auf* STEFFI *deutend.* Chasch si ha.
MIGGEL Ich? d Steffi?
MUTTER KÄLIN Bevor de Wändel hie isch, sett si furt sy.
MIGGEL Guet, de Handel gilt! –

MUTTER KÄLIN   Schlag y, Steffi. Er bringt di us em Dorf.

MIGGEL   Aber eis muess i vorher no säge: Ich nimm si. Aber ohni de Goof.

MUTTER KÄLIN   Tubel.

STEFFI   Verreis!

VOGEL-LISI   Oder sell der echli alpemagisch cho?

MIGGEL   *erschrickt plötzlich.* Jesses, das isch ja –

VOGEL-LISI   S Vogel-Lisi!

MIGGEL   S Vogel-Lisi –

VOGEL-LISI   Chunnt vo Adelbode här!

MIGGEL   Verdammti, verfluechti Alpemagie! Tod bisch.

VOGEL-LISI   Tod und scho halbe im Grab!

MIGGEL   Hilfe, zu hilf!
   Er flieht, ab.

MUTTER KÄLIN   Vo wäge Einstein, Lisi. Vo wäge Belmondo! Merksch äntli, dass d a dene Sieche nid gar e so vil verlürsch?

STEFFI   Ja. Muetter Chäli, tumm sinds, die Manne.

VOGEL-LISI   Sautumm.

MUTTER KÄLIN, VOGEL-LISI *und* STEFFI *singen:*
   Wer gaht is Militär
   Und stellt sich stramm is Glied
      D Manne sind tumm so tumm
      Mier Fraue sinds nid

   Wer hockt im Spunte wer
   Und suuft bis alls verghyt
      D Manne sind tumm, so tumm
      Mier Fraue sinds nid

   Wer pfuset vor de Chischte
   Wenns ruschet dri und schnyt
      D Manne sind tumm so tumm
      Mier Fraue sinds nid

   Wer weiss wie d Wält sell gah
   Wer git sich obergschyd
      D Manne sind tumm so tumm
      Mier Fraue sinds nid

Wer hockt dett obe wer
Und frürt im tiefe Schnee – –

Das zweite Finale

DIE MÄNNER *auf dem Berg.* DIE FRAUEN *im Dorf. Alle singen.*

DIE MÄNNER Joleduliduliduli duliduli-ohe
            Mier hockid hie obe
            Mier frürid im Schnee
DIE FRAUEN Joleduliduliduli duliduli-ohe
            Do cha mer nur lache
            Sie sind halt e so
DIE MÄNNER Do cha mer nüt mache
            Mier sind halt e so
DIE FRAUEN Joleduliduliduli duliduli-ohe
            Mier härzid en Wälsche
            Mier ligid im Stroh
DIE MÄNNER Do cha mer nüt mache
            Mier sind halt e so
            Joleduliduliduli joleduli-ohe
DIE FRAUEN Mier Wyber sind gschyder
            Mier blybid im Dorf
DIE MÄNNER Mier hockid hie obe
            Mier frürid im Schnee

XI
Der Reigen

Nacht.
FOULON *äugt aus seiner Gefängnistür.*

FOULON   *ad spectatores.*
          Eine Soldat, Sie werden es wissen
          Mesdames, man darf ihn zwar erzen und küssen
          O aber dann, dann kommt die Armée
          Dann eisst es adieu! –

RINGGI.
RINGGI   Tumms Züüg. Erscht Mitternacht.
FOULON   Mais non, ma chère!
          Isch bin die Malsoldat Foulon
          Muss retour zu Napoléon.
RINGGI   Nei! Du darfst nicht fort!

TOINETTE *und* URSI; *sie sind noch extremer aufgemacht als zuvor.*
FOULON *sie erblickend.*
          Da kommt – und dort!
          O Ybrig! Verweiblischtes Ort.
          Was jetzt? Retour, Foulon!
RINGGI   Zu mir ins Stroh!
FOULON   Was bleibt mir anderes übrig?
          Lieber isch mache eine zweimal
          Als auf eine Mal zweie froh.
     FOULON *und* RINGGI *ins Gefängnis, beide ab.*

TOINETTE *und* URSI *erblicken sich.*
TOINETTE Ah!
URSI Oh!
TOINETTE Was machsch?
URSI Und du?

TOINETTE   Ich muess defür sorge, dass d Sitte nid verluederet.

URSI   Und für das bisch e derewäg use putzt?

TOINETTE   Ich lauf immer ordeli durs Dorf.

URSI   Wie si lügt!

TOINETTE   Wennd en früntschaftliche Rat wetsch, Ursi – gsehsch
uus als hettisch en Bienestock um em Grind.

URSI   Und du erscht! Als tätsch uf dym Tötz en Urne balanciere.

TOINETTE   Still!

Am Gefängnis. Es raschelet da inne. Allo? Ören Sie misch?
Sie dreht den Schlüssel.

Offe. Und trotzdem zue. Als wurd er vo inne Türe zueha.

URSI   Du, Toinette, zuefällig hetti en Brate parat...

TOINETTE   *ad spectatores.* Vo wäge Zuefall! Aber guet. Das
chönnt en umstimme.

Ad spectatores. Ich ha nämlich zuefällig zu dem Zuefall es Dessert parat.

URSI   So, es Dessert.

TOINETTE   Mer chane doch nid la verhungere, n'est-ce pas.

URSI   Oui, oui.

TOINETTE   Allons-y.

URSI *und* TOINETTE *ab.*

Oben auf dem Berg. DIE MÄNNER *im Biwak.* LYMBACHER *hat inzwischen seinen Schlafsack gerollt, den Tornister gepackt. Jetzt nimmt
er Eispickel und Seil und will sich an den Abstieg machen.*

LYMBACHER   Jetz isch gnueg Heu dunne. Ich gang durab!

WENDEL   Wart! Chumme an mit!

PFARRER/SCHULMEISTER   Halt! Was isch da los! Was fällt üüch y?

WENDEL/LYMBACHER   Adie.

PFARRER   Das isch Fahneflucht.

SCHULMEISTER   *entsichert das Sturmgewehr.* Fäldprädiger, nimm
die Heilig Ölig füre, die zwee sind dra.

WENDEL   *kniet nieder.* Zu mynere Steffi hani welle.

LYMBACHER   *kniet ebenfalls nieder.* Ich zum Ringgi. Us Liebi, iher
Vättere, us luuter Liebi.

SCHULMEISTER   Üüchi Waffe.

LYMBACHER   *gibt sie heraus.* Die chömmer hie obe sowiso nid
bruuche.

SCHULMEISTER   Was sell das heisse?

LYMBACHER Dass dyni Strategie en Seich isch, Schuelmeister!

WENDEL En riese Seich! Uf em Bärg hocke und as Füdli früre – für was sell das guet sy, he?

PFARRER Syt de Schlacht vo Morgarte simmer eso verfahre. Der Hauptharst nimmt die Höhe ein, und ziehet der Feind unten vorbei: –

ALLE MÄNNER Ho rutz!

SCHULMEISTER Lömmer d Laui lah tonnere!

DER HEILIGE JOSEPH *lauscht nach unten.* Still! Ich ghör öppis!

Unten in Dorf. STEFFI *mit dem Kinderwagen und zwei Koffern, öffnet die Tür zum Gefängnis.*

FOULON *will ab.* RINGGI *hält ihn zurück. Er erblickt* STEFFI. Mon Dieu, mon Dieu, encore une autre!

STEFFI Foulon, Foulon! Bitte bitte, elfen Sie mir!

FOULON Isch bin selber in Not.

STEFFI De Goof da. Nid myne, weisch, und doch ghört er mier!

FOULON Eine komplizierte Fall, aber momentan, pardon, isch abe keine Sprechstunde.

STEFFI Kapiersch nid? Mitenand chömmers schaffe! Ich känn de Wäg, du chasch französisch.

FOULON Quelle idée! Komm, auen wir ab.

Er will mit STEFFI *ab. In diesem Augenblick:*

TOINETTE *kommt, mit einem Servierwagen voller Dessertköstlichkeiten.*

FOULON *verzückt.* Hmmm!

STEFFI Jesses, d Schuelmeisteri!

RINGGI Ine mit em!

STEFFI *und* RINGGI *stossen* FOULON *ins Gefängnis zurück. Alle drei ab.*

TOINETTE Was sell jetz uf einisch die Scheese da?

Sie lauscht. Aus dem Gefängnis hört man das Stöhn-Chanson »Je t'aime...« von Serge Gainsbourgh und Jane Birkin.

Es tschuderet eim! *Sie nimmt eine Schnapsflasche vom Servierwagen, schenkt sich ein. Ad spectatores.* De Franzos mit sym Holzbei – honny soit qui male y pense! – und s Ringgi – –! Momänt. Wievil Scheiche hets de, das Ringgi? Jessesmariaund-

joseph! *Sie schaut noch einmal.* Factum est! Z dritte! Schön
fat das a, das neue Dezimalstysem.

PFARRER   *oben auf dem Berg.*   So hets müesse ände.
SCHULMEISTER   Wind.
LYMBACHER   Nacht.
WENDEL   Schnee.
DIE MÄNNER   Und de Franzos am Schände.

Unten im Dorf. URSI *schiebt einen Servierwagen heran, darauf der
Braten, Teller, Gläser, Pfannen etcetera.*
Gleichzeitig entsteigt das VOGEL-LISI, *frisiert und geschminkt, sei-
nem Grab. Sie entschwebt ins Gefängnis, ab.*

TOINETTE   Dyn Ma wird grau
                  Und Du wirsch s au
                  Zerscht d Haar, denn d Huut
                  Mer schnarchlet schwär mer schnuufet luut
                  Mein Gott! Wenn das scho alles wär
                  So schnell verby, scho s Läbe gsy
URSI   Il faut profiter de l'occasion!
   Mit dem Braten ins Gefängnis, ab. TOINETTE *folgt ihr, ab.*

JOSEPH   *oben auf dem Berg.*   Iher Vättere, mier schwant öppis!
DIE MÄNNER   Am heilige Joseph schwant öppis, wytersäge! – Am
   heilige Joseph schwant öppis, wytersäge!
   Alle zücken den Feldstecher.
PFARRER   Es chunnt eine unnenufe!
SCHULMEISTER   A d Laui! Lönd d Laui la tonnere!
PFARRER   Da hilft kei Laui.
LYMBACHER   Joledulidulidul...
WENDEL   Duliduli-ohe...
PFARRER   Nacht.
LYMBACHER   Schnee.
SCHULMEISTER   Wind.
ALLE MÄNNER   Und dett unne im Gfels
                  Am Sargtöneli sy Grind.
PFARRER   Miserere nobis, Domine!

SARGTÖNELI *und* DIE FECKER *erreichen den Gipfel.*

SCHULMEISTER Was gits Nüüs?

SARGTÖNELI Schlimm.

SCHULMEISTER Chunnsch öppe de Lymbacher go hole? Geschter het er no welle durab i sym Fieberwahn!

LYMBACHER S Ringgi isch tod!

SARGTÖNELI No schlimmer.

WENDEL Myni Steffi?

PFARRER S Ursi?

SARGTÖNELI No schlimmer.

SCHULMEISTER Non est possibilis! De Franzos het myni Toinette – –

SARGTÖNELI *zu Atem kommend.* Also Tatsach isch, iher Vättere, dass sich die Düütig erfüllt het. Mier hend i Fässler Lienis Gade e Süüch. Er isch ygfahre, dess Name ist: –

PFARRER Abaddon!

ALLE *erschrocken.* De Napoléon!

SARGTÖNELI Us änem Abaddon isch bekanntlich es Partizipium worde …

PFARRER Namens Apollyon! Das der Zerstörende.

ALLE Das der Verderbende.

PFARRER Mir bricht das Herz in der Brust, es zittern meine Gebeine, denn siehe: Es ist wahr geworden mein Wort, es hat sich erfüllt mein Gesicht.

SARGTÖNELI Und zwar isch das Partizip i de Gstalt vomene Foulon dehärgflohneret. Wie er sagt von sisch selber: Isch bin eine Malsoldat.

WENDEL Was sell das heisse?

JOSEPH Dass er d Landschaft pinslet.

SARGTÖNELI Nid nur d Landschaft … !

PFARRER Hanis nid gseit? Hanis nid düütet?

WENDEL O Steffi.

SCHULMEISTER O Toinette.

LYMBACHER O du heiligs Verdiene!

PFARRER   Hier steht es bei Johannes
                   Das Weib im Banne des Mannes
                   Er hält die Bibel zu den Schneewolken empor.
                   Er isch es Tier, de Franzos

Es Tier mit somene Hore!
Arms Urseli
Du bisch verlore!

DIE MÄNNER   Verlore!

URSI   *unten im Gefängnis.*
Hebid en iher vo hinne?
De nimm ne ich vo vore!

PFARRER *oben.* D Sunne gaht uuf, und über dem Propheten geht
sie unter, zur Finsternis wird sein Tag. S Wyhwasser, rasch! Wo
hani s Wyhwasser? Gsoffe, ich Esesl, de Wädel verträchnet!
Er schweit den Weihwasserwedel über die Welt.
Verreckid da unne! Verräblid! Es herrschet Nacht, Finsternis
herrschet, und ich, üüche Pfarrer, hets gwüsst...
Er sinkt auf die Knie.

SARGTÖNELI   So isch es, iher Vättere!
D Zyte sind bös, d Sitte sind los
D Wyber sind giggerig, und är, de Franzos
As wene Stier! so gaht er druuf los!
Alls macht er nüü
De Schänder, de gross
De Zytewänder! Bloss
D Muetter Chäli
Nur si blybt mer trüü!

DIE FECKER   Nur d Muetter Chäli
Nur si blybt no trüü!

Unten im Dorf. MUTTER KÄLIN, *auf das allergrossartigste aufgeta-*
kelt, kommt.
FOULON *kriecht mit letzter Kraft aus seinem Gefängnis.*
FOULON Die auch noch!
MUTTER KÄLIN Muesch nid meine, Französel, chönnsch mit allne
caresiere, und ich tüg deheime Tüüme trülle. Chumm scho! Gib
mer de Schmutz!
FOULON Und meine Oberbefehlsaber?
MUTTER KÄLIN Schyss uf dyni Armee!
FOULON Was ist, wenn die Armée zurückscheisst? Es würde sein
eine grosse, stinkende Aufen.

MUTTER KÄLIN   Chasch di erinnere, wie mer dich empfange hend?

FOULON   Mit eine Staubsauger!

MUTTER KÄLIN   Und mit eine Geruch, wo sogar deine Oberbefehlshaber vertreibt. Bi üs bisch sicher, Foulon. Mier besigid jedi Armee.

SCHULMEISTER *oben.*   Uf eis Glid Sammlig! Manne, Soldate! Mier müend durab. Hei is Dorf. De Pfarrer het s Wort.

PFARRER   Gömmer mit Gott!

   Ein Donner.

PFARRER   Er staht uf üsere Syte. Ho!

ALLE   Rutz!

XII
Die Heimkehr

EINE FECKERIN *stürzt herbei, pfeift.*

DIE FECKERIN Si chömid, si chömid!

DIE FRAUEN *und* FOULON *platzen aus dem Stall.*
FOULON Sauve qui peut!
MUTTER KÄLIN Wotsch ene is Mässer gumpe!?
TOINETTE *nimmt das Baby aus dem Wagen.* I d Scheese mit em!
  Sie stopfen FOULON *in den Kinderwagen.*
FOULON Bin isch eine Bébé?
URSI Jesses, und d Steffi? Wo isch d Steffi?
RINGGI Go Wy hole.
URSI Mier müend si warne.
TOINETTE Scho z spat!
  DIE FRAUEN *stieben auseinander,* ALLE *ab.*

DIE MÄNNER *betreten mit gezückten Waffen das Dorf.*
WENDEL Steffi?
LYMBACHER Ringgi?
SCHULMEISTER Toinette?
PFARRER Furt sinds. Uuf und devo.
LYMBACHER Mit em Franzos, dem Seckel.
  Er streicht am Kinderwagen vorbei.
  Wemmer de verwütschid!
FOULON *im Wagen.* Mon dieu!
SCHULMEISTER Still!
WENDEL Us dem Siech mach i Hackfleisch.
FOULON Oh!
WENDEL Do!
  Er nähert sich dem Wagen. In diesem Augenblick:

DIE FRAUEN *kommen von allen Seiten, mit Zubern voll frischer weisser Wäsche.*

DIE FRAUEN   Da sind ja üseri Manne!

DIE MÄNNER   Üseri Fraue!

SCHULMEISTER   Sägid scho, wo steckt er?

TOINETTE   Wer sett wo stecke?

SCHULMEISTER   De Franzos!

TOINETTE   Um Himmelsgottwille, sind d Franzose da?

SCHULMEISTER   Jä, Chrüzchrotte, het er üs öppe zum Narre gha, de Sargtöneli?

LYMBACHER   *zum* SCHULMEISTER, *leise.*   Merksch nid, wies uuf- taklet sind? Sogar die alt Chäli schmöckt we ne Parfümlade!

SCHULMEISTER   Jä so, dett düre lauft de Has!

PFARRER   Du seisch es, Lymbacher. Hesch myni Ursi gseh? Ha si schier nümme kännt mit dem Turm uf em Grind.

SCHULMEISTER   Factum est.

PFARRER   Selbst in meinem Hause bin ich gestossen auf die Unzucht, spricht Jahwe, und der Weg ist uns geworden ein schlüpfriger Boden.

SCHULMEISTER   Factum est!

LYMBACHER   Alls durchsueche!

    DIE MÄNNER *schwärmen aus, alle ab.*

Indes hängen DIE FRAUEN *im Hintergrund die weissen Laken auf, einen Kanon summend:* »Heijo, spannt den Wagen an«.

Im Vordergrund haben sich STEFFI *und* WENDEL *getroffen.*

STEFFI   *mit einer Flasche Wein, die sie hinter dem Rücken zu ver- bergen sucht.* Wändel.

WENDEL   Steffi.

STEFFI   Läbsch no?

WENDEL   Und du?

STEFFI   *nickt.* Langi Zyt hani gha.

WENDEL   So.

STEFFI   Nach dier.

WENDEL   Hegsch en Goof, hani ghört säge.

STEFFI   Ich? En Goof? Aber Wändel!

WENDEL   Und was isch i dere Scheese inne? ämel chuum de Napo- leon.

FOULON   Das gibt eine Massaker!

STEFFI   Tumme Wändel. Das isch doch de Bueb vom Vogel-Lisi.

WENDEL   Vom Vogel-Lisi?

STEFFI   S Vogel-Lisi lit uf em Friedhof.

WENDEL   Uf em Friedhof?

STEFFI   *nickt.* Ich has do ghüetet, s Bébé.

WENDEL   Jä so, und hesch es gäre übercho.

STEFFI   Ja. Und de no wie!

   WENDEL *schaut zum Friedhof.*

Das VOGEL-LISI *taucht aus dem Grab auf.*

WENDEL   S Vogel-Lisi lit uf em Friedhof...!

VOGEL-LISI   Wotsch en nid aluege, de Büebel?

WENDEL   Momol.

VOGEL-LISI   Bi de Geburt bini gstorbe.

WENDEL   Tuet mer leid.

VOGEL-LISI   Isch scho guet, Wändel. Dyni Steffi wird em e gueti
   Muetter sy.

WENDEL   Du verbrännti Zeine! Und ich – ich bi ja de Vatter!
   Er nähert sich dem Kinderwagen.

FOULON   Isch bin verloren.

STEFFI   Isch der nid guet, Wändel? Bisch ja bleich wen es Lyn-
   tuech!
   Das VOGEL-LISI *verschwindet im Grab, ab.*

WENDEL   Ich bi e schlächte Mänsch, Steffi. Momol. Ha nid nu
   gmeint, hegsch en Goof, nei, ich miserablige Charakterlump,
   isch schmutzige – –

STEFFI   Ja?

WENDEL   Ha gmeint, sigsch am Französel a d Wösch.

STEFFI   Ich? Jä säg emal, Wändel, und wohär hett ich de Französel
   selle näh?

WENDEL   Ja. Bymeich. S isch keine ume.

FOULON   *ängstlich.* Doch. Isch!

WENDEL   Säg emal, Steffi... die Guttere da... für wer isch die?

STEFFI   Die... die Guttere? Für... für s Büebeli.

WENDEL   Was?

STEFFI   Ja.

   Sie gibt FOULON *die Flasche. Er säuft, was er kann.*

WENDEL   Isch e turschtige, de Büebel.

STEFFI Das chammer säge, allerdings.

WENDEL De het ja e Zug, de!

STEFFI Jetz bini grad sälber echli überrascht, offe gstande.

FOULON *betrunken.* La-la-la-la-la-la!

WENDEL Und singe chan er au scho, de Chog.

FOULON Vive la révolution! vive la France!

STEFFI *erschrickt zu Tode.* Das isch ja! –

WENDEL De Franzos! Da! I de Scheese inne hockt er!

FOULON Isch abe überlebt das Blutbad von die Révolution und so
viele Feldzüge, Battaillen, Gemetzel, Schlachten, Scharmützel.
Aber jetzt, isch fürsche, es hat geschlagen bim-bim-bim meine
letzte Stündli. Adieu, ihr Schönen, au revoir!

DIE MÄNNER *sind gekommen, haben* FOULON *umringt.*

FOULON *zu* DEN MÄNNERN. Allo, allo. Kann isch Ihnen elfen?
Suchen Sie etwas?

SCHULMEISTER De Lymbacher sell rede!

LYMBACHER Säge nid vil. Säge nur ei Satz, du Seckel.

FOULON Wir Franzosen mögen Leute, die sisch können kurz fassen.

LYMBACHER Hegsch üseri Wyber pinslet, seit de Sargtöneli.

FOULON Pinseln? Können Sie vielleischt erklären mir das Wort?

DIE MÄNNER *mit Gesten.* Pt pt pt!

FOULON Isch verstehe. Ja, es ist die vérité, isch abe gepinselt Ihre
schöne Frauen.

SCHULMEISTER Er gits zue!

FOULON Es ist meine Beruf.

PFARRER Was? dy Pruef?!

FOULON Soll isch ihnen vorzeigen?

SCHULMEISTER Das fählti no!

FOULON Ringgi! Ursi! Toinette! Müsst ihr gerade eute Wäsche
aufhängen? Kommt! Zeigt euere tapfere Krieger, was isch abe
gepinselt.

DIE FRAUEN *kommen hinter den weissen Laken hervor. Jede bringt
das Bild mit, das* FOULON *von ihr gemalt hat.*

DIE MÄNNER Jä so. Derewäg.

FOULON Pardon?

SCHULMEISTER Das Pinseln ist bildlich zu verstehen.

FOULON Ja, bildlisch. Isch bin eine Malsoldat. Isch kämpfe nischt
mit Waffen, isch kämpfe mit Farben. Pt aus der Tube auf die
Karton.

DIE MÄNNER Pt.

FOULON Ja, und dann isch mache eine schöne Figür. Soll isch Sie
auch pinseln?

WENDEL Ja gärn.

LYMBACHER Wenns nid z vil choscht.

SCHULMEISTER Und eie suscht – usser dem Pinsle, meini – isch da
nüd gloffe?

MUTTER KÄLIN Gar nüd. Das heisst –

SCHULMEISTER Ja?

TOINETTE Die nüüe Frisüre het er üs zeiget.

RINGGI Die nüüe Melodie.

STEFFI Und die nüüe Tänz.

SCHULMEISTER So. Und wie gönds, die Tänz?

FOULON Bumms mit em Füdle
            Bumms mit em Arsch
            Chäller abegah
            Moscht uselah . . .

Er hält inne.

Sapristi! Isch vermute, isch abe gemacht eine kleine Fehler.

SCHULMEISTER Allerdings, Foulon. Allerdings!

Er zückt seine Haselrute. Weisch, was das isch?

DIE ANDEREN MÄNNER *ebenfalls ihre Waffe zückend.* Und das da?

PFARRER *zückt die Bibel.* Und das?

FOULON Eine Bibel.

PFARRER Dys Gricht, Franzos! Denn siehe, ich lasse zurückfallen
euer Tun auf dein Haupt.

FOULON Ören Sie nischt?

Er deutet vor das Dorf.

Ören Sie?

PFARRER Wemmer verreckid, bisch du de erscht.

Er lacht.

Jetz verreckid mer all mitenand. Denn siehe, die Seupfe ist im
Land. D Mänsche wärdid süüberer vo Tag zu Tag, und es wird
dreckiger die Luft von Jahr zu Jahr.

STEFFI   Verstahsch du, was er meint?

WENDEL   Er isch übere, üse Prophet.

PFARRER   *mit irrem Blick.*   Abbadon!
  Ein ferner Donner.

ÖRGELI-MIGGEL *stürzt heran, vollständig ausser Atem.*

MIGGEL   Si chömid! Sie chömid! De Napoleon! La Grande Armée!
*Fernes Kanonendonnern. Alle blicken in die Richtung des Don-
ners, starr vor Angst. Da erscheint, im Rücken der Schauenden:*
SARGTÖNELI.

SARGTÖNELI   De Napoleon. Und wer tritt uuf? Wer ächt – ich!
               Ich bi immer da.
               Finita la comedia!

Der Franzos im Ybrig

Komödie

Mit Musik von Hardy Hepp

Personen

FOULON, ein französischer Soldat
SARGTONI
MUTTER KÄLIN
LYMBACHER, Gastwirt und Ammann
ROSI, Serviertochter
DER PFARRER
URSEL, seine Köchin
DER SCHULMEISTER
TOINETTE, seine Frau
STEFFI
WENDEL, ihr Verlobter
VOGEL-LISI
ORGEL-JAKOB, ein Vazierender

Zeit

1798, als die Franzosen die alte Schweiz eroberten.

Ort

Ybrig, ein Gebirgsdorf. Der Drusberggipfel.

I
Vom Vergehen der Menschen und der Zeit

SARGTONI *tritt auf. Er trägt einen Zylinder, auf dessen Rand, wie auf einem Adventskranz, Kerzen brennen.*

SARGTONI Ich bin der Sargtoni. Ich bin der, der euch den letzten Rock anpaßt. Er ist aus Holz, der Rock. Er hat keine Taschen, und noch keiner hat ihn selber angezogen. Ich muß euch hineinstopfen in diesen Rock.
Er pfeift.
Was pennt ihr noch? Aufstehen, der Krieg ist im Land, der Krieg!

MUTTER KÄLIN.

SARGTONI Als Sargschreiner bekommt man mit der Zeit ein drittes Auge. Ich seh, wenn die Haut gelber wird, weil das Blut nicht mehr sauber ist. Ich seh, wie sich eine Seele hinter schön prallen, milchweißen Brüsten bös verdunkelt. Ich seh alles, und wenn der Sargtoni anfängt, genauer zu schauen, wird es den meisten ein wenig flau. Drum hab ich bei mir zu Haus keinen Spiegel, in der Werkstatt nicht einmal eine Fensterscheibe. Eh ja, schaut aus dem Spiegel heraus der Sargtoni den Sargtoni an, wird es sogar dem Sargtoni flau.

MUTTER KÄLIN Ich hatte einen Traum.

SARGTONI Ich auch.

MUTTER KÄLIN Er hatte einen Hut.

SARGTONI Der Mann im Traum?

MUTTER KÄLIN Drauf stand
Ein kleiner Brand.

SARGTONI Auf seinem Hut?

MUTTER KÄLIN Auf dessen Rand.

SARGTONI Wie ward der Kerl genannt?

MUTTER KÄLIN Herrjeh, das bist ja du!
Der Mann bist du!

SARGTONI Auch mir auch mir
Erschienen Mann und Hut.

MUTTER KÄLIN Der Hut der Brand?

SARGTONI Die Kerzen auf dem Rand
  Und mein Gesicht.

MUTTER KÄLIN Man glaubt es nicht!

SARGTONI Und glaubt es doch
  Denn bald schon gräbt
  Der Graber euch das Loch.

MUTTER KÄLIN Laß mich in Ruh!

SARGTONI Und ich, der Schreiner, leg
  Als letzter mich dazu.
  Wir fallen alle.

BEIDE Alle!

SARGTONI Kippen in die Falle.

BEIDE Falle!

SARGTONI Wir graben uns ein Grab
  So breit und lang wie dieses Tal.

MUTTER KÄLIN Ein Massengrab!

SARGTONI Ein Massengrab. Die Zeit
  Wird groß, der Mensch wird klein
  Du weißt, was los ist.

MUTTER KÄLIN Krieg wird sein.

SARGTONI Krieg, und also gehn
  Wir alle. Auch der Schreiner geht.

MUTTER KÄLIN Auch er, der Schreiner.

SARGTONI Keiner
  Träumt ich, überlebt.
  Geh denen hinterher
  Die ich vergrub.

MUTTER KÄLIN Ich weiß genug:
  S ist Krieg.

SARGTONI S ist Krieg
  Uns wachsen bald
  Die Kerzen aus
  Dem Schädel
  Und ein ganzer Wald
  Von Kreuzen –

MUTTER KÄLIN Schweig, du Blödel!

SARGTONI Zeugt von mir
  Dem großen Tödel!

SARGTONI   So. Jetzt muß ich euch noch sagen, daß wir in einer andern, in einer alten, in einer lang vergangenen Zeit sind. Anno Domini 1789, also vor gut und gern zweihundert Jahren, haben sie in Paris die Königin und den König – kkt! Ihre Häupter kullerten in die Körbe, der Bürger hat die Macht übernommen, viel Blut ist geflossen, und es heißt, der eine oder andere habe in seinem revolutionären Rausch ein Stück Pariser Brot in die Hälse der Geköpften getunkt und mit Genuß verspiesen. Ein paar Jahre später kam Napoleon. Er machte Ordnung. Befal die Sansculotten an den Herd zurück und die Jakobiner ins Karree, links schwenkt marsch. In seinem Innersten aber blieb Napoleon Revolutionär, seine Soldaten fühlten nicht anders, und so trug ein wilder Haufen, genannt La Grande Armée, die Französische Revolution von Paris in die Welt hinaus. Zwischen den ägyptischen Pyramiden und den Moskauer Zwiebeltürmen blieb kein Stein auf dem andern, die Ställe brannten, die Mädchen weinten, und eines Tages, Anno 1798, war Napoleon unterwegs in unsere Berge.
Fern ein Kanonendonner.

TOINETTE *und* URSEL

TOINETTE   Die Schwarze Madonna ist verschwunden!

URSEL   Ausgeflogen!

TOINETTE   Nein, ein alter Mönch hat sie im Klosterwald vergraben.
Sie blickt empor und sieht gerade noch, wie die Schwarze Madonna über die Dachfirste davonfliegt.
Da ist sie ja! Da fliegt sie! Gute Reise, Mutter Gottes, komm gesund wieder heim!

DIE FRAUEN   Madonna flieh, Madonna flieg!
Hier kommt der Krieg, hier kommt der Krieg.

ALLE   Wir gehen alle, alle
Kippen in die Falle, Falle

SARGTONI   In die Grube die wir graben

ALLE   Männer Frauen Mädchen Knaben
Alles was die Erde sah
Sagt nun: Valete omnia!

SARGTONI   Incipit commedia!

II
Männerrat in der Gastwirtschaft

Alle MÄNNER. ROSI *serviert.*
Ein heftiges Bechern und Palavern.
DIE MÄNNER Rothenturm französisch!
             Gelogen! Gerücht!
             Was sagt der Pfarrer?
             Die Muttergottes sei Richtung Süden geflogen.
             Der Franzos am Etzel!
             Was, schon am Etzel?
LYMBACHER He ja, das nenn ich Strategie.
  Stimmts, Schulmeister?
SCHULMEISTER Concedo.
PFARRER Wir können nur noch beten!
DIE MÄNNER Dummes Zeug! Wir sind Mannen. Wir kämpfen. Wir
  kämpfen bis zur letzten Patrone. Ho rutz!
LYMBACHER *schickt* ROSI *hinaus.* Rosi!
  ROSI *ab.*

LYMBACHER Wir gehen vor wie anno dazumal
  Die Väter, wir verlassen unser Tal
  Und nehmen ringsumher die Höhen ein
  Die Gipfel. Ist
  Napoleon im Dorf – ihr kennt die List! –
ALLE So lassen wir von oben
  Schnee und Steine kollern
  Lassen Elemente toben
  Und Lawinen rollen
LYMBACHER Die hier unten
ALLE Unter Stein und Schnee
LYMBACHER Napoleon begraben sollen
ALLE Rumpelpumpel et la Grande Armée!

SARGTONI *tritt ein, von* ROSI *begleitet.*
  Plötzliche Stille.

SARGTONI Gibts was Neues?

ROSI Der Pfarrer soll reden.

ALLE Der Pfarrer.

PFARRER Tatsache ist, ihr Väter, daß wir in Fässler Leonhards
Kuhstall eine Mücken-Seuche haben.

ROSI Und wie haben wir sie zu deuten, die Seuche?

PFARRER Gemäß der Offenbarung Johannis.

LYMBACHER Verreckter Chaib!

PFARRER Gemäß Johannis jawohl, wo man prophezeiet findet,
daß nach dem Posaunen des Engels aus dem Rauche der Tiefe
eine saugroße Blase von Heugümpern und Mücken entstün-
den, und sie werden sich verzehn-, verzigfachen, und all diese
Mücken werden sirren und zwicken, werden surren und
zwacken, und haben über sich einen König, des Namen heißt
auf hebräisch Abbadon.

ALLE Abbadon.

PFARRER Jetzt aber hergehört und aufgemerkt! Aus dem hebräi-
schen Abbadon ward im benachbarten Griechisch ein Partizipium.

SCHULMEISTER Natürlich, natürlich.

LYMBACHER Plagier nicht, du Plagöri.

SCHULMEISTER Silentium!

PFARRER Ward im Griechischen ein Partizipium, und jenes Partizipium heißet wahr und wahrhaftig Apollyon.

ALLE Apollyon.

PFARRER Apollyon aber heißet auf deutsch: das der Zerstörende,
das der Verderbende.

ALLE Das der Zerstörende, das der Verderbende.

ROSI So! Jetzt langts, Herr Pfarrer. Könnt ihr nicht endlich sagen,
was diese Ableitung mit Fässler Leonhards Kuhstall zu tun hat?

PFARRER Man leset: Abaddon. Man verstehet: Apollyon. So man
aber Verstand hat zu deuten, so deutet man –

ALLE Napoleon.

PFARRER Richtig. Die Mücken-Seuche bedeutet: Das der Zerstörende, es steht vor der Tür ...

URSEL, *die Pfarrköchin, steht in der Tür.*

URSEL Kannst das noch einmal sagen, Pfarrer?

PFARRER   Gern. Das der Zerstörende, es steht –
Er erblickt seine Köchin.
Jessesmariaundjoseph! Das ist ja meine Ursel.

SCHULMEISTER   *schadenfroh.*   Jetzt bekommt er Ärger, unser Pfarrer.

LYMBACHER   Und wie.

PFARRER   Du siehst das falsch, liebe Köchin. Ich habe mit den Vätern die Schrift disputiert.

URSEL   So. Disputiert hast. Um was ist sie gegangen, die Disputatio?

PFARRER   Um ein Partizipium.

URSEL   Das ist der Gipfel. Am heiterhellen Vormittag hockt er seelengemütlich beim Trester, und mir gibt er an, er disputiere ein Partizipium. In den Stall gehörst, du Faulhund! Wirds bald?
Sie packt ihn am Kragen und schleift ihn fort.

PFARRER   Aua! Aua!

URSEL *und* PFARRER *ab.*

SCHULMEISTER   Der ist schön unter dem Pantoffel, dieser Feigling von Pfarrer.

LYMBACHER   Ja, Schulmeister, geht das so rassig weiter, haben wir den Krieg verloren, bevor der erste Franzos seinen Fuß auf Ybriger Boden stellt.

ROSI   Das ist bereits passiert.

ALLE   Der Franzos schon hier?

ROSI   Der Schulmeister hat einen gesichtet.

LYMBACHER   Plagierst wieder, Plagöri?

SCHULMEISTER   Neinnein, factum est. Nachts bin ich herumspaziert, und als ich zum Büchel komme, so seh ich – was seh ich? – etwas Schwalbiges ab der Guggern herunterflattern. Es war keine Gemse.

SCHULMEISTERS TOINETTE *steht in der Tür.*

SCHULMEISTER   *ohne sie zu sehen.*   Keine Gemse, kein Vogel, aber etwas Fremdes. Etwas Ungutes. Und fast meinte ich, es sei leibhaftig meine Toinette. Oder glaubt ihr – so redete ich zu mir selber – glaubt ihr tatsächlich, Schulmeister, daß sich der General Erster Konsul, genannt Napoleon, den Weg zu seiner definitiven

Unsterblichkeit ab der Guggern herunterbahnt? Concedo, non
datur. Also doch meine Alte, dieser Buckel, dieses Kreuz, die
sieben ägyptischen Plagen in einer Person? Gefährlich, sag ich
mir, sind ja beide, mein Lebensunglück, mein eheliches, und
genauso der Franzos, und als ich genauer sichte, so seh ich – was
seh ich? – auf der Guggern Matte etwas gampeln.

ROSI *erblickt* TOINETTE. Deine Alte...!

SCHULMEISTER Nein, den Franzosen.

TOINETTE Auf der Guggern Matte, ein Franzos?

SCHULMEISTER Factum est. Der Jakobiner steht ante portas.

TOINETTE Der Jakobiner.

SCHULMEISTER *merkt, wer da spricht.* Um Himmelsherrgottswillen! Du, liebes Toinettchen?

LYMBACHER *schadenfroh.* Jetzt bekommt er Ärger, unser Schulmeister.

TOINETTE Und wie. – Bist schon aromatisiert, hm?

SCHULMEISTER Neinnein, wir beraten unsere Strategie.

TOINETTE *nimmt sein Glas.* So. Und was ist das, was?

SCHULMEISTER Concedo. Argumentum est. Aber nur einer. Weil
ich ihn doch gesehen hab.

TOINETTE Und was hast du gesehen, du Unglückswurm, du vertrüllter? Sag es, Schulmeister. Es war keine Gemse, kein Vogel,
aber etwas Fremdes. –

SCHULMEISTER Himmel hilf!

TOINETTE Etwas Ungutes, und du meinst, es sei wahrhaftig deine
Alte, dieser Buckel, dieses Kreuz, die sieben ägyptischen Plagen
in einer Person? Antworte fix, Schulmeister, hast du so geredet?

SCHULMEISTER Kann mich nicht erinnern.

TOINETTE Er kann sich nicht erinnern.
Sie zieht eine Haselrute.
Weißt, was das ist?

SCHULMEISTER Eine Haselrute.

TOINETTE Kannst dir vorstellen, wozu?

SCHULMEISTER In der Schulstube ist wieder einmal der Teufel los.
Sie spielen die Schlacht der Makkabäer gegen die Philister, die
verdammten Saufratzen.

TOINETTE So ist es. Genau so. Machen wir Ordnung, komm.

SCHULMEISTER Mit der Haselrute?

TOINETTE Mit der Haselrute.

SCHULMEISTER Aber nicht gar zu arg. Die armen Buben, Toinette,
  sie haben eine dünne Haut am Hintern.

  SCHULMEISTER *und* TOINETTE *ab.*

Stumm hocken DIE MÄNNER *am Tisch. Dann hört man von fern
einen entsetzlichen Schrei des* SCHULMEISTERS. *Alle zucken
zusammen.*

SARGTONI Weibersterben, das ist kein Verderben. Aber Säuever-
  recken, das ist ein Schrecken, das ist ein Schrecken!

  Alle grölen.

LYMBACHER Ruhe, ihr Väter, jetzt rede ich, und zwar in meiner
  Eigenschaft als Gemeinde-Ammann. Die Lage ist ernst. Unser
  Ybrig ist in Gefahr. Draußen im Land, wie man hört, ernennen
  sie welsche Direktorien, die Religion wird abgeschafft, mit der
  uralten Freiheit ist es sowieso vorbei, und zu allem Übel plant
  man, das Dezimalsystem auch in unseren Tälern einzuführen.
  Lassen wir uns das bieten?

ALLE Nie!

LYMBACHER Wir halten zusammen.

ALLE Immer!

LYMBACHER Für Gott, fürs Vaterland! – und gegen das Dezimalsystem!

ALLE Ho rutz!

LYMBACHER In den Krieg mit uns, in die Schlacht, zum Sieg! Aber
  halt! Zuerst wird gezahlt.

SARGTONI Ich übernehme die Runde.

  Er wirft Rosi ein Geldstück zu.

  Da!

ROSI Das ist kein Taler.

SARGTONI Fallen die Grenzen, wechseln die Gelder. Das ist eine
  Dublone, Rosi. Kommt, Väter, auf zum Widerstand!

ALLE Der Franzos ist im Land. Der Franzos!

  Alle MÄNNER, *von* SARGTONI *angeführt, ziehen davon.*

LYMBACHER *und* ROSI *bleiben allein zurück. Er steigt in den
Kampfanzug, sie räumt die Gläser ab.*

ROSI Geht ihr ihm entgegen?

LYMBACHER   Neinnein, so dumm wie die Einsiedler sind wir Ybriger nicht. Wir lassen sie kommen.

ROSI   Bis ins Dorf?

LYMBACHER   Denk schon. Wo ist meine Gasmaske?

ROSI   Da.

LYMBACHER   Auf die Gipfel hocken wir uns. Dann bauen wir eine Lawine. Aber Pst, Rosi! Das ist ein militärisches Geheimnis.

ROSI   Hm. Und was wird aus mir, hier unten?

LYMBACHER   Mach ein Hudelweib aus dir.

ROSI   Ein Hudelweib?

LYMBACHER   Der Franzos steht nur auf Stadtschminkerinnen. Bist du anständig verhudelt, läßt er dich in Ruh.
Er gibt ihr einen Kuß.
LYMBACHER *ab.*

ROSI   Ein Hudelweib, soso. Und wenn die Lawine kommt? Was machen wir dann?

III
Abschied

ORGEL-JAKOB, *mit seinem musikalischen Verkaufswagen.*

ORGEL-JAKOB   Habt ihr an Maul und Zähnen Weh
Habt ihr ein Hühneraug am Zeh
Habt ihr ein Ührlein das nicht tickt
Und Strapsen deren Bändel zwickt
So lauft ihr Damen Frauen Mädel lauft
Herbei und kauft für zwei
Hier ist der Orgel-Jakob
Billig und getauft

Wenn eure Kuh das Kalb nit macht
Und eurem Mann der Docht nit facht
Wenn euch die Trübsal niederdrückt
Und drin im Darm der Bandwurm zwickt
So lauft ihr Müden Lahmen Blinden lauft
Herbei und kauft für zwei
Hier ist der Orgel-Jakob
Billig preiswert und getauft

STEFFI *kommt.*
STEFFI   Hast du meinen Brautschleier?
ORGEL-JAKOB   *zaubert den Schleier hervor.* Echte Seide, Steffi.
Hier mit Blumen verornamentiert, hier mit Silberfäden. So weit
ins Unterland bin ich schon lang nicht mehr marschiert. Unter
der Sohle wurde mir der Boden französisch.
STEFFI   *probiert den Schleier.* Hey, wie fein!
ORGEL-JAKOB   Jetzt fehlt uns nur noch der Financier.
STEFFI   Keine Angst. Er hat seine Taler zusammen, der Wendel.
ORGEL-JAKOB   Tut mir leid, Mamsell
Er zieht ihr den Schleier vom Kopf.
Man muß mich mit Dublonen
Oder einem Figgi-Figg belohnen

STEFFI   Mit einem –?
ORGEL-JAKOB   Zungenkuß fängts an
STEFFI   Dann schreit vom Dach der Hahn
ORGEL-JAKOB   Dann schreit vom Mist der Mann
STEFFI   Ich will den Schleier han
ORGEL-JAKOB   Dann gib dich hin
               Dann schick dich drein
STEFFI   Nur einmal mit der Zunge, gut
               Ich laß mich auf den Handel ein
               Weil ich so glücklich bin
               Verliebt in meinen Mann
               Sie küssen sich.
STEFFI   Einmal!
ORGEL-JAKOB   Zweimal!

WENDEL *kommt,* STEFFIS *Verlobter.*
WENDEL Ade.
STEFFI He, Wendel, was soll das heißen?
WENDEL Ade.
STEFFI Ich bins, deine Braut. Schau, der Orgel-Jakob hat uns grad
   den Schleier gebracht.
WENDEL Ade.
STEFFI Wendel, Wendel, bleib stehn!
WENDEL Muß fort, muß mit, muß gehn.
STEFFI Wendel, Wendel, ich hab dich lieb.
WENDEL Dem einen gehts grad, dem andern gehts krumm.
STEFFI Was ist das für ein Lied!?
WENDEL Das ist die Trommel, Steffi, widebum widebum.
ORGEL-JAKOB Der eine bleibt stehn, der andre fällt um.
WENDEL/ORGEL-JAKOB Widebum widebum, widebum widebum!
WENDEL Hast du mit ihm caressiert, mit dem Jakob? Ja oder nein?
STEFFI Nur dich hab ich lieb.
WENDEL Und komm ich um widebum?
STEFFI Bleib ich allein widebum.
ORGEL-JAKOB So dumm widebum
   Wird die grad sein wiederum!
STEFFI *gibt Wendel einen heißen Kuß.* Nach dem Krieg dann wie-
   der.

WENDEL Nach dem Krieg, Steffi.
STEFFI Hinter Fässler Leonhards Kuhstall.
WENDEL Falls der Kuhstall noch steht.
ORGEL-JAKOB Widebum widebum.

Ist ein Zeit zum Pflastermachen

STEFFI *und* WENDEL *singen.*

Ist ein Zeit zum Pflastermachen
Ist ein Zeit zum Mauern
Ist ein Zeit zum lustig sein
Ist ein Zeit zum Trauern

Ist die Zeit der Liebe kommen
Muß ich bitter leiden
Hab ihn lieb und wird es Tag
So muß die Liebe scheiden

Ist die Stund zum Scheiden kommen
Muß ich lustig lachen
Einerlei ob Leid ob Lust
Da können wir nichts machen

Ist ein Zeit zum Honigschlecken
Ist ein Zeit zum Fasten
Und die Zeit geht fort und fort
Sie wohnt im schwarzen Kasten
WENDEL *ab. Dann* STEFFI *ab.*

SARGTONI *und* MUTTER KÄLIN.
SARGTONI *und* MUTTER KÄLIN *singen.*
Ist ein Zeit zum Kofferpacken
Ist ein Zeit zum Kacken
Ist ein Zeit zum Zähneblecken
Muß die Zeit verrecken

Geh Herr Tod und laß mich sitzen
Laß mich frieren laß mich schwitzen

Nein mein Lieb du schöner Garten
Ich kann nicht mehr länger warten

Je der Kerl er will mich stechen
Will mir meine Blicke brechen
Dir nur in die Augen schauen
Schau ich liebe schöne Frauen

Ist ein Zeit zum Augverdrehen
Ist ein Zeit zum Küssen
Laß uns miteinander gehen
Da wir gehen müssen

ORGEL-JAKOB   Da, Mussiöh Sargantoine, mit diesem...
hmhmhmhmmm! ist sie auf dem Sterbebett noch mal so schön:
un Dessous!

SARGTONI   De was?

ORGEL-JAKOB   Sou!

SARGTONI   So.

MUTTER KÄLIN   Nix so – sou!

ORGEL-JAKOB   De.

MUTTER KÄLIN   Pour deux.

ORGEL-JAKOB   Oui. Verstandez-Vous?

SARGTONI   Nö.

MUTTER KÄLIN   Das heißt jetzt non.

ORGEL-JAKOB   Bon. Dann zieht sie sich gleich um, und erwartet
dich zum Rendez-vous.

SARGTONI   Wo.

MUTTER KÄLIN   Nicht wo, vous. Rendez-vous!

SARGTONI   Sou. Äh, so. Rendez-bon. Äh, nous.

ORGEL-JAKOB   Vous!

SARGTONI   Hä?

ORGEL-JAKOB   Vous die Männer sind! Alle fort?

SARGTONI   *französisch:* Fort, oui.

ORGEL-JAKOB   Fort? Un fort?

SARGTONI   Auf dem Gipfel. Und ist La Grande Armée chez
nous – –

ORGEL-JAKOB   Römpelpömpel?

SARGTONI   Oui, kömmt er rünter le Karsümpel. Aber jetzt hab ich
mein Rendez-vous. Verstandez-vous?

ORGEL-JAKOB *da* SARGTONI *ab will.*   Halthalt, Monsieur. Pour un
   dessous – deux Sous!
SARGTONI *zahlt.* Halsabschneider.
   SARGTONI *und* MUTTER KÄLIN *ab.*

ORGEL-JAKOB   *singt zu seiner Verkaufsmelodie.*
               Hängt ihr am Leben an der Welt
               So gebt jetzt tout de suite Fersengeld
               Habt ihr noch etwas Grips im Grind
               Bedenket wie beschränkt die Männer sind
               Drum lauft ihr schönen Eheweiber lauft
               Davon und lauft für zwei
               Das rät der Orgel-Jakob
               Billig preiswert treu
               Fern ein Kanonendonner. ORGEL-JAKOB *flieht, ab.*

IV
Peintrre de battailles

FOULON, *in der Uniform der Grande Armée. Er hat ein Holzbein.*
Auf seinem Rücken trägt er eine Staffelei, und sein Marschgepäck
besteht aus einem Malkasten und einem Skizzenblock.

FOULON Allo! Allo! Gibt es ier keine Limonadier? Isch abe Durst!
Er schaut sich um. Keine Angst. Isch bin nur eine armlose
Franzos mit die ölzerne Bein. Allo? Isch poche an die Tür von
ire Erzen. Si misch ören? Sie machen auf, und Foulon spazieren
inein. Dann wir trinken zusammen, wir plaudern, und schon
isch gehe wieder retour zu la Grande Armée. *Er zeigt dem*
Publikum seine Blätter. Isch bin Maler von La Grande Armée.
Da, Sie aben eine Example. Wenn La Grande Armée aben verloren viel Blut oder sogar eine Bataille, dann, hélas!, armer Soldat Foulon muß malen Victoire. Sie verstehen meine Profession? Isch bin die Pinsel von Napoléon. Er malt mit Blut, Foulon
mit Erzblut. Wollen Sie sehen? Vielleischt kaufen? Foulon, das
ist die Avantgarde. C'est vrai, gutes Kunst ist immer die Avantgarde – und meine Arrièregarde, das ist er selbst persönlisch:
Napoléon. Sie aben kapiert? Nein? Bon, isch will erklären. Was
ist eine Bataille ohne eroische Intergrund? Was ist eine Gemetzel ohne großartige Immel darüber? Und was, Messieurs, ist
eine Eldentod ohne idyllischromantisches Environ? Le voilà!
Er zeigt ein Bild. Ier Sie sehen eine kleine Ügel. Isch abe
gemacht eute mittag diese Bild, und isch werde bringen diese
Bild zu meine Auptquartier. Dann die Messiurs von die Generalstab werden betrachten die kleine Ügel, und vielleischt sie
werden sagen: Bon, Foulon, ier wir lassen verbluten unsere
reschte Flügel. *Er zeigt das nächste Bild.* Ier eine kleine See.
Sie aben kapiert? Les Messiurs werden betrachten, und vielleischt sie sagen: Bon Foulon, diese Tümpel eignet sich gut für
Ertränken von die albe Armée. *Er zeigt das nächste Bild.* O
eine Fels! Ser gute Intergrund! – Ier könnte man machen eine

wunderbare Gemetzel! An die Fuß – *Er skizziert.* eine Feind.
Und noch eine Feind. Und noch eine. Voilà! Über die Feind eine
Pferd. Voilà! An die Pferd eine Kopf, im Kopf eine Auge, im
Auge der Tod, und darin – le voilà! wir lassen spiegeln das
untergehende Soleil! Wie das Bild eißen? Immer dieselbe Titel:
Victoire! Ja, so wir arbeiten. Erst kommt die Intergrund, dafür
bin isch eine Spécialiste, dann kommt Napoléon, und dann
kommt rien. Nischt mehr. O, aber was ist das? *Er lauscht.* J'ai
peur. Isch abe Angst. *Er lauscht.* Eine weiblische Ton? Eine
Gewinsel? Mon Dieu, isch glaube, on fait l'amour...! Wo soll
isch suchen eine Versteck? Ier? Oder Ier? Sapristi! Meine ölserne Bein, immer es machen togg-togg-togg...!

V
Tod und Leben

Auf der linken Seite: MUTTER KÄLIN. *Sie liegt auf dem Totenbett,
fiebert, schwitzt, wimmert.* TOINETTE, *mit einem großen Buch,*
URSEL *und* ROSI *halten bei der Sterbenden Wache. Sie murmeln
den Rosenkranz. Auf der rechten Seite:* VOGEL-LISI. *Sie liegt in den
Wehen, stöhnt und schreit.* STEFFI *hantiert als Hebamme. Zwischen den beiden Betten taucht jetzt* SARGTONI *auf.*

SARGTONI   Habt ihrs gesehn?
              Dort liegt die Lisi in den Wehn
              Und dort, am andern Ort
              Was tut sich da?
              Widebum widebum
              Der Tod ist nah
              Die Mutter Kälin himmelt ab
              Der alte Rab
              Er muß ins Grab
              Hinab hinab hinab
              O Sterne und Laterne! Nacht
                Thut sich mit Licht vereinen
              O Venus und Neptunus! Mond
                Will hell und heller scheinen.
              Da drüben schreits im Weh im Weh
                Und hier heißts leis Ade ade.

URSEL   Wärs nicht das Gescheiteste, Schulmeisterin, wir holten im
    Kloster eine heilende Hand? Es gurgelt und orgelt so schwer in
    der Mutter drinnen, mich fürchtet es schier.
TOINETTE   Nix ist. Wie der Lehrer Theophilactus sagt: Morbi sunt
    milites Dei, die Todeskrankheiten sind Gottes des Allmächtigen
    Landsknechte, damit er uns väterlich züchtiget und heimsuchet.
    Schauen wir im Kalender nach!
    Sie liest im großen, alten Buch.

URSEL   Rosi, ich riechs – es ist ein Mann im Dorf!

ROSI   Dummes Zeug. Alle Männer sind bergauf!

URSEL   Bergauf?

ROSI   Eh ja, dann bauen sie eine Lawine, und dann – –

TOINETTE   Da! *Sie liest vor.*

Hat es aber im Christmonat gestürmet, so schwitzen die Blumen Blut und anklebrig sind die Krankheiten. Ist aber die Pfarrkirche zu Schindellegi nach Sankt Sophien noch verschneiet worden, so erscheinen am Drusberg Gog und Magog, die roten Juden, und es hebet an ein großes Sterben: Mortalitas gravissima saevissima horribilis.

URSEL   Verreckter Chaib!

ROSI   Auf den Gipfeln hocken sie!

TOINETTE   Wie Gog und Magog.

ROSI   Und wir sind hier im Kessel –

ALLE   Wir Weiber, wir alle
Der Speck in der Falle!

ROSI   So ist es. Und wenn der Franzos tüchtig am Schänden ist, wenn er uns die Locken verzupft und die Schenkel hoch- und niederfährt, dann kommt die Lawine herabgedonnert. Wie steht es geschrieben?

TOINETTE   Mortalitas gravissima saevissima horribilis.

ROSI   Oder auf deutsch: Von vorne der Franzos, von hinten der Berg.

URSEL   Ob ihrs glaubt oder nicht: So männlich nach Mann hat es im Dorf schon lang nicht mehr gestunken.

MUTTER KÄLIN *fährt auf.* Da ist der Mann! Dort aus dem Dunkeln kommt er gehunken!

TOINETTE   Gebt nicht an, Mutter Kälin. Dich will jetzt keiner mehr.

MUTTER KÄLIN   Irrtum. Der Teufel und der Tod sind ledig, Schulmeisterin, die nehmen, was kommt.

SARGTONI   Ich bin der Narr im Narren-Haus
                  Der große Fecker-Ficker

MUTTER KÄLIN   Er treibt euch schon die Sparren aus
                  Fickt euch die Bäuche dicker

DIE FRAUEN   Du wilder wüster Ziegenbart
                  Langnäsichter Krummschnabel

Du Vogel von der Galgens-Art
    Pack dich auf deine Gabel
Ja pack dich nur und nimm dich fort
    Hier ist ein reiner Weiber-Ort

Schreiend vertreiben DIE FRAUEN SARGTONI, *alle ab.*

Das VOGEL-LISI *und* MUTTER KÄLIN *bleiben in ihren Betten allein zurück.*

VOGEL-LISI Ist er fort, der Tödel?

MUTTER KÄLIN Sieht beinah so aus.

VOGEL-LISI Und die Steffi? Wo ist die Steffi?

MUTTER KÄLIN Dem Tödel nach! Sie vertreiben den Tödel!

VOGEL-LISI Grad jetzt müßt sie bei mir sein.

MUTTER KÄLIN Kommt das Kind?

VOGEL-LISI Liebe Mutter Gottes, laß mich nicht allein.

Plötzlich steht SARGTONI *an* VOGEL-LISIS *Bett. Sie gebiert das Kind.*

Ach mache mir doch auf geschwind

SARGTONI *und* VOGEL-LISI

Ach mache mir doch auf geschwind
    Du werteste Lisett

Ach lasse mich doch ein mein Kind
    Mein Schatz zu dir ins Bett

Wer spricht zu später Nacht noch an
    Der Seiger wird gleich schlagen

Es ist ein Ritter und ein Mann
    Möcht dir was Liebes sagen

Dann irrt er sich in meiner Tür
    Bin lange schon vergeben

Dir gilt der Hof dir gilt die Kür
    Ich lieb dich vor mein Leben

Geh trotzdem fort ich trau dir nicht
    Ihr müßt Gevatter heißen

Gevatter ich? Mit dem Gesicht?
   Da lachen ja die Geißen

MUTTER KÄLIN   O nimm dich ja in acht mein Kind
                       Vor dem wüsten Fickerfecker
                       Die Geißen lachen nicht mein Kind
                       Ihr Lachen ist Gemeh – Gemeh – Gemecker
VOGEL-LISI   Ach was Herr Ritter kommt ich laß euch ein!
MUTTER KÄLIN   Nein halt mein Kind das ist das ist das ist! –
VOGEL-LISI   Du bist der Bruder Hein
SARGTONI   Ich bins du werteste Lisett
               Ich bin der Bruder Hein
               Komm nimm dein Kind vom Bett
               Was soll es hier allein
VOGEL-LISI   Du schlauer Mann du schöner Hein
               Hier liegt es warm hier liegt es fein
               Auf blutverschwitzten Decken
               Ade mein Kind ade
               Komm fort Herr Tod komm rasch
               Wir wollen es nicht wecken
               SARGTONI *mit* VOGEL-LISI *ab.*

MUTTER KÄLIN   Ha, ha, wer hätte das gedacht, daß die alte Mutter
Kälin dem Tödel nochmals von der Gabel springt. Die Seele ist
mir schon halb aus dem Maul herausgelampt, hab gewurgelt,
gekarchelt, gerasselt, als hätt ich die Höll in mir selber drin, und
jene dort, dem Schulmeister seine, hat nix anderes gewußt, als
im Menschenkalender schauerliche Wörter zu suchen. Mortalitas gravissima saevissima horribilis! Die hat ja einen Hau, diese pseudogebildete Kleekuh. Ich liege quasi auf der Intensivstation, und sie kommt mir lateinisch! Zu früh gefreut, ihr
fürnehmen Schachteln! Jetzt wird grad noch in die Hosen
gebrunzt.
Sie kauert sich hin.
Neinnein, ich hab den Verstand nicht verloren beim Sterben, au
contraire, im Gegenteil! Gleich kommt der Franzos widebum,
und wenn eine stinkt wie ein Geißbock – he ja, dann läßt er sie
schön in Ruh. Nur bei den Sauberen, da greift er zu.

VI
Aufstieg ins Gebirge

Alle MÄNNER. *Ein wilder Heerhaufen, mit Uniformen und Waffen aus alter und neuer Zeit, bepackt mit Koffern, mit Hühnergattern, Ziegen antreibend, ein Schwein mit sich führend, von Hunden umbellt, so – teils an einen Fasnachtszug, teils an eine Flüchtlingskolonne erinnernd – ziehen sie bergan.* SARGTONI, *eine Sense schwingend, macht den Anführer. Auf seinen Schultern reitet die tote* VOGEL-LISI. *Am Schluß, schnaufend und schwitzend (denn er zieht einen Schlitten hinter sich her, worauf eine Statue festgezurrt ist, der* HEILIGE JOSEPH*), gibt sich der* PFARRER *alle Mühe, seine Vormänner nicht zu verlieren.*

Wenn i nume wüsst

DIE MÄNNER *singen*
  Wenn i nume wüsst, wos Vogel-Lisi wär
  S' Vogel-Lisi chunnt vo Adelbode här.

PFARRER Nicht so rasch!
LYMBACHER Stoß ihn halt lochab, deinen Joseph. Oder laß ihn stehn!
PFARRER Nix für ungut, heiliger Joseph, ich mag dich nicht mehr schleppen.
JOSEPH Kannst mich wenigstens losbinden, du Aff?
PFARRER Hä?
JOSEPH Losbinden!
PFARRER *erstarrt.* Er spricht.
SCHULMEISTER Wer?
PFARRER Der heilige Sepp.
SCHULMEISTER Der ist aus Holz, dein heiliger Sepp.
JOSEPH Genau wie dein dummer Tötz, Schulmeister.
  Alle fallen auf die Knie.

LYMBACHER Laßt mich nur machen, da muß man jetzt alpenmagisch handeln.

SCHULMEISTER Er will wieder einmal gescheiter sein als unsereins,
der Lymbacher.

Zum PFARRER: Warum probiert ihrs nicht mit einem Sprutz
Weihwasser?

PFARRER Heiß wars, beim Steigen. Hab es gesoffen. Was habt ihr
vor?

SCHULMEISTER Er macht auf Magie, der Lymbacher. Als frommer
Schulmeister muß ich derartige Bräuche natürlich ablehnen,
aber als Volkskundler kann ich euch den Casus erklären. Jetzt
nimmt unser Ammann einen Gestaltenwandel vor. Er bleibt er
selbst – und wird ein anderer.

LYMBACHER *ist aus seinem Kampfanzug geschlüpft. Er ruft, wie
ein Senn beim Betruf, durch einen Trichter.*

LYMBACHER Der Weg wird schmal so schmal

SARGTONI/VOGEL-LISI Der Fels wird steil so steil

LYMBACHER Du bist ein totes Holz du Pfahl

SARGTONI/VOGEL-LISI Vermorscht im Allerseelenheil

JOSEPH Widebum widebum

LYMBACHER/SARGTONI/VOGEL-LISI Der Pfahl kippt um

LYMBACHER So. Den hätten wir wieder im Holz, den Heiligen.
Oder möchte einer von euch noch eine Frage stellen?

WENDEL *tritt vor.* Wenn du schon redest, heiliger Joseph, wie
wird das Wetter?

JOSEPH Regen.

WENDEL Dann die Sonne?

JOSEPH Ja. Doch scheint sie nur dort unten.

WENDEL Oben schneits?

JOSEPH Und wie.

DIE MÄNNER Schnee!

JOSEPH Und Wind!

PFARRER Herrje, herrje!

SCHULMEISTER Und wir im Eis.

LYMBACHER Als Stalingrad-Armee!

SARGTONI Ein schöner Scheiß.

WENDEL *gibt* JOSEPH *seinen Regenschirm.* Den schenk ich dir.
Aber sag mir eins, heiliger Sepp: Wie gehts meiner Steffi?

Der HEILIGE JOSEPH *äugt durch den Trichter nach unten.*
Dort kommt jetzt STEFFI *daher, einen Kinderwagen schiebend.*

VOGEL-LISI Jessesmariaundjoseph, das ist ja mein Bübel!

JOSEPH Halts Maul, dumme Gans, du bist tot.

VOGEL-LISI Und du aus Holz!

WENDEL Sag schon, heiliger Sepp, was siehst du?

STEFFI *unten im Dorf. Sie nimmt das Kind aus dem Wagen, wiegt*
    es.
    Schlaf Kindlein schlaf
    Der Vater hütet Schaf
    Die Mutter hütets Träumelein
    Du schläfst so tief und brav
    Du lachst als wärst du meiner
    Ach und bist der Lisel Kleiner
    Schlaf Kindlein schlaf

JOSEPH *oben auf dem Berg. Zu* WENDEL: Ich hör nur Wind.

WENDEL Verdammt! Nur Wind?

JOSEPH Und leise jetzt Gewimmer.

WENDEL Herrgott, der Franzos!

JOSEPH Im Kinderzimmer.

WENDEL Was ist los?!

JOSEPH Sie küßt ihr Kind.
    Er spannt den Schirm auf.
    Den kann ich brauchen. Merci beaucoup, Mussiöh!

WENDEL Warum hast du mich nicht belogen
    Joseph, dummer Pfahl?!
    Die Frau hat mich betrogen
    Joseph, dort im Tal!
    Verblas mich Wind
    Versteif mich Schnee
    Sie hat ein Kind
    Du Metz du Welt ich geh
    Ade ade ade!

VOGEL-LISI Wendel, Wendel, bleib stehn!

WENDEL Muß fort, will weg, muß gehn.

VOGEL-LISI Wendel, Wendel, ich hab dich lieb.

WENDEL Was ist das für ein Lied?

VOGEL-LISI Dem einen gehts krumm, dem andern gehts grad.

WENDEL Widebum widebum, jetzt spring ich hinab.

VOGEL-LISI So dumm widebum
Wirst du nicht sein wiederum.

WENDEL *erschrickt plötzlich.* Wer spricht?

VOGEL-LISI/SARGTONI Widebum widebum
Widebum widebum
Und Strudel von Sternen
Von Monden Planeten
Raketen ringsum
Verschwinden in den Wolken, beide ab.

WENDEL Lymbacher. Herr Pfarrer. Schulmeister. Helft mir. Ich
hör eine Stimme. Ich hab ein Gesicht.
Sie stehen, schauen – nichts. Nur Wind.
Es ist kälter geworden.
Sie steigen weiter.
Der Heerhaufen verschwindet im Gebirge, in der Nacht.

VII
Der Franzos ist im Dorf

Unten: STEFFI *mit dem Kinderwagen, summt ihr Schlaflied.* FOU-LON *taucht auf.*

STEFFI   Schlaf Kindlein schlaf
           Der Vater hütet Schaf
           Die Mutter schüttelts Bäumelein
           Du schläfst so tief und brav
           Du lachst als wärst du meiner
           Ach, und bist der Lisel, Kleiner
           Schlaf Kindlein schlaf

FOULON Was für eine schöne Sujet! Schade, daß isch bin eine Spécialiste für Gemetzel.

STEFFI Was soll ich nur machen mit dir? Deine Mutter ist in die Nüss gegangen, weit weit fort. Kann dich doch nicht allein lassen, du, hm?
Sie legt das Kind in den Wagen.
Der Krieg ist im Land, weißt. Alle Weiber haben sich Ruß auf die Wangen gestrichen. Und in die Hosen haben sie gemacht.
Sie schaut sich um.
Wir riskieren einen anderen Weg. Wir hauen ab!

FOULON Enchanté, Madame.

STEFFI Der Franzos.

FOULON Keine Angst. Isch abe selber Angst. Ist das ihre Bébé?

STEFFI Nein. Dem Vogl-Lisi seins.
Sie reißt das Kind an die Brust.
Ja! Meins!

FOULON Eine erzige Bébé. Und wo ist ihre Mann?

STEFFI Fort. Wollen Sie mich – töten?

FOULON Mais non. Isch möschte nur eine Limonade. Isch komme von die Unterland, Sie müssen wissen. Quel horreur! Je näher Napoléon, desto mehr beten die Weiber. Das machen sie schön für die Immel, aber nischt für die Erde. So isch bin froh, daß isch jetzt bin ier bei Ihnen, wo die Frauenzimmerschen sind so übsch, so lieblisch – –

MUTTER KÄLIN, TOINETTE, ROSI, URSEL *und alle anderen* FRAUEN *tauchen auf. Sie sehen fürchterlich aus – die Gesichter geschwärzt, die Frisuren punkig, drohen sie mit Teppichklopfern, Besen, Pfannen, Staubsaugerrüsseln etc.*

FOULON *erbleicht.* Mon Dieu, mon Dieu! Das ist ja noch schlimmer als vorne in die Klosterdorf! Und diese Gestaaahnk, pas pour dire! Wie eine Maternité, wo man at seit eine Jaarundert keine Windeln gewechselt, mon Dieu, mon Dieu!
Ad spectatores. Sie, isch abe noch nie so etwas erschnuppert. Und isch abe viel erschnuppert als eine Malsoldat von Napoléon!

ROSI Was sagt er?

TOINETTE Er habe etwas Derartiges noch nie erschnupperet.

MUTTER KÄLIN Schaut mal, sein Fuß, wie ein Melkschemel!

FOULON Bonsoir, Mesdames.

TOINETTE Bonsoir, Mussiöh!

MUTTER KÄLIN Was nicht gar. Zu mir hat er bonsoiret. Bonsoir, Mussiöh Soldat.

URSEL Zu dir hat er vielleicht gesprochen, aber seine Augen schielen in meine Richtung. Die Ursel bin ich. Pfarrköchin. Aber der Pfarrer ist im Feld, momentan.

FOULON Sapristi, das ist eine einmalige Gestahnk!

URSEL Oui, oui, Franzos, dir gefällts, hier bei uns …!
Sie spielt mit der Handorgel.
Bumms mit dem Füdle
Bumms mit dem Arsch
In den Keller
Steig ich schneller
Hol den Most Most Most
Und sage Prost Prost Prost

ROSI He, halt! Schämen sollst dich, du Fratz. Als Pfarrköchin sich dermaßen nach vorn *französisch.* füdliser.
Zu FOULON: Mon petit chouchou …!

FOULON Was, dieser Misthaufen kann Französisch?

ROSI Meine Großmutter hat das zum Kätzlein gesagt.

FOULON Isch bin – –

DIE FRAUEN Entzückt?

FOULON *bitter.* Ja. Entzückt. Und Ihre Männer? Wo sind Ihre
  Männer?

DIE FRAUEN Die Männer sind fort
  Hier ist ein reiner Weiberort

FOULON Mon Dieu, mon Dieu! So viele übsche, saubere, wohl-
  rieschende Frauenzimmerschen – und isch bin das einzige
  Mann?! Sauve qui peut!
  Er humpelt davon, so rasch er kann, ab.

MUTTER KÄLIN Den sind wir los, den Franzos.

URSEL Man könnt fast meinen, er habe Angst vor Frauen.

ROSI Vielleischt aben sie ihm nischt nur das Bein abge-auen…!
  Großes Gelächter.

TOINETTE Ruhe, ihr Mütter, jetzt rede ich, und zwar in meiner
  Eigenschaft als Ehefrau, die die heißen Liebesnächte mit dem
  Schulmeister an einer Hand abzählen kann. Die Lage ist günstig. Unsere Männer hocken im Gebirg, und wir, möcht ich meinen, könnten uns dieses Holzbein etwas genauer anschauen.

MUTTER KÄLIN Au fein au fein, ein schön geschnitztes Bein!

URSEL Für mich könnt er die Kirche fegen.

ROSI Mir käm er als Gast gelegen.

TOINETTE   Ja, und in der Schule
       Sagt er uns wies war
       Zu Versailles in der Histoire

ALLE FRAUEN   Mit Festen in Palästen
       Mit Loretten in den Betten
       Oh mon ami! à la liberté –
       L'amour est très français!
       Alle, außer STEFFI, *ab. Von fern ein Schrei.*

STEFFI Du meine Güte! Jetzt schrauben sie ihm das Bein ab…
  und jetzt! Mon Dieu, mon Dieu, darf gar nischt inschauen…!
  Mit dem Kinderwagen in die Richtung von FOULONS *Gezeter, ab.*

SARGTONI *kommt.*

SARGTONI Unser Spiel, ihr Leute, ist gut und gern in der Mitte.
Oben auf dem Drusberg biwakiert das Männervolk in Eis und
Schnee, und unten im Dorf jagen die Weiber ein französisches
Soldätlein. Armer Foulon! Aber bald werdet ihr sehen, wie dieser Malsoldat unsere Frauen zünftig verwandelt. Die eine zupft
sich den Schnauz aus, und die andere versucht, mit einem
Schminkstengel ein verruchtes Paar Augen in ihre Visage zu
malen. Halt! Ich will unserer Geschichte nicht vorauseilen. Es
gibt noch viel zu lachen, viel zum Grausen – jetzt ein erstes Finale, und dann eine Pausen!

Das erste Finale

Im Triumphzug bringen DIE FRAUEN *den gefesselten* FOULON *ins
Dorf. Oben auf dem Gipfel, wo* DIE MÄNNER *hocken, beginnt es zu
schneien. Alle singen.* DIE MÄNNER *nach der Melodie des Green-
Beret-Songs.*

DIE FRAUEN   Haut der Katz den Schwanz ab
              Aber haut ihn noch nicht ganz ab
              Laßt ihr einen Zipfel dran
              Auf daß die Katz noch tanzen kann

DIE MÄNNER   Hundert Mann
              Und ein Befehl
              Sind wir blöd
              Du meiner Seel
              Fern von zu Haus
              Und vogelfrei
              Hundert Mann
              Und ich dabei

DIE FRAUEN   Haut der Katz den Schwanz ab
              Aber haut ihn noch nicht ganz ab
              Laßt ihr einen Zipfel dran
              Denn fort ist er mein lieber Mann

DIE MÄNNER   Tief im Schnee
              Und friert so sehr

An Arsch und Zeh
Im Flockenmeer
Fern von zu Haus
Und vogelfrei
Hundert Mann
Und ich dabei

VIII
Die andere Welt

Nacht.
MUTTER KÄLIN *hilft* VOGEL-LISI, STEFFIS *Brautkleid anzuziehen.*

Leb die Liebe lieb das Leben

MUTTER KÄLIN/VOGEL-LISI *singen.*
                     Gefährlich ist und schwer
                     Du feine Frau
                     Du kleine Frau
                     Die Zeit die Uhr
                     Ihr Hin und Her
                     Ihr Immer-Nimmer
                     Geht durchs Liebeszimmer
                     Läßt uns alten
                     Schickt uns Falten
                     Darum Liebste rat ich dir
                     Und rat es allen
                     Hör nicht hin
                     Und laß dich fallen
                     Laß dich heben
                     Leb die Liebe
                     Lieb das Leben

SARGTONI *Auf seinem Hutrand brennen die Kerzen.*
SARGTONI Die Nacht ist um einen Kittel kälter geworden. Wir müssen die Lisi verlochen.
VOGEL-LISI *fertig angezogen.* Voilà!
SARGTONI Gehört das Kleid nicht der Steffi?
VOGEL-LISI Ich gab ihr den Buben, sie mir den Schleier. Hast du keinen Spiegel?
SARGTONI Dort im Eis.

Ad spectatores.
Schaut sie rein
So bleibt er weiß
Der schwarze Hein
Im blanken Eis

VOGEL-LISI *vor dem Eis, in Pose.* Die Laterne, Sargtoni! Ich will mich sehen.

SARGTONI *nähert sich mit dem leuchtenden Hut. In diesem Augenblick erscheint im Eis, anstelle von* VOGEL-LISIS *Spiegelbild:*

VOGEL-LISI Sargtoni!

SARGTONI Das bist du, mein Kind
Das Eis bleibt blind
Der Spiegel leer
Bist nimmermehr
Im Hin und Her
Der Uhr der Zeit

VOGEL-LISI *an* SARGTONIS *Brust.* Fort mit ihr!

SARGTONI Keine Angst, Vogel-Lisi. Schau, da unten in der Grube bist du sicher.

VOGEL-LISI Ist das wahr, Sargtoni?

SARGTONI So wahr ich der Sargtoni bin. Da unten ist es warm und weit. Da endet die Zeit. Da endet der Sinn.

VOGEL-LISI Und wenns mir nicht gefällt?

SARGTONI Es ist der sicherste Platz von der Welt.

ROSI, URSEL *und* TOINETTE *tauchen von verschiedenen Seiten auf.*
Alle sind großartig herausgeputzt, frisiert und geschminkt.
Oben auf dem Berg hocken DIE MÄNNER *im Biwak.*

LYMBACHER Schnee.

PFARRER Wind.

SCHULMEISTER Nacht.

WENDEL Und hat sie auch ein Kind
Die Steffi, lieb hab ich sie doch.

LYMBACHER Vergiß die Steffi.

SCHULMEISTER Die ist tot.

PFARRER Im Grab.

SCHULMEISTER Im Loch.

LYMBACHER So mußt es enden.

SCHULMEISTER Nacht.

PFARRER Wind.

LYMBACHER Schnee.

ALLE MÄNNER Und der Franzos am Schänden!

SARGTONI Da oben klagts im Schnee im Schnee
    Und unten heißt es leis: –

ROSI/URSEL/TOINETTE Mussiöh? Mussiöh!

SARGTONI O Venus und Neptunus! Mond
    Will hell und heller scheinen. Frau
    Thut sich mit Mann vereinen!
    Verreckt am Schatten! Ist das nicht die Rosi?
    ROSI *rasch ab.*

SARGTONI Oder die Ursel?
    URSEL *rasch ab.*

SARGTONI Und dort die Schulmeisterin!
    TOINETTE *rasch ab.*

SARGTONI Man glaubt es nicht, man traumt es nicht! Muß berg-
    auf! Die Männer warnen!

MUTTER KÄLIN Und das Vogel-Lisi?

SARGTONI Bergauf!

IX
Liebesnacht, erster Teil

ROSI. *Sie schließt* FOULONS *Gefängnis auf.*

ROSI Mon petit chouchou!

FOULON Der Mistaufen!

ROSI War im Bad. Riechst es nicht? Mehr als eine Stunde bin ich im Zuber gehockt.

FOULON Pardon, Madame, isch bin eine Gefangene.
Er hält die Tür von innen zu.
Isch bin müde. Müde!

ROSI Das hab ich noch halb gedacht, daß er auf Herr und besser macht. Wart nur! Wozu schaff ich im Spunten. Auf den Ton hat noch jeder reagiert!
Sie zieht – pflopf! – den Zapfen aus einer Flasche.

FOULON Abe isch geört eine Pflopf?

ROSI No, no. Du müde. Du schlafen.
Sie schenkt ein.

FOULON O diese Ton. Diese Melodie! Pflopf! dann glu-glu-glugg. Es erinnert misch an eine Boulevard à Paris. Un petit bistro. Da sitzt eine kleine Demoiselle. Isch dazu – und isch male sie schnell.
Er tritt unter die Tür und beginnt ROSI *zu skizzieren.*
Wie eißen Sie?

ROSI Rosi. Eigentlich Rose-Marie.

FOULON Rose-Marie! Und wie aben Sie geschafft diese Rénovation? Isch meine, Ire Umänderung? Am Tag war sie eine Mistaufen – und jetzt, mon Dieu, mon Dieu: la belle de nuit!

URSEL *taucht auf.*

URSEL Isch bin auch eine Nüüi.

ROSI Verschwind, du Krott.

URSEL Ganz neue Kleider. Je suis nüü!

ROSI Gsch!

FOULON Was? Nue? Une famme nue?
URSEL *ab.*

ROSI Nix neu. Schon ziemlich heruntermusiziert.
   Aber jetzt, pardon, Mussiöh, ich muß gehen.

FOULON Schon?

ROSI Es ist spät.

LYMBACHER *oben auf dem Berg.* Mitternacht.

FOULON Für eine Schluck ist es nie zu spät.

LYMBACHER *oben.* Was meine Rosi wohl macht!

ROSI Morgen ist auch wieder ein Tag, hm?

LYMBACHER Morgen, hätt sie jetzt gesagt, sei auch wieder ein Tag.
   Himmel, darf gar nicht dran denken!

SCHULMEISTER *oben.* Was jammerst, Lymbacher? Schlaf endlich!

LYMBACHER *oben.* Vor Mitternacht kann ein Wirt nicht schlafen.

ROSI Gut. Noch ein letztes Schlücklein. Aber dann ist Schluß.
   Sie schenkt ein.

FOULON Wie zart, wie übsch Sie können eingießen! Sind Sie eine
   Professionelle?

ROSI *schnieft.* Ja.

FOULON Oh, isch abe gemacht eine Fehler?

ROSI Neinnein, im Gegenteil. Jahraus jahrein muß ich krampfen.
   He, Rosi, noch einen Most, noch einen Trester, Rosi, mach!
   Rosi, geh! Rosi, hol! Und nicht einmal ein gutes Wort. Sag,
   Chouchou, ist das eine Leben?

FOULON Non, ma petite princesse!

ROSI Princesse...

LYMBACHER *oben.* Rosi! Rosi!

SCHULMEISTER *oben.* Das ist ein militärisches Biwak, verdammtnochmal. Hier herrscht Silentium!

LYMBACHER *oben.* Du hast gut reden. Du bist froh, daß du deine Toinette los bist... aber ich! Ich Hornochs! Schulmeister, da
   unten versprüht eine Servierperle seit Jahr und Tag ihren Glanz,
   und ich, ich versteinerter Lymbacher, merk es erst jetzt, in dieser eiskalten Gebirgsnacht, was ich an dem Maitel gehabt hab.
   O Rosi! O du Herzkäfer!

FOULON Und deine Mann?

ROSI Ah, der. Eine offnungslose Fall. Denkt immer nur ans Geld,
   ans Saufen, ans Fressen. Wir sind nicht einmal verheiratet.

LYMBACHER *oben.* Ja. Das ist die Lösung! Ich mach die Rosi zu
   meiner Frau. Hat sie nicht den schönsten Hintern vom ganzen

Ybrig? Und kann sie nicht werken und servieren, daß es eine
bare Freud ist? Morgen früh steig ich ab. Beim ersten Licht!

FOULON *zeigt ihr die Zeichnung.* Voilà!

ROSI Jesses, das bin ja ich!

FOULON Ma belle de nuit!

ROSI Und ich darf mich haben, Mussiöh?

FOULON Für eine ganz kleine Preis.

LYMBACHER *oben.* Zugegeben, vielleicht könnt ich unten in Pfäf-
fikon eine Schönere finden und hinten im Alptal eine Geschaf-
figere. Aber eine, die so treu ist wie meine Rosi, nein, so eine
find ich nirgendwo.

FOULON Wie sagt man in die Ybrig, wenn Lippen an Lippen nippen?

ROSI Chusseli gäh.

FOULON Rosemarie.

LYMBACHER *oben.* Das ist fix. Ich nimm sie!

ROSI Ich will dich!

LYMBACHER *oben.* Rosi, ich hab dich lieb!

ROSI Mon cher chouchou!

FOULON Ma belle de nuit

  ROSI *und* FOULON *verschwinden im Gefängnis, beide ab.*

VOGEL-LISI *sitzt im Grab.* Die Rosi mit Foulon ... Ich gönns ihr.
Nicht von Herzen, aber ... ich gönns ihr. Ein Glück hat die!
Wäre ich noch am Leben, würde er kaum um diese Rosi her-
umstolzieren, toc toc toc, mit seine ölzerne Bein. Und unsereins
hockt im Grab! Warum gerade ich? Darf ich das mal fragen?

PFARRER *auf dem Berg.* Du bist tot, Lisi.

VOGEL-LISI Ja, leider.

PFARRER Bist tot, und trotzdem da?

VOGEL-LISI Weil jemand an mich denkt. Solang sich nur ein
Mensch an eine arme Seele erinnert, lebt sie noch ein bißchen
weiter.

PFARRER So so. Und wer ist es, der an dich denkt?

VOGEL-LISI Weiß nicht.

PFARRER Mir kannst du es sagen, Vogel-Lisi.

VOGEL-LISI Kann. Muß aber nicht.

PFARRER Der Schulmeister?

VOGEL-LISI Nein.

PFARRER Der Lymbacher?

VOGEL-LISI Nein.

PFARRER Ich.

VOGEL-LISI Ja.

PFARRER Aber in frommer Absicht, Vogel-Lisi. Nicht so, wie man an jemanden denkt, wenn man an jemanden denkt! Wer hat dir eigentlich das Kind gemacht?

VOGEL-LISI Ein Apfelbaum.

PFARRER Ein Apfelbaum. Haha, ein Apfelbaum!

LYMBACHER Der Pfarrer träumt.

PFARRER Können Apfelbäume Kinder machen?

VOGEL-LISI Natürlich.

PFARRER Natürlich!

LYMBACHER He, Pfarrer, komm zu dir!

PFARRER Wir müssen an die armen Seelen denken. Sonst sterben sie!

LYMBACHER Und die Apfelbäume machen Kinder!

PFARRER Machen Kinder!

Das Lied vom Apfelbaum

VOGEL-LISI/WENDEL *singen.*

> Ist ein Zeit für Liebesträume
> Ist ein Zeit im Maien
> Ist ein Zeit da Apfelbäume
> Ihre Blüten streuen
>
> O du schönste Käferin
> Wir lieben uns im Klee
> Wir fahren mit den Blüten hin
> Sie sind so weiß wie Schnee
>
> O du liebster Käfermann
> Sprich nicht vom grünen Klee
> Ich sehe ihn von unten an
> Mir ists ums Herz so weh

> Ist ein Zeit da Blüten fliegen
> Weiß und rosenzart
> Laß uns beieinanderliegen
> Bis zur letzten Fahrt

WENDEL *schreit auf.* Der Apfelbaum!

PFARRER Was macht der Apfelbaum?

WENDEL Ein Kind.

PFARRER Widebum widebum. Quod erat demonstrandum.

LYMBACHER Dumm, jawohl. Saudumm. Könnt ihr endlich Ruhe geben? Wir sind im Krieg, verdammtnochmal, das ist der Ernstfall!

SCHULMEISTER Der Schnee, Lymbacher.

PFARRER Der Schnee drückt auf die Seele.

LYMBACHER Der Wind.

SCHULMEISTER Und die Zeit. Die Zeit ist lang hier oben!

LYMBACHER Und schwer wie der Berg. Und kalt! Und jäh!

ALLE MÄNNER Unbarmherzig!

X
Das Bidet

Morgen.

VOGEL-LISI. STEFFI, *mit dem Kinderwagen.*

STEFFI Bist du noch nicht vergraben?

VOGEL-LISI Hab Glück gehabt.

    Leise. Der Sargtoni ist bergauf. Um die Männer zu warnen. Wie gehts dem Bub?

STEFFI Mach ihm eine Fratze! Eh ja, daß er dich vergessen kann. Daß er Angst hat, wenn er sich an dich erinnert.

    VOGEL-LISI *schneidet über dem Kinderwagen Fratzen.*

STEFFI Angst haben sollst!

VOGEL-LISI Er lacht über das ganze Gesicht, mein Bub.

STEFFI Ja, ja. Nur Ärger hab ich mit dem Balg.

VOGEL-LISI Hast ihn nicht lieb bekommen, wenigstens ein bißchen?

STEFFI Schon.

VOGEL-LISI Aber?

STEFFI Mein Wendel.

VOGEL-LISI Jessesmariaundjoseph! Das hab ich beim Sterben verschwitzt. Du bist ja mit dem Wendel verlobt!

STEFFI Ja. Leider! Kommt er herunter, der Wendel, und sieht er mich das Bébé herzen, schlägt er mich tot widebum. Aus lauter Liebe.

VOGEL-LISI Und aus Dummheit, Steffi.

STEFFI Ja, das stimmt. Dumm sinds, die Männer.

VOGEL-LISI Saudumm. Aber wenn man schon halb im Grab unten hockt, schau, aus dieser Perspektive erscheint einem der dümmste Gockel, der da oben herumstolziert, so gescheit wie Einstein und so schön wie – –

    Sie zeigt auf einen Herrn im Publikum.

    wie der Herr dort, der im hellen Kittel. Oh, Steffi, könnt ich noch einmal einen Mann haben, einen Mann, einen richtigen Mann!

ORGEL-JAKOB *kommt, seinen Verkaufswagen ziehend; darauf ein Bidet.*

ORGEL-JAKOB   Habt ihr an Maul und Zähnen Weh
Hab ihr ein Hühneraug am Zeh
Habt ihr ein Ührlein das nicht tickt
Und Strapsen deren Bändel zwickt
So lauft ihr Damen Frauen Mädel lauft
Herbei und kauft für zwei
Hier ist der Orgel-Jakob
Billig schön und treu

MUTTER KÄLIN, *verschmutzt wie zuvor.*

MUTTER KÄLIN   Gut, daß du kommst. Alle haben sich gewaschen, geputzt, gekämmt. Da macht unsereins nicht mit, behüt mich! Aber wenn du ein Duftwässerlein hättest...
Sie erblickt das Bidet.
Was ist das, was?

ORGEL-JAKOB   Un bidet!

MUTTER KÄLIN   Ah, eine Nouveauté!

ORGEL-JAKOB   Oui.

MUTTER KÄLIN   Und was macht man mit dem Trog?

ORGEL-JAKOB *zwinkert* STEFFI *zu.*
Was man so macht
Auf die Nacht
Zuerst wird gefi – gefi – gefidelet
Und dann wird gebi – gebi – gebidelet
Im Palast von Versailles, meine werten Damen, haben sie nicht ein einziges Scheißhaus gehabt, kein Badezimmer, un bidet schon gar nicht. Etwa einmal im Jahr haben die Herrschaften gebadet, und haben sie gestunken – –

MUTTER KÄLIN   Parfüm darüber.

ORGEL-JAKOB   Und Puder.

MUTTER KÄLIN   Genau wie unser Herr Pfarrer.

ORGEL-JAKOB   Aber die Zeiten sind jetzt vorbei.
Er springt auf seinen Wagen, setzt eine Jakobinermütze auf.
Vous-comprrrenez? Rrrrévolution! Wir tapferen Bürger haben den verjauchten Adel zum Teufel geschickt! Heutzutage steht an Thrones Stell: – –

MUTTER KÄLIN Un bidet.

ORGEL-JAKOB *setzt sich eitel ins Bidet.* Justement, und an Stell
vom König hockt jetzt der Orgel-Jakob.

MUTTER KÄLIN *schubst ihn weg.* Was nicht gar!
Sie schwingt sich aufs Bidet.
Hier im Ybrig haben wir eine Weiber-Regierung.
Zu ORGEL-JAKOB, *auf* STEFFI *deutend:*
Kannst sie haben.

ORGEL-JAKOB Ich? die Steffi?

MUTTER KÄLIN Bevor der Wendel zurück ist, muß sie fort sein.

ORGEL-JAKOB Gut, der Handel gilt.

MUTTER KÄLIN Schlag ein, Steffi. Er bringt dich aus dem Dorf.

ORGEL-JAKOB Aber eins muß ich vorher noch sagen. Ich nimm sie.
Aber ohne das Balg.

MUTTER KÄLIN Trottel.

STEFFI Verreis!

VOGEL-LISI Oder soll ich dir alpenmagisch kommen, Mussiöh
Orgel-Bidet?

ORGEL-JAKOB *erschrickt.* Parbleu, das ist ja – –

VOGEL-LISI Die Lisi, die Lisi!

ORGEL-JAKOB Die Lisi, die Lisi ...

VOGEL-LISI Bald wird sie dann
Ganz ohne Mann
Im Schleier schön
Im Schleier fein
Zu Grabe gehn
Vergessen sein.

ORGEL-JAKOB Verdammte, verfluchte Alpenmagie! Tot bist.

VOGEL-LISI Tot und schon halb vergessen!

ORGEL-JAKOB Hilfe, zu Hilf!
Er flieht, ab.

MUTTER KÄLIN Von wegen, Einstein, Vogel-Lisi. Von wegen so
schön wie der dort im hellen Kittel! Merkst du endlich, wie
wenig du an denen verlierst?

STEFFI Ja, Bürgerin Kälin, dumm sinds, die Männer.

VOGEL-LISI Saudumm!

Das zweite Finale

Alle MÄNNER, *vollkommen durchfroren, auf dem Berg. Alle* FRAUEN, *herausgeputzt, schön und sexy, im Dorf.*

DIE MÄNNER	Joleduliduliduli duliduli-ohe
	Wir hocken hier oben
	Wir schlottern im Schnee
DIE FRAUEN	Joleduliduliduli duliduli-ohe
	Da kannst du nur lachen
	Sie sind eben so
DIE MÄNNER	Da kann man nichts machen
	Wir sind eben so
DIE FRAUEN	Joleduliduliduli duliduli-ohe
	Wir erzen den Welschen
	Wir scherzen im Stroh
DIE MÄNNER	Da kann man nichts machen
	Wir sind eben so
TUTTI	Joleduliduliduli duliduli-ohe
	Wir Weiber sind gscheiter
	Wir bleiben zu Haus

Wir hocken und schlottern
Wir haltens kaum aus

Wir lieben den Welschen
Vom Kopf bis zur Zeh

Wir träumen von Mottern
Wir zittern im Schnee

Joleduliduliduli duliduli-ohe
Wir lieben die Liebe
Und wir die Armee

XI
Die Liebesnacht, zweiter Teil

Nacht.

FOULON *äugt aus dem Gefängnis.*

FOULON *ad spectatores.*
    Eine Soldat, Sie werden es wissen
    Mesdames, man darf ihn zwar erzen und küssen
    O aber dann, dann kommt die Armée
    Dann eißt es adieu!

ROSI *äugt aus dem Gefängnis.*

ROSI Ach was, erst Mitternacht.

FOULON Mais non, ma chère
    Isch bin die Malsoldat Foulon
    Muß retour zu Napoléon.

ROSI Nein, du darfst nicht fort!

TOINETTE *und* URSEL *kommen von verschiedenen Seiten.*

FOULON Da kommt – und dort!
    O Ybirg! Verweiblischtes Ort.
    Was jetzt? Retour, Foulon!

ROSI   Zu mir ins Stroh!

FOULON Was bleibt mir anderes übrig?
    Lieber isch mache eine zweimal
    Als auf eine Mal zweie froh.
    FOULON *und* ROSI *ins Gefängnis, beide ab.*

TOINETTE *und* URSEL *erblicken sich.*

TOINETTE Ah!

URSEL Oh!

TOINETTE Was treibst du so, mitten in der Nacht?

URSEL Und du?

TOINETTE Ich sorge mich um die Verluderung der Sitten.

URSEL Und dazu bist du derartig aufgetakelt?

TOINETTE Ich gehe immer ordentlich durchs Dorf.

URSEL Wie die lügt!

TOINETTE *am Gefängnis.* Still! Da raschelt was. Allo? Ören Sie misch?

STEFFI, *mit dem Kinderwagen und einem Koffer.*

URSEL Die Steffi!

> URSEL *und* TOINETTE *verbergen sich.* STEFFI *geht zum Gefängnis.*

FOULON.

FOULON Encore une autre!

STEFFI Bitte elfen Sie mir.

FOULON Isch bin selber in Not.

STEFFI Der Bub – nicht meiner, weißt. Und doch ist er meiner!

FOULON Wünderschön, aber momentan, pardon, isch abe keine Zeit für die Künst.

STEFFI Kapierst nicht? Miteinander schaffen wirs, durch die französischen Linien zu kommen. Ich kenne den Weg, du die Franzosen.

FOULON Quelle idée! Komm, auen wir ab.

STEFFI Jesses, die Schulmeisterin!

ROSI *aus dem Gefängnis.* Hinein mit ihm!

ROSI *und* STEFFI *zerren* FOULON *ins Gefängnis, alle drei ab.*

> STEFFIS *Wagen mit dem Kind bleibt vor dem Gefängnis stehen.*

Oben auf dem Berg. DIE MÄNNER *im Biwak.* LYMBACHER *hat inzwischen seinen Schlafsack gerollt, den Tornister gepackt. Jetzt nimmt er Eispickel und Seil und will sich an den Abstieg machen.*

WENDEL Wart! Ich komme mit.

SCHULMEISTER Halt! Was ist los? Was fällt euch ein?

PFARRER Das ist Fahnenflucht.

SCHULMEISTER *entsichert die Kalaschnikow.* Feldprediger, die Heilige Ölung! Die zwei sind dran.

WENDEL Zu meiner Steffi hab ich gewollt.

LYMBACHER Ich zur Rosi. Aus Liebe, aus lauter Liebe.

SCHULMEISTER Eure Waffen.

LYMBACHER *gibt sie ihm.* Die brauchen wir sowieso nicht, hier oben.

SCHULMEISTER Was soll das heißen?

LYMBACHER Daß diese Strategie ein Scheiß ist!

WENDEL Mega-out! Auf dem Berg hocken und an dem Arsch frieren – wozu soll das gut sein, ey?

SCHULMEISTER Seit der Schlacht bei Morgarten sind wir so verfahren. Der Hauptharst nimmt die Höhe ein, und ziehet der Feind unten vorbei:

DIE MÄNNER Lassen wir von oben
Schnee und Steine kollern
Lassen Elemente toben
Und Lawinen rollen...

LYMBACHER Auf unsere guten treuen Frauen, um sie auf ewig zu begraben. Mein Gott, was für ein Hornochs hat diese Strategie gewählt!?

SCHULMEISTER Du, Lymbacher.

LYMBACHER Ich. Ich! Aber warum müßt ihr himmelsverreckten Schneeseicher ausgerechnet den Dümmsten zum General machen?!

Unten lauschen TOINETTE *und* URSEL *am Gefängnis.*

TOINETTE Es schaudert einen!

URSEL Der Franzos mit die ölzerne Bein!

TOINETTE Honi soit qui mal y pense!

URSEL Und die Steffi. Moment, wie viele Füße hat sie, diese Steffi?

TOINETTE Un, deux, trois! Factum est – ein flotter Dreier!

URSEL Schön fängt es an, das neue Dezimalsystem!

Das neue Dezimalsystem

TOINETTE *und* URSEL *singen.*

Un deux trois
Auch wir sind femmes fatales
Aus Ybrigs Schattenkratten-Tal
Nicht allzu alt, nicht gar zu feiß
Nicht gar zu jung, nicht allzu schmal
Auch unsre Herzen brennen heiß
Monsieur, nach Ihre système dezimale

Cinq six sept
 Was in Paris geschah
 Es geht mir ach so schrecklich nah
 Wie oft stieg Marie-Antoinette
 Zu ihrem Schatz ins Liebesbett
 Und wie, erzählt es en détail
 Verlor sie Kopf und Krone unterm Beil

Huit neuf dix
 Und ich bin intressiert
 An dem was heute dort passiert
 Wie hält es eine Frau von Welt
 Mit Gott und Glauben Kind und Geld
 Und sagt, ist es auch wirklich so
 Man putzt sich nach dem Kacken seinen Po

Onze douze treize
 Et moi et moi et moi?
 Auch uns zwei male schön
 Auf deine feine Malkartön
 Nicht allzu alt, nicht gar zu nackt
 Nicht allzu jung und zu abstrakt
 Auch wir zwei eignen uns très bon
 Für deine Künste, du Pinsel de Napoléon

TOINETTE *und* URSEL *ins Gefängnis, beide ab.*

PFARRER *oben auf dem Berg.* So muß es enden.

SCHULMEISTER Wind.

LYMBACHER Nacht.

WENDEL Schnee.

ALLE MÄNNER Und der Franzos am Schänden!

SARGTONI *hat den Fuß der Gipfelwand erreicht.*

SARGTONI *ruft zu* DEN MÄNNERN *hinauf.* Die Deutung hat sich
 erfüllt. Wir haben in Fässler Leonhards Kuhstall eine Seuche.
 Er ist eingefahren, des Name ist – –

PFARRER Abbadon!

DIE MÄNNER *erschrocken.* Napoleon?

SARGTONI Aus jenem Abbadon soll sich ein Partizipium entwickelt haben!

DIE MÄNNER Wiederholen!

SARGTONI Ein Partizipium!

PFARRER Namens Apollyon! Das der Zerstörende.

DIE MÄNNER Das der Verderbende.

PFARRER Mir bricht das Herz in der Brust, es zittern meine Gebeine, denn siehe: Es ist wahr geworden mein Wort, es hat sich
erfüllt mein Gesicht.

SARGTONI Und zwar ist das Partizipium in der Gestalt eines
Mussiöh Foulon über uns gekommen. Wie er sagt von sisch
selber: –

FOULON *kriecht aus dem Gefängnis.*

FOULON *unten.* Isch bin eine Malsoldat.

WENDEL *oben.* Was heißt das?

DER HEILIGE JOSEPH Daß er die Landschaft pinselt.

SARGTONI Nicht nur die Landschaft.

PFARRER Hab ichs nicht gesagt? Hab ichs nicht gedeutet?

WENDEL O Steffi!

SCHULMEISTER O Toinette!

LYMBACHER O Rosi!

Unten im Dorf. MUTTER KÄLIN *kommt, auf das großartigste aufgetakelt.*

FOULON Die auch noch . . .

MUTTER KÄLIN Komm schon! Küß mich!

FOULON Aber meine Oberbefehlsaber! Madame!

MUTTER KÄLIN Keine Aber mit Oberbefehlsaber! Wir besiegen
jede Armee. Ah! Oh! Wenn er einen nur anblickt, durchzückt
es meine Erotisme!

FOULON Ilfe!

MUTTER KÄLIN Gestern war ich noch am Abnippeln.

FOULON Pardon?

MUTTER KÄLIN Komm Jüngel, gib dein Züngel!
  Sie singt.
  Rat es dir und rat es allen
  Halt mich fest und laß dich fallen
  Laß uns lachen fliegen lallen schweben
  Leb die Liebe lieb das Leben

XII
Die Heimkehr

Die Gipfel leer – DIE MÄNNER *sind im Abstieg. Alle* FRAUEN *und*
FOULON *im Gefängnis.*
Auf der Bühne steht nur der Kinderwagen mit VOGEL-LISIS *Kind.*
VOGEL-LISI *hüpft aus dem Grab.*

VOGEL-LISI   Schlaf Kindlein schlaf
           Der Vater hütet Schaf
           Die Mutter schüttelts Träumelein
           War das schön damals im Mai im Gras unterm Bäume-
                                            lein
           Du lachst als wärst du meiner
           Ach, und bist der Steffi, Kleiner –

FOULON *aus dem Gefängnis.*
FOULON   Allo? Ist da jemand?
VOGEL-LISI   Non, non, nur eine alpenmagische Gespenst.
    Sie hüpft mit dem Kind ins Grab.

SARGTONI.
FOULON   Sie sind eine Mann?
SARGTONI   Oui.
FOULON   Isch bin entzückt!
SARGTONI   Bist der erste, der mir das sagt.
FOULON   Oh, wenn Sie wüßten, wenn Sie wüßten, was isch abe
    erlitten.
SARGTONI   So.
FOULON   Es ist eine Wünder, daß isch noch bin an die Leben.
SARGTONI   Aha.
FOULON   Sie sind eine sehr schöne Mensch. Vielleischt eine biß-
    schen – wie sagt man? – schweigesam.
SARGTONI   Ja.
FOULON   Wollen Sie nischt machen Conversation avec Foulon?

SARGTONI Non.

FOULON Bon. Dann wir schweigen. Sie aben sehr schöne Augen.

SARGTONI Hä?

FOULON Aber was ist das, du läßt Tränen poltern, schöne Fels von eine Schweizer Jüngling?

SARGTONI So hat noch niemand zu mir gesprochen.

FOULON Non?

SARGTONI Schiß haben sie halt.

FOULON Vor dir?

SARGTONI *nickt.*

FOULON Du bist doch keine Soldat, ast keine Gewehr.

SARGTONI *zündet auf seinem Hut die Kerzen an.*

FOULON Es ist so still, plötzlisch. Kannst du mir sagen, Bild von eine Mann, was ist los in die Ybrig?

SARGTONI Wenn du mir ein Chusseli gibst.

FOULON Isch ... dir ... Chusseli gäh?

SARGTONI Dann isch dir sagen, was ist los in die Ybrig.

FOULON Bon. Aber nur an die Lippen nippen!

SARGTONI *ad spectatores.* Fast tuts mir leid um den Foulon.
        Er setzt den Hut auf.

Mon dieu mon dieu

FOULON   *singt.*
              Mon dieu mon dieu es heißt adieu
                  Von meine Existence

SARGTONI   Oui oui mon cher so peu à peu
                  Kommts hier zum Toten-Dance

FOULON   Isch tanze schlescht Monsieur, doch ach
                  Was nützte mir mein Winseln
              Da Ir so freundlisch zu mir sprescht
                  Will isch Eusch gratis pinseln

DIE MÄNNER *betreten mit gezückten Waffen das Dorf.*

WENDEL Steffi?

LYMBACHER Rosi?

PFARRER Ursel?

SCHULMEISTER Toinette?

LYMBACHER Fort sinds. Auf und davon. Mit dem Franzos, dem
  Seckel.

FOULON *hinter* SARGTONIS *Rücken.* Isch bin verloren.

SARGTONI Halt! Keine Bewegung! Die Lawine!

WENDEL Was?

LYMBACHER Meine Strategie, Hornochs!

DIE MÄNNER Steine, Eis und Schnee...

PFARRER Miserere nobis, Domine.

  Die Männer blicken ängstlich zum Berg hoch.

PFARRER Sinkt in die Knie!

  Und betet, freie Mannen, betet

  Wenn der Abendfirn sich rötet

LYMBACHER Wenn die selbstgestampfte Ladung droht

DIE MÄNNER Bewahr uns Herr vor Berg und Tod.

  Sie knien nieder, blicken zum Berg hoch.

  SARGTONI *bedeutet* FOULON, *sich im Kinderwagen zu ver-
  stecken.*

FOULON Bin isch eine Bébé?

SARGTONI Hinein!

LYMBACHER Kann mir einer sagen, was da stinkt?

  Alle schnuppern.

  FOULON *rettet sich in den Kinderwagen.*

LYMBACHER Parfüm. De Paris.

  Er streicht am Kinderwagen vorbei.

  Wenn wir den erwischen.

FOULON *im Wagen.* Mon Dieu!

LYMBACHER Aus dem Hund mach ich Hackfleisch.

  Er nähert sich dem Wagen.

FOULON Adieu Foulon.

LYMBACHER Was war das?

FOULON Rien.

SARGTONI Er hat ein Rien-de-vous...!

LYMBACHER Ein Rien-de-was?

SARGTONI Vous.

LYMBACHER Wo?

SARGTONI In Fässler Leonhards Kuhstall!

LYMBACHER Mir nach!

  Er führt sie weg, alle ab, nur WENDEL *bleibt zurück.*

STEFFI, *aus dem Gefängnis.*

STEFFI *mit einer Flasche Wein, die sie hinter dem Rücken zu verbergen sucht.* Wendel.

WENDEL Steffi.

STEFFI Sapristi, ist der Krieg aus?

WENDEL Ja.

STEFFI Hab Heimweh gehabt.

WENDEL So.

STEFFI Nach dir.

WENDEL Hast ein Kind, hab ich gehört.

STEFFI Ich? Ein Kind? Aber Wendel!

WENDEL Und was ist im Kinderwagen drin? Wohl kaum der
Napoleon.

FOULON Das gibt eine Massaker!

STEFFI Dummer Wendel, das ist doch der Bub vom Vogel-Lisi.

WENDEL Vom Vogel-Lisi?

STEFFI Die Lisi liegt im Grab.

WENDEL Im Grab...

WENDEL *will das Dach des Wagens hinunterklappen, in diesem
Augenblick:*

VOGEL-LISI *taucht aus dem Grab auf.*

VOGEL-LISI Im Schleier schön
              Im Schleier fein
              Hast du mich nie gesehn
              Ich mußte halt
              Als junge Braut
              Zu Grabe gehn
              Dem Wind getraut
              Dem schönen Hein

WENDEL Das ist ja – –

VOGEL-LISI Die Mutter deines Kindes, Wendel. Bei seiner Geburt
bin ich gestorben.

WENDEL Tut mir leid.

VOGEL-LISI Ist schon recht, Wendel. Deine Steffi wird ihm eine
gute Mutter sein.

VOGEL-LISI *verschwindet im Grab.*

WENDEL Ich hab gedacht, ich Charakterlump, ich miserabliger, du
hättest ein Kind...

STEFFI Du hast ein Kind.

WENDEL Ja. Ich.

STEFFI Ich hab es gern, dein Kind.

WENDEL Dann ist ja alles in Ordnung.

STEFFI Ja.

WENDEL Ja.

STEFFI Ja.

WENDEL Und der Franzos?

STEFFI Ja sag einmal, woher hätte ich diesen Franzosen nehmen
sollen?

WENDEL Stimmt. Keiner da.

FOULON *voller Angst.* Doch. Isch!

WENDEL Für wen ist die Flasche?

STEFFI Die Flasche? Für das Büblein.

*Sie tut so, als würde sie dem Kind die Flasche geben, und siehe
da: es säuft tatsächlich.*

WENDEL Ein durstiger Bub.

STEFFI Er schlägt deim Vater nach...!

WENDEL So.

FOULON *betrunken.* La-la-la! La-la-la!

WENDEL Und singen kann er auch schon, der donners Fuchs.

FOULON Vive la révolution! Vive la France!

WENDEL Das ist ja! – der Franzos!!! Der Franzos!

Wendel zu den Männern, ab.

An dem Gefängnis tauchen DIE FRAUEN *auf.*

MUTTER KÄLIN/TOINETTE/URSEL Die Männer! die Männer! Sie
kommen! Zu spät!

DIE FRAUEN *umringen den Kinderwagen, versuchen* FOULON *zu
verbergen.*

DIE MÄNNER *kommen.*

DIE FRAUEN Da sind ja unsere Männer.

MUTTER KÄLIN Wie wars im Krieg?

TOINETTE Wie haben wir euch vermißt!

URSEL Erst in der physischen Trennung erfährt man die wahre
Liebe.

LYMBACHER Stärnesiech! Was ist denn mit euch passiert?

ROSI Mit uns? Rien.

SCHULMEISTER Die Haare!

PFARRER Die Kleider!

LYMBACHER Der Geruch!

PFARRER Sogar die alte Kälin stinkt wie ein Pariser Parfümladen.

SCHULMEISTER Und die Toinette erst! Wie ein Pudel, ein franzö-
sisierter ...

LYMBACHER *zu* ROSI: Hast dus auch mit ihm getrieben?

ROSI Mit wem! Ihr wart ja alle weg.

LYMBACHER Mit dem Franzos!

TOINETTE Mon dieu, mon dieu, sind Franzosen da?

WENDEL Da steckt er doch.

TOINETTE Wer soll wo stecken?

WENDEL Da! In der Scheese!

DIE MÄNNER In der Scheese ...

FOULON Isch abe überlebt das Blutbad von die Révolution und so
viele Feldzüge, Battailles, Gemetzel, Schlachten, Scharmützel.
Aber jetzt, isch fürschte, es at geschlagen bimbimbim meine
letzte Stündlein.

SCHULMEISTER Der Lymbacher soll reden!

LYMBACHER Sage nicht viel. Sage nur einen Satz, du Seckel.

FOULON Franzosen mögen Leute, die sisch können kurz fassen.

LYMBACHER Du hast, sagt der Sargtoni, unsere Weiber gepinselt.

FOULON Pinseln? Können Sie mir vielleischt erklären das Wort?

DIE MÄNNER *mit Gesten.* Pt pt.

FOULON Ja, es ist die Vérité, isch abe gespinselt ihre schöne
Frauen.

PFARRER Alle ...?

FOULON Es ist meine Beruf.

PFARRER Was? Deine Beruf?

FOULON Soll isch ihnen vorzeigen!

TOINETTE Um Himmels willen!

FOULON Alors, mes belles. Wo abt ir die schöne Bilder? Zeigt sie
euere tapfere Krieger.

LYMBACHER Ja so, das Pinseln ist bildlich zu verstehen.

FOULON Ja, bildlisch. Isch bin eine Malsoldat. Isch kämpfe nischt
mit Waffen, isch kämpfe mit Farben. Pt, aus der Tube auf die
Karton.

DIE MÄNNER　Pt.

FOULON　Soll isch Sie auch pinseln?

PFARRER　Ja, gern.

LYMBACHER　Wenns nicht zuviel kostet.

SCHULMEISTER　Und sonst – außer dem Pinseln, mein ich – ist da nichts passiert?

URSEL　Mir hat er die Kirche gefegt.

ROSI　Bei mir hat er sich als Gast bewegt.

TOINETTE　Und mir zeigte er, wies war zu Versailles in der Histoire.

ALLE FRAUEN　Oh, mon ami! A la libertè, l'amour est trés français.

PFARRER　Was heißt das?

SCHULMEISTER　Ich erklärs dir nachher.

MUTTER KÄLIN　Außerdem hat er uns in die Pariser Mode eingeführt.

URSEL　Und in die neuen Tänze.

SCHULMEISTER　So. Und wie tanzt man die neuen Tänze?

FOULON　Bumms mit dem Füdle

Bumms mit dem Arsch

In den Keller

Steig ich schneller

Hol den Most Most Most

Und sage Prost Prost Prost

Sapristi! Isch vermute, isch abe gemacht eine

kleine Fehler ...

Ein Kanonendonner.

SARGTONI. *Gleichzeitig humpelt* ORGEL-JAKOB *an einer Krücke herbei, das Gewand zerfetzt und blutig.*

ORGEL-JAKOB　O lauft ihr Damen Mädel Kinder lauft

Davon so schnell ihr könnt

DIE FRAUEN　Herrjeh herrjeh

ORGEL-JAKOB　Er kommt er kommt

LYMBACHER　Napoléon

ORGEL-JAKOB　La Grande-Armée!

ORGEL-JAKOB *sinkt* SARGTONI *in die Arme.*

SARGTONI　Uns wachsen bald

Die Kerzen aus

Dem Schädel

.Und ein ganzer Wald
Von Kreuzen
MUTTER KÄLIN Lauft, ihr Blödel!
ORGEL-JAKOB Zeugt von dir
Du großer Tödel …!
SARGTONI Widebum widebum
Bin grade und krumm
Bin immer schon da
ORGEL-JAKOB *stirbt in* SARGTONIS *Umarmung.*

Das dritte Finale

MUTTER KÄLIN Wir gehen alle
TUTTI Alle
MUTTER KÄLIN Kippen in die Falle
TUTTI Falle
MUTTER KÄLIN In die Grube die wir graben
TUTTI Kippen Männer Frauen Mädchen Knaben
Alles was die Erde sah
Sagt nun: Valete omnia
Et omnia iam taedia
SARGTONI Valete o commedia!

Carleton

Ein Stück

»Unendlichkeit, wo Lilien sind wie Gift
und Schlangen wie Libellen: zart und töd-
lich in einem«

Gottfried Benn

Das Stück erzählt eine wahre Begebenheit. Gottfried Benn wollte
in den frühen dreißiger Jahren ein Libretto für Paul Hindemith
verfassen, Thema Carleton.
Carleton wurde 1866 in Jerusalem, Ohio, geboren und starb im
April 1925 in Paita, Peru, an akuter Malaria. Er ernährte die Welt,
aber nicht seine Familie. Er machte Amerika zum großen Korn-
land und blieb selbst ein armer Schlucker.
Aus dem Libretto ist nichts geworden. Da schrieb Benn *Gebührt
Carleton ein Denkmal?* Diesem Essay sowie dem Buch *The
Hunger Fighters* von Paul de Kruif habe ich die Daten und Fahr-
ten Carletons entnommen.

Personen

In Berlin, in der Nacht vom 30. auf den 31. Januar 1933:
DR. GOTTFRIED BENN
JULE LEIBOWITZ
GERTRUD HINDEMITH, die Gattin des Komponisten
PATIENT

In Amerika, Rußland, Langemarck, Peru:
CARLETON, Agronom des Agrarministeriums Washington
AMANDA CARLETON-FAUGHT, seine Frau
LUCY, die Tochter der Carletons
ANGUS FIXTER
WARK, Prediger, dann Unternehmer
JACKRABBIT
DER KORNHÄNDLER UND SEINE FRAU
KAPTURAK
EIN ZUHÄLTER MIT SEINER NUTTE
REVOLUTIONÄR
ABRAHAM, Wanderer zwischen Rußland und Amerika
SARAH, seine Frau
TRUFFALDINO
ZWEI ZÖLLNER
UNTERLEUTNANT
SOLDAT
DER TOD
KOCH
DIE ARNHOLT-SISTERS
FARMER, SICHLER, AUSWANDERER,
HÜTE, ANGESTELLTE

I
Der Stoff

Berlin, 30. Januar 1933.
Praxis Dr. Gottfried Benn.

DR. BENN, *im Arztkittel.* JULE LEIBOWITZ *tritt ein, mit einem Koffer.*

DR. BENN Ihren Krankenschein.
Sie steht. Er blickt auf.
Leibowitz?

JULE LEIBOWITZ Heimgekehrt.
Draußen marschiert SA.

DR. BENN *ins Sprechgerät.* Die Ernennung Adolf Hitlers zum Reichskanzler macht diesen Tag zum Feiertag. Erkläre meine Praxis für geschlossen.
Zu JULE LEIBOWITZ: Mein Gott, Jule, sind Sie noch bei Trost? Sie haben Deutschland rechtzeitig verlassen.

JULE LEIBOWITZ Papa sang uns ganze Partien aus dem »Ring« vor. Ohne Goethe kann ich nicht fühlen, ohne Nietzsche nicht denken.

DR. BENN Die können Sie auch in den Staaten lesen.

JULE LEIBOWITZ Und mit wem rede ich über Ihre Gedichte, Herr Doktor Benn? Drüben wurde mir klar, daß ich eine deutsche Züchtung bin.

DR. BENN Unsere Wissenschaft ist gerade dabei, das semitische Element als Fremdkörper herauszuschälen.

Ein Patient.

DR. BENN Die Praxis ist geschlossen.

PATIENT Auch für einen alten Frontknochen? Meine Lunte ist entzündet.

DR. BENN Kommen Sie morgen wieder.

PATIENT Deutschland!

DR. BENN Deutschland!
Patient ab.

DR. BENN *ins Sprechgerät.* Falls die Hindemith kommt: Ich habe
einen komplizierten Fall. Irgendwas Ansteckendes.

SPRECHGERÄT Deutschland!

DR. BENN *schluckt eine Tablette.* Der Magen.

JULE LEIBOWITZ Sie sind bleich.

DR. BENN Habe seit Tagen nichts gegessen.

Straße: Deutschland den Deutschen! Juda verrecke!

DR. BENN Jule Leibowitz...

JULE LEIBOWITZ Jaja, Benn, um große Dinge muß es sich handeln,
wenn es so laut zugeht.

Deutschland den Deutschen!

DR. BENN Fürchte, muß deutlich werden. Bin liiert. Sie kann jeden
Augenblick hereinplatzen.

SPRECHGERÄT Gertrud Hindemith.

DR. BENN Die Frau unseres ersten Tonsetzers. Hinlegen!

JULE LEIBOWITZ Nein, Benn, das geht nicht. Das kann ich nicht.

DR. BENN Mensch, Jule, Hitler ist Kanzler, das Volk schöpfungs-
nah, die Geschichte tätig, und ausgerechnet an diesem Tag: du.

JULE LEIBOWITZ Verlange ich, daß wir gleich heiraten und den
Sumpf der biologischen Erbmischung vergrößern?

DR. BENN Leg dich bitte auf den Stuhl!

GERTRUD HINDEMITH, *in Gala, tritt ein.*

GERTRUD HINDEMITH Gottfried, wo bleiben Sie! Ganz Berlin
stürzt sich in einen Fasching, und Sie plagen sich mit einer
Syphilis ab?

JULE LEIBOWITZ verschwindet hinter den Wandschirm.

GERTRUD HINDEMITH Mein Mann ist sehr, sehr ungeduldig. Große
Zeiten wollen große Opern.

DR. BENN Ja, Gertrud, soviel Anfang war noch nie.

GERTRUD HINDEMITH Dann greifen Sie zu! Seien Sie kreativ!
Leise. Wenn ihr am Libretto arbeitet, können wir uns täglich
sehen.

DR. BENN Ich habe eine Patientin hier.

JULE LEIBOWITZ Hello!

GERTRUD HINDEMITH O, eine Amerikanerin?

JULE LEIBOWITZ Yes, Ma'm.

GERTRUD HINDEMITH Und ich dachte schon, Ihnen sei wieder eine

Ihrer Jüdinnen zugeflogen. Dafür haben die eine feine Witterung. Wie die Motten zum Licht flattern sie auf einen Herrn von Rasse zu. Sehen wir uns im Kempinski? Der Fackelzug wird gigantisch, Gottfried, Deutschland erwacht!

DR. BENN Deutschland!

GERTRUD HINDEMITH Ick liebe dir.

Ab.

JULE LEIBOWITZ *tritt hinter dem Schirm hervor.*

JULE LEIBOWITZ Ich habe etwas für dich.

DR. BENN Zieh dich an.

JULE LEIBOWITZ Stoff.

Sie öffnet den Koffer.

Unterwegs in den Staaten las ich ihn auf.

Aus dem Koffer: CARLETON.

CARLETON Gestatten:

Devot. Carleton. Agronom.

JULE LEIBOWITZ Er lancierte den achten Schöpfungstag.

CARLETON Im Dienst des Agrarministeriums.

JULE LEIBOWITZ Er grub dem Hunger ein Grab. Er füllte den Brotkorb der Welt.

CARLETON Meine Lucy hat Hunger.

JULE LEIBOWITZ Und er hatte die Dollars nicht, der brave Carleton, seine Familie zu ernähren.

DR. BENN Füllt den Brotkorb der Welt!

Er schluckt eine Tablette.

Und seine Familie hat Hunger.

JULE LEIBOWITZ Gehts besser?

DR. BENN Ich habe den Stoff für die Oper.

II
Die Ebene hungert

II, 1

Kansas, USA. Sommer 1890. Station in der Ebene.
AMANDA FAUGHT, *eine junge, trotz der staubigen Hitze hochge-schlossene Frau, stapft mit ihrem Köfferchen.* ANGUS FIXTER, *ein junger Mann.*

FIXTER Miss Faught! Miss Faught!
Von fern nähert sich die Santa Fé.
Sie wollen uns verlassen, Miss Faught?

AMANDA FAUGHT Auf dieser Erde ist uns gegeben keine bleiben-de Stätte.

FIXTER Wer spielt das Harmonium, wenn Sie fort sind?

AMANDA FAUGHT Bald gibt es niemanden mehr, der die Kraft hat, einen Choral zu singen. Ich gehe, weil ich nicht will, daß der arme Prediger sein kümmerliches Brot mit mir teilen muß. Gott sei mit Ihnen, Angus Fixter!

FIXTER Ich möchte Sie etwas fragen, Amanda. Etwas sehr Wich-tiges.

AMANDA FAUGHT Dann wollen wir Gott um seinen Beistand bit-ten.

FIXTER *nimmt den Hut ab. Kurze Stille.*

AMANDA FAUGHT Amen. Ihre Frage, Angus Fixter?

FIXTER Amanda, ich besitze zwei Dampfmühlen. Ich bin jung, und ich – ich mag es, wie Sie singen.

AMANDA Das ist mein Zug.

FIXTER Amanda, noch gibt es draußen bei mir keinen Hunger. Ich bitte Sie, Amanda, werden Sie meine Frau.

Quietschende Bremsen. Der Zug hält. Aus dem Zug, mit seinem
Forschungsgepäck, u. a. Ombro-, Hydro- u. Hygrometer, steigt:
CARLETON.

RUF Kansas-City!

AMANDA Sehr nett von Ihnen, Mister Fixter, wirklich, aber ich
   habe ein bißchen Geld gespart und mir diese Fahrkarte gekauft.
   Die Lokomotive pfeift.

AMANDA Ich muß einsteigen.

FIXTER Bleiben Sie da!

CARLETON *untersucht den Boden.* Steppe. Sand.

AMANDA *mit Blick auf* CARLETON, *zu* FIXTER. Dampfmüller,
   kennen Sie den?

CARLETON Es muß Dampfmühlen geben in Kansas.
   Die Lokomotive pfeift.

CARLETON Dampfmühlen rentieren nur, wenn sie Tag und Nacht
   in Betrieb sind. Also haben sie zu oft gesät, zu oft geerntet. Und
   haben wieder gesät und wieder geerntet. Raubbau. Was da drin
   noch wächst, an der ersten Bazille krepierts.

WARK, *der Prediger.*

WARK Amanda! Amanda! Sie brauchen uns nicht zu verlassen,
   meine Teure, Gott der Herr hat uns erlöst! Wir sind gerettet!
   Halleluja!

FIXTER Amanda, ich frage Sie zum letzten Mal: Wollen Sie meine
   Frau werden?

WARK Draußen wars, mitten in der Unendlichkeit der Ebene,
   Gott ließ mich fallen, in die Knie, schrie Gott, ich fiel, da
   kams.

FIXTER Kams?

WARK Die Erleuchtung. Die absolut grandiose Immunisierungs-
   theorie! Ich habe das Mittelchen gefunden, das die armen Stengel vor den Bazillen schützt!
   Er greift sich zwischen die Beine.
   Das!

AMANDA FAUGHT Oh!

WARK Auch der Psalmist spricht vom Samen, auch Jeremia, auch
   Amon, auch Jesaia. Hosen runter und ran an die Stengel!

AMANDA FAUGHT Der arme Prediger. Er hat im Hunger den Verstand verloren.

WARK Wir werden die Ähren durch virile Säfte immunisieren.

CARLETON *ohne jede Ironie.* Wieviel, meinen Sie, schaffen wir
pro Stunde? Die Ebene ist groß wie ein Ozean.

WARK Gelingt unser Experiment, setzen wir achtzig Regimenter
ein, Infanterie, pro Halm einen Mann.

AMANDA FAUGHT Gott möge ihm verzeihen.

CARLETON Der ist tot.

Die Bahnhofsglocke läutet.

CARLETON Das läßt sich beweisen.

Die Lokomotive pfeift.

CARLETON Wissenschaftlich.

Die Santa Fé dampft ab.

CARLETON Carleton. Vom Agrarministerium zu Washington. Sie
sterben nicht an den Bazillen, die Halme.

FIXTER *reißt einen kranken Halm aus dem Boden.*
Was ist das?

CARLETON Causa prima ist der Boden. Was in diesem Staubraum
noch wächst, ist so schlecht, so mager ernährt, daß es die Bazille nicht abschütteln kann.

FIXTER Unser Unglück ist die Bazille.

CARLETON Die war schon immer in der Luft. Verändert hat sich
der Boden.

FIXTER Wodurch?

CARLETON Durch die Dampfmühlen.

Fern tutet die Santa Fé. FIXTER *hat vom Boden einen Cent auf-
gelesen, gibt ihn* AMANDA.

FIXTER Sie haben etwas verloren.

AMANDA Ich? Nein.

FIXTER *reinigt die Münze, steckt sie ein.* Geld läßt man nicht
liegen, meine Liebe.

Er führt sie weg, FIXTER *und* AMANDA *ab.*

WARK Du bist nicht tot, Herr! Du bist das Brot des Lebens. Unser
Magen glüht wie ein Ofen in den Gluten des Hungers, und die
Kinder träumen im Schlaf, daß sie essen. O Herr, laß eine Kru-
me herabfallen auf das verdorrte Land!

*Er stakst in die Ebene hinaus, verschwindet in der flirrenden
Hitze. Tutend entfernt sich die Santa Fé.*

II, 2

FIXTER *und* JACKRABBIT, *der Vormann der Farmer, kommen.*
AMANDA FAUGHT *serviert ein Picknick.*

JACKRABBIT ... nur ein Sesselfurzer aus Washington, Mister Fixter, da haben Sie gewiß recht.

FIXTER Zigarre?

JACKRABBIT Zu gütig, Mister Fixter.

FIXTER Er muß verschwinden.

JACKRABBIT Nicht so einfach, Mister Fixter, gar nicht so einfach. Vorzüglich, die Zigarre, wirklich.

FIXTER Er verhöhnt unseren Boden.

JACKRABBIT Unglaublich.

FIXTER Er verhöhnt Amerika.

JACKRABBIT Ein Beamter!

FIXTER Leugnet die Bazille und gibt dem Boden die Schuld.

JACKRABBIT Vorgestern hat sich ein gewisser Webb 'nen Wurm aus dem Fußknöchel gezogen. Hat ihn um ein Streichholz gewickelt und rausgeangelt.

FIXTER Was hat das mit Carleton zu tun?

JACKRABBIT Webb hat den Wurm gegessen.

FIXTER *ißt,* JACKRABBIT *schlingt;* AMANDA *wendet sich ab.*

FIXTER Das Dunkel ist die Bedingung des Lichts, die Armut das Fundament unseres Fortschritts, der Hunger die Voraussetzung zur Entfaltung männlicher Möglichkeiten. Ist dir nicht gut, Liebe?

AMANDA Ich kann nicht essen mitten im großen Elend. Ich will traurig sein mit den Traurigen und hungrig mit den Hungrigen.

JACKRABBIT Sie sind der Engel der Ebene, Amanda.

FIXTER Iß.

AMANDA Ich kann nicht.

FIXTER Du hast die Speisen von Gott, Amanda.

AMANDA *würgt.*

FIXTER Bitte Gott um Verzeihung.

AMANDA Es tut mir leid.

II, 3

DIE HUNGRIGEN FARMER. CARLETON.

Die Santa Fé entfernt sich.

VORMANN Farmer, die Santa Fé hält nicht mehr an. Der letzte
Stengel, von den Bazillen zerfressen, stirbt in der sengenden
Sonne.

FARMER Stirbt.

VORMANN Mit den Blechlöffeln, Farmer von Kansas, haben wir
den Rest unserer Cents zusammengekratzt und eine Depesche
nach Washington gesandt.

Er stellt CARLETON *vor.*

Das ist Washingtons Antwort.

CARLETON *tippt auf einer Schreibmaschine.*

FARMER Hört sich an wie 'n leergeschossener Colt.

CARLETON Die allerneueste amerikanische Erfindung. Eine Schreibmaschine.

FARMER Und was kommt da raus, vorn?

CARLETON Eine Expertise.

FARMER Er soll zur Sache kommen. Wir haben Hunger.

CARLETON Korn, Gentlemen, ist das, was von der Heimat trans-
portabel ist. Also brachte jeder Pionier seine Heimat hierher.
Der Engländer brachte den Roten Fifer, der Italiener den Proli-
fero, der Deutsche den Kaiserweizen. –

FIXTER, *am Arm* AMANDA FAUGHT.

FIXTER Hier haben alle Sorten geblüht. Wollen Sie das leugnen?
Wollen Sie leugnen, daß dieser Boden mal geblüht hat? Und
fruchtbar war?

CARLETON Nein, das leugne ich nicht. Aber dann wurde die Zeit
schneller. Dann kamen die Dampfmühlen.

FIXTER Die Bazillen.

CARLETON Die Dampfmühlen, und Dampfmühlen brauchen auf
die Winde nicht zu warten. Aber sie müssen laufen, sie müssen
mahlen, sonst werfen sie nicht mal die Zinsen ab. Also haben
sie gesät, geerntet, gesät, geerntet und wieder gesät, wieder
geerntet. Das hielt der Boden nicht aus. Die Halme sogen ihn
leer. Kansas ist Steppe geworden.

FIXTER Würden Sie das wiederholen, Mister? Würden Sie diesen Männern ins Gesicht hinein sagen, sie hätten keine Heimat mehr, keine Erde, keinen Boden?
Er sieht etwas blinken, liest es auf.
Nur eine Scherbe.
Zu CARLETON: Sagten Sie was?
CARLETON Nein, Sir.
FIXTER Habt ihr gehört, Männer? Habt ihr verstanden? Washington läßt uns untergehen mitsamt der Ebene. Ich beweise euch das Gegenteil. Ich glaube an diesen Boden. Ich glaube an Amerika. Ich glaube an die Zukunft meiner Dampfmühle und also an die Rückkehr der fetten Jahre, der goldenen Felder, der großen Gewinne. Das ist der Beweis!
AMANDA Wir werden heiraten.
FIXTER Miss Faught wird die Mutter meiner Kinder sein. Mir nach, Freunde! Aus Anlaß meiner Verlobung werde ich fünf guten Männern für drei Tage Arbeit geben.
VORMANN Werden Sie diese Arbeit auch bezahlen, Mister Fixter?
FIXTER *und* AMANDA *ab.* JACKRABBIT *und die* FARMER *folgen ihnen, ab.*

Allein in der Steppe sitzt CARLETON *an seiner Schreibmaschine.*
CARLETON Jetzt im Büro
Sitzen, wie schön wäre das.
In die Wettertabellen
Daten pflanzen.
Prognosen erstellen.
Folgerungen ziehen.
Und wenn draußen
Die Blitze blitzen
Wolken fliehen
Taifune tanzen
Seinen Bleistift
Spitzen.
Warum bin ich hier?
Glaube ich denn daran
Ich, der vom Ministerium gesandte Mann
Daß meine Vernunft, von Fakten gestützt
Diesem Land etwas nützt?!

AMANDA FAUGHT.

AMANDA   Ich habe etwas für Sie.

    CARLETON *verbeugt sich.*

AMANDA   Gehen Sie zum Friedhof!

CARLETON   Bitte?

AMANDA   Er liegt draußen in der Ebene. Gehen Sie schnell!

CARLETON   Zum Friedhof?

AMANDA   Der Mauer entlang liegen die Russen. Auf ihren Gräbern –

    Sie schaut sich um. Leise. ... stehen gesunde Stengel.
    Rasch ab.

II, 4

Nacht.
Ein KORNHÄNDLER *und seine* FRAU *auf der Flucht.*
Aus der mondenen Unendlichkeit kommen JACKRABBIT *und* WARK,
der Prediger.

JACKRABBIT   Warum so eilig, Kornjud?

FRAU   Erbarmen, Herr. Erbarmen!

WARK   Sie will noch ein Baby bekommen? Ist sie nicht zu alt dafür?

KORNHÄNDLER   No, beim Herrn ist nichts unmöglich.

WARK   Wag es, den Herrn zu verspotten.

    Er stellt den KORNHÄNDLER *auf seinen Koffer.*

    Was siehst du, Kornjud?

KORNHÄNDLER   Die Angst in den Augen meiner Frau.

JACKRABBIT   Und weiter draußen? Näher dem Mond zu, was siehst
du dort, Kornjud?

KORNHÄNDLER   Land.

JACKRABBIT   Er solls genauer sagen.

WARK   Genauer, Kornjud.

KORNHÄNDLER   Die Ebene.

WARK   Amerika.

KORNHÄNDLER   Amerika!

JACKRABBIT   *schlitzt den ›Bauch‹ der* FRAU *auf; es ist ein Kornsack;
das Korn rieselt heraus.* Und das, Kornjud, ist Dreck! Fremder,
eingeschleppter Dreck!

KORNHÄNDLER Es sind euere Sorten, Herr, und früher, vor den
  Dampfmühlen, haben sie aus diesem Boden gelebt!
JACKRABBIT Deine Europäer sind den Bazillen nicht gewachsen,
  Kornjud. Zurück mit euch!
FRAU Gnade, Herr, Erbarmen!
KORNHÄNDLER Sie werden uns lynchen.
  KORNHÄNDLER *und seine* FRAU *ab.*

WARK Die Ebene ist zum Aschenozean geworden.
JACKRABBIT Jüdisches Land soll jetzt schön billig sein.
  WARK *und* JACKRABBIT *folgen dem* KORNHÄNDLER *und seiner*
  FRAU, *beide ab.*

II, 5
Portrait of the artist eins

Berlin, am Abend des 30. Januar 1933.
Praxis Dr. Benn.
DR. BENN *und* JULE LEIBOWITZ.
DR. BENN Nein, nein, nein! Dein Stoff hat mit uns nichts zu tun.
  Rein überhaupt nichts. Ich habe mich geirrt, Jule, mein erster
  Eindruck war falsch. Amerika. Was reizt mich Amerika! Hier ist
  meine Welt. Auf diesem Schreibtisch (73 cm zu 135 cm). Eine
  kleine Welt. Nicht einmal Platz zum Schreiben ist da, aber
  trotzdem, siehst du, ermögliche ich es durch Fortschieben der
  Briefe, Rezeptblöcke, Probesendungen von Medikamenten und
  Stempel (für die Rezepte), des Telephonapparats und zweier
  Aschenbecher, daß ich mit einer schwierigen Handschrift unle-
  serliche Zeilen kritzeln kann. Dann gehe ich zur Schreibmaschine. Sie steht auf dem Mikroskopiertisch. Dieser Tisch ist
  wichtiger als der erste, nur das maschinell Geschriebene ist dem
  Urteil zugänglich, bereitet das Objektive vor, die Rückstrahlung
  vom einfallsbeflissenen zum kritischen Ich. Beobachtung. Analyse. Erkenntnis.
  Er lächelt.
  Beengte Tische, ja. Aber von da aus, sage ich mir, läßt sich
  Raumgreifendes gestalten. Vergessen wir diesen kleinen Be-
  amten.

JULE LEIBOWITZ Er wird sich verwandeln, Benn.

DR. BENN Jule, die Verwandlung geschieht da draußen! Wandel
der Worte, der Werte, ein gieriges Werden. Aufbruch. Vulkan!
Das will ich für Hindemith gestalten.

Marschmusik. DR. BENN *steht am Fenster.*

DR. BENN Dieser Abend, Jule, er hat etwas vom Adlerflug.

II, 6

Sonnenuntergang.

Der KORNHÄNDLER *und seine* FRAU *hängen an knirschenden
Stricken.*

Fern tutet die Santa Fé.

KORNHÄNDLER Das ist die Santa Fé, hörst du die Santa Fé?

FRAU Wie sollen wir wegkommen, wenn sie niemals hält?

KORNHÄNDLER Früher sind sie aus allen Himmeln über die Ebene gekommen. Früher haben sie vollgestopft die Waggons mit
goldenen Säcken.

FRAU Wir hatten in Kansas auch gute Zeiten.

KORNHÄNDLER Danken wir Gott für alle Zeiten.

Eine Totenglocke.

II, 7

Ein Friedhof. Auf den Gräbern stehen reife, gesunde Halme.
Neben einer offenen Grube ein Holzsarg mit einem Toten.

WARK, *mit einem Tuch voller Körner, und ein Totengräber.*

WARK Kyrie eleison.

TOTENGRÄBER Christe eleison.

WARK *zum Sarg:* Iwan Iwanowitsch, du hast eine lange Reise hinter dir. Du bist fortgegangen von Mütterchen Rußland, und das
einzige, was du mitgenommen hast, waren die Tränchen, die
harten bitteren Tränchen, die Mütterchen Rußland hat vergos-
sen für dich, ihren verlorenen Sohn.

Er nimmt das Tuch mit den Körnern.

Auf diesen Tränchen, Iwan Iwanowitsch, hast du gehockt im

Zwischendeck. Diese Tränchen hast du mitgeschleppt auf dem
Treck nach Westen. Nun trittst du deine letzte Reise an, und
wieder sind Mütterchens Tränchen dein einziges Gepäck.
Er legt das Tuch unter den Schädel des Toten.
Kyrie eleison!

TOTENGRÄBER Christe eleison.

*Sie singen ein schwermütiges russisches Lied und seilen den
Sarg in die Grube.*

CARLETON.

CARLETON Halme!

Der TOTENGRÄBER *schaufelt Sand ins Grab.*

CARLETON Kansas ist Steppe, die Stengel krepieren, und hier, auf
euern Gräbern, steht der Weizen . . .?

WARK Es könnte sich um ein Gleichnis handeln.

CARLETON Würden Sie die Güte haben, das Gleichnis zu deuten?

WARK Liebend gern, Sir, aber sehen Sie, unserem Kirchlein geht
es wie der Ebene.

CARLETON Die Ebene bräuchte Regen.

Er gibt ihm seine Wasserflasche.

WARK Das Gleichnis besagt: Wird das Land zum Totenacker, wird
der Totenacker zum Land.

Er spuckt aus.

Hast du keinen Whisky?

CARLETON Ich trinke nicht. Ehrwürdiger Vater, was draußen ver-
dorrt, hier bleibts gesund – warum!

WARK Machen wir ein Geschäft. Du gibst mir deinen Colt, ich
sage dir, was wir wissen.

CARLETON Ich schieße nicht.

WARK Kyrie eleison!

TOTENGRÄBER Christe eleison.

CARLETON Wartet! Wollt ihr meine Stiefel?

WARK Die Stiefel, die Hose, den Rock, das Hemd.

CARLETON Die Stiefel, die Hose, den Rock . . .

WARK Kyrie eleison!

TOTENGRÄBER Christe eleison.

CARLETON Gut. Ich gebe euch, was ihr verlangt. Aber dafür müßt
ihr mir sagen, warum euere Gräber fruchtbar sind. Warum lebt

es, dieses Korn? Warum schüttelts die Bazillen von sich ab?
Er steht im Hemd am Grab.
Warum kommt aus euern Gräbern das Leben? Was ist die Ursache dieser Auferstehung?

WARK Ein Wunder.

CARLETON Ich bin Agronom. Es gibt keine Wunder. Aber es gibt die Vernunft, und damit können wir das Höchste und das Tiefste ergründen. Beobachtung! Analyse! Erkenntnis!

WARK Dein Hemd.

CARLETON Aus Pflichtgefühl.
Er gibt WARK *das Hemd.*
Was ist los da unten?

WARK Reist ein Russe von Rußland fort, hat er im Gepäck Mütterchens Tränen.

CARLETON Tränen.

WARK Harte Tränen. Härter als Kieselsteine. Und mit Steinchen, sehen Sie, haben die Dampfmüller nichts im Sinn.

CARLETON Korn! –
Er taucht ins Grab, ab.

WARK Kyrie eleison!

TOTENGRÄBER Christe eleison.
Der TOTENGRÄBER *und* WARK *ziehen in die Ebene hinaus, ab.*

CARLETON *steigt nackt aus dem Grab, hat das verzipfelte Tuch in der Hand.*
Farmer von Kansas
Ich habe die Lösung:
Der Morgen Amerikas
Heißt Rußland. Rußland!
Er zeichnet die Welt in den Sand.
Die Welt
Kansas hier
Rußland hier
Was fällt Ihnen auf?
Richtig, beide hängen am selben Breitengrad, beide
Haben dasselbe Klima
Fröste im Winter, die Glut im Sommer.

Raubbau, darin sind wir uns einig
Ließ Kansas Steppe werden, und das heißt:
Kansas wurde Rußland.
Rußland, und wenn Sie jetzt einwenden –

AMANDA FAUGHT.
CARLETON Die russischen Körner seien zu hart
    Wie Schrotkugeln so hart
    So haben Sie recht:
    Die Russen, die wir bis dato gesteckt haben
    Sind zäh. Zu
    Zäh.
    Rußland jedoch
    RUSS-
    LAND
    IST
    GROSS!
    Riesig!
    Unendlich!
    Reicht an die Eismeere an die Wüste
    Ist Asien hier, Europa da
    Da da da kalt
    Hier heiß feucht schwül, und überall
    Überall essen sie Chleb.
AMANDA Brot!
CARLETON Brot.
AMANDA Fixter hat natürlich versucht
    Die Russen
    Zu mahlen. Zu hart
    Sagt er, zu schwer.
CARLETON Bisher!
AMANDA Sie sind ja nackt!
CARLETON Rußland –
AMANDA Nehmen sie mein Tuch!
CARLETON Rußland besteht aus hundert Millionen Orten
    Verschieden die Völker die Winde
    Der Boden das Wetter und also, na?
AMANDA Die Sorten.

CARLETON Die Sorten!
   Ich weiß es schon jetzt
   Ich kann es beweisen:
   Seis in Sibirien, seis bei den Kirgisen
   Wächst ein Korn, eine spezifische Art
   Ist hart im Nehmen, im Geben zart
   Kurzum, dieses Korn ist prädestiniert
   Daß es hier, in diesem Sand
   Wie in seiner Heimat reüssiert.

JACKRABBIT *ist aufgetaucht. Jetzt kommt* WARK.
CARLETON *gibt* WARK *ein Brot.* Geben Sie uns zusammen, Prediger, viel Zeit habe ich nicht –
AMANDA FAUGHT Mein Gott!
CARLETON … Dienstag früh, wenn alles klappt, New York, SS Aurora, das ist die Morgenröte, was ich als gutes Zeichen nehme, Ende September Le Havre, dann durch das schlössertragende Frankreich, das sagentiefe Deutschland, durch Galizien, die Ebene, den Winter, die Stille, den Schnee, was nicht aufhört, heißt Rußland. Was ist, Prediger? Worauf warten Sie noch? Machen Sie uns zu Mann und Frau!
AMANDA Mein Gott!
CARLETON Wollen Sie am Hunger krepieren, Prediger?
WARK Nein, Sir.
CARLETON Also. Legen Sie los!
   Leise zu WARK, *der gierig das Brot verschlingt:* Amanda hat ein paar Dollars gespart. Damit reise ich nach Rußland. Dort finde ich den Stengel des Lebens, das goldene Korn, und aus diesem Sandozean, glauben Sie mir, wird Brot kriechen, Brot Brot Brot!
WARK Mister äh –
CARLETON Carleton.
WARK Wollen Sie Miss äh –
JACKRABBIT Miss Faught! Mister Fixter wartet auf Sie. –
WARK Zur Frau nehmen?
CARLETON Ja.
JACKRABBIT Amanda!
WARK War das ein Ja?

CARLETON Haben Sie vor dem Altar jemals ein Nein gehört?
WARK Nein, Mister Carleton. Seid Mann und Weib! –
CARLETON Bis daß der Tod uns wegsichelt.
AMANDA Amen.

III
Die Reise nach Rußland

III, I

Auf dem Atlantik. SS Aurora.
CARLETON *mit Tropenhelm und Reisekoffer an Deck.*
Gewaltig donnern See und Turbinen.

Wenn Wellen Wellen
An dem Bug Bug Bug
Gewaltig zerschellen

Wenn Kessel Kessel
In der Glut Glut Glut
Wie Kanonen schellern

Wenn die Pleuel Pleuel
Voll im Schub Schub Schub
Wie Pfeile entschnellen

Wenn die Obertrommeln trommeln
Und die Dampfrohre fauchen
Wenn die Hämmer hämmern
Und die Schornsteine rauchen

CARLETON   Steh ich, Carleton, an Deck

Und Wellen Wellen
Die am Bug Bug Bug
Gewaltig zerschellen

CARLETON   Seh die Kamine erglühen
Flammen zu Funken versprühen

Und Kessel Kessel
In der Glut Glut Glut
Und Pleuel Pleuel
Voll im Schub Schub Schub

CARLETON Aber meine Gedanken, Liebste
       Sind bei dir, bei dir
       Der Liebsten, allein

       Und Hämmer die trommeln
       Und Trommeln die zittern
       Pleuel die schnellen
       Und Kessel die splittern

CARLETON Amanda, o Amanda
       Ach, es mußte sein
       Denn schau, du Liebste, du Frau

       Wie wir, die SS Aurora
       Ein einziges Stampfen sind
       Ein Rauchen ein Rollen
       Ein Dampfen ein Fauchen

CARLETON Bin ich, dein Carleton
       Der Wille zum Ziel

       Ein großes Gewitter

CARLETON Geballtes Sollen
       Vom Kopf
       Bis zum Kiel

       Der da schwebt
       Durch die See
       Die erbebt

CARLETON Ja, Amanda, mein Frauchen, mein zartes
       Ich will es den Sternen bekennen:
       Ich raubte dein Erspartes.
       Nein, Raub wollen wirs nicht nennen
       Aber ach, du mein Leben, mein Glück
       Ohne Mittel bliebst du
       In Kansas zurück.
       Verfluche mich nicht.
       Ich reise im Dienst
       Der Menschheit. Pflicht
       Ist Pflicht.

Aurora
Amanda
Aurora
Und Kessel Kessel
In der Glut Glut Glut
Und Pleuel Pleuel
Voll im Schub Schub Schub
Aurora
Amanda
Aurora
Amanda Amanda

III, 2
An der Grenze eins

An einer Grenzstation in Galizien.
Ein trostloses Warten.
Ein ZUHÄLTER *mit seiner* NUTTE. *Ein* REVOLUTIONÄR. KAPTURAK.

KAPTURAK   Und Knödel! Und einen Teller Borschtsch! Und Fische,
solang der Grenzfluß noch nicht vereist ist, Erdäpfel dazu, etwas
Sahne vielleicht, bißchen Dill. Von allen Seiten das Beste, sag ich
mir. Den Tafelspitz vom Kaiser, vom Zaren den Neunziggrädigen.
Er ißt und trinkt.
Wer an der Grenze nicht reich wird. Steht schon in der Bibel.
Ich liebe Grenzen. Was dort teuer ist, hier ists billig. Was kostet
dein Mädel, mein Freund?

ZUHÄLTER   Sie is a Jenische.

KAPTURAK   Wieviel?
Sie verhandeln flüsternd.

KAPTURAK   *zum* ZUHÄLTER.   Aber sauber solls sein. Ohne Flöhe.
Er ißt.
Zehn Prozent von jedem Gewinn wird in den Wanst investiert.
Eine glänzende Kugel, die Haut gespannt, das mögen die Weiber.
Er lacht, ißt, trinkt. Zum REVOLUTIONÄR, *ihm ein Stück Brot
hinhaltend:*
Brot? Chleb?
Der REVOLUTIONÄR *reagiert nicht.*

KAPTURAK Solls die Jenische fressen.

JENISCHE Ph!

ZUHÄLTER *zur* JENISCHEN: Wirst du jetzt g'scheit werden oder nicht?
Zu KAPTURAK: Sie will nicht.

KAPTURAK Will nicht. Und wovon will sie leben?

REVOLUTIONÄR Von der Hoffnung.

KAPTURAK *wirft dem* ZUHÄLTER *seine Börse zu.*

ZUHÄLTER Das wird sie zur Räson bringen.

REVOLUTIONÄR Proletariat und Bourgeoisie sind die beiden Grundklassen der kapitalistischen Gesellschaft. Aber ihr seid nur wenige. Wir sind zahlreich.

KAPTURAK Und wir, Freund, haben erst angefangen, wir von der elastischen Klasse. Ein gutes Jahrhundert sind wir jetzt am Hebel, und was haben wir nicht alles geschaffen in dieser Zeit. Die Maschine. Die Unterjochung der Natur. Die Freiheit. Anwendung der Chemie auf Industrie und Ackerbau. Schiffbarmachung der Flüsse. Gleichheit. Brüderlichkeit. Mein Freund, wir haben eine ganze Welt hervorgestampft. Unsere Telegraphendrähte umwickeln den Planeten, unsere Schienen haben wir in die letzten Winkel ausgerollt, und wer kein Faulhund ist, der hat zu fressen bei uns.

REVOLUTIONÄR Du wirst an deinem Überfluß ersticken.

CARLETON.

KAPTURAK *zum* REVOLUTIONÄR: Sag das noch mal.

REVOLUTIONÄR Was?

KAPTURAK Daß ich erstick. Daß ich an meinem Überfluß erstick.

ZUHÄLTER *schenkt* KAPTURAK *Schnaps ein.* Ich habs ihr gezeigt, das prall gefüllte Tascherl. Es ist nur für kurz, hab ich gesagt, nicht für den Ehebund, tu mir keine Schand an, der Herr is a Herr, also spendabel – danke sehr, der Herr! –, aber nein, sie will nicht. Sie is a Jenische, und wenn so eine stur is –

KAPTURAK Komm, mein Täubchen!
Er packt die Widerstrebende und führt sie weg, KAPTURAK *und die* JENISCHE *ab.*

CARLETON I am hungry.
Von hinten die Schreie der Frau.

REVOLUTIONÄR   Das ist ihre Brüderlichkeit.

ZUHÄLTER   No, sagens!

REVOLUTIONÄR   So tritt sie bei der Bourgeoisie in Erscheinung: als
Kampf aller gegen alle. Die Idee der Gleichheit reduziert sich
auf die Gleichheit der Warenbesitzer. Und ihre Freiheit, die
große Idee der persönlichen Freiheit, das ist unser Hunger.

CARLETON   Yes. Hunger.

REVOLUTIONÄR   Noch sind wir schwach. Noch sind uns die Hände gebunden. Aber der Tag wird kommen.

ZUHÄLTER   *leise.* Kapturak.

REVOLUTIONÄR   *notiert den Namen.* An diesem Tag wird Kapturak hängen.

KAPTURAK.

KAPTURAK   Überfluß! Ich kann nicht krepieren am Überfluß.
Dafür hab ich den Neunziggrädigen.
Zu CARLETON: Wo hat er den Hut her? Verkauft er den Hut?
Das ist doch das Männliche am Mann, das Menschliche am
Mensch: daß er nie genug kriegen kann. Nie. Soll ichs euch
beweisen?
Er lacht, trinkt, schnauft.

JENISCHE   *Blick auf* CARLETON. Der Mann da. Wer ist es!

ZUHÄLTER   A stummer Fremder.

JENISCHE   *zu* CARLETON: Kehr um!

CARLETON   What do you mean?

JENISCHE   Kehr um!
Sie schreit.
Geh zurück! Geh nach Hause!

KAPTURAK   Jetzt reichts aber, Gans, hysterische.

JENISCHE   Er wird a Welt gewinnen.

KAPTURAK   A Welt!
Er lacht, japst nach Luft, krümmt sich plötzlich.

JENISCHE   Und eine Tochter wird er haben. Und die Tochter wird
sein wie –

ZUHÄLTER   Der Kapturak! Nein, so was. Jetzt erstickt mir der
Kapturak.
Der fette Mann geht zu Boden.

ZUHÄLTER   No, und die Sauerei, die verdammte. Könnens die
Späße nicht woanders vollführen?

REVOLUTIONÄR Er erstickt, hab ich gesagt. Was geschieht? Er tuts
     wirklich.
KAPTURAK *liegt jetzt rücklings am Boden. Glotzende Augen.*
     Starr.
CARLETON My daughter. Ich habe keine Tochter.
Er taumelt verstört davon, ab.

JENISCHE Warten Sie! Mein Herr!
ZUHÄLTER Er geht in die verkehrte Richtung. Nach Rußland hin-
     über. –
REVOLUTIONÄR Der Kosakenpatrouille direkt unter die Hufe.
Alle blicken CARLETON *nach.*
KAPTURAK *ißt und trinkt weiter. Auf dem Kopf hat er den Tropen-
     helm, den* CARLETON *liegenließ.*
     Er hat mir den Hut geschenkt.

III, 3

Eine Nacht im Spätsommer.
CARLETON.
CARLETON *besitzt nur noch seinen Koffer; sein Gewand abgezehrt,
Lumpen an den Füßen. Er lauscht in die Nacht hinaus.*
CARLETON Wie ist der Boden beschaffen. Wie der Schatten. Wie
     der Wind. Ich habe eine Hypothese. Durch die Dampfmühlen
     ist Kansas versteppt. Rußland war schon immer versteppt. Aber
     Rußland hatte Zeit, ein Korn zu entwickeln, das aus der Steppe
     zu leben versteht.

DIE SICHLER, *unter ihnen der Tod.*
DER TOD/DIE SICHLER Sssssooo sssssooo! Ssssooo sssssooo!
     DER TOD *und* DIE SICHLER *ziehen vorbei. Es wird Tag.* CARLE-
     TON *allein, im Fieber.*
CARLETON Herr Abteilungsleiter!
     Ich bin in Ihrer Abteilung römisch vier
     Flur achtzehn Zimmer sieben
     Angestellt. Wann
     Ich bitte submissest

Wird mir mein Lohn ausgezahlt?
Als würde er erwachen.
Was tu ich hier.
Was ist das für ein Ort.
Vögel. Wolken. Ratten.
Ich sprach also mit dir:
Mit meinem Schatten.
Er zieht weiter.
Carleton.
Er stolpert.
Mein Name ist
Er fällt.
Fieber.
Er zieht weiter.
Nur im
Er verliert den Koffer.
Nur im Fortschritt im unbedingten
Er nimmt den Koffer wieder auf, zieht weiter.
Fortschritt ist dem endlichen Wesen Unendlichkeit beschieden.
Er zieht weiter.
Die unendliche Reihe seiner Zahlen Bilanzen Erfolge.
Aus seinem Koffer rieselt Sand.
Reite den Haifisch.
*Er hinterläßt eine Spur, die hinter dem Horizont verschwindet,
ab.*

III, 4

Die Ebene.
CARLETON *schleppt einen Koffer von West nach Ost.*
Russische AUSWANDERER *kreuzen seinen Weg: Sie gehen von Ost
nach West.*
EINE FRAU Er geht verkehrt. Helft ihm!
CARLETON Ich gehe richtig.
DIE FRAU Die Sümpfe von Pripet sind schon zugefroren. Was
    willst du einen Umweg machen? Komm mit uns, der Gang
    übers Eis ist kürzer.

CARLETON Ich komme von Pripet. Ich gehe dem Schnee entgegen. Nach Osten.

Sie haben seinen Koffer geöffnet.

DIE AUSWANDERER Dreck!

DIE FRAU Er schleppt Dreck mit sich rum.

CARLETON Bodenproben. Aus der Steppe.

DIE FRAU Mann, wenn du von Pripet kommst, hast du die Steppe vor dir.

CARLETON Nein.

DIE AUSWANDERER Doch!

CARLETON Ich komme aus Amerika. Ich bin Wissenschaftler. Den Tatsachen verpflichtet, der Analyse, dem Vergleich.

DIE AUSWANDERER *erstarren.*

CARLETON Dieser Dreck stammt aus Kansas.

DIE AUSWANDERER Kansas.

CARLETON Kansas hungert. Rußland, so lautet meine Hypothese, muß uns vom Hunger erlösen.

ABRAHAM *ein alter* AUSWANDERER. Gott! Die lechzende Seele hast du gesättiget mit deinem Namen, die Leere hast du gefüllt mit deiner Schöpfung. Unser Magen friert wie ein Vogel in der Frostnacht des Hungers, und unsere Kinder träumen im Schlaf, daß sie essen. Du bist das Brot des Lebens. Wir flehen dich an, laß eine Krume herabfallen.

DIE AUSWANDERER Amen.

DIE FRAU Weißt du, warum wir auswandern? Alle ziehen nach Westen.

DIE AUSWANDERER Amerika! Amerika!

DIE FRAU Niemand kam je zurück.

DIE AUSWANDERER Amerika! Amerika!

ABRAHAM Du bist das Gelobte Land. Du bist das Land des Herrn.

DIE AUSWANDERER Amerika! Amerika!

Sie finden im Koffer ein Buch.

DIE FRAU A Buch!

ABRAHAM A Wörterbuch!

SARAH *seine Frau.* A Wörterbuch!

DIE FRAU Da ist was angestrichen.

ABRAHAM Das Wort Chleb.

DIE FRAU Das Wort Chleb ist angestrichen.

CARLETON Yes. Chleb. Brot.

DIE AUSWANDERER Brot?

CARLETON Ich suche Brot für Amerika.

DIE FRAU Im russischen Winter? Brot für Amerika?! Ein Spitzel
ist er!

DIE AUSWANDERER A Spitzel! A Spitzel!

DIE FRAU *zum Alten:* Überall, Väterchen, treiben sich die Spitzel
vom Zaren herum. In den Schenken geben sie Schnaps aus, in den
Bahnhöfen erfinden sie Geschichten, und es ist immer die gleiche
Geschichte, immer die gleiche: Hunger in Amerika. In Amerika!
Hunger! So a Blödsinn! In Amerika sind die Brote voll Rosinen.

DIE AUSWANDERER In Amerika ist der Präsident a Jud.

DIE FRAU Dort wohnt die Freiheit.

DIE AUSWANDERER Und sie wohnt gut.

DIE FRAU Verrückt wird er halt sein.

DIE AUSWANDERER A Spitzel! A Spitzel!

DIE FRAU Oder verrückt. Laßt ihn laufen! Dort kommt schon der
Schnee!

DIE AUSWANDERER Der Schnee, der Schnee!

DIE AUSWANDERER *entfernen sich nach Westen, ab.*
CARLETON *entfernt sich nach Osten, ab.*

ABRAHAM *und seine Frau* SARAH *bleiben stehen.*

SARAH Was murmelst du, Abraham? A Gebet?

ABRAHAM A Fluch!

SARAH Dann behalt ihn für dich, Abraham!

ABRAHAM Was nicht aufhört, heißt Rußland.
Schnee.

ABRAHAM *mit* CARLETONS *Wörterbuch.* Er hat sein Buch verloren.
Sie verschwinden im Gestöber.

III, 5

Berlin, 30. Januar 1933.
Praxis Dr. Gottfried Benn.
DR. BENN *und* JULE LEIBOWITZ.
DR. BENN Du bist in die verkehrte Richtung gereist.

JULE LEIBOWITZ Ist es verkehrt, seinen Gefühlen zu folgen? Ich
liebe dich. –

DR. BENN Da ist jemand.
Sie lauschen in die Stille.

JULE LEIBOWITZ Die Hindemith?

DR. BENN Die feiert mit den Parteigrößen. Still!

JULE LEIBOWITZ Ich höre nichts.

DR. BENN Entschuldige, Jule. Ich bin Arzt. Ich muß aufmachen.

JULE LEIBOWITZ Ich habe Angst.

DR. BENN Leg dich auf die Liege!
Er stellt den Koffer hinter den Wandschirm.
Leise. Du bist eine normale Patientin, verstanden?
Er zieht Gummihandschuhe an.
Ausschlag im Genitalbereich.
Laut. Ich komme!

CARLETON, *abgezehrt zum Gespenst, mit seinem Koffer.*

DR. BENN Carleton!

JULE LEIBOWITZ Carleton ...

DR. BENN Erfrierungen an Händen und Ohren. Hat er das überlebt?

JULE LEIBOWITZ Carleton ist 1925 gestorben.

DR. BENN 1925.

JULE LEIBOWITZ Im April vermutlich. Irgendwo in Peru.

CARLETON Wo bin ich.

DR. BENN In Berlin.

JULE LEIBOWITZ In der Praxis von Dr. Gottfried Benn, um genau
zu sein, und zwar am Abend des 30. Januar 1933.

DR. BENN Ich werde Sie nicht mehr los, mein Lieber. Der Stoff
wählt seinen Gestalter. Zur Unzeit.
Er wickelt CARLETONS *Füße aus verschmutzten Lappen.*
Sieht übel aus. Aber Sie kommen durch. Ihre Tat wird Musik;
Oper!
Er steht vor dem Schragen.
Ich kann dich nicht lieben, Jule. Mich erschütterts, daß du
zurückgekommen bist. Aber leben, Jule, leben kann ich nur so,
nur hier: im Stoff, der mich packt. Du bist ein Trottel, Carle-
ton. –

Es klingelt.

JULE LEIBOWITZ   Es hat geklingelt.

DR. BENN *vor dem Schragen.* Ich mache dich unsterblich.

Es klingelt.

JULE LEIBOWITZ   Polizei?

DR. BENN   Keine Ahnung, Jule. War im Krieg. Stabsarzt. Die sollen mich kennenlernen.

Er zieht den Arztkittel aus. Darunter trägt er Uniform.

JULE LEIBOWITZ *starrt ihn an.* Du bist ein –

CARLETON   Was ist los?

JULE LEIBOWITZ   Der größte Dichter Deutschlands ...

DR. BENN *unterwegs zur Tür.* Bitte?

JULE LEIBOWITZ   In Uniform.

DR. BENN *ab, um die Tür zu öffnen.* JULE LEIBOWITZ *versteckt sich hinter dem Wandschirm, ab.*

DR. BENN *und* GERTRUD HINDEMITH.

GERTRUD HINDEMITH   Als mir der Kellner das Telegramm brachte, bog der Fackelzug gerade in den Kurfürstendamm ein. Gottfried, es war – ach, ich kann es nicht sagen, der Dichter bist du. Die SA, der Stahlhelm, und all die Fackeln, Tausende von Fackeln, Gottfried! Die Schatten flogen häuserhoch über die Fassaden hin.

DR. BENN   Sie haben mein Telegramm also erhalten.

GERTRUD HINDEMITH   Ja. Ich lese Ihre Botschaft, und vor mir marschiert das neue Deutschland auf. Interessant.

DR. BENN   Reine Musik.

GERTRUD HINDEMITH   Es fragt sich nur –

DR. BENN   Ja?

GERTRUD HINDEMITH   Warum blieb sein Name unbekannt?

JULE LEIBOWITZ *tritt hinter dem Wandschirm hervor.*

JULE LEIBOWITZ   Sein Korn wurde ihm geklaut.

DR. BENN *stellt vor.* Jule Leibowitz, eine Bekannte von mir – Gertrud Hindemith, die Frau unseres ersten Tonsetzers. Ich habe die Leibowitz eingeweiht.

GERTRUD HINDEMITH   Ach, das Fräulein weiß Bescheid über uns?

DR. BENN   Über den Stoff. Jedenfalls in groben Umrissen. Mütter-

licherseits stamme ich aus dem Schweizer Jura, einer Uhrma-
chergegend. Von dort habe ich mein Faible für Präzision. Die
Leibowitz kennt Amerika. Sie wird mir helfen, mich ins Amerikanische einzufühlen.

JULE LEIBOWITZ Er hat den Stoff von mir.

GERTRUD HINDEMITH Jetzt wollen Sie Geld dafür.

JULE LEIBOWITZ Schmeiß sie raus.

DR. BENN Bitte, meine Damen, bitte!

JULE LEIBOWITZ Es ist nicht ganz einfach, als Immigrant in die
eigene Heimat zu kommen.

GERTRUD HINDEMITH Wollen Sie damit sagen, Sie sind aus
Deutschland, Miss Leibowitz?

JULE LEIBOWITZ Ich rede von Carleton, Frau Hindemith. Über
Galizien, Polen, Berlin ist er aus Rußland zurückgekehrt.

DR. BENN Ohne Mittel, geschüttelt vom Fieber, ein Wrack.

JULE LEIBOWITZ Dezember 1899. Auf einem überfüllten Immi-
grantendampfer erreicht er New York.

IV
Der Kornvulkan

IV, 1
An der Grenze zwei

Zollstation auf Ellis Island.
Einwanderer, unter ihnen der alte ABRAHAM, SARAH, CARLETON,
TRUFFALDINO *sowie* KAPTURAK. *Alle außer* TRUFFALDINO *mit*
Gepäck.
Die Einwanderer stehen in einer langsam vorrückenden Reihe.
Hinter CARLETON TRUFFALDINO. *Aus* CARLETONS *Koffer rieselt*
Korn.

TRUFFALDINO, *immer hungrig, ißt es auf. Hinter* TRUFFALDINO, *als*
letzter in der Reihe, KAPTURAK.

CARLETON He, Sie!

TRUFFALDINO Sir?

CARLETON Das sind meine Körner!

TRUFFALDINO Die im Koffer?

CARLETON Ja, die Körner im Koffer!

TRUFFALDINO Dann sind wir uns einig, Sir. Die im Koffer gehören
Ihnen, die auf dem Boden gehören Amerika.
Er verschlingt eine weitere Handvoll.

CARLETON Ich zeige Sie an.

TRUFFALDINO *mit vollem Mund.* Wir sind im Land der Freiheit,
Sir.

CARLETON Wo?

TRUFFALDINO Wo Milch und Honig und Körner fließen. In Amerika. Das sind amerikanische Körner.

CARLETON Russische.

TRUFFALDINO Die im Koffer vielleicht, aber die hier –
Er wischt sie auf.
... hat der amerikanische Boden dem glücklichen Truffaldino
geschenkt.
Mit vollem Mund. Als Willkommensgeschenk.

CARLETON Was?

TRUFFALDINO Willkommensgeschenk!

CARLETON Ich lasse den Kerl verhaften.

Er drängt sich nach vorn, ab.

TRUFFALDINO Verhaften! Tempi passati mit Verhaften, jetzt sind
wir in der Neuen Welt. Hier weiß man, wie man einen Mann von
Ehre empfängt. Hier teilt sich die Spreu vom Weizen. Na bitte,
da haben wirs! –

CARLETON *kommt zurück.*

TRUFFALDINO Hier sind die Ersten die Letzten, die Letzten die
Ersten. Hier braucht man nicht zu säen, nicht zu ernten, trotzdem wird man ernährt.

CARLETON Sie desinfizieren das Gepäck!

TRUFFALDINO Sollen sie ruhig. Ich habe nichts.

ABRAHAM *und* SARAH *erreichen den Zoll.*

Zwei ZÖLLNER.

ERSTER ZÖLLNER Dein Gepäck.

ABRAHAM Herr?

ERSTER ZÖLLNER In den Kübel damit!

ABRAHAM Mein Siderl! Mein Agodele!

Die ZÖLLNER *tunken das Gepäck in eine Tonne voller Ätzkalk.*

ERSTER ZÖLLNER Das auch!

Der ERSTE ZÖLLNER *entreißt* SARAH *den ›Busen‹. Es ist ein*
Kornsack.

ERSTER ZÖLLNER Diese Russen! Immer schleppen sie Korn mit.

ABRAHAM Unsere Heimat, Herr.

ERSTER ZÖLLNER In den Kübel damit.

ZWEITER ZÖLLNER Weiter! Weiter! Unter die Dusche mit euch!

Er treibt ABRAHAM *und* SARAH *durch einen Vorhang. Beide ab.*

ERSTER ZÖLLNER Der nächste!

TRUFFALDINO Good morning, America. Truffaldino ist mein werter, oder auf gut amerikanisch: Mister Truffo.

ERSTER ZÖLLNER Dein Gepäck.

TRUFFALDINO Ich habe nichts. Sofern man, philosophisch

gesprochen, nichts überhaupt haben kann. Ich meine, wenn man hat, hat man aufgrund dieses Habens schon Etwas, also nicht Nichts –

Der ZÖLLNER *winkt ihn weiter.* TRUFFALDINO *packt den Kopf des* ZÖLLNERS *und küßt ihn.*

TRUFFALDINO Grazie. *Ab.*

ZWEITER ZÖLLNER Der nächste!

CARLETON Ich bin Amerikaner, ein Bürger der Union.

ZWEITER ZÖLLNER Quatsch kein Blech.

CARLETON Amerikanischer Beamter, um genau zu sein. Carleton, Agronom. Zurück von einer Dienstreise.

ERSTER ZÖLLNER Wirds?

CARLETON Wenn Sie mir gütigst helfen wollen: Habe keine Finger mehr.

ZWEITER ZÖLLNER Amerikaner will er sein, ein Bürger der Union?

CARLETON Überzeugen Sie sich selbst, Gentlemen!

ERSTER ZÖLLNER *studiert* CARLETONS *Papiere.* Tatsächlich.

ZWEITER ZÖLLNER Und wie kommt er daher, der Luftjud, der verdammte? Im Zwischendeck. Aus Le Havre. Er ist Russe.

CARLETON Ich war tatsächlich in Rußland ...

ZWEITER ZÖLLNER Du warst nicht nur in Rußland, du bist Russe. Soll ichs dir beweisen?

CARLETON Das können Sie nicht beweisen.

ZWEITER ZÖLLNER Und wie ich das beweisen kann! Alle Russen schleppen ihre Heimat mit.

Er öffnet CARLETONS *Koffer.*

Untaugliches, hartes Russenkorn!

CARLETON Unsere Dampfmühlen knirschen, bisher konnten sie die Russen nicht schlucken, ich weiß. Aber hier, Sir, in diesem Koffer, lauert ein Russe, der weich ist! In diesem Koffer lauert Amerikas Morgen!

ERSTER ZÖLLNER In den Kübel damit!

CARLETON Nur das nicht! Sie würden das Korn verätzen.

ZWEITER ZÖLLNER Es ist Vorschrift.

CARLETON *zu* KAPTURAK. Ich bin Amerikaner. Agronom. Helfen Sie mir. Im Kübel würde mein Fund zerstört.

KAPTURAK Ah ja?

CARLETON Siebentausend Werst bin ich wie ein Maulwurf durch
Rußland geschabt, gefegt, gerüsselt. Habe Fröste erlitten, Gluten, Fieber, Hunger. Für dieses Korn, Sir. Es ist ein Steppen-
korn. –

ZWEITER ZÖLLNER Weg damit!

CARLETON Geboren
Geworden
Im Kessel von Starobolsk
Nie wieder
Starobolsk!
Wer dort
Durch die Zeit
Ging der sprengt
In Kansas den Raum!
Der Charkower
Ich wage es zu sagen
Wird für die Plagen
Von Kansas nur ein Lächeln
Haben. ER
Kann alles vertragen. –

KAPTURAK *gibt den* ZÖLLNERN *sein Gepäck.*
Das können Sie haben
Ich bin an dem
Interessiert.
Er zeigt auf CARLETONS *Koffer. Kurzer Flüsterhandel mit den*
ZÖLLNER. KAPTURAK *steckt ihnen eine Note zu.*

CARLETON Toben künftig die Stürme
Der Charkower
Kennt härtere Stürme.
Kommt aber die Glut
Macht auch nichts
ER ists böser gewohnt
Wächst zäh
Wurzelt tief
Und seine Halme schmiegt
Er so schlau an den Boden
Daß keiner der Winde ihn wegreißt.

KAPTURAK *mit* CARLETONS *Koffer ab.*

ERSTER ZÖLLNER *zu* CARLETON. Weiter!

CARLETON Menschheit
Mit mir
Geht die Schöpfung
In die zweite Woche.
Ab sofort
Ist das Wetter
Kein Wetter mehr.

ZWEITER ZÖLLNER Unter die Dusche mit dir!
Er reißt ihm die Kleider vom Leib.

CARLETON Und wahrlich
Erde
Ich sage dir: Werde
Noch mal
Nun wachse du schöne du rote
Mit Flügeln aus Gold
Aus Steppen aus Hügeln
In Grießbrei und Brote
Lobsinge, Erweckte
Lobpreise, Erwachte
Im Prangen der Felder der Dinge
Mich
Gott
Den Weizenpromethen
Der dich den Planeten
Noch einmal entdeckte
Ein zweites Mal machte.
Wo ist mein Koffer?
Der ZWEITE ZÖLLNER *stößt den nackten* CARLETON *durch den
Vorhang unter die Dusche.* CARLETON *ab.*

ERSTER ZÖLLNER Der nächste!

IV, 2

Am Hafen.
HERREN MIT HUT *umstehen einen Koffer.* FIXTER.
FIXTER *tritt vor den Koffer.*
Deshalb ließ man mich holen?

Er nimmt eine Kauprobe, spuckt aus.

Ihr wollt mich verkohlen

Das ist ein Russe!

DER MIT DEM KOFFER In Rußland geboren

Sir, doch prädestiniert

Daß er in Kansas explodiert.

FIXTER *nimmt eine weitere Kauprobe.*

Gott.

DIE HÜTE Sir?

FIXTER Gott

Ist überall.

Gott bewegt, Gott vernichtet.

Ohne Gott geschieht nichts, mit ihm

Alles. Aber wo

Wo verbirgt sich dieser Gott?

Wo könnte sich der Allgegenwärtige

Verbergen?

FIXTER *schießt dem mit dem Koffer eine Kugel in den Kopf.*

FIXTER Ihr habt nicht zuviel

Versprochen, wir sind am Ziel

So viel Welt

Ist noch nie

Aus einem Koffer

Gekrochen.

Er verteilt ein Korn auf jede Zunge, wie eine Hostie.

Gott, Gentlemen

Verbirgt sich

In diesem Korn.

DIE HÜTE *ziehen die Hüte, knien nieder.*

Gott

FIXTER In unserem Sand

DIE HÜTE Und das Land

FIXTER Wölbt sich auf

TUTTI Zum Vulkan!

IV, 3

Berlin, 30. Januar 1933.
Praxis Dr. Benn.

DR. BENN *und* JULE LEIBOWITZ.

JULE LEIBOWITZ Ich habe Angst, Benn. Ich werde die Angst nicht los.

DR. BENN Jule, du hast mir ein wunderbares Geschenk gemacht. Du hast der Welt eine Oper geschenkt, ein Werden, ein Wachsen, Handlung als Wandlung: Häuser wie Stengel, Diademe, Jule, diademene Stadt, Stadt der Chinesenviertel, der Musikneger, der Heizer, Stadt der armen Söhne, Stadt der reichen Söhne, ah, ah, Ama-mama-merika, viens dans mes bras!

Ama-mama-merika!
Ama-mama-merika!!
Ama-mama-merika!!!

IV, 4

New York. Am Pier. Eine neblige Dezembernacht.

CARLETON *und* TRUFFALDINO.

TRUFFALDINO *wimmert.*

TRUFFALDINO Mamma!

CARLETON Hör auf!

TRUFFALDINO Spaghetti!

CARLETON Pfui Teufel!

TRUFFALDINO Ist das dein Ernst?

CARLETON Scheußlich.

TRUFFALDINO Spaghetti?!

Er heult los.

Wie konnte ich nur so dumm sein! Warum bin ich ausgewandert! O bella Italia! O Mamma! O Spaghetti!

CARLETON Der arme Kerl ist verrückt.

TRUFFALDINO Vor lauter Heimweh.

CARLETON Du emigrierst, und dann hast du Heimweh.

TRUFFALDINO Hätte ich vorher gewußt, daß sie hier keine Spa-

ghetti essen! daß sie die Spaghetti hassen! nie und nimmero
wäre ich von den steinigen Äckern Siziliens in diese wüste Welt
gefahren. Nimmero! Auch un poco Heimweh?

CARLETON Ich bin Amerikaner.

TRUFFALDINO Aha.

CARLETON Was heißt da aha?

TRUFFALDINO Aha heißt aha! Sie sind der Mann mit den Körnern,
stimmts?

CARLETON Ich bin der reichste Mann der Welt.

TRUFFALDINO Schon gut. Alles in Ordnung. Ich versteh dich. You
are a very rich American.

CARLETON Soll ichs dir beweisen?

TRUFFALDINO Sir, was wollen Sie von mir!

CARLETON Ich bin der goldene Stengel.

TRUFFALDINO Der goldene –

CARLETON Ich bin Amerikas Morgen. Glaubst du mir nicht? Sieh
meine Finger.

TRUFFALDINO Das nennt er Finger.

CARLETON *zückt eine Pistole.* Ich habe in den Rachen der Erde
gegriffen. Scheißen!

TRUFFALDINO Come?

CARLETON Du sollst scheißen. Ich zähle bis drei.
Er entsichert die Pistole.
Eins.

TRUFFALDINO Scusi, Sir, ich soll tatsächlich ...?

CARLETON Zwei!

TRUFFALDINO Er meint es ernst. Ich will mich nicht drücken, Partner, du könntest schließlich abdrücken, aber –

CARLETON Du hast meine Körner gepickt.

TRUFFALDINO Körner?

CARLETON Die Körner aus dem Koffer! Ja oder nein?

TRUFFALDINO Nun ja, wie soll ich sagen, ich –

CARLETON Her damit.

TRUFFALDINO Die Mahlzeit liegt schon etwas länger zurück. Sei-
ne Augen glühen. Was für ein Mensch.
Er kauert sich hin.
Da sagt man immer, man scheiße vor Angst in die Hosen, jetzt
habe ich Angst, sollte scheißen, und was passiert? Verstopfung.
Aus lauter Todesangst!

CARLETON Drei!

TRUFFALDINO Mo-momento!

CARLETON Kommts?

TRUFFALDINO Es kommt!

CARLETON Die Körnerchen?

TRUFFALDINO Ich scheiße mich ... aus der Scheiße heraus ... um
es mal vornehm auszudrücken. Mit nichts. Rette ich mein Sein.
Ex nihilo.

CARLETON Was quasselt der Kerl!

TRUFFALDINO Er ist Geschäftsmann. Ihn interessiert nur, was hinten rauskommt.

CARLETON Richtig, Brüderchen, und weißt du, was ich jetzt
mache? Ich investiere meine letzte Flasche Wodka in diese Körnerchen.

TRUFFALDINO No! Nix Wodka! Aiuto!

  CARLETON *zieht eine Wodkaflasche aus dem Gewand und stößt
sie* TRUFFALDINO *ins Maul. Er muß sie leertrinken.*

TRUFFALDINO O bella Napoli ... hicks!

CARLETON Sind wir soweit?

  Er hält ihm eine Blechbüchse unter den Hintern. TRUFFALDINO
pladdert sie voll.

CARLETON Damit werden wir beweisen, daß wir der Finder sind.

TRUFFALDINO Er frißt meine Scheiße.

CARLETON Ich nehme eine Kauprobe vor.

TRUFFALDINO Eine Kauprobe.

CARLETON Der zarteste Russe aller Zeiten. Ich habe ihn gefun-
den. Mark Alfred Carleton.
  Er wischt die Scheiße auf, verstaut sie in seiner Brieftasche.
Das ist der Beweis.

IV, 5

Berlin, 30. Januar 1933.
Praxis Dr. Benn.

DR. BENN *und* JULE LEIBOWITZ.

DR. BENN Ah Stadt
  Erregend unflätig und elegant

Buck dance
Flicker dance
Peacocks mirror dance
Aufsteigendes aus Falltüren
Niedergleitendes aus Bonbonschachteln
Fliegendes Stürzendes
Schwarze Messen und Familienszenen
Lustknaben und Amazonen
Ah oh ah
Das Korn das Gold
Die Stadt ist da!

    Ama-mama-merika!
    Ama-mama-merika!!
    Ama-mama-merika!!!

DR. BENN Warum so düster, Jule? Das Geld liegt auf den Avenuen, man muß sich nur darum bemühen!

IV, 6

Kansas-City, diademene Stadt.
AMANDA, *als Straßensängerin, mit einem Kinderwagen, darin*
LUCY, *etwa 10 Jahre alt, gelähmt, die Beine geschient.*
AMANDA Ah, Stadt, erregend, unflätig und elegant, erbarm dich einer armen Mutter. Der Mann verschollen, seit mehr als zehn Jahren.
LUCY Ua.
AMANDA Alles wächst, steigt, skrapt in den Himmel!
LUCY Ua.
AMANDA Nur diese Beinchen – sie bleiben dünn!
LUCY Uaa! Uaa!
AMANDA/LUCY *singen.*
  No, I don't mind workin'
    No, oh no
  I don't mind workin'
    No, oh no
  I do mind dyin'

CARLETON *und* TRUFFALDINO *ziehen in die fremde Stadt ein.*
CARLETON *staunt.*

TRUFFALDINO   Ee, du, wir sind da. Wo wohnt sie?

   CARLETON   *staunt.*

TRUFFALDINO   Corpo di diavolo, was ist los mit dir! Hier erwartet
uns deine Frau mit gebratenen Fasanen und knusprigen Hühn-
chen und Vino und Tränen und Kuchen, ah, wenn ich nicht bald
eine Ratte erwische, werde ich wahnsinnig.
*Er will hinter eine Abfalltonne schlüpfen – der nach wie vor in
die wachsende Stadt staunende* CARLETON   *hält ihn zurück.*

AMANDA   Die sind noch ärmer als wir. Von denen bekommen wir
nichts.
Mit LUCY *ab.*

CARLETON   Das ist nicht Kansas-City.

TRUFFALDINO   Natürlich ist das Kansas-City.

CARLETON   Nein.

TRUFFALDINO   Doch!

CARLETON   Querdurch läuft die Mainstreet; linker Hand müßte
Billy Stoddarts Schnapsladen liegen, gegenüber Miss Webb und
dahinter das jammernde Holzkirchlein vom Prediger…
   CARLETON *schaut sich um.*
Wo ist das Kirchlein?

TRUFFALDINO   Hallo, gibt es hier ein Kirchlein?

CARLETON   Dort spielt Amanda das Harmonium.

TRUFFALDINO   Mitten in der Nacht spielt niemand Harmonium.

IV, 7

Berlin, 30. Januar 1933.
Praxis Dr. Benn.
DR. BENN *und* JULE LEIBOWITZ.

DR. BENN   Die ganze Stadt
Jule, ein einziges Harmonium
Lichtorgel
Gesteigertes provoziertes Leben
Spannung

Steigung
Extrem!
Jedes Geschäft
Jedes Geräusch
Jedes Wort

   Ama-mama-merika!
   Ama-mama-merika!!

Musik!!!

IV, 8

Ein Nachtclub.
AMANDA *als Sängerin.* LUCY.
AMANDA Wer pfeift da? Hat einer von euch »Krüppel« gesagt?
EINER Ich, Ma'm.
AMANDA Schmeißt ihn raus.
   Zu LUCY: Na, meine Kleine, wollen wir den Jungs sagen, wie die
   Ernte steht?
LUCY *mit Mühe, kaum verständlich.* Jahr-nte-Kn-sas.
AMANDA Jahrhunderternte in Kansas!
LUCY Rek-stand-ffek-mak.
AMANDA Rekordstand am Effektenmarkt, und jetzt, Farmer, sin-
   gen wir euch:
LUCY Sphx.
AMANDA Right, Lucy-Darling, das Lied von der Sphinx!
AMANDA/LUCY *singen.*
   As the Farmer once said to the Sphinx
   I'd just like known what he thinks,
   I'll ask him, he cried,
   And the Sphinx – he replied:
   It's the hell of a time between drinks.

IV, 9

Ein Hinterhof mit Abfalltonnen.
CARLETON *und* TRUFFALDINO.
Sie stürzen sich auf eine Tonne voller Brot.
TRUFFALDINO Pane!
CARLETON Brot!
TRUFFALDINO Essen.
CARLETON Endlich.
TRUFFALDINO Brot.
CARLETON Und ich sage dir, Truffo, ich werde Amanda finden.
Und meine Tochter werde ich finden. Da staunst du. Ich weiß
es selber nicht genau. Aber so ist es mir gesagt worden. Irgend-
wo in Galizien. Von einer Zigeunerin. Du wirst eine Tochter
haben, und sie wird sein wie a –
Er hört ein Wimmern, schaut sich um und entdeckt einen Kin-
derwagen.

LUCY.
CARLETON *zu* LUCY. Du bist viel zu groß für einen Kinderwagen!
TRUFFALDINO Vielleicht ist sie krank.
CARLETON Bist du krank?
   LUCYS *Beinchen hängen aus dem Wagen.*
CARLETON Sind die Beinchen krank? Keine Angst, ich tu dir
nichts.

FIXTER *und* DIE HÜTE.
FIXTER Gott
DIE HÜTE Sir?
FIXTER Gott
   Ist überall
   Gott bewegt, Gott vernichtet.
   Ohne Gott geschieht nichts, mit ihm
   Alles. Aber wo
   Wo verbirgt sich dieser Gott?
   Wo könnte sich der Allgegenwärtige
   Verbergen?
CARLETON/TRUFFALDINO Im Korn, Sir.
FIXTER Im Geld.
   FIXTER *und* DIE HÜTE *ab.*

CARLETON Er.

TRUFFALDINO Come?

CARLETON Er wars, Truffo. Er hat mir das Korn geklaut!

TRUFFALDINO Der?

Er ißt. Jetzt stutzt er plötzlich. Erschrickt.

Spuckt aus.

Bäh! Spuck! Kotz!

CARLETON *zu* LUCY. Es schmeckt ihm nicht.

TRUFFALDINO Sie haben das Brot mit Scheiße beschmiert!

CARLETON Was?!

TRUFFALDINO Mit Petrol übergossen.

CARLETON Mein Gott!

TRUFFALDINO Um die Vögel fernzuhalten. Um die Ratten abzu-
schrecken.

Er schaut sich um.

Komm! Sie dürfen uns nicht entdecken.

TRUFFALDINO *und* CARLETON *ab.*

AMANDA.

AMANDA *zu* LUCY, *die Brot ißt.* Wer hat dir das gegeben?

LUCY Bot.

AMANDA Kot! Wer immer es war, ich bringe ihn um.

IV, 10

Berlin, 30. Januar 1933.

Praxis Dr. Benn.

DR. BENN *und* JULE LEIBOWITZ.

DR. BENN Hör mir endlich mit diesem Kinderwagen auf!

JULE LEIBOWITZ Er steht mitten in Carletons Geschichte!

DR. BENN Lächerlich!

JULE LEIBOWITZ Wandlung, Schöpfung, Rausch – und wo führen
sie hin?!

DR. BENN In die Wolkenkratzer!

JULE LEIBOWITZ In diese Beinchen, Benn, dünn wie Stecken.

DR. BENN *am Telephon.* Hallo? Hallo? Hindemith? Ich muß Sie
sofort sprechen, Lieber, ich berste vor Melodien, mein Schädel

ist ein riesiges Theater, Bühnen zuhauf, Bars und Freitreppen,
hier eine Dixie-Band vom Red-River, hier ein Haifischbeschwö-
rer aus Colombo, Muscheltänzerinnen und Leoparden, la
grande Revue du Kansas-City, bester Freund, Apachen und
Lotosträgerinnen, Gangster, Banker und Giganten, und jetzt,
darf ich bitten, bittet Mr. Fixter zum Büffetempfang auf seinen
Dachgarten!

IV, 11

Dachterrasse auf einem Wolkenkratzer.
Die City lichtert im Abend.
FIXTER *und* DIE HÜTE, *im Frack, mit Champagnerkelchen.*
AMANDA *in Gala.*

DIE HÜTE   Ama-mama-merika!

FIXTER   Der achte Tag, Ladies and Gentlemen
    Ist da. Wir, die ein halbes Jahrhundert
    Das Geld von Europa erbetteln mußten
    Haben jetzt Kapital
    Im Überschuß.

DIE HÜTE   Ama-mama-merika!

FIXTER   Wir leihen es aus
    An andere. Heute an Mexiko
    Morgen

DIE HÜTE   An Rußland. Unsere Goldreserven:

FIXTER   Das Korn.

DIE HÜTE   Ama-mama-merika!

FIXTER   Das wachsende wogende stürmende türmende

TUTTI   Korn!!!!!!!!

AMANDA   Aus Rußland. Gentlemen, ich danke Ihnen für die Auf-
nahme in den Verband der Unternehmer von Kansas. Wir alle
gaben und geben unser Bestes, um den Himmel mit Antennen
zu bevölkern, mit steinernen Engeln und Fackeln.

DIE HÜTE   Hoch!

AMANDA   Und wir werden noch weiter wachsen, noch höher
steigen. –

DIE HÜTE   Höher!

AMANDA Aber vergessen wir nicht, meine Freunde, wem wir diesen Reichtum verdanken. –

CARLETON *und* TRUFFALDINO.

AMANDA Dem russischen Korn.

FIXTER Es hat die Geduld von Gletschern und jene Weisheit, die nur von Jahrtausenden gezüchtet werden kann.

AMANDA Der Russe wächst.

FIXTER Mag die Glut glühend, der Frost schrecklich, die Natur ein einziger Widerspruch sein –

AMANDA Der Russe wächst.

CARLETON Das ist sie nicht.

TRUFFALDINO Sie heißt Amanda! –

EINER Pst!

AMANDA Dieser Russe, Gentlemen, hat gelernt, unter allen Bedingungen und sogar aus dem Sand zu leben, Stengel zu werden, Frucht zu tragen, sich zu mehren.

DIE HÜTE Unendlich!

AMANDA Unermeßlich.

CARLETON Ausgeschlossen.

TRUFFALDINO Sie hat Karriere gemacht.

CARLETON Meine Amanda?! Du spinnst wohl!

TRUFFALDINO Stupido, das ist Kansas-City, die Kornstadt! Hier machen alle Karriere!

DIE HÜTE Ruhe!

TRUFFALDINO Scusi, Signori, wir suchen eine Misses –

DIE HÜTE Spaghettifresser! Raus mit euch!

Man schmeißt TRUFFALDINO *und* CARLETON *raus, beide ab.*

AMANDA Unermeßlich, Gentlemen, und ich meine damit: Allein Gott weiß, wie und auf welchem Weg das Wunderkorn in unser Land fand.

FIXTER Danken wir also ihm, unserem Herrn, für seine unerforschliche Güte, für seine Gnade, für sein Walten und Wirken.

TUTTI *singen.*

Nearer, my God, to Thee,
    Nearer to Thee,
Darkness comes over me,
    My rest a stone;

Yet in my dreams I'd be
   Nearer, my God, to Thee
   Nearer to Thee

FIXTER Das Büffet ist eröffnet.

V
Die Reise in den Weltkrieg – Spaghetti total

V, 1

Kansas-City. Nacht.
Eine Straßenschlucht in der allmählich erlöschenden Kornstadt.
Nacht.
TRUFFALDINO *und* CARLETON.

TRUFFALDINO *präpariert eine Ratte; deren Innereien sehen aus wie*
Spaghetti.

TRUFFALDINO Man nehme 400 Gramm Spaghetti, selbstverständlich Vollkorn-Spaghetti, al dente kochen, abtropfen lassen.

CARLETON Das ist eine Ratte.

TRUFFALDINO Natürlich ist das eine Ratte. Gleichzeitig lasse man
4 Eßlöffel Olivenöl in einer Pfanne warm werden, gebe 5 Knob-
lauchzehen dazu, gehackt, ein halbes Peperoncino, entkernt, in
feinen Streifen, beides dämpfen.

CARLETON Lieber verhungern…

TRUFFALDINO Jeder nach seiner Fasson.

CARLETON Truffaldino!

TRUFFALDINO Carletone, ich koche!

CARLETON Hörst du?

TRUFFALDINO Nein. Nichts höre ich.

CARLETON Die Schreibmaschinen! Sie haben aufgehört zu rat-
tern. Die Lichter gehen aus.

ANGESTELLTE *des Korntrusts, einige mit Aktenordnern, andere mit*
Schreibmaschinen.

ERSTER Zwanzig Millionen liegen auf Halde!

ZWEITER Zwanzig Millionen Scheffel!

DRITTER Und die Farmer liefern noch immer!

ZWEITER Die Preise stürzen!

ERSTER Ins Bodenlose!

Sie fliehen, ab.

CARLETON Was geht da vor ... Warum fliehen sie ...!

TRUFFALDINO Würdest du mich bitte in Ruhe lassen?! Kochen ist
  eine Kunst.

DIE ANGESTELLTEN.
  Sie kehren zurück, gehetzter als zuvor.
ERSTER Die Farmer kommen! –
ZWEITER Sie haben uns umzingelt! –
  Fern der Lärm einer Masse.
CARLETON Mein Gott, die Speicher! –
DRITTER Die Farmer haben sie angezündet.
ANGESTELLTE Sie brennen, die Speicher brennen!
ERSTER *wirft seine Schreibmaschine weg und öffnet einen Kana-
  lisationsdeckel.*
  Das ist der einzige Weg, der noch rausführt.
  *Er taucht in die Kanalisation ein, ab. Auch die andern werfen
  ihre Sachen weg und verschwinden, ab.*

CARLETON Truffaldino, da geht eine Welt unter, meine Welt, und
  du köchelst deine Spaghetti-Sauce.
TRUFFALDINO Dämpfen bis der Knoblauch sich goldgelb verfärbt,
  einen Bund Petersilie beifügen, gehackt, wenig Salz, alles mit
  den heißen Spaghetti mischen, Parmesan darüberstreuen, gerieben, bitte sehr, und servieren!
  Er ißt die Innereien der Ratte.
CARLETON Ithakerfraß.
TRUFFALDINO Carletone, die Spaghetti, das ist der Sommer-
  nachtstraum auf einem Teller!
CARLETON Ithakerfraß, heißt es bei uns!

FIXTER, WARK *und* JACKRABBIT.
JACKRABBIT Fürs Weißbrot, vor allem für den Toast
  Ist der Russe nicht weich genug.
WARK Für Grieß wiederum nicht.
JACKRABBIT Wark, wollen Sie ganz Kansas
  Zu Grieß verbreien?
WARK Mit Stachelbeertunke versoßt.
JACKRABBIT Gentlemen, was ich meine ist dies:

Unser Weizen taugt nur bedingt
Fürs Brot, zu groß
Sind wir für Schnaps und Grieß.

FIXTER Bleibt noch was übrig?

CARLETON *für sich.* Die Spaghetti...!
Die Lichter gehen aus. Der Lärm wird lauter.

WARK Die Jungs scheinen ziemlich böse zu sein.

FIXTER Sie haben ihr Korn vertragsgemäß geliefert.

JACKRABBIT Leider viel zu viel.

WARK Der Kornpreis sackte ab. Wir können sie nicht mehr bezahlen.

FIXTER *vor der Kanalisation.* Da unten sind sie auch schon.

JACKRABBIT Ich fürchte, wir sind am Ende.

FIXTER Gentlemen, geben wir uns zum Abschied die Hände.

JACKRABBIT *verkriecht sich in der Tonne;* FIXTER *und* WARK *verdrücken sich; alle drei ab.*

CARLETON Die Spaghetti! Truffaldino, das ist die Idee!

TRUFFALDINO Platonisch gesehen, jawohl, ist die Idee der Spaghetti wirklicher als ihr Abbild. Deshalb läßt sich sogar deren rattiger Schatten mit Genuß verspeisen.
Er angelt den Schwanz aus dem Rachen.
Außer dem Schwanz der Ratte.

CARLETON Unser Weizen ist der ideale Spaghetti-Weizen.
Und die Spaghetti, Truffaldino
Begreif es, Himmelnochmal!
Ist für den Weltmarkt
Das perfekte Produkt.

JACKRABBIT *lüpft den Deckel des Abfallkübels und hört mit.*
Der Himmel färbt sich rot; der Lärm der anstürmenden Farmer wird lauter. Stiefeltritte, Scheibengeklirr.

TRUFFALDINO Auf die Spaghetti,
Carletone, wird hierzulande gespuckt!

CARLETON Bis heute. Bisher!

TRUFFALDINO Er spricht im Fieber
Der Arme, im Delirium.

CARLETON Mister Truffo, wir polen
Unsere Geschmacksnerven um!

TRUFFALDINO Umpolen? Wie soll das gehen?

CARLETON   Mit Phantasie!
Mit ein paar guten Werbeideen!
Zum Beispiel können wir aus Rom
Die ersten Köche holen!
Nein, nicht aus Rom, aus Paris!
Bei unserer Presse
Gilt nur Paris
Das Pariser Ritz!
Als allererste Freßadresse!
Also!

TRUFFALDINO   Also was?

CARLETON   Ab nach Europa!
Holen wir den Koch der Köche!

TRUFFALDINO   In Paris.

CARLETON   In Paris!

TRUFFALDINO   Damit er Spaghetti kocht.

CARLETON   Spaghetti!

TRUFFALDINO   Der Chef aus dem Ritz.

CARLETON   Er selbst persönlich.

TRUFFALDINO   Das ist ein Witz.

CARLETON   Ungewöhnlich.

TRUFFALDINO   Delirium!

CARLETON   Und gerade drum
Truffo, schlagen wir ein!

TRUFFALDINO   Und die Farmer? Das Feuer, ihr Zorn?

CARLETON   Mensch, Truffaldino, das ganze Korn
Wird in die Spaghetti getrieben!
Das verstehen die Farmer sofort:
Die Spaghetti werden ihre Rettung sein.

TRUFFALDINO   Hiergeblieben!

CARLETON   Wir müssen fort!

TRUFFALDINO   Dann sag mir doch
Wie kommen wir an ihnen vorbei?

CARLETON   Durch dieses Loch.
Halt, da sind sie ja schon.

TRUFFALDINO   Es wird geschossen!

CARLETON   Bitte, ich bin zum Sterben
Entschlossen. Das ist meine Fasson:

Lieber sterben als zusehen
Wie meine Ernten verderben.
Ich muß gehen.

TRUFFALDINO Addio, Carletone
Trag deine Narrenkrone
Gut durch die Zeiten.
Übrigens –

CARLETON Ja?

TRUFFALDINO Man serviert sie al dente.
Dazu trinkt man Wein.

CARLETON Wir sehen uns wieder.

TRUFFALDINO Als Tote unter Toten.

CARLETON Weißen oder Roten?

TRUFFALDINO Roten.

CARLETON Und zum Dessert?

TRUFFALDINO Etwas Käse.

CARLETON Du hast ja Tränen.

TRUFFALDINO Cheese.

CARLETON Man soll Abschiede
Nicht dehnen.
Nur noch dies:
Was heißt al dente?

TRUFFALDINO Was das heißt?
Das zu erklären ist schwer.

CARLETON *wischt sich ebenfalls die Tränen.*
Nur der Rauch. Er beißt.

TRUFFALDINO Al dente heißt –
Er heult.
Don Carletone!

CARLETON Ich muß los.

TRUFFALDINO Ciao.

CARLETON Eine letzte Frage noch.

TRUFFALDINO Ich hab sie erraten:
Was ist die beste Sauce?

CARLETON Genau.

TRUFFALDINO Die mit Tomaten.

CARLETON Fleisch?

TRUFFALDINO Ganz und gar ohne.

Nur Kräuter und – ich betone:
Frische Tomaten.
CARLETON   Danke, Amigo
So retten wir die Staaten
Und bescheren dem gesamten Planeten
Als Spaghettipropheten
Die Spaghetti Spaghetti
Spaghetti total!
Er saust davon, ab.

TRUFFALDINO   Was war das? Ein Schrei?
Nein, wahrhaftig, er wetzt
An den Farmern vorbei!
Bravissimo!
Aber gerade jetzt
(Wir sind im August 1914)
Ist in Europa der große Krieg
Mit Hurra und Krawumm explodiert.
Deutschland hat halb Frankreich besetzt.
Die Köche bringen sich gegenseitig um.
Da werden Sie gewiß verstehn
Daß ich passe.
Ich verkörpere eben die Klasse
Sprich die Sorte
Die lieber ein paar entschuldigende Worte
Als heldenhaft ihr Leben verliert.
Mamma mia!
Die Farmer!
Lärm, Geklirr.

V, 2

Berlin, 31. Januar 1933, vier Uhr früh.
Praxis Dr. Gottfried Benn.
DR. BENN *und* JULE LEIBOWITZ.
DR. BENN *aufschreckend.* Sie sind da!
JULE LEIBOWITZ Was?
DR. BENN Die Farmer!

JULE LEIBOWITZ, *auf der Liege, reibt sich den Schlaf aus den Augen.*

DR. BENN *tritt ans Fenster.*

Der Lärm der Straße. Das Grölen entfernt sich. DR. BENN *setzt sich wieder an die Schreibmaschine.*

DR. BENN Ich muß geträumt haben, entschuldige. Frierst du?

JULE LEIBOWITZ Neinnein. Immer ein bißchen.

DR. BENN Es ist ein natürlicher Vorgang. Ein kapitalistischer Vorgang. Der Weizen hielt sogar den härtesten Wintern stand, der Dürre, dem Halmrost – früher hatte die Glut ihn erstickt, jetzt erstickt er an sich selbst. An seiner eigenen Fülle. Überproduktion: Die Welt kann nicht mehr verdauen, was der Kornvulkan ausstößt, die Preise sinken, die Farmer liefern weiter, die Börse reagiert, jetzt s t ü r z e n die Preise, die Börse in Panik, auch die Banken, die Krise ist da, Konkurse, der Crash.

Es klingelt.

DR. BENN Und Carleton zieht wieder los. Er hat seine Sendung. –

JULE LEIBOWITZ Hörst du nicht?

DR. BENN Er muß sie erfüllen.

Es klingelt.

DR. BENN Verdammt.

JULE LEIBOWITZ Die Hindemith?

DR. BENN Das ist die Zeit der Polizei.

JULE LEIBOWITZ Benn, was immer passiert –

DR. BENN Ich schreibe das Libretto. –

JULE LEIBOWITZ Ich liebe dich.

DR. BENN Hinlegen!

Er drückt sie in den Untersuchungsstuhl, nimmt ihre Knie.
Auseinander!

Es klingelt heftig.

DR. BENN Ich werde mit den Kerlen schon fertig.

JULE LEIBOWITZ Zieh die Handschuhe an! Nimm ein Besteck in die Hand!

DR. BENN *in die Handschuhe schlüpfend.* Ich komme ja schon! *Ab.*

Eine Sekunde tiefe Stille. Dann ist draußen die aufgeregte Stimme von GERTRUD HINDEMITH *zu hören.*

JULE LEIBOWITZ *springt vom Stuhl.* Ich wußte es!

DR. BENN *und* GERTRUD HINDEMITH.

GERTRUD HINDEMITH Hindemith hat abgelehnt.

DR. BENN Was sagen Sie?

JULE LEIBOWITZ Abgelehnt?

GERTRUD HINDEMITH Ah, Jule. Guten Morgen. Mein Mann kann mit dem Stoff nichts anfangen.

DR. BENN Ich muß ihn sofort sprechen.

GERTRUD HINDEMITH Vollkommen zwecklos, der Entscheid ist definitiv.

DR. BENN *nimmt Mantel, Handschuhe und Offiziersmütze.* Das werden wir ja sehen. –

JULE LEIBOWITZ Benn, es ist vier Uhr früh!

GERTRUD HINDEMITH Ich kann Ihnen alles erklären.

DR. BENN Pardon, meine Damen.

GERTRUD HINDEMITH Warten Sie!

DR. BENN Der Stoff hat m i c h gewählt. Er ist stärker als ich. Verstehen Sie, was das heißt? Ich habe eine Sendung. Ich muß sie erfüllen.
Ab.

GERTRUD HINDEMITH Paul und ich werden emigrieren.
Die beiden Frauen stehen.

GERTRUD HINDEMITH Lieben Sie ihn sehr?

JULE LEIBOWITZ Benn?
Sie öffnet ein Fenster, schaut auf die Straße hinunter.
Da rennt er.

GERTRUD HINDEMITH Umsonst.

JULE LEIBOWITZ Wer weiß.

GERTRUD HINDEMITH Paul packt bereits seine Noten zusammen.

JULE LEIBOWITZ Benn wird alles versuchen, um es dennoch zu schaffen. Was bleibt ihm anderes übrig, Trude. Er ist mitten im Stoff, der arme Gottfried. Er hat sich im Stoff verloren.

V, 3
Portrait of the artist zwei
An der Grenze drei

Nahe Langemarck, am Rand der Schlachtfelder.
Der ZUHÄLTER. KAPTURAK. *Der* REVOLUTIONÄR. DR. BENN, *als junger Mann.*
KAPTURAK *verschlingt ein gigantisches Mahl.*

DR. BENN Hier sehen Sie mich als Sanitätsarzt, portrait of the artist as a young man, Herbst 1914, bei Langemarck. Was mich erfüllt: Ein Herr, der frißt. Die nahen Schlachtfelder im Abendwehn. Was habe ich erlebt mit meinen 28 Jahren: Liebe, Armut, Röntgenstrahlen. Dann war der Leib eines Fräuleins voll Wasser und es galt Abfluß und Drainage. Wie heiße ich mit Vornamen? Gottfried. Wie heiße ich überhaupt? Gottfried Benn. Arzt in einem Hurenhaus der Armee. Der letzte Atemzug eines Kopfs, dessen Mund schon unter den Wellen ist. Etwas Primitives steht in Frage. Etwas wie Atmung. Ich lebe nur noch im Echo meiner Schreie. Jenseits von Gut und Böse. Jenseits von Krebs und Syphilis und Ersticken – das ganze grauenvolle Leben der Götter ist es, ehe sie ihre Erde schaffen. Nun gibt es nichts mehr, das mich trägt. Nun ist über allen Tiefen nur mein Odem. Nun ist das Du tot. Nun ist alles tot: Erlösung, Opfer und Erlöschen. Da finde ich den Ausweg. Ich tauche auf, setze Strich bei Strich, und jeder ist ein Schrei, und meine Hände kommen aus dem Abgrund, und mein Leben ist das Bild: Der letzte Atemzug eines Kopfs, dessen Mund schon unter den Wellen ist. Im Gelände niemand mehr außer Soldaten. Und Sterbende. Und Carleton, den ich noch nicht kenne. Wir könnten uns tatsächlich begegnet sein. Mir ist feierlich zumute. Ein unnachgiebiger Blick, ein unerschütterlicher Wille: Die heute mir entgegentretenden Reize und Empfindungen zu verbinden! Ein geheimer Aufbau schwebt mir vor. Etwas von Adlerflug, etwa die Eroberung eines Schlachtfeldes, an dessen Rand ich schreibend auferstehe, ich, Gottfried Benn, achtundzwanzig Jahre alt, nahe Langemarck, gefestigt, ein Arzt.

CARLETON, *mit seinem Koffer.*
CARLETON *steht. Das Wummern des Krieges.*

ZUHÄLTER Attention, Monsieur, gegen Abend geht es wieder los!
Er zieht CARLETON *in Deckung.*
Wünschen Sie ein wenig Liebe vor dem Tod?
CARLETON Den besten Koch von Frankreich. Er muß irgendwo
hier liegen.
ZUHÄLTER *zu* KAPTURAK: Haben Sie das gehört, Kapturak? Er
sucht einen Koch!
KAPTURAK *lacht. Fern das Wummern. Der* ZUHÄLTER *ab.*

REVOLUTIONÄR Die Entwicklung der kapitalistischen Produktion
führt in die Anarchie der Produktion. Die Mehrzahl der Bevöl-
kerung, der Produktionsmittel beraubt, muß ihre Arbeitskraft
verkaufen; ihre gesellschaftliche Stellung zwingt sie dazu. So
verhilft die Arbeiterklasse der herrschenden Bourgeoisie zu
Reichtümern, zu mehr und immer mehr Kapital. Aber durch
den Grundwiderspruch des Kapitalismus – den Widerspruch
zwischen dem gesellschaftlichen Charakter der Produktion und
der privatkapitalistischen Form ihrer Aneignung – kommt es
zwangsläufig zu tiefgreifenden periodischen Wirtschaftskrisen,
also zu Kriegen, und durch den Krieg, der die Widersprüche
verschärft, zu Klassenkämpfen.
KAPTURAK Irrtum, mein Freund. Der Krieg nützt der elastischen
Klasse. Durch den Krieg bauen wir den Überfluß ab, schaffen
wir neue Märkte, garantieren wir die Fortsetzung der Produktion.
Er läßt einen Furz fahren. Fern wummert ein Geschütz.
REVOLUTIONÄR Der Kapitalismus der Monopolbourgeoisie kolo-
nialisiert die Welt, bis die Welt sich wehrt.

Der ZUHÄLTER *mit einer* NUTTE.
ZUHÄLTER *zu* CARLETON: Zur Not kann sie auch kochen.
CARLETON Spaghetti?
ZUHÄLTER Monsieur, wollen Sie mich beleidigen?!
CARLETON Ich will in New York ein Spaghetti-Wettessen veran-
stalten.
ZUHÄLTER Hä?
CARLETON Ich beschere der Welt ein Spaghetti-Damaskus.
Ab.

ZUHÄLTER Er ist verrückt!

NUTTE Monsieur, bleiben Sie da! Monsieur!

DR. BENN Der Kapitalismus verfährt wie die Natur.
  Ein Donner.

DR. BENN Und das Verfahren der Natur, um nur einiges zu nennen, ist: Übertreibung, Ausschweifung, Sprünge, Verdichtung,
  unausdenkbare Konzentrationen immenser Spannungen auf
  kleinstem Raum, Vernichten, Liegenlassen, Vergessen – kurz,
  alles andere als das, was wir als natürlich betrachten. Sie
  tuscheln, wer ist der Herr? Benn ist mein Name. Ich sammle hin
  und wieder so kleine Beobachtungen. Nicht uninteressant, aber
  natürlich gänzlich belanglos, kleiner Beitrag zum großen Aufbau des Wissens und Erkennens, ha! ha!
  Er schlägt die Hacken zusammen, ab.

ZUHÄLTER Sie müssen noch zahlen!
  Der Krieg wird lauter.

DR. BENN *draußen.* Warten Sie, ich komme mit! Monsieur!
  Er eilt hinter CARLETON *her, ab.*

V, 4

Langemarck, November 1914.
Graben-Unterstand der Engländer. Neblige Nacht.
Ein UNTERLEUTNANT, *sehr jung. Ein* SOLDAT, *älter.*
Fernes Pfeifen.

UNTERLEUTNANT Achtung – Deckung!
  Die Granate pfeift vorbei. Ferne Detonation. Der SOLDAT *hat
  sich nicht gerührt, starrt mit dem Feldstecher in die Nacht hinaus.*

SOLDAT Es ist wieder da, Sir.

UNTERLEUTNANT Ich hör nichts.

SOLDAT Aber ich, Sir. Ssssooo sssssooo. Immer Ssssooo sssssooo.
  So singts da vorn. Ziemlich nah, Sir. Und kommt näher.

UNTERLEUTNANT Im Geestland spukts. Wie zu Haus in den Moo-
  ren.

SOLDAT Kein Spuk, Sir.
Sie lauschen hinaus.
UNTERLEUTNANT Sssssooo ssssooo. Immer sssssooo ssssooo!
SOLDAT Achtung!

CARLETON, *mit dem schwer verwundeten* RITZKOCH.
CARLETON Nicht schießen! We are friends. Americans. No mili-
taire, understand?
SOLDAT Mann, habt ihr uns erschreckt!
CARLETON Seid ihr Franzosen?
UNTERLEUTNANT Engländer.
CARLETON Ihn hats erwischt. Wo gehts zur Sanität?
*Leise und fern, aber zunehmend näher, lauter. Ssssooo ssssooo.
Ssssooo ssssooo.*
CARLETON Das müssen Sie sofort melden!
UNTERLEUTNANT Daß wir Stimmen hören?
CARLETON Sobald sie gemäht haben, greifen sie an!
UNTERLEUTNANT Verzeihung, Sir. Sagten Sie – mähen?
CARLETON Das sind deutsche Bauern. Sie können nicht zusehen,
wie die Stengel verfaulen.
SOLDAT Oder wie sie zertrampelt werden …!
UNTERLEUTNANT *schaut mit dem Feldstecher.* Tatsächlich, sie
ernten den Weizen.
Der schwerverletzte RITZKOCH *stöhnt.*
SOLDAT Es geht zu Ende mit ihm.
CARLETON Er ist Koch von Beruf. Im Ritz, Gentlemen.
Zum RITZKOCH: Sie dürfen nicht sterben, Monsieur. Hören Sie
mich? Ich bringe Sie nach New York. Dort werden Sie Spaghetti
für uns kochen! Monsieur, bleiben Sie da! Nicht sterben! Mit
einem Spaghetti-Wettessen lancieren wir die Spaghetti.
RITZKOCH Meine Magen.
CARLETON Man nehme 400 Gramm Nudeln, natürlich Vollkorn,
koche sie al dente, abtropfen lassen, einen Eßlöffel Margarine
oder Butter dazu, in einer Pfanne warm werden lassen, 150
Gramm Parmesan oder Speck –
RITZKOCH Speck.
CARLETON In feinen Streifen, eine Zwiebel –
RITZKOCH Ge'ackt?

CARLETON Gehackt. Beides beigeben, und solange dämpfen, bis die Zwiebeln weich sind, dann die abgetropften Spaghetti gründlich daruntermischen, 3 Eier, 2 dl Rahm oder Halbrahm, 100 Gramm Parmesan, gerieben, schwarzer Pfeffer –

RITZKOCH Aus die Mühle!

CARLETON Bitte, wenn Sie meinen. Eine Messerspitze Muskat, alles in einer Schüssel –

RITZKOCH Vorgewärmt!

CARLETON Vorgewärmt, sehr gut verrühren, Spaghetti beigeben und sofort mit 2 Gabeln mischen. Monsieur! Nicht sterben! Spaghetti kochen! Die Welt ernähren!

SOLDAT *mit dem Feldstecher.* Sie sind weg.

Alle lauschen. Stille.

UNTERLEUTNANT Jetzt erntet der Tod.

DER TOD, *mit einer Sense.*

TOD Unterleutnant, sofort nach vorne!

UNTERLEUTNANT Zu Befehl, Sir. Gruppe, mir nach!

UNTERLEUTNANT *und* SOLDAT *klettern aus dem Graben, beide ab.*

TOD Die Stellung ist zu halten.

CARLETON Zu Befehl, Herr General.

Pfeifen, Einschlag. Der RITZKOCH *röchelt.*

RITZKOCH Anstatt 100 Gramm Parmesan könnte man auch nehmen 50 Gramm Parmesan plus 50 Gramm Pecorino-Käse.

CARLETON *notiert.* Pecorino-Käse.

RITZKOCH Ja, Pecorino. Eine ganz ausgezeischnete Käse. Als Wein isch empfehle eine Brunello ...

UNTERLEUTNANT *und* SOLDAT *kommen zurück, beide sterbend.*

UNTERLEUTNANT Sie kommen, Sir! Sie stürmen!

SOLDAT Sanität! Sanität!

Er schreit, stöhnt.

Es ist aus.

UNTERLEUTNANT Angriff der Deutschen auf der ganzen Linie, Sir!

TOD *am Feldtelephon.* Alle Mann auf Posten! Abschnitt untersteht meinem Befehl. Wo befinden wir uns?

UNTERLEUTNANT Bei Langemarck, Sir.

TOD Langemarck.

CARLETON *zum* RITZKOCH: Sie schaffen es, Monsieur. Sie kommen durch!

RITZKOCH Nischt zuviel Tomatensauce!

CARLETON Das ist Ihr Blut, Monsieur.

TOD An die Maschinengewehre. Visier?

UNTERLEUTNANT Schätze, vierzig Meter.

TOD Visier vierzig Meter! Befehl abwarten!

UNTERLEUTNANT Verstanden, Sir. Visier vierzig Meter. Befehl
abwarten.

TOD Hört ihr das?

UNTERLEUTNANT Studenten. Deutsche Studenten. Mit dem Brust-
band!

TOD Und singen?

SOLDAT In unsere Maschinengewehre hinein.
*Man hört nun vielhundertstimmigen Gesang sich nähern:
Deutschland, Deutschland über alles!*

TOD Studenten. Gymnasiasten. Fast noch Kinder.

DR. BENN.

DR. BENN Carleton! Carleton, wo bist du!

CARLETON Wer sind Sie! –

DR. BENN Es hat mich in meinen Stoff verschlagen.

TOD Achtung!
Trillerpfeife.

TOD Feuer!

V, 5
Portrait of the artist drei

New York. Das Spaghetti-Wettessen.
Als Wettesser: DER TOD, TRUFFALDINO, DR. BENN, KAPTURAK, *der*
REVOLUTIONÄR, *die* NUTTE, *der alte* ABRAHAM, SARAH *und drei
dicke Frauen:* DIE ARNHOLT-SISTERS.
Sowie, in der Pose eines Abendmahl-Christus, CARLETON. *Der*
RITZKOCH, *als Kriegskrüppel.*
Der RITZKOCH *gibt den Startschuß.*

Alle stürzen sich auf die vollen Teller, schlingen sie leer.

DR. BENN Hindemith, du kannst mich jetzt nicht fallenlassen, ich bin mitten im Stoff.

TRUFFALDINO Teller leer!

KAPTURAK Gib mehr!

DIE ARNHOLT-SISTERS Mehr!

KAPTURAK Mehr!

DR. BENN Du kannst nicht einfach sagen: Was hat dieser Stoff mit uns zu tun. Mit unserer Zeit. Mit dem erwachenden Deutschland. Hindemith, wir müssen überwinden, was wir sind!

CARLETON Ich bin das Brot, das ihr eßt.

DR. BENN Carleton hat es geschafft.

CARLETON Ich bin euere Spaghetti.

DR. BENN Der kleine Carleton, Hindemith, wölbte sich auf zum Vulkan. Folgen wir seiner fanatischen Reinheit.

TRUFFALDINO Teller leer!

KAPTURAK Gib mehr!

DIE ARNHOLT-SISTERS Mehr!

KAPTURAK Mehr!

RITZKOCH Wer at noch nischt? Wer will noch mal?

TRUFFALDINO Spaghetti!

KAPTURAK Spaghetti!

DIE ARNHOLT-SISTERS Spaghetti total!

DR. BENN Seien wir Rausch, Hindemith! –

CARLETON Spaghetti!

TUTTI Spaghetti!

DR. BENN Schöpfung, Oper, Woge, und diese Woge, mein lieber Freund, wird uns tragen an die fernen tragischen Gestade mit den schweigenden Altären, den glühenden Stunden, den sprühenden Flammen!

TUTTI Spaghetti Spaghetti
Spaghetti total

DR. BENN Hindemith, sieh, wie mein Überfluß mich verschlingt! Laß dich anstecken! Laß dich bannen in die Vision eines großen schmerzlichen und tiefen Glücks!

TRUFFALDINO Teller leer!

KAPTURAK Gib mehr!

DIE ARNHOLT-SISTERS Mehr!

KAPTURAK Mehr!

DR. BENN Durchbruch, Paul! Vom Gedanken in die Zone des
Lebens! Fiebernde Jaktationen des Individuums ins Unbedingte!

TRUFFALDINO Mehr!

KAPTURAK Mehr!

DIE ARNHOLT-SISTERS Mehr!

DR. BENN Groß sein will der Mensch, das ist seine Größe! Hindemith! Wir brauchen nicht viel. –

TUTTI Spaghetti!

DR. BENN Nur ein Kornfeld, auf das der Himmel schreit! Rotie-
rende Sonnen! Und inmitten der Brotfrucht Carleton! Carleton,
der Erlöser!

CARLETON Ich bin das Brot, die Spaghetti und das Leben.

DR. BENN Er grub sich wie ein Maulwurf durch Rußland, durch
die Gräben des Weltkriegs, gering von Herkunft, ein Beamter,
klein, beschränkt, aber beflissen, aber besessen, transatlantisch,
transzendierend, Hohn über euch, ihr Pilatusschnauzen!
Gesetz, Wahrheit, was kümmert mich euer Geschrei, hier ist der
Unentrinnbare!

TUTTI Sieg heil!

DR. BENN Der Wogenvolle! der Weltenschaffer!

TUTTI Sieg heil!

DR. BENN Dein Tod ist unser Mahl!

TUTTI Spaghetti Spaghetti
Spaghetti total!!

DR. BENN Hebe, mein Ernährer, mein Erlöser, mein Führer, deine
Unendlichkeitsbraue! Geh nun ein in dein Peru, dein Kalvari-
enberg ist der Gummiwald, der dampfende Dschungel, da wird
dein Kreuz stehen, überlebensgroß, trümmernd, fladenhaft aus
einem Menschheitsteil verkrümelter Gehänge, Sternenweiten,
Schädeldächer, Verwandlung, Rausch, Vernichten, Liegenlassen, Vergessen, Vermodern.

TUTTI Spaghetti! Spaghetti!

DR. BENN Erlösung total!

RITZKOCH Wer at noch nischt? Wer will noch mal?

TUTTI Ich!

TOD Sssssoo ssssooo.

  TRUFFALDINO *verschluckt sich, erstickt.*

CARLETON Truffaldino!

TUTTI Er hat sich verschluckt, glotzt, zuckt!

DR. BENN *packt* CARLETON *und hält ihn* HINDEMITH, *der im Publikum anzunehmen ist, entgegen.*

> Das ist er, Paul! Unser Stoff! Unser Adler! Von mir die Worte:
> Ra raak! Die Schreie: Ra raak!

> TRUFFALDINO *krepiert unter gräßlichen Zuckungen.* CARLETON, *von* DR. BENN *in die Luft gestreckt, breitet seine Schwingen.*

DR. BENN Sei mein Echo!

DIE ARNHOLT-SISTERS Haut rein, Mädels, holt den Pokal!

DR. BENN Ra raak!

CARLETON Ra raak! Ra raak!

TUTTI Spaghetti Spaghetti
> Spaghetti total
> *Plötzliche Stille.*

DR. BENN Da kommt ja Hindemith.

DIE ARNHOLT-SISTERS Wer. Wo?

DR. BENN Dort. Aus dem Saal.

FIXTER, WARK, JACKRABBIT *und* DIE HÜTE.

KAPTURAK Du meine Güte.

CARLETON Fixter, Wark und Jackrabbit.

DR. BENN Und die Hüte.

FIXTER/WARK/JACKRABBIT Uns gefällt die Spaghetti-Strategie.

FIXTER Im Klartext: Wir übernehmen sie.

DR. BENN Und Carleton?
> He, Fixter, was hat Carleton davon?

FIXTER Für Don Carletone
> *Er stülpt ihm einen Topf Spaghetti über den Schädel.*
> Die Narrenkrone.

DR. BENN He, Moment mal
> Er, Fixter, er ganz allein
> Hat für die Spaghetti sein Leben riskiert.
> Weißt du überhaupt, wer ich bin?

FIXTER Stopft ihm die Fresse.

JACKRABBIT Mit Spaghetti, Boß?

WARK Mit Wein!

FIXTER Darf auch was Schärferes sein.

DIE HÜTE *zücken die MPs.* Eine blaue Bohne.

FIXTER Ich wende mich indes an die Presse.

  Gentlemen, haben Sie schon probiert?

  Er stellt vor.

  Der Krüppel aus dem Ritz de Paris.

  Gib den Jungs was zu futtern, mon Chérie.

RITZKOCH Dem ganzen Saal?

FIXTER Zwei doppelte Lagen.

RITZKOCH Die Teller her!

TUTTI Mehr, mehr, mehr!

WARK Wir haben auch Pizzas in petto.

DIE ARNHOLT-SISTERS Pizzas!

FIXTER/WARK/JACKRABBIT Mit dem heutigen Tag

  Hüpft der italienische Food

  Aus dem Ghetto

  Und erobert neu erstarkt

  Via Hollywood

DIE ARNHOLT-SISTERS Hollywood!

FIXTER Den amerikanischen Markt.

DIE ARNHOLT-SISTERS Igitt, da hat sich einer erbrochen.

FIXTER Das war Carleton.

CARLETON Dr. Benn. Er ist unter den Tisch gekrochen.

DR. BENN Mein Magen. Mein Magen.

VI
Die Reise in den Gummiwald

VI, 1

Kansas-City im eisigen Winter.
Ein Hinterhof. Aus einer Spaghetteria dringt der Lärm der Köche und Kellner. Es dampft, scheppert und kesselt. Ein grauer, knochiger PENNER *sucht nach Eßbarem.*
Der PENNER *findet eine Orange und will sie ungeschält essen.*
AMANDA CARLETON-FAUGHT, *als Küchengehilfin.*
AMANDA *kommt aus der Küche und schüttet Eßabfälle in die Tonne.*
AMANDA *zum* PENNER: Sie sollten sie schälen.
   Der PENNER, CARLETON, *schaut mit großen, fiebrigen Augen.*
AMANDA Geben Sie her.
CARLETON Nicht wegnehmen. Nicht!
AMANDA Ich schäle sie Ihnen.
CARLETON Alles nehmen sie mir weg.
AMANDA Das ist eine Orange. Man muß sie schälen.
CARLETON Ich habe einen Vulkan geschaffen.
AMANDA Wollen Sie einen Teller Spaghetti?
CARLETON *grinst.* Ja. Gern.
AMANDA Sie erinnern mich an einen Toten. Er war –
CARLETON Ja?
AMANDA Vergessen wirs.
   Sie klopft ans Fenster.
   He, Truffo, sag Lucy, sie soll einen Teller rausbringen.

TRUFFALDINO.
TRUFFALDINO *ohne* CARLETON *zu sehen.* Ich kann Lucy nicht finden, Amanda.
AMANDA Vielleicht beim Abwaschen.
TRUFFALDINO He, ihr dort hinten, ist Lucy bei euch?
   Ab.

CARLETON Sie heißen Amanda?

AMANDA Ja.

CARLETON Bitte um Verzeihung, Ma'm, Sie heißen tatsächlich Amanda?

AMANDA Ja!

CARLETON Meine Frau heißt ebenfalls Amanda.

AMANDA Wer?

CARLETON Meine Frau. Ich habe sie jahrelang gesucht.

LUCY.

LUCY *stakst an einer Krücke, ihre Beine sind geschient. Sie bringt einen Teller Spaghetti.*

CARLETON Früher lag das Kirchlein mitten in der Stadt. Ich konnte es nicht mehr finden.

AMANDA Mich kann er nicht meinen . . .

CARLETON Sie? Nein. Meine Amanda ist eher das Gegenteil von Ihnen.

AMANDA So.

CARLETON Fromm. Stolz.

AMANDA Sie sollten jetzt essen.

CARLETON Leider kann ich mich nicht erkenntlich zeigen. Meine Spaghetti-Strategie ist global erfolgreich. Der Vulkan arbeitet wieder, und wie, aber ich . . . tut mir leid. Ich habe nichts. Sofern man nichts überhaupt haben kann.

AMANDA Sie sind ja ein Philosoph.

CARLETON Ein Freund von mir hat das mal gesagt.

AMANDA Sie, den kenne ich.

CARLETON Er ist tot.

TRUFFALDINO.

TRUFFALDINO Sofern man tot überhaupt – sein kann. Nun ja, entweder ist man, dann ist man nicht tot, oder – ach, ist doch alles ganz einfach. –

Er ißt einen Teller Spaghetti.

Man ist, was man ißt.

CARLETON *versucht ebenfalls zu essen. Es würgt ihn.*

CARLETON Ist lange her, daß ich einen vollen Teller vor mir hatte.

LUCY *starrt unentwegt* CARLETON *an.*

AMANDA   Geh rein, Lucy, du erkältest dich.

CARLETON   Wissen Sie, was ich manchmal denke? Vor meinem Tod, denke ich, möchte ich sie noch einmal sehen.

AMANDA   Mich?

CARLETON   Meine Frau. Nein. Besser nicht. Ich habe ja keine Finger mehr, keine Zehen. Nicht einmal einen Hut habe ich.

AMANDA   Nicht mal einen Hut.

TRUFFALDINO   Willst du meine Kochmütze haben?

CARLETON   Truffo! Du lebst?

TRUFFALDINO   Aber selbstverständlich! Truffaldino ist unsterblich.

CARLETON   Unsterblich.

TRUFFALDINO   Mein Himmel ist die Spaghetti-Küche.

CARLETON   Die Spaghetti-Küche.

TRUFFALDINO   Und weißt du, was ich am liebsten mag, Don Carletone?

CARLETON   Nein, ewiger Truffaldino.

TRUFFALDINO   Spaghetti vongole.

CARLETON   Vongole.

TRUFFALDINO   Paß auf, dazu nehme man 500 Gramm Spaghetti, natürlich Vollkorn-Spaghetti. –

AMANDA   Carleton.

CARLETON   Du.

Sie schauen sich an, von Angesicht zu Angesicht. Dann stößt AMANDA *einen leisen Schrei aus.*

CARLETON   Ich war lange weg. Entschuldige.

AMANDA   Lucy, das ist dein Daddy. Daddy, das ist deine Lucy.

LUCY *und* CARLETON *starren sich an.*

AMANDA *lachend, weinend.* Natürlich brauchen wir neue Finger für ihn, neue Zehen, Schuhe, einen anständigen Hut. Was meint ihr, wollen wir heute nachmittag miteinander zu Wanamaker? Wie 'ne richtige Familie zu Wanamaker und ganz groß einkaufen?

CARLETON   Ja. Ja.

AMANDA   Jetzt stell dich nicht so an, dumme Göre. Er tut dir nichts.

Zu CARLETON: Lucy, weißt du, hat mir versprochen, daß sie eines Tages gesund wird.

CARLETON Gesund.

AMANDA Ja, und so hübsch wie ihre Mama. Wir hatten auch gute
Zeiten. Wir waren mal oben. Dann kam der Crash. Sag was,
Lucy... Wie gewonnen, so zerronnen... Sag deinem Daddy
guten Tag.

CARLETON Was ich getan habe, habe ich für euch getan.

AMANDA Für uns?

CARLETON Im Dienst des Agrarministeriums. Sie müssen mir
mein Gehalt nachzahlen. Sie schulden mir sechsundzwanzig
Jahre, neun Monate und dreizehn Tage. Plus die Gratifikation.
Ich habe meinen Auftrag erfüllt. Wir werden Geld haben. Das
Ministerium! Lächerlich. Wir brauchen kein Ministerium, Lieb-
ling, ich bin Gott. Ich glaube nicht an ihn, ich bin es.

AMANDA Carleton!

CARLETON Donnerstag früh, wenn alles klappt, bin ich an Bord,
ab nach Süden, Zielrichtung Peru, der Gummiwald, die dampfende gärende Welt, und dort, glaub mir, Amanda, dort baue ich
das Paradies noch mal, das goldene Korn, das gierigste Wachs-
tum, das es jemals gab, nein, keine Stengel, den Stengel an sich
werde ich pflanzen, das Allgemeinste, Allumfassendste, mein
tödliches Fanal, meine Tigerinsel, Jauchzen der Erde, Wandel
der Worte, Streuung der Werte und und und ewige Rentabilität
der Fruchtschwemme todsicher gigantisch irr verwirrt im Ge-
laus, im Gewanze, Nest aus Gallert, überglänzt vom Schlan-
genzauber meine Schädelstätte, mein Feuerland, Kalvaria total.
Ab.

LUCY Daddy?

AMANDA Ja, Lucy, das war Daddy.

LUCY Seine Spaghetti.

AMANDA Nein, so was. Hat nicht mal seine Spaghetti gegessen.
Hat sie einfach stehenlassen.

LUCY Ja.

VI, 2
An der Grenze vier

Peru, nahe Paita, Rand der großen Gummiwälder.
Ca. 1925.
Brütende Hitze.
Der ZUHÄLTER. *Der* REVOLUTIONÄR. DER TOD. *Die alte, ver-
schlampte* HURE.
Mücken sirren. Dann wieder Stille.

REVOLUTIONÄR Nach Hegel ist das Recht der Natur die Gewalt
und ein Naturzustand ein Zustand der Gewalttätigkeit und des
Unrechts, von welchem nichts Wahreres gesagt werden kann,
als daß aus ihm herauszugehen ist. Dieser Zustand ist identisch
mit dem Kapitalismus der herrschenden Monopolbourgeoisie.
Sie bedroht die Menschheit mit den Kampfmitteln ihrer abster-
benden Klasse, mit Unterdrückung, mit Ausbeutung, allerdings
ist sie nicht in der Lage, ihren Grundwiderspruch zu lösen, nämlich den Widerspruch, den Riß, der aufklafft, wenn diese Welt
gleichzeitig bewohnt und zerstört werden soll. Von diesem Riß
kann nichts Wahreres gesagt werden, als daß aus ihm hinaus-
zugehen ist.

CARLETON. *Eine vollkommen abgezehrte Gestalt.*
CARLETON Wasser.
ZUHÄLTER Hau ab, Gringo.
TOD Du suchst den Weg in die Gummiwälder?
CARLETON Will Bäume fällen, Sir. Ackern. Säen. Ernten.
HURE In dieser Gegend erntet nur einer.
CARLETON *zum Tod:* Sie.
TOD Si, Señor.
   Die Hitze flirrt.

VI, 3

In den Gummiwäldern.

CARLETON.

Mit einer stumpfen Axt versucht CARLETON *einen Urwaldriesen zu
fällen. Es schreien die Vögel, es blubbert der Sumpf, der Wald ist
ein einziges Gären und Verwesen.*

CARLETON Carleton.

   Schlag.
   Mein Name ist
   Schlag.
   Keine Erschöpfung niemals
   Schlag.
   Immer
   Schlag.
   Nur im
   Schlag.
   Nur im Fortschritt im unbedingten
   Schlag.
   Fortschritt ist dem endlichen Wesen Unendlichkeit beschieden
   Schläge.
   Die unendliche Reihe seiner Zahlen Bilanzen Erfolge
   Schlag.
   Mein Name ist
   Schlag.
   Weitermachen
   Schläge.
   Reite den Haifisch
   Schlag.
   Freiluftstil Sage Traum
   Schlag.
   Seltsamer ewiger Frühling, du zählst mir die Stunden die
   Schläge.
   Plötzlich werden die Vögel unruhig, ihre Schreie schriller.
   Sie sind da. Sie sind da!
   Die Señores aus Stockholm! Hoffe
   Sie hatten eine gute
   Überfahrt, habe Sie

Habe den Nobelpreis
Erwartet seit Jahren.
Verzeihung, Señores, ich habe mich
Muß mich
Rasieren. Bitte
Sich einen Moment
Bin sofort
Er rasiert sich mit einer Spiegelscherbe.
Schwierig, ohne Finger
Mit diesem Ding da
Dieser Scherbe!
Er schneidet sich, blutet.
Ah, macht nichts, macht nichts!
Wo ist mein Frack?
Ah, hier. Señores
Mein Name ist –

AMANDA *und* LUCY.

CARLETON Lucy...!

AMANDA Sie kann nicht mehr.

CARLETON Amanda!

AMANDA Du lebst?

CARLETON Und wie, Amanda, alle Himmel öffnen sich, auch die Banken!

AMANDA Wir haben nach dir gefragt, wieder und wieder. El gringo, sagen sie, esta muerto.

CARLETON Immortal, Amanda, immortal im Gedächtnis einer dankbaren Menschheit!
Plötzlich beginnt er zu weinen.
Habt ihr nichts mitgebracht?

AMANDA Nein.

DER TOD.

CARLETON Bißchen Brot vielleicht? Ein ganz klein wenig Brot?

AMANDA Nichts.

CARLETON Nichts.

AMANDA Ja.

CARLETON Macht es euch gemütlich. Muß jetzt weitermachen.

Alles voller Bäume, und alle wollen gefällt sein, Amanda, auf
daß erst der Blick, dann die Ebene, der Planet sich ausdehnet
wie Asien bis zu den Milchstraßen des Nachbaralls: Acker Fur-
chen Saat und: Ssssooo ssssooo. Ssssooo ssssooo.
Schlag.
Mein Name ist –
Er verschwindet in der Nacht, ab.

LUCY   *sterbend.* Daddy?
AMANDA   Ja, Lucy, das war Daddy.
TOD   Ssssooo ssssooo.
   LUCY *stirbt.*
AMANDA   Wie dich begraben. Ich habe nicht mal eine Schaufel.
   Sie scharrt mit den Händen, reißt an den gewaltigen Wurzeln.
   Zum Tod: He, Sie. Señor. Was verlangen Sie für Ihre Sense?
TOD   Dich.
AMANDA   Soll er mich haben.

VII
Adieu

Berlin, am Morgen des 31. Januar 1933.
Praxis Dr. Gottfried Benn.

JULE LEIBOWITZ *und* GERTRUD HINDEMITH.

GERTRUD HINDEMITH Es hat keinen Sinn, noch länger zu warten.

JULE LEIBOWITZ Verzeihen Sie, Trude, aber ein wenig hat es mich
schon überrascht...

GERTRUD HINDEMITH Daß wir emigrieren? Mich auch. Aber Hindemith mißtraut dem Vulkan. Ihm haben die Schreie nicht
gefallen, heute nacht. Das Geklirr der Scheiben. Er ist Musiker.

JULE LEIBOWITZ Lieben Sie ihn sehr?

GERTRUD HINDEMITH Benn?

Sie tritt ans Fenster.

Vermutlich ist er zu Aschinger gegangen. Manchmal haben wir
dort unsere Streifzüge beendet, zusammen mit allen Nachtvö-
geln Berlins. Kommen Sie, gehen wir nach Hause.

JULE LEIBOWITZ Nach Hause.

GERTRUD HINDEMITH Auf einen Sprung zu uns. Sie können Paul
von Amerika erzählen. Er hofft, irgendwo in New Hampshire
eine Stelle zu bekommen, als Musiklehrer am Dartmouth-Col-
lege.

JULE LEIBOWITZ Im Herbst ist es sehr schön dort oben.

GERTRUD HINDEMITH Sie müssen uns unbedingt besuchen.

JULE LEIBOWITZ Ich gehe in die andere Richtung.

GERTRUD HINDEMITH Nicht nach Amerika?

JULE LEIBOWITZ Nein. Ich will zurück in jene Gegenden, aus
denen wir ursprünglich gekommen sind.

GERTRUD HINDEMITH Nach Rußland ..!

JULE LEIBOWITZ Nirgendwo leben die Juden besser. Freier. Sowjet-
Rußland, das ist die Zukunft, Trude, der Entwurf für eine neue,
bessere Welt.

Sie haben die Mäntel angezogen.

Meinen Sie, wir können die Tür einfach offenlassen?

GERTRUD HINDEMITH In einer Stunde beginnt seine Sprechstunde. Sehen Sie? Die ersten sitzen bereits im Wartezimmer. Wollen wir Benn eine Nachricht hinterlassen?

JULE LEIBOWITZ Nein.

GERTRUD HINDEMITH Dann wird er ja nicht einmal wissen, wo Sie hingehen.

JULE LEIBOWITZ Rußland ist groß.

GERTRUD HINDEMITH Riesig.

JULE LEIBOWITZ Was nicht aufhört, heißt Rußland.

GERTRUD HINDEMITH Eigentlich komisch, daß Juden immer reisen müssen.

JULE LEIBOWITZ Weil wir alles mögliche sind, nur eines nicht: Farmer. Pflanzer.

GERTRUD HINDEMITH Ihr habt keinen Ort.

JULE LEIBOWITZ Heimat, sagt der Philosoph, ist da, wo noch niemand war.

Sie nimmt ihren Koffer auf.

GERTRUD HINDEMITH Gute Reise, Jule Leibowitz.

JULE LEIBOWITZ Gute Reise, Gertrud Hindemith.

Finis.

Das Lied der Heimat

Stück

Für Werner Düggelin

I
Auf dem Sonnenberg

Personen

DER DICHTER GOTTFRIED KELLER
DER OBER
VIKTORIA, eine Schauspielerin
HERMINE, ihre Freundin
DER SOUCHEF
EIN GARÇON
HOTELGÄSTE

Am Abend des 18. Juli 1889.
Auf der Terrasse des Grandhotels Sonnenberg, hoch über dem Vierwaldstättersee.
GOTTFRIED KELLER – DER DICHTER – *sitzt in einem Korbstuhl.* DER OBER *steht.*
Aus dem Hotel Klavierspiel. DER DICHTER *trinkt.*
Aus der Tiefe das Tuten eines Dampfers.

Zwei junge Frauen eilen über die Terrasse, VIKTORIA *und* HERMINE.
HERMINE   Liebst du ihn?
VIKTORIA   Aber ja!
HERMINE   Wirklich?
VIKTORIA   Aber nein!
   Beide lachend ab.

DER OBER   *mit einem Plaid.*   Sie erlauben?
   DER OBER *legt das Plaid um die Beine* DES DICHTERS. *Dann zündet er eine Laterne an.*
   Nochmals das Tuten des Dampfers. Fern tönt ein Alphorn.

DER OBER Noch einen Wunsch, mein Herr?

DER DICHTER Ich bin froh, daß mich die Flöhe der Leidenschaft nicht mehr jucken.

DER OBER Bitte?

DER DICHTER Nichts. Nichts.
Er lächelt.
Heute läßt mich der Vogel in Ruhe.

DER OBER Was für ein Vogel?

DER DICHTER Die Schwermut.
Stille.

DER DICHTER Der See.

DER OBER Schön.

DER DICHTER So pflegt Böcklin zu malen.
Stille.

DER DICHTER Böcklin. Der Maler der Toteninsel.
In der Tiefe setzt Glockenläuten ein.

VIKTORIA *und* HERMINE.

VIKTORIA *ruft ins Innere.* Hubert, kommen Sie! Hubert!

HERMINE Ich glaube, der Herr Direktor haben noch an der Bar zu tun.

VIKTORIA Hol die Herren heraus! Sag ihnen, daß die Berge brennen. Höhenfeuer! Da! Dort auch!

HERMINE Mein Gott, wie schön!

VIKTORIA Auf allen Gipfeln!

HERMINE Du darfst dich nicht erkälten, Viktoria.

VIKTORIA Am Höhenfeuer?

HERMINE Übermorgen spielst du die Maria Stuart.

VIKTORIA Für die Luzerner.

HERMINE Der Herr Direktor muß dich sehr, sehr gern haben.

VIKTORIA Mein Hubert? Er wird mit seinen Aktionären in der Loge sitzen. Und seine Gemahlin, diese Schildkröte, ist ebenfalls dabei.

HERMINE Er schenkt uns diesen Abend. Ach, Viktoria, ich bin ja so glücklich!

VIKTORIA Arbeit, mein Kind. Die Stuart bekommt man nicht umsonst. Komm, Hubert spendiert uns eine Schokolade.
VIKTORIA *enteilt,* HERMINE *folgt ihr, beide ins Hotel ab.*

DER DICHTER Nimmt mich bloß wunder, was diese Idioten wieder
zu feiern haben!

DER OBER Ein Dichter soll siebzig sein.

DER DICHTER Wie bitte?

DER OBER Ja, kaum zu glauben, leider die Wahrheit. Mit diesem
Aufwand an Holz, Feuer und Geläute wird ein gewisser Keller,
Gottfried, Dichter aus Zürich, zum Siebzigsten geehrt und
gefeiert.

DER DICHTER So.

DER OBER Reichlich übertrieben.

DER DICHTER So.

DER OBER *hämisch.* TRINKT, O AUGEN, WAS DIE WIM-
PER HÄLT, VON DEM GOLDNEN ÜBERFLUSS DER
WELT! Der Vers hat heute morgen in allen Zeitungen gestanden. TRINKENDE AUGEN! HALTENDE WIMPERN! Also
ich bitte Sie, das ist doch – –

DER DICHTER Ja?

DER OBER Lyrik.
Er nimmt die leere Flasche vom Tisch.
Noch eine?

DER DICHTER Ja.

DER OBER Kein schlechter Tropfen.

DER DICHTER Ja.

DER OBER Ein ausgezeichneter Tropfen.

DER DICHTER Deshalb sauf ich ihn.

DER OBER *ab.*

DER DICHTER »Trinkende Augen«... doch, das geht. Die »halten-
de Wimper« allerdings...
Er knurrt.
»Haltende Wimpern«!
Er schüttelt sein Haupt.
Wimpern... Haltende...
*Er zieht seine Brille ab, versucht die Wimpern im Brillenglas zu
beobachten.*
Bleib mir bloß vom Genick, Vogel. Laß mich wenigstens heute
in Ruhe. An meinem siebzigsten Geburtstag.

DER OBER *mit der Flasche.*

DER OBER Er ist hier!

DER DICHTER Wer?

DER OBER Dieser Lyricus!
   Er öffnet die Flasche.
   Unter falschem Namen abgestiegen! Da sieht mans wieder. Eine
   typische Künstlerlaune! Selbstverständlich darauf berechnet,
   daß man ihn früher oder später erkennt.

DER DICHTER Das glaub ich weniger.

DER OBER Aber ich! Ich kenne diese Typen. Eitel vom Scheitel bis
   in die Zehenspitzen.

DER SOUCHEF.

DER SOUCHEF *aufgeregt.* Weg mit dem Kerl!

DER OBER Monsieur Souchef?

DER SOUCHEF Mit dem Knurrhahn im Korbsessel! Weg mit ihm!
   Sind Sie taub? Er muß verschwinden! Mein Gott, und die Lampions! Warum hängen die Lampions noch nicht? Alles illuminieren, Wendelin, und zwar tout de suite.

DER OBER Sofort, Monsieur Souchef.

DER SOUCHEF Man dürfte ihn bereits gefunden haben.

DER OBER Wen?

DER SOUCHEF Den Jubilar, Sie Trottel, diesen schrecklichen Tin-
   tenhelden! Lesen Sie keine Journale? TRINKT O AUGEN,
   WAS DIE WIMPER HÄLT, VON DEM GOLDNEN ÜBER-
   FLUSS DER WELT! Schauerlich, Wendelin, schauerlich! Und
   so einer wird Nationaldichter. Aber bitte, wir haben schon
   Schlimmeres überstanden. Sobald sie ihn entdeckt haben, will
   ihn die Direktion auf die Terrasse geleiten. TRINKENDE
   AUGEN! HALTENDE WIMPERN! GOLDENER ÜBER-
   FLUSS!
   Ab.

DER OBER War übrigens ein alter 48er.

DER DICHTER Hä?

DER OBER Der Jubilar.
   Er gibt zum Probieren.
   Bitte sehr.

KELLER *probiert.*

DER OBER Mißmutige alte Bartgeier, die Herren Ex-Revolutionä-
re. Wettern gegen die Grandhotels und die Eisenbahn. Und wissen Sie, was das Schlimmste ist?

DER OBER *hat ihm eingeschenkt,* KELLER *trinkt.*

DER OBER Die saufen den Wein wie das Braunvieh Wasser. Beamter?

DER DICHTER Ich?

DER OBER Mit der Zeit, wissen Sie, bekommt man einen Blick für
seine Gäste. So still sitzen nur Beamte.

DER DICHTER Aha.

DER OBER Und Landschaftsmaler. Die sitzen, um ins Innere der
Welt zu schauen. Konzentration, verstehen Sie? Bei den Beam-
ten hingegen ist das Sitzen Gesinnung. Hauptsache, es bewegt
sich nichts.

Er schnippt einen Garçon herbei.

DER GARÇON.

DER OBER Die Leiter.

DER GARÇON *ab.*

DER OBER Wir Kellner sind da von anderer Statur. Stehberufler –
wie Kapitäne oder Generale. Aus Zürich?

DER DICHTER Ja.

DER OBER Dann werden Sie ihn ja kennen. Den Dichter, meine
ich. Obwohl –

DER DICHTER Ja?

DER OBER Kunst und Beamtentum verträgt sich nicht.

DER GARÇON *bringt die Leiter und die Lampions.*

DER OBER Wir müssen illuminieren, und zwar tout de suite! Allez
hopp! Anzünden und aufhängen!

GARÇON Der Souchef ruft!

DER OBER Hiergeblieben!

GARÇON Der Dichter kommt!

Er ruft ins Innere: Bin schon da, Monsieur Souchef!
Ab.

DER OBER *steht mit den Lampions.* Würden Sie mir helfen?

DER DICHTER Hä?

DER OBER   Gleich kommt der Dichter!

DER DICHTER   Ich bin ein alter Mann.

DER OBER   Sie könnten wenigstens die Leiter halten.

DER DICHTER *arbeitet sich aus dem Korbsessel, hält die Leiter.*

DER OBER   Irgendwo dort oben muß ein Draht sein.

DER DICHTER   Hm.

DER OBER   Und alles für diesen alten Tintenfex!

DER SOUCHEF.

DER SOUCHEF *in größter Eile.* Was ist mit den Lampions? Warum hängen die Lampions noch nicht?! In zwo Minuten geht's
los, Wendelin! In einer Minute dreißig Sekunden!

DER OBER   Monsieur Souchef –

DER SOUCHEF   Keine Diskussionen, Wendelin! Nicht jetzt! Ich finde ihn ebenfalls schauerlich, geradezu unsäglich! Aber er ist
hier, und – mon dieu! – in knapp einer Minute wird er hier
draußen mit einer Ovation geehrt!

DER OBER   Monsieur!

DER SOUCHEF   Die Lampions, Sie Ignorant!
Ab.

DER OBER *blickt nach oben.* Sind Sie schwindelfrei? Ich bin es
nicht, offen gestanden.

VIKTORIA *und* HERMINE *kommen aus dem Hotel.*

VIKTORIA   Glaubt man, man kann sich alles erlauben? Glaubt
man, weil man eine Eisenbahn hat und an jedem Finger zehn
Aktionäre, man kann mich nebenher behandeln?

HERMINE   Viktoria!

VIKTORIA   Glaubt Ihre Hoheit, wenn man uns mit Rebhuhnpaste-
te füttert –

HERMINE   ... und mit Astrachaner Kaviar!

VIKTORIA   ... man hätte seine Schuldigkeit getan?!

HERMINE   Du vergißt die Maria Stuart, Viktoria. Der Herr Direktor legt dir Luzern zu Füßen.

VIKTORIA   Ph! Luzern! Als ob ich auf Luzern angewiesen bin! So
ein Ungeheuer!

HERMINE   Ich habe nichts bemerkt. Hat er dich in kompromittie-
render Weise berührt?

VIKTORIA Seine Durchlaucht ist aus Eisen. Wie seine Eisenbahn.

HERMINE Bittebitte sag mir, was dich dermaßen entrüstet! Sag es deiner »Schwester«!

VIKTORIA Er ist es.

HERMINE Wer... Was...

VIKTORIA Bist du blind, Herminchen? Der Mann, der mit Hubert über Finanzgeschäfte parliert – das ist er!

HERMINE Ich falle in Ohnmacht, Viktoria. Dieser imposante Schädel...?

VIKTORIA Mit den graumelierten Schläfen!

HERMINE ... ist der Jubilar...!

VIKTORIA Gottfried Keller.

HERMINE Mit deinem Direktor an der Bar...!

VIKTORIA Und er denkt nicht daran, mich dem Dichter vorzustellen! Er hält mich für ein junges frisches Gänschen. Weißt du, daß ich meinen Ofen mit Billetdoux geheizt habe? In Olmütz konnte ich kaum die Garderobe betreten – alles voller Kamelien! Dieser Esel von Eisenbahnkönig! Da könnte man sich endlich mit einem Dichter unterhalten, aber nein, Ihre Durchlaucht behalten ihn ganz für sich.

HERMINE Seine Aura, Viktoria – ich habe es förmlich gerochen: Er ist es. Ihm leuchten die Gipfel. Ihm läutet die Heimat.

VIKTORIA Und Hubert übergeht uns. Hermine, wir reisen!

HERMINE Jetzt? Mitten in der Nacht?

VIKTORIA Spätestens morgen früh.

Beide ins Hotel, ab.

DER OBER *nach oben blickend.* Es ist eine tiefsitzende Abscheu vor Abgründen. Sie kann ich auch nicht bitten – in Ihrem Alter!

DER DICHTER Geben Sie her!

DER OBER *hält die Leiter, und* DER DICHTER, *mit den Lampions, steigt hoch.*

DER OBER Gehts?

DER DICHTER Festhalten!

DER OBER Haben Sie gehört? Sogar Souchef Müller findet ihn schauerlich. Vorsicht!

Während die Lampiongirlande entsteht:

DER DICHTER Verkehrte Welt!

DER OBER   Sagten Sie etwas?

DER DICHTER   Immer läuft alles verkehrt!

DER OBER   Was?

DER DICHTER   Alles!

DER OBER   Verkehrt?

DER DICHTER   Ja!

DER OBER   Was soll dort oben verkehrt laufen? Sie brauchen nur diese Lampions aufzuhängen!

DER DICHTER   Zeit meines Lebens bin ich wie ein Köter um die längsten Weiber herumgestrichen. Zeit meines Lebens habe ich Feiern gehaßt! –

DER OBER   He, was knurren Sie da oben herum?

DER DICHTER   *schaut ins Land hinaus.*   Eigentlich ist sie doch richtig!

DER OBER   Was?

DER DICHTER   Die »haltende Wimper«!

DER OBER   Das ist mir ein Kauz . . .!

DER DICHTER   Schaut man in die Tiefe, möchte man die Augen am liebsten schließen . . .

DER OBER   Beeilung, Monsieur!

DER DICHTER   Da muß sie in der Tat gehalten werden!

DER OBER   *an der Leiter.*   Ich halte sie ja!

DER DICHTER   Nicht die Leiter!

DER OBER   Was denn sonst?!

DER DICHTER   Die WIMPER!

Er zieht die Girlande auf.

DER OBER   Wenn es nach mir ginge, würde für diesen Wörterich kein Finger gerührt.

DER DICHTER   Ganz Ihrer Meinung.

VIKTORIA *und* HERMINE *kommen aus dem Hotel.*

HERMINE   Logieren hier oben immer so viele Künstler?

VIKTORIA   Die Kunst und die Hochfinanz. Allerdings ist Gottfried Keller kein Stammgast, ich weiß es vom Souchef. Zweite Garnitur, Hermine, fürs Theater hat er nichts zustande gebracht.

HERMINE   Alle wollen ihm huldigen.

VIKTORIA   Beim großen Schiller-Jubiläum ist da unten die ganze Flotte aufgefahren, samt Bundesrat in corpore! D a s war eine Feier!

DER OBER Friedrich von Schiller war ja auch ein Dichter, meine
 Damen.

VIKTORIA Wem sagen Sie das!

 Sie tritt an die Brüstung und rezitiert:
 Es donnern die Höhen, es zittert der Steg,
 Nicht grauet dem Schützen auf schwindlichtem Weg,
   Er schreitet verwegen   *aus Friedrich Schillers*
   Auf Feldern von Eis,   *Wilhelm Tell*
   Da pranget kein Frühling   *Szene!*
   Da grünet kein Reis;
 Und unter den Füßen ein neblichtes Meer,
 Erkennt er die Städte der Menschen nicht mehr,
   Durch den Riß nur der Wolken
   Erblickt er die Welt,
   Tief unter den Wassern
   Das grünende Feld.

 VIKTORIA *und* HERMINE *ab.*

Über der Terrasse leuchtet nun die Lampiongirlande. KELLER *steigt
ab.*

DER OBER *zu* KELLER: Danke.

 Er stellt KELLERS *Flasche auf ein Tablett.*
 Sie können im Salon weitertrinken.

DER DICHTER Ja.

DER OBER Gehen wir.

DER DICHTER Herr Ober: Woher weiß die Direktion, daß er hier
 ist? Sagen Sie mir das! Wie kommt es zu diesem Auflauf?

DER OBER Durch die hohe Landesregierung.

DER DICHTER Was?!

DER OBER Um 18 Uhr ist ein Telegramm eingetroffen, adressiert
 an Monsieur Gottfried Keller, zur Zeit Grandhotel »Sonnenberg«.

DER DICHTER Die hohe Landesregierung!

DER OBER *leise.* Die wissen alles. Haben überall ihre Agenten.
 Aber pst, Monsieur, ich habe nichts gesagt, kein Wörtlein!

DER DICHTER Dieser Staat ist noch keine fünfzig Jahre alt, noch
 keine Fünfzig! Und bereits funktioniert das Spitzelsystem so
 perfekt wie beim Zaren! Zum Kotzen!

DER OBER Vorsicht!

DER DICHTER   Zum Kotzen! Und eins kann ich Ihnen sagen,
Herr Ober: Ich denke nicht daran, von den dummen Lob-
sprüchen dieser Herren überfallen zu werden. Deshalb bin ich
hierhergeflüchtet. Ich wollte keine Lobhudeleien, keine Reden,
keine verlogenen Hurras. Zerreissen Sie das Telegramm! Der
Staat, den wir gemeint haben, wir 48er, ist liberal. Ist revolutionär. Läßt jeden denken und sagen und schreiben, was er
will! Ist das klar? Wir sind nicht auf die Barrikaden geklettert
und, was noch schwieriger war, durch die Bureaus und
Schreibstuben gegangen, um am Schluß unseres Lebens von
Polizei-Spitzeln verfolgt zu werden. Unser Ziel war die Freiheit, Herr Ober. Ein liberaler Staat. Eine echte Demokratie.
Und was ist aus unseren Idealen geworden? Eine Festhütte!
Jeder Anlaß zum Feiern, und ist es ein alter Schreibknecht,
wird am Schopf gepackt, aus seiner Ruhe gelupft und mit ver-
logenem Eifer angebetet. Höhenfeuer, wohin man blickt!
Lächerlich, Herr Ober, ein Festschwindel! In den Kontors
lagern Raubgelder, Ferkelkrösusse und Schlauköpfe prellen
das Volk um Kapital und Zinsen, und wiewohl alle tun, als
würden sie die Posten von Soll und Haben hübsch verbuchen,
als seien die Aktien auf Treu und Glauben erworben, ist auch
das ein Schwindel. Festschwindel und Kapitalschwindel!
Ha, und erst die Politik! Was wahre Staats- und Gesell-
schaftsfreunde geschaffen haben, ist von Ober-, Mittel- und
Unterstrebern verbogen worden, die Phantasie zerfloß in Trüb-
seligkeit, die Herren Revolutionäre grüßen als Sonntags-
spaziergänger, und die Herren Volksvertreter schachern im
Halbdunkel von Bierstuben um Ämtlein und Sitzungsgelder.
Ja, es könnte einem schwindlig werden ob all dem Schwindel,
ob der Gleisnerei dieser Mucker und Pharisäer! Ich kann das
Wort Republik nicht mehr hören. Ich beantrage, es werde
Abend über unserem Land, es nachte ein, und weiterlodern –
weiterlodern sollen einzig die Feuer, die Höhenfeuer, auf daß
die Festhütte von Flammen gefressen werde, Sodom und
Gomorrah über dieses Goldgrüblein, Pech und Schwefel,
Friede und Asche über eine Republik, die nur noch ein Basar
ist, ein Kapitalistenkontor, Flammen heraus, Flammen heraus...!

DER OBER Ich hab es gewußt. Ich habe es die ganze Zeit gewußt.
    Sie sind es . . .!

DER SOUCHEF, *in heller Aufregung.*
DER SOUCHEF Wendelin, schaffen Sie endlich diesen Säufer bei-
    seite!
    DER OBER *gestikuliert wild. Er will dem* SOUCHEF *klarmachen:
    Er da, der Säufer, ist der Dichter.*
DER SOUCHEF Sind Sie verrückt geworden?
DER OBER Er. Er!
DER SOUCHEF Er . . . ist verrückt geworden? Na bitte! Handeln
    Sie!
DER OBER Wie. –
DER SOUCHEF Wie?! Von mir aus können Sie den Kerl mitsamt
    dem Korbstuhl über die Brüstung kippen – wir sind kein Schüt-
    zenfest, wir sind ein Grandhotel, und in circa zehn Sekunden
    sind wir der Mittelpunkt der literarischen Welt! –
DER OBER Herr Souchef –
DER SOUCHEF Herr Wendelin, die Musiker haben ihre Instrumen-
    te gestimmt. Die Noten für die Gäste sind verteilt.
DER OBER Herr! –
DER SOUCHEF Wollen Sie uns unsterblich blamieren?
DER OBER Da treffen Sie den Nagel auf den Kopf.
DER SOUCHEF Na also! Weg mit ihm! Weg!
DER OBER Er ist es. Der da . . .!
DER SOUCHEF Der Dichter?
DER OBER Ja.
DER SOUCHEF Meister!
DER OBER Was für ein glücklicher Zufall!
DER SOUCHEF Welche Ehre für unser Haus!
DER OBER Sie, Meister, persönlich!
DER SOUCHEF *zückt ein Blatt mit der vorbereiteten Rede.* Erlau-
    ben Sie uns, Ihnen zu sagen, wie stolz wir sind, Sie gerade heu-
    te, an Ihrem siebzigsten Geburtstag, unseren Gast nennen zu
    dürfen. Sie haben dieses Land zum Singen gebracht. Sie haben
    uns in unsterbliche Verse gegossen. Um es mit den Worten Ihres
    Freundes Storm auszudrücken: Sie, hochverehrter Jubliar, sind
    das reinste Gold der Lyrik.

DER OBER Göttlich.

DER DICHTER Bockmist.

DER SOUCHEF *begeistert.* HALTENDE WIMPERN!

DER OBER *ebenso.* TRINKENDE AUGEN!

DER SOUCHEF/DER OBER GOLDNER ÜBERFLUSS DER WELT!

DER DICHTER Nein, meine Freunde! Grau ist alles, grau und trüb.

DER OBER *zum* SOUCHEF: Der Vogel!

DER SOUCHEF Was?!

DER OBER Die Schwermut.

DER DICHTER Leben ...

> DER SOUCHEF *ins Hotel, ab.*

DER DICHTER Nein, es war kein Leben. Die Frauen, die ich begehrte, lachten mich aus. Meine Liebsten sind tot. Wird es Nacht, pickt der schwarze Vogel an meiner Seele, jeder Schnabelhieb eine Beschuldigung, eine niemals zu beantwortende Frage: Warum bist du, wie du bist? In meinen Büchern jedoch, in meinen Gestalten habe ich gelebt. Habe ich geliebt. In meinen Versen ist jenes Leben, zu dem ich selber nicht fähig war. Und was bleibt? Was bleibt?! Haltende Wimpern ...

> KELLER *greift nach der Hand* DES OBERS.

DER DICHTER Ich habe Angst.

DER OBER Die tun Ihnen nichts. Die feiern Sie nur.

DER DICHTER Ich habe Angst vor dem Vogel.

DER SOUCHEF *tritt mit den Gästen aus dem Hotel.*

DER SOUCHEF *zeigt auf* DEN DICHTER. Die Feder unserer Republik. Der Meister, der dieses Land zum Singen brachte!

DIE GÄSTE Hurra! Hurra!

> GOTTFRIED KELLER *sitzt wieder im Korbstuhl und hält die Hand* DES OBERS. *Im Hintergrund hat sich das Hotel versammelt.*

DER DICHTER Ich sollte noch zahlen.

DER OBER Ich bitte Sie, das zahlt doch das Haus.

DER DICHTER Herr Ober, was bin ich schuldig?

ALLE *singen.*

Augen, meine lieben Fensterlein,
Gebt mir schon so lange holden Schein,
Lasset freundlich Bild um Bild herein:
Einmal werdet ihr verdunkelt sein!

Fallen einst die müden Lider zu,
Löscht ihr aus, dann hat die Seele Ruh;
Tastend streift sie ab die Wanderschuh,
Legt sich auch in ihre finstre Truh.

Doch noch wandl ich auf dem Abendfeld,
Nur dem sinkenden Gestirn gesellt;
Trinkt, o Augen, was die Wimper hält,
Von dem goldnen Überfluß der Welt!

II
Im Lager

Personen

DER FELDWEIBEL HANS INDERGAND
DIE POLIN OLGA-MARIA KWIATKOWSKA
EIN KORPORAL

Winter 1942.
Baracke eines Interniertenlagers im Gebirge.
Draußen tobt der Schneesturm.
DER FELDWEIBEL.
DER FELDWEIBEL Wind. Schnee. Sturm. Ja, lieber wäre ich
    draußen. Mannesmut! Und was verlangt man von mir? Ein
    Lied! Musik. Im Lager. Ein Lied. Ich kann es nicht. Die letzte
    Chance von hier wegzukommen. Kein Lied, kein Avancement.
    Ja. Ich bleibe, was ich bin. Schreibtischhengst. Duschraumchef.
    Brausenentkalker. Rationenverteiler. Hackfrüchteverwalter. Zu-
    geschneit.

DER KORPORAL *führt eine Internierte herein,* DIE POLIN.
DER KORPORAL *meldet.* Korporal mit der Internierten äh – –
DIE POLIN *flüstert.* Kwiatkowska Olga-Maria.
DER KORPORAL Kwiatkowska Olga-Maria.
DER FELDWEIBEL Abtreten!
    KORPORAL *salutiert, ab.*

DER FELDWEIBEL Die Komponistin. Aber nehmen Sie doch bitte
    Platz, Frau äh – –
DIE POLIN Kwiatkowska.
DER FELDWEIBEL Trinken Sie ein Täßchen Tee mit mir? Ver-
    dammt kalt heute. Als wolle der Himmel auf die Erde herab.

In der Tür, ruft. Korporal? Kanne Tee!

Wieder zur POLIN: Soll ein schönes Land sein, Polen. Flach, aber schön.

DIE POLIN Jawohl.

DER FELDWEIBEL Verdammt hart, bei diesem Wetter eine Straße zu bauen. Was für ein Instrument spielen Sie? Klavier?

DIE POLIN Auch Klavier, jawohl.

DER FELDWEIBEL Ich spiele Handorgel. Natürlich nur so zum Feierabend. Als Hobby. Sie brauchen heute nicht mehr auszurücken, Frau äh – –

DIE POLIN Kwiatkowska.

DER FELDWEIBEL Sie können hier beim Ofen sitzen. Und ein Täßchen Tee trinken, vielleicht ein Süppchen essen, bißchen Brot dazu, ganz wie Sie wünschen. Ich hätte nur eine Bitte, Frau – –

DIE POLIN Kwiatkowska.

DER FELDWEIBEL Unser Lagerkommandant ist Vater geworden. Wir wollen eine kleine Feier veranstalten. Ein geselliges Beisammensein. Um das Ereignis, wie soll ich sagen...

DIE POLIN *ängstlich.* Jawohl.

DER FELDWEIBEL Olga-Maria, ich tu Ihnen nichts, im Gegenteil. Ich darf Olga-Maria sagen?

DIE POLIN Jawohl.

DER FELDWEIBEL Ich habe zufällig Ihre Akte eingesehen, rein zufällig, und da dachte ich – –

In der Tür, ruft. Wo bleibt der Tee? Wird's bald?

Wieder zur POLIN, *jovial:* Schwere Zeiten. Die Deutschen kurz vor Moskau. Hier ist sie übrigens.

Er öffnet einen Schrank, holt eine Handorgel heraus.

Ein Erbstück vom Vater. Sein Talent hat er leider ins Grab genommen. Ich bin so musikalisch wie ein Gemsbock.

Am Fenster. Das sind doch alles Simulanten! Saboteure! Korporal!!

Er ruft hinaus. Korporal, machen Sie diesem Judenpack Beine, oder ich lasse das Lager im Schneesturm stehen, bis ihnen die Nasen wie reife Zwetschgen aus der Visage fallen.

Er streckt DER POLIN *ein Blatt Papier entgegen.* Verse. Lyrik. Habe sie in einem Poesiealbum gefunden. Und vielleicht, hab ich mir gesagt, vielleicht findet unsere Olga-Maria eine schön lüpfige Melodie dazu.

DIE POLIN Schön –

DER FELDWEIBEL Lüpfig.

DIE POLIN Schön lüpfig.

DER FELDWEIBEL Jawohl.

DIE POLIN Eine – –

DER FELDWEIBEL Schön lüpfige Melodie. Volkstümlich. Geboren aus dem Geist unseres Landes.

DER KORPORAL *serviert den Tee.*

DER FELDWEIBEL Vielleicht ein Schlücklein Cognac zum Tee? Oder lieber ein Süppchen?

DIE POLIN Jawohl.

DER FELDWEIBEL Haben Sie gehört, Korporal? Unsere Komponistin hat Lust auf ein Süppchen.

DER KORPORAL Ein Süppchen.

DER FELDWEIBEL Ausführen!

DER KORPORAL *salutiert, ab.*

DER FELDWEIBEL Ich denke, wir haben uns verstanden, meine Liebe. Sie setzen diese Verse in Töne. Noch Fragen, Olga-Maria?

DIE POLIN Nein.

DER FELDWEIBEL Gut. Sehr gut. Übermorgen steigt unsere Feier. Bis dahin muß ich Ihr Werk intus haben und auf der Handorgel begleiten können.

DIE POLIN Nein.

DER FELDWEIBEL Hier haben Sie Bleistift und Papier, da sind die Verse ... Nein?

DIE POLIN Jawohl.

DER FELDWEIBEL Es ist Zucker drin!

DIE POLIN Ich bin den Ideen von Arnold Schönberg verpflichtet.

DER FELDWEIBEL Jude?

DIE POLIN Der Schöpfer der Zwölftonmusik.

DER FELDWEIBEL Insasse von uns?

DIE POLIN Ich darf gehen, Herr Feldweibel?

DER FELDWEIBEL In dieses Wetter hinaus? Es könnte Ihr Tod sein.

DIE POLIN Jawohl.

DER FELDWEIBEL Ich biete Ihnen das Leben. Ich biete Ihnen Wärme, Tee, ein Süppchen. Was verlange ich dafür? Verlange ich viel dafür? Der Feldweibel Indergand Hans, meine Liebe, ist eine Seele von Mensch. Er liebt die Armee und sein Vaterland. Er möchte seinem Kommandanten ein Lied schenken, ein bescheidenes schönes Lied. Und was sagen Sie? Nein.

DIE POLIN Jawohl.

DER FELDWEIBEL Der Feldweibel Indergand, meine Liebe, kann auch anders. Sie trinken jetzt den Tee und komponieren das Lied, oder Sie kriechen mir da draußen durch den Schnee, ist das klar?

DIE POLIN Die Musik ist mir heilig.

DER FELDWEIBEL Ihr letztes Wort?

DIE POLIN Herr Feldwelbel, ich habe alles verloren – Polen, Mama, Vater, Haus, Garten, Bücher, das Klavier, aber die Musik will ich behalten. Meine Musik. Ihr Volkslied, Herr Feldweibel, müssen Sie selber schreiben.

DER FELDWEIBEL Ich? Sie, ich kann ja nicht einmal Noten lesen.

DIE POLIN Dann lassen Sie die Finger davon.

DER FELDWEIBEL Was soll ich denn sonst darbieten? Einen Handstand?!

DER KORPORAL *mit der Suppe.*

DIE POLIN *lehnt ab.*

DER FELDWEIBEL *bindet sich eine Serviette um.* Sie sind eben dabei, den Fehler Ihres Lebens zu machen. Wollen Sie das? Wollen Sie den Feldweibel Indergand zum Feind haben?
  Er winkt DEN KORPORAL *hinaus und ißt die Suppe.* KORPORAL *ab.*

DER FELDWEIBEL Morgen früh gehen Sie mit dem zwoten Zug in den Berg.

DIE POLIN Jawohl.

DER FELDWEIBEL Ich will euch schon lehren, was Musik ist. Bringen Sie den Tee her!
  Sie serviert ihm den Tee.
  Danke. Sie bleiben dabei?

DIE POLIN Jawohl.

DER FELDWEIBEL Ihr letztes Wort?

DIE POLIN Jawohl.

DER FELDWEIBEL Sie können gehen.

DIE POLIN Jawohl.

DER FELDWEIBEL *schlürfend, kauend, genießend.* In seiner
Menschlichkeit, sag ich immer, wird man bloß enttäuscht.
Sie bleibt auf einmal stehen und betrachtet ihn neugierig.

DER FELDWEIBEL Was schauen Sie mich an? Haben Sie noch nie
jemanden Suppe essen sehen?
Er ißt weiter. Sie schaut.

DER FELDWEIBEL Habe ich etwas verschüttet?

DIE POLIN Neinnein.

DER FELDWEIBEL *will weiteressen, hält inne.* Sagen Sie mir, was
los ist!

DIE POLIN Ich schaue, wie Sie essen.

DER FELDWEIBEL In solchen Zeiten läßt man eine Suppe nicht stehen. Das ganze Land lebt auf Marken. Lebt von Hackfrüchten.
Vom deutschen Soldaten nicht zu reden. Titanisch, was die leisten. 40 Grad Minus, aber die Wehrmacht marschiert. Kämpft.
Siegt!

DIE POLIN Verzeihung, Herr Feldweibel, würden Sie bitte weiteressen?

DER FELDWEIBEL Ich kann Sie auf der Stelle arretieren lassen.

DIE POLIN Sie wollen doch ein Lied von mir.

DER FELDWEIBEL Was hat das mit der Suppe zu tun?

DIE POLIN Sie essen, ich schaue.

DER FELDWEIBEL Bei Ihrem Hunger?

DIE POLIN Für die Kunst muß man leiden.

DER FELDWEIBEL Hm. Ich will doch nur ein bißchen Folklore von
Ihnen. Ein Volkslied!

DIE POLIN Eben. Soll ich das Lied schreiben, muß ich das Volk
kennen.

DER FELDWEIBEL Ich könnte das unmöglich: Hungrig sein und
zuschauen, wie jemand eine Suppe ißt. Aber Sie sind selber
schuld. Ich esse die Suppe nur, weil Sie sie verweigert haben.

DIE POLIN Wie war das Wort?

DER FELDWEIBEL Lüpfig.

DIE POLIN Schön lüpfig.

DER FELDWEIBEL   Es schmeckt mir eben. Ich bin satt, aber es schmeckt mir.

DIE POLIN   Das zeigen Sie nicht.

DER FELDWEIBEL   Nein?

DIE POLIN   Sie starren in den Teller, als wäre er voller Fliegen.

DER FELDWEIBEL   Finden Sie?

DIE POLIN   Oder ein Abgrund!

DER FELDWEIBEL   Der Teller?!

DIE POLIN   Ja! Jesusmariaundjoseph, das ist es!

DER FELDWEIBEL   Ein Abgrund?!

DIE POLIN   Jetzt kann ich es schreiben.

DER FELDWEIBEL   Ich verstehe kein Wort.

DIE POLIN   Ich schreibe einen schön lüpfigen Teller Abgrund voll guter Suppe...!
Sie nimmt das Blatt, liest vor.
Wenn i ame Summerabig ime Schiffli zmitzt im See
S Abigrot uf lyse Wälle grad wie Rose ligge gseh,
Und de Seelisberg umrandet vome goldig helle Schy
Ernst und fyrli abelueget, lan i myni Rueder sy.

DER FELDWEIBEL   Was heißt das – ein Teller Abgrund... voll guter Suppe...?

DIE POLIN   Musik.

DER FELDWEIBEL   Machen Sie sich lustig über mich?

DIE POLIN   Nein.
Sie starren sich an.

DER FELDWEIBEL   Wie tönt diese Melodie?
Stille.

DER FELDWEIBEL   Wollen Sie nicht doch einen Teller?
Sie schüttelt den Kopf.

DER FELDWEIBEL   Ich kann auch andere Saiten aufziehen. Wir sind kein Hotel, Madame, und Sie – Sie sind freiwillig gekommen. Es gibt sogar Leute, die an der Grenze niederknien. Oder sie lassen ihre Kinder bitten. Das ist noch schlimmer. Das gibt Magengeschwüre. Ich habe es nicht mehr ausgehalten, an der Grenze. In Kinderaugen blicken und sie fortschicken, Kinder in den Tod schicken! – Es bricht einem das Herz.
Er starrt in den Teller. Sie nimmt die Handorgel, improvisiert ein paar Töne.

DER FELDWEIBEL   Sie tun es, Olga? Sie finden eine Melodie für
mich?

DIE POLIN   Unter einer Bedingung. Sie bringen unseren Leuten
eine Kanne Tee.

DER FELDWEIBEL   Jawohl.

DIE POLIN   Dann ein Süppchen.

DER FELDWEIBEL   Teller Süppchen, jawohl.

DIE POLIN   Ohne Ersatzmittel.

DER FELDWEIBEL   Ohne, jawohl.

DIE POLIN   Und mich lassen Sie allein.

DER FELDWEIBEL   Zu Befehl.

DIE POLIN   Da wäre noch etwas, Feldweibel. Zum Komponieren
brauche ich Zigaretten.

DER FELDWEIBEL   Jawohl. Jetzt können Sie loslegen, Olga. Jetzt
können Sie zeigen, was Sie draufhaben!
Sie spielt.

DER FELDWEIBEL   Ja ... ja! Ja!

III
In der Satellitenstadt

Personen

ALI
LOLA
FISCH
MUTTI
DIE FRAU
DER MANN

III, 1

Appartement in einem Hochhaus der Satellitenstadt.
Morgen. Zwei Menschen beim Frühstück. Der Mann streicht ein
Brötchen; die Frau liest die Zeitung.

LOLA Noch eine Tasse Kaffee?
Er reagiert nicht, streicht sein Brötchen. Sie blättert um.
ALI Hast du gut geschlafen?
Sie blättert um.
ALI Was macht das Wetter?
Sie blättert um.
ALI Es wurde leider etwas später, entschuldige.
LOLA Seit wann entschuldigst du dich dafür? Bei dir wird es
immer später.
ALI Es war das erste Mal seit Jahren.
Sie schaut auf, erstarrt.
LOLA Hilfe!
Er verschluckt sich, erstarrt ebenfalls.
LOLA Wer sind Sie...?! Was machen Sie hier...! Hilfe!
ALI Wo ist Mutti?
LOLA Wer?

ALI Mutti!

*Er will ins Schlafzimmer blicken, entdeckt an der Wand eine
Maske.*

Ein Geschenk?

LOLA Die Maske?!

ALI Ein schönes Geschenk.

LOLA Der Kerl ist komplett hinüber. Das ist unsere Maske!

ALI Verzeihung, aber Sie kommen in unsere Wohnung und...

Er lächelt.

... und hängen diese Maske auf?

LOLA Seit Jahren hängt die hier.

ALI *schaut ins Schlafzimmer. Dort ist offenbar niemand.* Ist sie
im Badezimmer?

LOLA Wer –

ALI Mutti! Ich sage Mutti zu meiner Frau.

LOLA Soll bei uns im Badezimmer sein?!

ALI *nickt. Er versteht die Welt nicht mehr.*

LOLA Wer hat Sie reingelassen?

ALI Reingelassen? Das ist meine Wohnung. Unsere! Die Wohnung von Mutti und Ali!

LOLA Ali...!

ALI Ja.

LOLA Das gibt's doch nicht. Hockt auf einmal ein Asylant beim
Frühstück und behauptet, das sei seine Wohnung! Sie, das ist
unsere Wohnung!

ALI Ich freue mich über jeden Gast. Alles gehört Ihnen. Nehmen
Sie Platz. Trinken Sie. Und Gott, der Erhabene, wird mir Ihr
Herz in Freundschaft zuneigen.

Er betrachtet die Tasse.

Ihre Tasse?

LOLA Klar.

ALI Sie bringen die Tasse mit?!

LOLA Was soll ich?! Tassen in meine Wohnung bringen?! Jetzt
reichts, ja?! Das ist meine Wohnung, meine Tasse, mein
Kaffee, und wenn Sie das nicht endlich kapieren, rufe ich die
Polizei.

ALI *starrt das Sofa an.* Das Sofa!

LOLA Hä?

ALI Wir haben kein Sofa.

LOLA Es ist mein Sofa.

ALI In unserer Wohnung?!

LOLA Ich sage es zum letzten Mal: es ist unsere!

ALI Moment!

Er geht ins Schlafzimmer, ab.

LOLA He, Sie, das ist mein Schlafzimmer ...!

ALI *kommt zurück, mit Jacke und Hut.*

ALI *zückt seine Brieftasche.* Ich habe Papiere. Ich wohne hier.
Zusammen mit Mutti.

LOLA Dann können Sie mir vielleicht erklären ...

Sie zeigt auf eine Photographie.

... wer das ist?

ALI Schön wie der Mond in der vierzehnten Nacht.

LOLA Oh.

ALI Aber das sind ja Sie ...!

LOLA Das ist der Beweis.

ALI Beweis?

LOLA Daß das unsere Wohnung ist. Verstehen Sie nicht?

ALI Nein.

LOLA Diese Maske gehört mir. Auch das Sofa, und das dort –
Sie zeigt auf das Photo.

... das bin ich. Also ist das meine Wohnung!

ALI Gut. Vielleicht ist es die Wahrheit. Ihre Tasse, Ihr Bild, Ihre
Maske.

LOLA Ja, und jetzt verschwinden Sie!

ALI *geht zum Fernsehsessel.* Mutti steht den ganzen Tag im
Schirmgeschäft. Deshalb hat sie kaputte Füße, und wenn sie
abends nach Hause kommt, nimmt sie ein Fußbad. Soll ich es
beweisen?

LOLA Ein Verrückter.

ALI Unter diesem Sessel hat Mutti ein rotes Plastikbecken. Haben
Sie auch ein solches Becken?

LOLA Ich? Nein.

ALI Gut. Wenn wir ein Plastikbecken finden, ist es meine Wohnung. Wenn wir keines finden – –
Er zieht einen Frauenstiefel hervor.

... ist das Ihrer?!

LOLA Natürlich ist das meiner.

ALI *zeigt seine Papiere.* Sie, dafür habe ich gekämpft und gelitten.
    Dafür habe ich Mutti geheiratet. Dafür habe ich Muttis Schirm-
    geschäft übernommen. Dafür habe ich die Heimat vergessen,
    und jetzt sagen Sie: Meine Wohnung ist Ihre?

LOLA Darf ich noch mal sehen?

ALI Bitte.

     LOLA *studiert die Papiere.*

ALI Ich wohne hier. Turm 33, 17. Stock, Mitte. Zusammen mit
    Mutti.

LOLA Sie wohnen in Turm 33.

ALI Ja. Turm 33, 17. Stock, Mitte.

LOLA Das ist Turm 35.

ALI 35.

LOLA Ja, Turm 35, 17. Stock, Mitte.

ALI 35.

LOLA Ja.

ALI 35.

LOLA Ist Ihnen nicht gut?

ALI Das ist Turm 35...!

LOLA Natürlich ist das Turm 35.

ALI Wir haben eine Wohnung in Turm 33. Nicht 35 – 33.
    Er versucht zu lächeln.
    Wir haben die gleiche Wohnung.

LOLA Sie vergessen die Maske.

ALI Und das schöne Bild.

LOLA Da war ich noch jünger.

ALI Bitte um Verzeihung. Ich war sicher, ich liege bei Mutti...!

LOLA Mein Gott! Wenn das Fisch erfährt!

ALI Fisch?

LOLA Mein Freund.

     Vom Sofa her ein Schnarcher.

LOLA Er liegt hier!

ALI Wer.

LOLA Fisch!

DIE STIMME VON FISCH *vom Sofa her.* Ich höre Stimmen.

LOLA *zu* FISCH: Du trinkst zuviel.

ALI Nur gestern.

DIE STIMME VON FISCH Was?!

ALI Ich bin Türke.

DIE STIMME VON FISCH Was bin ich?!

LOLA Schlaf weiter, lieber Fisch!

ALI *will verduften. In diesem Augenblick:*

FISCH. *Sein Kopf taucht über der Rückenlehne des Sofas auf.*

FISCH Hab ich einen Schädel.

LOLA Ah, Fisch, guten Morgen.

FISCH Lola, warum liege ich hier?

LOLA Warst du noch in Joes Bar?

FISCH Ja. Ja, ich denke, ich war noch in Joes Bar.

LOLA Dann ist ja alles klar.

FISCH Was denn, Lola? Was soll mir klar sein?

LOLA Leg dich hin, Fisch. Schlaf noch ein bißchen.

FISCHS *Kopf verschwindet hinter der Rückenlehne, ab.* LOLA *bugsiert* ALI *Richtung Vorraum. Er versucht ihr klarzumachen, er habe noch etwas vergessen. Nämlich seinen Schirm. Da taucht der Kopf wieder auf.*

FISCH.

FISCH Lola? Lola, was machst du!

LOLA Ich?

FISCH Holst du die Zeitung?

LOLA Ja...

FISCH Da ist sie doch.

LOLA Wer ist da?!

FISCH Die Zeitung! Da, auf dem Tisch.

LOLA Wie dumm von mir. Und? Wie wars?

FISCH Wo.

LOLA In Joes Bar.

FISCH *setzt sich auf den Platz, auf dem* ALI *gesessen hat, und beglotzt das von* ALI *gestrichene Brötchen.* Hast du mir ein Brötchen gestrichen?

LOLA Du magst keine Brötchen.

FISCH Nein, ich mag keine Brötchen.

LOLA Wenn du keine magst, warum soll ich dir welche streichen?

FISCH Und was ist das? Ein Krokodil?!

LOLA   Ach, das! Ja, das ist ein Brötchen. Willst du ein schönes
        Bierchen dazu?

FISCH   Und was soll ich mit dem Brötchen?

LOLA   Aus Jux...

FISCH   Aus Jux. Sie streicht mir aus Jux ein Brötchen.
        Und plötzlich fällt ihm etwas ein.
        Ich Idiot, ich verdammter.
        Er schaut ins Schlafzimmer.
        Komme nach Hause, und wer liegt bei meiner Lola? Ich, hab
        ich gedacht. Logisch! Wer soll sonst bei ihr liegen... Das war
        kein Delirium. Ganz im Gegenteil.
        Sie schaut in die Zeitung.

FISCH   Was steht in der Zeitung?

LOLA   Das gleiche wie immer.

FISCH   Das gleiche wie immer
        Er dreht sich eine Zigarette.
        Und was ist das: das gleiche? Wie sieht es aus?

LOLA   Wie immer.

FISCH   Dort liegt dein Stiefel.

LOLA   Wirklich?

FISCH   Die Spur führt ins Schlafzimmer.
        Er steht auf, schaut hinein.
        Wie heißt er?

LOLA   Wer?

FISCH   Der Türke in deinem Bett, Lola.

LOLA   In meinem Bett? Ein Türke?! Jetzt übertreibst du aber.

FISCH   Ich übertreibe.

LOLA   Und wie.

FISCH   Und warum, glaubst du, habe ich auf diesem verdammten
        Sofa gepennt!?

LOLA   Außer uns ist niemand in dieser Wohnung, lieber Fisch.
        ALI *läßt seinen Schirm fallen.*

ALI   Verzeihung.

LOLA   *zu* FISCH: Hast du ihn reingelassen?

FISCH   Ich?! Sag mal, spinnst du?!

LOLA   Ich war's nicht, Fisch. Großes Ehrenwort! Plötzlich saß er
        da.

FISCH   Wo.

LOLA Da.

FISCH Da sitze i c h.

LOLA Vorher saß e r da.

FISCH Du verdammtes, verlogenes Nuttenstück! Und warum
habe ich auf diesem Sofa gepennt?! Aus Jux?!? Ajoke

LOLA Fisch – –

FISCH Als ich nach Hause kam, hat er in deinem Bett gelegen –
dort! im Schlafzimmer! bei dir!

LOLA Ich habe ihn nicht reingelassen, Fisch, das schwör ich dir!
Ich schwör's dir, Fisch, ich schwörs dir, ich habe den Mann nicht
reingelassen!

FISCH Himmelnochmal, wollt ihr mich verarschen?! Wenn er
h i e r ist, muß er doch irgendwie r e i ngekommen sein, oder
nicht?!

ALI Ja.

FISCH Dann erklär mir, wie. Wie!

ALI Gleiche Wohnung – andere Frau.

FISCH Gleiche Wohnung, andere Frau.

LOLA Sie haben das Sofa vergessen.

ALI Ja, Sie haben ein Sofa – Mutti und ich haben keins.

LOLA Dafür habt ihr ein Plastikbecken.

FISCH Ist das ein Irrenhaus?! Natürlich haben wir ein Sofa. Dort
steht es doch!

LOLA Er hat den falschen Turm erwischt. Das ist mir auch schon
passiert. Manchen passiert es sogar tagsüber.

FISCH *steht am Fenster. Stille.*

LOLA Früher waren wenigstens die Schlüssel verschieden.

FISCH Die Zacken.

LOLA Ja. Wenigstens ein Zacken pro Schlüssel.

ALI Manchmal benutzt Gott einen Schwachen, um seine Geheimnisse zu offenbaren.

Dunkel.

III, 2

Wenn es wieder hell wird: dasselbe Bild – eine andere Wohnung.
Allerdings ohne Sofa und ohne Maske.
Abend. MUTTI *sitzt im Sessel, die Füße im Wasserbecken.*

MUTTI   Warum so kompliziert? Warum sagst du nicht einfach:
Mutti, du bist mir zu verbraucht? Die affektiven Regungen
nehmen ab, das sagen sie auch im Fernseher, ein Ehebett hat
zwei Kissen, auf jedem liegt ein Kopf, die Einsamkeit addiert
sich. Hast du Wasser aufgesetzt? Da, schau dir meine Füße an.
Die altern noch schneller als der Rest, die Beine werden dicker,
die Zähne schmaler, was soll man machen, wir Detailisten sind
Stehberufler, gesessen wird im Knast und im Migros an der Kas-
se. Ach, hier ist ja die Thermosflasche!
Sie gießt heißes Wasser ins Plastikbecken.
Hat sich diese Lola nochmals gemeldet? Oder du bei ihr?
Sie tunkt die Füße ins heiße Wasser.
Aua. Männer sind so. Irgendwann wollen sie eine Jüngere, was
heißt addiert, sieh dir diese Türme an, die Lichter, pro Wohn-
einheit eine Einsamkeit, und wo ein Paar ist, wird die Einsamkeit multipliziert. Im Geschäft war wieder Flaute, der Detail-
handel ist sowieso am Ende; aufrecht untergehen, hat Papa
immer gesagt, wer spricht von Siegen, durchstehen ist alles. Bittesehr, bei diesen Füßen kann ich's begreifen, aber warum diese orientalischen Ausreden? Warum diese Phantasie? Du bist
das Trinken nicht gewohnt, sie hat dich abgeschleppt, voll wie
sie war, ein Seitensprung, punktum. Da hebt man doch nicht
gleich die Schwerkraft auf, nur für einmal vögeln, wo kämen wir
hin, und überhaupt, Ali, mal angenommen, es stimmt. Auch
wenn du dich verflogen hast und vom fliegenden Teppich gleich
ins Bett steigst, erst noch im Dunkeln, müßte man doch merken, ob man bei seiner Mutti liegt oder bei einer Lola. Ali, das
riecht man!

ALI *kommt mit zwei gepackten Koffern aus dem Schlafzimmer.*

MUTTI   Komm, sag es mir. Sag mir: Mutti, du bist schön wie der
Mond in der 14. Nacht, und ich bin schön. Sag mir: Du bist
meine Oase, und ich leuchte mit Palmen, ich plätschere mit
Brunnen.

ALI *steht. Es klingelt.*

MUTTI Hast du ein Taxi bestellt?

ALI Nein.

Er geht ins Schlafzimmer, ab.

MUTTI Es ist tagsüber wie nachts; aber nachts ist es dunkel.

Sie schaltet den Fernseher ein: Eine Heimatgala.

MUTTI Allein ist die Einsamkeit am schlimmsten.

Wieder klingelt es.

Sie stellt den Ton leise und geht zur Tür.

MUTTI *kommt zurück, mit* FISCH *und* LOLA.

MUTTI Was darf es sein?

FISCH Fisch.

MUTTI Fisch?

FISCH Mein Name!

MUTTI Ach so.

Sie ruft ins Schlafzimmer: Ein Herr Fisch!

LOLA Schön haben Sie's hier.

MUTTI Womit kann ich dienen?

FISCH Ja, sehr schön. Die Sache ist die. –

LOLA *entdeckt die Photographie.* Oh!

MUTTI Da war ich noch etwas jünger.

LOLA Ich auch. Wir haben den gleichen Rahmen. Ich stehe auch
da. Ich meine natürlich bei uns. In unserer Wohnung. Da drüben. Dort, im übernächsten Turm, Turm 35, stehe ich ebenfalls
hier.

MUTTI *betrachtet* LOLA.

LOLA Im Prinzip haben wir nichts gegen Ausländer.

MUTTI Das denk ich mir ...

LOLA Aber die Maske war ein Andenken.

FISCH Aus Brindisi.

LOLA Mombasa.

FISCH Brindisi.

LOLA Jedenfalls echt, und da wollten wir Sie fragen, ob er vielleicht – –

MUTTI *laut.* Ali?

FISCH Er war heute früh bei uns.

MUTTI Ali, würdest du bitte mal kommen?

FISCH Es ist wie bei den Oleandern, ein Stock gleicht dem andern.

LOLA Bis auf die Maske. Die hätten wir gern zurück.

ALI *kommt mit einem dritten Koffer aus dem Schlafzimmer.*

MUTTI Sie wollen nur die Maske.

LOLA Hier hat sie gehangen.

ALI Hier?

LOLA Bei uns natürlich.

FISCH Eben nicht!

LOLA Seit heute nicht mehr, ja. Seit heute morgen. Die Maske
wurde uns entwendet. Da ist ja das Plastikbecken!
Zu Fisch: Mutti badet jeden Abend ihre Füße. Ali sagt Mutti zu
seiner Frau.

FISCH Mutti.

MUTTI Ja, Mutti.

LOLA Wie er in unsere Wohnung gekommen ist, wissen wir nicht.

FISCH Vielleicht doch.

MUTTI Mit dem Teppich.

FISCH *zu Lola:* Hat er dir einen Teppich angedreht?!

MUTTI Ali verkauft nichts. Das ist ja das Problem. Mutti steht den
ganzen Tag im Laden, macht sich die Füße platt, und er – fliegt.

FISCH/LOLA Fliegt?

MUTTI Fliegt! Auf seinem Teppich fliegt er um die Häuser. Hast
du dich wieder verflogen, Ali?

ALI Seien Sie unsere Gäste, und Gott, der Erhabene, wird uns Ihr
Herz in Freundschaft zuneigen.

FISCH Wir wollen nur die Maske.

MUTTI Da sind Sie an der falschen Adresse.

FISCH Er ist Türke.

MUTTI Vorsicht, Herr! Wir sind seit Generationen im Schirmgeschäft. Stimmt's, Ali?

ALI Wie wär's mit einem Sonnenschirmchen? Sie haben doch
auch einen Balkon.

FISCH Natürlich haben wir einen Balkon.

LOLA Alle haben einen.

MUTTI Zur Zeit führen wir drei verschiedenen Modelle.

ALI Zehn Prozent Rabatt auf jeden.

MUTTI Ali!

ALI Sieben.

MUTTI Mein Gott, wie oft muß ich es noch sagen? Wir markten
nicht.

ALI Fünf. Herr Fisch ist unser Nachbar.

MUTTI Aber wir handeln nicht. Wir sind grundehrliche Geschäfts-
leute – keine Basaris!

Plötzlich. Das ist ja Indergand!

LOLA Der Feldweibel!

MUTTI Das Lied der Heimat!

Sie stellt den Ton lauter. Das Indergandsche Lied beginnt.

FISCH Kommt sein Lied, entsteht jedesmal so ein Gefühl in
einem ...

MUTTI In uns auch! Ist das nicht seltsam?

Alle starren auf den TV-Apparat.

FISCH Es ist ein Gefühl von...

ALI Heimat?

FISCH Heimat? du?!

ALI Heimat.

Dunkel.

III, 3

*Wenn es wieder hell wird: dasselbe Bild – eine andere Wohnung,
Morgen. Ein Ehepaar beim Frühstück.*

DIE FRAU *liest die Zeitung.* Noch eine Tasse Kaffee?

Er reagiert nicht, streicht sein Brötchen. Sie blättert um.

DER MANN Hast du gut geschlafen?

Sie blättert um.

DER MANN Was macht das Wetter?

Sie blättert um.

DER MANN Es wurde leider etwas später.

DIE FRAU Hab's gemerkt.

DER MANN Leiser kann ein Mann nicht ins Bett kriechen.

Er streicht weiter sein Brötchen. Sie schaut auf, erstarrt.

DER MANN Absurd. Da hofft man jahrelang, daß man es endlich
schafft – –

DIE FRAU Hilfe!

DER MANN Ich muß darüber reden.

DIE FRAU Hilfe!

DER MANN Wer sind Sie!

DIE FRAU Wer sind Sie! Was machen Sie in unserer Wohnung!?

DER MANN In Ihrer? Sind Sie wahnsinnig? Um Gottes willen, wo ist meine Frau?

DIE FRAU *ruft.* Peter! Peter!

DER MANN Ihr Mann?

DIE FRAU Ja.

DER MANN Sonderbar. Ich heiße ebenfalls Peter. Peter Müller.

DIE FRAU Ich ebenfalls.

DER MANN Müller?

DIE FRAU Ja! Hat mein Mann Sie mitgebracht?

DER MANN Nein. Wieso mitgebracht? Was soll das heißen? Das ist unsere Wohnung. Ich wohne hier.

DIE FRAU Hier wohnen wir. Hilfe!!

DER MANN Bitte, beruhigen Sie sich!

DIE FRAU Was wollen Sie von mir...!

DER MANN Nichts. Absolut nichts. Das ist doch... das muß doch... bitte vielmals um Entschuldigung, aber ist das nicht der neunzehnte Stock? Neunzehnter Mitte?

DIE FRAU Natürlich.

DER MANN Sind Sie sicher?

DIE FRAU Natürlich bin ich sicher. Iris und Peter Müller.

DER MANN Sie heißen Iris?!

DIE FRAU Ja!

DER MANN Sagten Sie Iris? Iris Müller? Iris? Mein Gott, das ist ja – furchtbar ist das. Meine Frau heißt ebenfalls Iris.

DIE FRAU Iris?

DER MANN Genau wie Sie. Ich heiße Peter.

DIE FRAU Wie mein Mann.

DER MANN Unsere Frauen heißen Iris.

DIE FRAU Unsere Männer heißen Peter.

Sie stößt einen Schrei aus.
Nein!

DER MANN Doch. Ja! Schon. Allerdings glaubte ich felsenfest, bei meiner Iris zu liegen.

DIE FRAU Bei Ihrer Iris...

DER MANN Wie? Oh, das. Neinnein, das nicht.

DIE FRAU Sind Sie sicher?

DER MANN Unsere wilden Jahre sind passé.

DIE FRAU Unsere auch.

DER MANN Wie das Leben so spielt.

DIE FRAU Der natürliche Verschleiß.

DER MANN Ich war sehr müde.

DIE FRAU Peter gibt mir meistens einen Kuß auf die Schulter. –

DER MANN Stimmt! –

DIE FRAU Dann dreht er sich weg. Dann schnarcht er.

DER MANN Bei uns läuft es ähnlich ab.

DIE FRAU Wie traurig.

Sie schauen sich an.

DER MANN Wir sind uns fremd geworden, Iris und ich.

DIE FRAU Peter und mir ging es ähnlich.

DER MANN Ja. Vermutlich geht es den meisten so.

DIE FRAU *plötzlich.* Peter...!

DER MANN Iris...! Iris, bist du's?

DIE FRAU Ja. Ich bin's. Aber du... bist du tatsächlich... Peter?
Mein Peter?

DER MANN Wer denn sonst? Natürlich bin ich dein Peter. Ich! bin!
ich!

DIE FRAU Um Gottes willen! Ich bin... ich war überzeugt... und
du bist mit einer Frau verheiratet – –

DER MANN Die Iris heißt und heute abend mit Frau Eibenschütz
in Indergands Gala geht...!

DIE FRAU Das bin ich.

DER MANN Das ist sie.

DIE FRAU Wer. –

DER MANN Meine Iris.

DIE FRAU Mein Peter.

DER MANN Wir sind es! Wir müssen es sein. In unserer Wohnung... Iris, das hält man nicht aus: Das Ganze einer Wohnung,
seiner Frau, eines Morgens – man hält es nicht aus. Man krepiert. Wer auf einmal das Ganze erblickt, krepiert. Deshalb
müssen wir gewisse Dinge übersehen. Um Leben zu können.
Um zu schnaufen, um zu leben! Denk nur an eine Brause.

Plitsch! Hast du je eine Brause gesehen, ich meine: Das Ganze einer Brause wirklich gesehen? Plitsch! Gut, eine Brause ist eine Brause, aber: Wie viele Löcher, wie viele Strahlen, und wenn du zudrehst, abdrehst – tropft's noch da oben?

DIE FRAU   Dein Auge!

DER MANN   Mein Auge?

DIE FRAU   Ich möchte dein Auge sehen. Oder eine Wimper. Eine Wimper deines Auges. Hast du überhaupt Wimpern? Kann ich sie sehen? Muß ich krepieren, wenn ich dein Auge sehe? Sehe ich dein Auge?

DER MANN   Es wäre in der Tat begrüßenswert, wenn du die Brause zudrehen würdest. Zudrehen, verstehst du? Ich kann dieses Plitsch nicht mehr hören. Das heißt, vielleicht plitscht es gar nicht, aber ich gehe davon aus, daß es plitscht. Wenn du geduscht hast, plitscht es, keine Frage, dann plitscht es.

DIE FRAU   Vielleicht müssen wir umziehen. Was hältst du davon? Vielleicht werden wir in einer anderen Wohnung glücklich.

Er streicht sein Brötchen.

DIE FRAU   Ich habe dich etwas gefragt, Peter.

DER MANN   Entschuldige, Iris.

DIE FRAU   Du warst gerade in Gedanken.

DER MANN   Ja.

DIE FRAU   Beim nächsten Termin.

DER MANN   Verdammtnochmal, wenn ich weiterkommen will, muß ich dranbleiben, verstehst du? Ich muß dranbleiben, und zwar Tag und Nacht, Tag und Nacht! Was schaust du mich an?

DIE FRAU   Es ist alles in Ordnung.

Sie blättert um. Er streicht sein Brötchen.

Noch eine Tasse Kaffee?

DER MANN   Es plitscht wieder.

DIE FRAU   Ich habe die Dusche zugedreht. Abgedreht.

DER MANN   Ich höre es plitschen! Hörst du nicht? Es plitscht!

DIE FRAU   Plitscht?

DER MANN   Plitscht!

DIE FRAU   Nein.

DER MANN   Doch.

DIE FRAU   Es plitscht?

DER MANN   Ja, es plitscht, ich höre es plitschen, es plitscht!

Dunkel.

IV
Auf dem Sonnenberg

Personen

INDERGAND
DIE POLIN
SCHWESTER VRONI
SCHWESTER LUCI
DER DOKTOR
PATIENTEN DES SANATORIUMS

Herbst.
Auf der Terrasse des Sanatoriums Sonnenberg, hoch über dem Vierwaldstättersee.
Der alte INDERGAND, *im Smoking, sitzt in einem Sessel.*
SCHWESTER VRONI *und* SCHWESTER LUCI, *beide auf Leitern, hängen leuchtende Lampions in den Abendhimmel.*
SCHWESTER VRONI Sogar das Fernsehen kommt! Wir sehen uns in der Tagesschau. Machen Sie vorwärts, Schwester Luci, beeilen Sie sich!
SCHWESTER LUCI Er war dreimal verheiratet. Und seine dritte Frau war dreißig Jahre jünger.
SCHWESTER VRONI Ja ja, mit dem Lied ist er furchtbar reich geworden. Man spricht von Millionen und Häusern und Villen. Alles von den Tantiemen. So nennt man die Einnahmen eines Künstlers.
Leise. Versprechen Sie mir, niemandem etwas zu sagen? Er wird eine Rede halten. Vor laufender Kamera. Er will der Öffentlichkeit etwas ganz, ganz Wichtiges bekanntgeben.
SCHWESTER LUCI David Bowie und all diese Typen bringen pro Jahr ein Album raus.
SCHWESTER VRONI Sicher, aber wenn die Menschen in hundert

oder zweihundert Jahren an uns denken, Schwester Luci, dann singen sie sein Lied. Wenn ich traurig bin, dann muß ich es hören. So ein Lied gelingt auch dem besten Komponisten nur einmal.

SCHWESTER LUCI Chic sieht er aus.

SCHWESTER VRONI Und immer anständig.

SCHWESTER LUCI Ich glaube, sie kommen! Haben Sie zufällig gehört, wer es ist?

SCHWESTER VRONI Eine Gratulantin...!

SCHWESTER LUCI Heute ist er Achtzig. Da gratulieren alle. Schwester Vroni, ich schweige wie ein Grab, Ehrenwort! Wer ist es?

SCHWESTER VRONI Eine Frau aus Polen.

SCHWESTER LUCI Aus Polen?

SCHWESTER VRONI Pst!

SCHWESTER LUCI So viel Geld und keine Erben – Sachen gibt's!

SCHWESTER VRONI *steigt ab, zeigt auf einen Lampion.* Den roten noch etwas weiter nach links!

DER DOKTOR *führt die Polin auf die Terrasse.*

DER DOKTOR Herr Indergand, Ihr Besuch ist da!

DIE POLIN Darf ich rauchen?

DER DOKTOR Aber bitte. Bitte sehr.
    Zu INDERGAND: Ist das nicht ein wundervolles Geburtstagsgeschenk? Die Frau, die Sie so lange gesucht haben: Hier steht sie vor Ihnen.

INDERGAND Ja.

DER DOKTOR Dann darf ich Sie jetzt allein lassen, Frau äh – –

DIE POLIN Dobijanka-Witczakowa.

DER DOKTOR Heitern Sie ihn ein wenig auf! Durch sein Lied hat er uns unendlich viel Freude geschenkt. Durch seine unsterbliche Melodie! Ich bin ja so stolz, Herr Indergand, daß wir Sie hier bei uns haben dürfen.

SCHWESTER VRONI Ich auch.

SCHWESTER LUCI Wir alle.

DER DOKTOR Stolz und glücklich. Aber jetzt möchten Sie mit Frau äh – –

DIE POLIN Dobijanka-Witczakowa.

DER DOKTOR ... Ihre »Sache« besprechen.
    Zur POLIN: Sein Wort. Mehr wissen nicht einmal wir Ärzte.

INDERGAND *plötzlich.* Bitte gehen Sie. Gehen Sie!
  Sie starren ihn an.
INDERGAND Sie alle! Bitte!
  DER DOKTOR *und die beiden* SCHWESTERN *ab.*

DIE POLIN *zu* INDERGAND: Ihr Brief hat mich sehr überrascht.
  Sehr! Meine Mama hat nie von der Schweiz erzählt.
  Stille.
DIE POLIN Sie war im Lager . . .
INDERGAND Ja.
  Stille.
  Wann ist sie gestorben?
DIE POLIN Schon lange.
INDERGAND Wie . . . wie ging es ihr?
DIE POLIN Im Leben? Sie war nicht so berühmt wie Sie.
INDERGAND Komponistin.
DIE POLIN Ja. Aber nach dem Krieg war es in Polen schwierig.
  Besonders für eine Frau mit Kind. Mama ist früh gestorben. Die
  Lunge. Sie haben Mama gekannt, Herr Indergand?
  Er nickt.
DIE POLIN Gut?
  Er nickt.
DIE POLIN Sehr gut?
INDERGAND N-nein.
DIE POLIN Geliebt?
  Er verneint.
DIE POLIN Oh, ich dachte –
  Sie lacht.
  Stille.
DIE POLIN Sagen Sie's mir.
  Er nickt. Stille.
DIE POLIN Dann ist es vorbei. Für uns beide.
INDERGAND Man könnte meinen, Ihre Mutter steht da.
  Er kämpft mit sich.
  Ich schäme mich so.
DIE POLIN Sie haben Mama sehr, sehr lieb gehabt?
INDERGAND Nein.
DIE POLIN Aber Sie haben miteinander geschlafen . . .

INDERGAND Nein.

DIE POLIN Nein?

INDERGAND Nein!

DIE POLIN Herr Indergand, man hat mich in ganz Polen gesucht. Man hat mir gesagt, es sei eine sehr, sehr wichtige Sache.

INDERGAND Ja.

DIE POLIN Eine Geschichte von früher, wichtig für mein Leben.
Sie lächelt.
Hier bin ich, Herr Indergand.

INDERGAND Ja. Eine Geschichte von früher ... aber sie war ... sie ist ...
Er lächelt scheu.

DIE POLIN Wollen Sie später reden? Wenn es dunkel ist?

INDERGAND Nein.

DIE POLIN Jetzt?

INDERGAND Ja.

DIE POLIN Ich heiße Olga.

INDERGAND Olga.
Es nachtet ein.

INDERGAND Ein schöner Name.
Stille.

INDERGAND Olga.

DIE POLIN Soll ich Ihnen helfen? Soll ich sagen, was ich denke?
Er blickt verzweifelt. Sie versucht, tapfer zu lächeln.

DIE POLIN Sie sind ... du bist ... bist du ...?

INDERGAND Nein.

DIE POLIN Sag es! Bin ich Ihre ... deine Tochter?

INDERGAND Nein.

DIE POLIN Meinen Vater habe ich nie gesehen.

INDERGAND Olga, hat sie denn gar nichts erzählt ... vom Lager?

DIE POLIN Daß es kalt war.

INDERGAND Ja, verdammt kalt. Dort oben wintert es sogar im August. Wind. Sturm. Schnee.

DIE POLIN *schaut in die Ferne.* Mir gefallen diese Berge. Sie müssen gefährlich sein. Steil, aber schön.

INDERGAND Ich hatte mit Ihrer Mutter nur einmal zu tun.

DIE POLIN Ich verstehe.

INDERGAND Nein, das verstehen Sie nicht. Ihre Mutter, Olga, war eine große Künstlerin.

DIE POLIN *sucht in ihrer Handtasche nach Zigaretten.* Im Flugzeug habe ich die Zeitung gelesen. Ihr Geburtstag wird in der Schweiz groß gefeiert. Sie haben das Lied der Heimat geschrieben.

INDERGAND Ja.

DIE POLIN In den Zeitungen steht, manchmal hätten Sie falsch gespielt.

Er erschrickt.

DIE POLIN Falsche Töne.

INDERGAND Ach so. Ja, manchmal.

DIE POLIN Das sei Ihr berühmter Humor.

INDERGAND Ach ja.

DIE POLIN Mein Gott...! Ich weiß es...!

INDERGAND Ja...?

DIE POLIN Ja! Die Zigaretten!

INDERGAND Was?

DIE POLIN Sie haben meiner Mutter Suppe gegeben! Und Zigaretten! Das waren Sie?!

INDERGAND Wer – –

DIE POLIN Der gute Mensch. Der Mann, der meiner Mutter Suppe und Zigaretten gab.

INDERGAND Das hat sie Ihnen erzählt?

DIE POLIN *gibt sich Feuer.* Was haben Sie dafür bekommen...?

INDERGAND Für die Suppe?

DIE POLIN Liebe?

INDERGAND Unser Kommandant war Vater geworden. Wir wollten eine kleine Feier veranstalten. Da fiel mir ein, daß Ihre Mutter komponiert. Wir hatten viele Künstler im Lager. Deutsche, Polen, Kommunisten...

DIE POLIN Damals war Mama etwas jünger als ich.

INDERGAND Ich muß alles korrigieren. Ich muß mein Leben... mein ganzes Leben... für nichtig erklären. Meine Berühmtheit... mein Humor... mein Geld: Alles nur geborgt, Olga. Ge – –

Er verspürt einen heftigen Schmerz.

Von dem Lied habe ich fünfzig Jahre gelebt. Mehr als fünfzig Jahre. Es verging kein Tag, ohne daß ich es nicht irgendwo gesungen habe. Sie wollen es hören, wieder und immer wieder, und ich...

Er nimmt ihre Hand.

Ich habe Angst, Olga.

DIE POLIN Ganz ruhig.

INDERGAND Vor Ihnen habe ich Angst.

DIE POLIN Vor mir?

INDERGAND Vor dem Lied.

DIE POLIN Sie sollten sich nicht anstrengen, Herr Indergand.

— INDERGAND Ja. Nein. Olga, wer bin ich denn, wenn ich nicht Indergand war, der Komponist meines Liedes?

DIE POLIN Aber das sind Sie doch!

INDERGAND Ja ... ich war's.

DIE POLIN Sie sind es!

INDERGAND Ich habe nie mehr Suppe gegessen. Nie mehr. Sie hat recht gehabt. Es war ein schön lüpfiger Abgrund voll guter Suppe. Und ich –

DIE POLIN Sie haben Fieber.

INDERGAND Alles war ein einziger Schwindel!

DIE POLIN Ist das Ihr Humor?

INDERGAND Ja. Die Wahrheit ist – – Olga! Olga, die Wahrheit ist, daß Ihre Mutter – –. Ich konnte doch nicht wissen, daß es dermaßen einschlägt.

DIE POLIN Die Liebe?

INDERGAND Die Melodie!

DIE POLIN Entschuldigen Sie, aber ich verstehe nicht.

INDERGAND Ich möchte so nicht sterben, Olga! Sie sollen jetzt wissen, vor aller Welt sollen Sie wissen, daß das Lied ... dieses Lied ... das Lied der Heimat ... – –

DER DOKTOR, *die* SCHWESTERN VRONI *und* LUCI *sowie die Insassen des Sonnenberg, lauter Alte und Kranke, erscheinen auf der Terrasse.*

DER DOKTOR Herr Indergand, melde Ihnen den Sonnenberg zum Geburtstagsständchen bereit. Wir alle wünschen Ihnen Glück, Gesundheit und einen hochverdienten Abend Ihres erfüllten Künstlerlebens. Und vor allem, Herr Indergand, vor allem möchten wir danken. Wir danken Ihnen von Herzen für Ihr Lied. Es ist das reinste Gold – die Seele dieses Landes. Lyrik! Musik! Poesie. Es wird bleiben. Ihr Lied wird bleiben.

INDERGAND   Olga ... Olga ... das Lied ...
DIE POLIN   Ja?
INDERGAND   Das Lied ...!
DIE POLIN   Ja!
INDERGAND   Das Lied hat Ihre Mutter ...
DER DOKTOR   Alle miteinander – zwo, drei, und!

ALLE   *singen.*

> Wenn i ame Summerabig ime Schiffli zmitzt im See
> S Abigrot uf lyse Wälle grad wie Rose ligge gseh,
> Und de Seelisberg umrandet vome goldig helle Schy
> Ernst und fyrli abelueget, lan i myni Rueder sy.
>
> Ruhig lani s Schiff la trybe, lan es gah wohi dass will.
> Alli Sorge, alli Schmärze werdet für es Wyli still.
> Übers Wasser schwebt de Fryde bald i färne Gloggetön.
> O wie isch das Uferlüüte um myn Abigsee so schön.
>
> Streit en stille, linde Säge mit sich furt vo Hus zu Hus,
> S streut en über alli Länder, über alli Mänsche us.
> S Schiffli trybt em Land entgäge, dunkli Schatte styged scho.
> Aber tüüf im Härz do singt mys Lied und treit my immer no.

Während des Liedes ist INDERGAND *tot zusammengesunken.*
Am Himmel glitzern die Sterne.
DIE POLIN   Herr Indergand hat meiner Mama einen Teller Suppe
   gegeben. Suppe und Zigaretten. 1942. Im Winter. Im Lager. Er
   war ein so guter, guter Mensch ...?
DER DOKTOR   Das Herz.
DIE POLIN   Das Lied der Heimat.
   Finis.

Nachweise der Druck- und Aufführungsrechte

Großvater und Halbbruder
© 1980/1984 S. Fischer Verlag GmbH, Frankfurt am Main
Uraufführung: Schauspielhaus Zürich, 15. Oktober 1981
Regie: Werner Düggelin
Aufführungsrechte: S. Fischer Verlag GmbH, Frankfurt am Main

Stichtag
© 1984 S. Fischer Verlag GmbH, Frankfurt am Main
Uraufführung:
Düsseldorfer Schauspielhaus, 16. November 1984
Regie: Thomas Schulte-Michels
und Staatstheater Stuttgart, 16. November 1984
Regie: Berndt Renne
Aufführungsrechte: S. Fischer Verlag GmbH, Frankfurt am Main

Stichtag
Oper in fünf Akten von Daniel Fueter
Libretto
© 1998 S. Fischer Verlag GmbH, Frankfurt am Main
Uraufführung: Stadttheater St. Gallen, 7. Februar 1998
Regie: Reto Nickler
Aufführungsrechte: S. Fischer Verlag GmbH, Frankfurt am Main

Frunz, Fragment eines Anfangs
© Ammann Verlag AG, Zürich
(Entnommen: Peter Ruedi [Hg.], Neue Theaterstücke aus der Schweiz, Eichborn-Verlag 1991)
Aufführungsrechte: S. Fischer Verlag GmbH, Frankfurt am Main

Der letzte Gast
Komödie (Bearbeitete Fassung) nach:
© 1990 Ammann Verlag AG, Zürich (Erste Fassung)
Uraufführung: Schauspielhaus Zürich, 22. Februar 1990
Regie: Achim Benning
Aufführungsrechte: Für die Schweiz: Ammann Verlag, Zürich, für Deutschland und Österreich: S. Fischer Verlag GmbH, Frankfurt am Main

Der Gesandte
Berner Fassung nach:
© 1991 Ammann Verlag AG, Zürich (Erste Fassung)
(Text entnommen dem Programmheft des Stadt Theaters Bern)
Uraufführung der ersten Fassung: Schauspielhaus Zürich, 14. Mai 1991
Regie: Achim Benning
Erstaufführung der Berner Fassung: Stadt Theater Bern, 15. Januar 1993
Regie: Volker Hesse
Aufführungsrechte: Für die Schweiz Ammann Verlag, Zürich, für Deutschland und Österreich: S. Fischer Verlag GmbH, Frankfurt am Main

De Franzos im Ybrig
Komödie (schweizerdeutsch)
© 1991 Ammann Verlag AG, Zürich
Uraufführung: Theatergruppe Chärnehus Einsiedeln im Roß-stallhof des Klosters Einsiedeln, 7. August 1991
Regie: Barbara Schlumpf
Aufführungsrechte: Ammann Verlag, Zürich

Der Franzos im Ybrig
Komödie
© 1996 Ammann Verlag & Co., Zürich
Erstaufführung: Schauspielhaus Zürich, 31. Dezember 1995
Regie: Wolf Dietrich Sprenger
Aufführungsrechte: Für die Schweiz: Ammann Verlag, Zürich, für Deutschland und Österreich: S. Fischer Verlag GmbH, Frankfurt am Main

Carleton
Ein Stück
  © 1996 Ammann Verlag & Co., Zürich
  Uraufführung: Theater am Neumarkt Zürich, 14. September
  1996
  Regie: Volker Hesse
  Aufführungsrechte: S. Fischer Verlag GmbH, Frankfurt am
  Main

Das Lied der Heimat
Stück
  © 1998 Ammann Verlag & Co., Zürich
  Uraufführung: Schauspielhaus Zürich, 30. April 1998
  Regie: Werner Düggelin
  Aufführungsrechte: S. Fischer Verlag GmbH, Frankfurt am
  Main

Thomas Hürlimann

Das Gartenhaus

Novelle

Band 11878

Ein kleines Meisterwerk – so lautete die einhellige Meinung der
literarischen Kritik über Hürlimanns Novelle *Das Gartenhaus*,
eine Geschichte um Alter, Liebe und Vergänglichkeit. Nach dem
Tod des einzigen Sohnes entwickeln sich zwischen dem Vater,
einem pensionierten Obersten, der für einen Rosenstock als
Grabschmuck plädierte, und der Mutter, die einen Granitfelsen
setzen läßt, die eigentümlichsten Rituale.

»Was dem Autor gelungen ist, ist tatsächlich einmalig
in der deutschsprachigen Gegenwartsliteratur. Ein Stoff wird
leicht und schön, zugleich spannend, abwechslungsreich
und überdies höchst tiefsinnig erzählt.«
Hann. Allgemeine Zeitung

Fischer Taschenbuch Verlag

fi 5010 / 6

Thomas Hürlimann

Die Satellitenstadt

Geschichten

Band 11879

Zwei Erzählwelten sind auszumachen: die eine bestimmt von
der Realität der Satellitenstadt, die andere von den tradierten
Werten ländlichen Lebens. Der Leser dieser Geschichten, die
durch wiederkehrende Schauplätze, Figuren und Motive locker
miteinander verbunden sind, tritt gleichsam eine Reise an, die
ihn vom »bienenumsummten Weiler«, aus der überschaubaren
Kindheitswelt und dem Kreis der Familie hinein in die Schlaf-
und Satellitenstadt führt, die die nahe Metropole Zürich Tag
und Nacht umkreist. Es macht die Eigenart und den Reiz dieser Erzählungen aus, daß selbst dort, wo die Realität der Satellitenstadt die Menschen der Anonymität preisgibt, der Autor
Spuren entdeckt, die zu neuen Stoffen und Geschichten führen.

Fischer Taschenbuch Verlag

fi 1542 / 5

Klaus Modick

Die Schrift vom Speicher

Roman

Band 11759

Ein Mann kehrt in die Stadt seiner Kindheit zurück, um sein Erbe zu verkaufen und damit ein Stück eigener Geschichte. Er geht durch das Haus, die Räume, den Keller. Ein Strom der Erinnerung überfällt ihn, jedes Zimmer, jedes Detail bringt ihn zu sich zurück, evoziert Bilder, Eindrücke, Gerüche. Das seinem Abbruch entgegenträumende Haus wird dem Mann zur Chiffre, dann zu einer Art Organismus, in dessen Kopf, dem Speicher, sich Gedächtnisformen aufschließen, die dem Mann ein verändertes Verhältnis zu sich selbst geben. *Die Schrift vom Speicher* ist ein poetischer Roman über den letzten Besuch im Haus der Kindheit.

Fischer Taschenbuch Verlag

fi 331 / 6

Reinhard Kaiser

Der Zaun am Ende der Welt

Band 10787

Dieser quasi-philosophische, halbunernste Traktat zur Frage,
woher die Vorstellung kommt, daß die Welt irgendwo mit Bret-
tern vernagelt ist, und was an dieser Vorstellung dran sei, ist in
seiner Listigkeit und Respektlosigkeit, in seiner intellektuellen
Verspieltheit und in seiner Entschlossenheit, auch die entlegen-
sten und trivialsten Elemente zu einem Ensemble zusammen-
zubringen, absolut zeitgemäß, sprich: astrein postmodern, ist
dabei aber im Genau- und Wörtlichnehmen, in seiner Lust an
strenger Philologie und im beharrlichen Verfolgen einer schein-
bar restlos überflüssigen und unzeitgemäßen Fragestellung herrlich altmodisch. Das geht vom Büchmann über barocke Welt-
erklärungsbücher zum spätantiken Alexanderroman, über Rin-
gelnatz zu den Polarexpeditionen, Herrn Cook, durch den
Schloßpark von Schwetzingen, mit Adorno in ein Fischspezia-
litätenlokal an der Donau, von da zu Joseph Conrads ›Herz der
Finsternis‹ direkt ins Innere der Welt, und es endet alles in
Bielefeld. »Resultat: eine kurios blitzende Naturgeschichte des
Wesens, das mit dem Kopf durch die Wand will.« *Der Spiegel*

Fischer Taschenbuch Verlag

fi 1621 / 3